AF406864

【当代华语世界思想者文库】

梁中堂人口与计划生育

网易博客文集

Liang Zhongtang Population and Family Planning

NetEase Blog Collection Vol. III

第三册

梁中堂人口研究文集·卷八

梁 中 堂

By Liang Zhongtang

【当代华语世界思想者文库】

学术顾问：黎安友、郭汤姆
主　　编：荣　伟
Academic Adviser:　Andrew J. Nathan, Tom Kellogg
Chief Editor:　　　David Rong
Published by Bouden House, New York
ISBN:　979-8-90257-041-7 (Paperback)
　　　　979-8-90257-042-4 (eBook)

Liang Zhongtang Population and Family Planning
　　NetEase Blog Collection Vol. III
By Liang Zhongtang

梁中堂人口研究文集・卷八
梁中堂人口与计划生育 网易博客文集（第三册）

梁中堂 著

出版：博登书屋・纽约（Bouden House New York）
邮箱：boudenhouse@gmail.com
发行：谷歌图书（电子版）、亚马逊（纸质版）
版次：2026 年 3 月 第 1 版 第 1 次印刷
字数：332 千字
定价：$40.00 美元

也说"大人打了喷嚏，孩子就感冒了"

前些天读到一条微博，是北京某名媛千金写给政坛唱红的那位政治明星的儿子的，说"大人打了喷嚏，孩子就感冒了"，虽知其有感而发，因为仅一句话那就算了。不想今天读到她新写的以此为题的文章[1]。早在 10 多年以前，就读过该写的自传性的书，述其另类生活，无论文笔或思想，都留下很好的印象。自后又时常听她在媒体的一些言论，果然都有先进理念和超前的意识。但最近写的这篇文章就不怎么样。因为她仅仅写出了"大人打了喷嚏，孩子就感冒"这个事实，而没有说大人因何"打了喷嚏"，以及大人的喷嚏为何就延及孩子而"感冒了"？就以我们这位名媛之后的事情来说吧。上个世纪 70 年代之初，国门尚未打开，中美也未正式建交，我们这位仅 13 岁的名媛之后和她的几位具有相近背景的外交部官员的孩子，就可以被送到美国去读书。不用说这个时期中国还没有留学生政策，既没有了苏联东欧的留学生，更没有向欧美西方国家派遣留学生的计划和意图。那个时期就是党和国家领导人的工资收入也难以负担起一个大学生的教育费用，更别说留学费用了。我们这位名媛之后能去美国上学，无论从制度层面还是经济来源，显然都是名不正言不顺。但这样名不正言不顺的事情不但在 1973 年发生，而且还维持了 3 年多。其原因当然是因为乔冠华和章含之的结合。谁都知道周恩来一贯对乔冠华、龚澎两口子的器重和赏识，现在乔又在"四人帮"那里玩得转，外交部机关的两派群众就都不会去闹事。从更高的层面来说，章含之与毛泽东又有着深厚的渊源。中国的事情都是暗箱操作，谁说得清楚这件事情背后有哪一位大人物批准办理？如果现在分析这件事，那不过

1　参见 http://www.21ccom.net/articles/rwcq/article_2012033056584.html

是乔老爷在发动攻势以前送给章含之的一件厚重礼物。否则，这件事稍有规范之处，送出去的都是我国资深外交官的孩子，也不会因为乔冠华出事让人家都陪同乔冠华章含之的女儿再都从美国"遣返"回国。所以，有道是"成也萧何，败也萧何"。本来就是名不正言不顺的事，因为乔冠华在外交部领导的任上就可行，同时因为他被整饬再当不了外交部长而废止。想一想，乔冠华就是"打着喷嚏"送章含之的女儿去美国的。不用说，章含之的女儿也是"打着喷嚏"在美国上学的。现在乔冠华和章含之都连连"打着喷嚏"住院了，在那个"无枣也要打三杆子"的年代里，这明显的"不正之风"还不被纠偏？再说，乔老爷住院了，谁愿意负责供养现在已经是乔冠华的女儿继续在美国上学？在那样的制度安排下，这一切都是那么自然地发生了。这就是名媛之后叙述的"大人打了喷嚏，孩子就感冒了"。这都是事实。这样的故事历史上多如牛毛，某朝奸臣当道，陷害忠良，某名门之后落魄……，但因这样的结果往往都会祸及未成年的孩子，每每读来还是令人唏嘘不已。我早年读那本"另类生活"，不仅对孩子寄予极大的同情，而且感悟到她的一连串的奇异而又敏捷的思想可能就是来源于这段本不该在这样的年龄里得到的遭遇，从而一贯欣赏我们的主人翁不仅没有被巨大的挫折击倒，反因逆境而磨练出一身的好本事。但是这篇文章却令人失望。因为它仅仅说出了事情的皮毛，而没有像以往那样给人引出一些有益的思想和理念来。按说，这个几十年前发生在自己身上、影响了自己终生的事件该有许多深刻的反省。但是，我们连一些最简单的认识都未曾看到。大人打了喷嚏，孩子就感冒了。说明是大人先感冒然后传染给孩子了，是大人先把自己的孩子推到了不该在的位置上，人们未发现大人"打喷嚏"之前孩子就被感染或者已经感冒了。这该是常识性的说明吧。其次，需要追问和反省令大人感冒的环境，社会何以令大人"打喷嚏"，以及社会何以反复制造"打喷嚏"的大人？这本该都是我们那位做媒体的名媛之后的文章应该告诉人们的。

以往的历史可以不说。文化大革命就是一次强烈的流感，全民感冒，各级党和政府的领导集体"打喷嚏"。不过，通过这次社会体制的大流感，有不少的老干部深思并发现了问题所在。想一想革命奋斗一生，却没有缘由地被自己的队伍关押起来，说审查你就调几个人组成专案审查了。再想一想，共产党历次的政治运动不都是这样的吗？自己平日掌权时，不也是要整谁就这样整了。平常时对一般干部、一般人的权益保障的问题考虑不到，特别的运动和特殊的时期连许多开国元勋，甚至于国家主席的权益也无法保障了。所以，否定特权，维护平等，建立一个保障每一位公民基本权利的制度，才是我们国家的基本原则。文化大革命结束以后，李维汉曾对邓小平讲过要反对封建主义。这是相当深刻的思想。不曾想，封建主义没有来得及反对和清除，有人却提出要培养我们自己的孩子，说"我们的孩子至少不会挖我们的祖坟"。正是在这样的思想支配下，越来越多的"不挖祖坟的孩子"被推到本不该他们占据的位置上。就以我们那位政坛唱红的政治明星来说，其实一直在"打着喷嚏"一路前行。究其根源，挖不挖祖坟且先不论，首先因为他是"我们的孩子"。然后，从"我们的孩子不会挖我们的祖坟"这个命题出发，再推论出要求把"我们的孩子"推到权力顶峰。"我们的孩子"是什么？王族将相宁有种乎！毛泽东、刘少奇这一代共产党人不全是农民的后代？今天正好是清明节，所以多说几句祖坟的事。自然经济条件下，经济社会活动都只能以家庭为单位。所以，那种事业实质上是一人一户的事情。一人一姓需要对付百人百姓，就需要用封建迷信，其中龙脉祖陵就是这样产生的。现代社会越来越具有社会化的性质。家庭虽然目前还存在，但已经蜕化为仅具有消费职能的社会单位。共产主义本质上是全人类的事业，是需要人民大众参与的。现代社会也无需建坟。彻底的唯物主义都是死后火化，其骨灰最多保留一代或几代，最终还是回归大地和海洋。共产党人的事业如果发展到仅仅需要靠"我们的孩子"来维护，那不仅是惨烈，而且可悲了。相信自己的事业是属于人民的，真正的人民的事业，那就有人民群众蜂拥而至和自觉参加。"革命不愁后来人"。用"我们的孩子不会挖祖坟"然后为自己的孩子谋取一定国家权位，安排个什么董事长、总经理，或者这代表、那委员的，都不过是一种赤裸裸的打劫。更有甚者，如果再发展"祖坟"理论还要组建什么公子党、小姐团的，企图把国家如此这般地世代沿袭和维护下去，那更说明我们距离封建主义和文化大革命那个时代还不算很远，无论社会还是个人都还是不健康的。温家宝的说法一点都不耸听，"文化大革命"这样的历史悲剧还有可能重新发生。

研究马寅初时发现，无论马寅初1958年受批判的时候，还是1979年包括他的家属在内的社会为他平反的时候，都有一个基本的观点，就是以为社会对别人的批判是对的，对他的批判是错误的。我在想，马寅初百年而终，却没有意识到自己悲剧性的人生。1951年他接过周恩来传过来的改造知识分子的这颗球，在北京大学搞学习改造运动，一个个从旧社会过来的教授们都被青年学生批判得狗血喷头，就隐含了终究有一天他也要遭遇这个命运。我阅读这段历史，感觉马寅初的确是位可爱的老头。周炳琳是马寅初的学生，五四运动时期的学生领袖，留学回来后再进北京大学任经济学教授兼法学院院长。旧中国的北京大学有一条不成文的规则，在政府担任要职后即不得再任北大行政和教授诸职。周炳琳在抗战时期任教育部常务次长，组织并领导平津高校南迁，北京大学法学院院长的位置却一直为他空着，可见其在法学院的根基深厚。1946年国民政府主持的政治协商会议上，国共两党闹得不欢而散，国民党党员的周炳琳发表声明支持共产党、赴共产党代表团住地慰问受了委屈的周恩来。1948年年底，眼看北平不保，蒋介石托付胡适、傅斯年抢救北平教授，周炳琳与傅斯年同是五四运动的风云人物，与胡适亦师亦友，却声明不离北平，显然是要留下来迎接共产党。1949年3月，马寅初响应召唤自上海经香港抵达北平，首先就去看望周炳琳。就是这样的人物，显然是因为国民政府教育部和国民党党员这样的历史，他出城欢迎解放军进城回来，就自动辞去法学院院长一职。思想改造运动中，周炳琳因为不肯承认自己历史反动，因而被群众揪住不放，三番五次地检查总是通不过。周炳琳索性破罐子破摔，声明不再作检讨，顶起牛来。马寅初则三番五次去周炳琳家里做工作。有人回忆说，已经 70 岁的马寅初为劝说周炳琳放下架子再做检查，他从台阶上往下一跳，说"你这样一下不就走过来了吗？"。我读这段历史，发现马寅初显然认为、也要周炳琳承认自己过去是反动的。不仅如此，历次运动中，包括反右斗争在内，马寅初都认为那些被整的人都是有问题，所以该整。但是，到了 1958 年的"双反"运动中，当师生给他张贴大字报说他资产阶级思想的时候，他就想不通，也与人顶牛了。所谓平反，是说个别搞错了。岂不知站在原来的思维上，就只有一个正确，其他的都是错了。用这样的思维来治理国家，当然是运动不断，不断地整人。我们需要彻底反省所谓正统的思维，不仅文化大革命整"党内走资本主义道路当权派"是错的，应该说知识分子改造运动、反右派斗争和"四清"等等运动都是错的。不仅对过去所有被整饬的人平反改正，而且要彻底丢掉"阶级斗争"那一套，改正社会不平等思维，打倒一切特权，平等对待中华人民共和国所有公民。

现在再来说我们那位名媛之后的文章。她仅仅从那位唱红政治明星出事想到了自己当年，再联想到他的在美国的儿子。可是她没进一步想他们是如何到美国的，一般人家的孩子为什么没有能力去美国读书；他们有个有权势的爸爸，想没想他们的爸爸因何就有了这样的权势。用现代国家所要求的平等、公平、公开和正义的原则来衡量，他们的爸爸和家庭本来就在"感冒"着，他们去美国读书本身就是一种"感冒"状态。"大人打了喷嚏"，不过是公开了原来就已经发病的事实。这是一个不规范的社会。像政坛那位唱红的政治明星一样他们本来不是按照现代社会原则进入政坛，但是，社会往往会用现代社会的基本原则要求他们，他们缺乏健康的体格随时会被曝光，只要本来面目暴露在光天化日之下，难免不"打喷嚏"，也不可能不涉及家庭和孩子。所以，这是许多年来我所看到的我们这位名媛之后第一次没有先进理念和超前意识的文章，一是她把一位已经成年的青年当作和她当年 14、5 岁未成年一样看待，令人因孩子的无辜而生对这一事件主人的同情。其实，在我们国家发生的每一件因腐败或者其他什么问题查处的官员案件中，哪个没有连带家庭和孩子的啊。话说回来，哪一位贪官或者问题官员不是因为自己、家庭和孩子而贪，不是"一人得道，鸡犬升天"？既然犯了事了，别人又如何能把他个人和家庭、孩子区分得那么清楚！二是她像马寅初一样只是看到了自己所经受的委屈，而没有用平等的理念和平常的心来理解这个事件，更未曾进一步反思这其中包含着的深层的社会问题。我们还处在流感高发期。只有建立起平等、民主和法制的社会，让社会的公平、公开、公正和正义来抑制住流感，才可能结束"大人打了喷嚏，孩子就感冒了"的时代悲剧。

——2012 年 4 月 4 日

（刊发于 2012 年 4 月 4 日）

翼城试点表明人口变动具有客观规律性

——与第一财经日报高级记者王羚的访谈

按语

今日出版的第一财经日报刊登了该报高级记者王羚来自山西省翼城县的采风文章《"二胎试点"翼城调查：人口反降的秘密》和对我的采访《人口生产应符合规律》。下面是我给王羚的未删节稿。

——2012 年 4 月 13 日

1. 您在博客中提到说翼城试点的开展是一个偶然，为什么这样说呢？

翼城县的试点是一个企图推行与当时政府主管部门不同主张的生育政策，它能够产生是一个偶然。首先，包括我在内的局外人虽然不知道当时的中共中央总书记胡耀邦和他那位在国务院担任总理的搭档都曾经主张农民可以普遍生育 2 个孩子，但是，中共中央书记处和国家计划生育委员会的领导都是知道的。在这样的情况下，我提出允许生育两个孩子的主张，就不属于异端邪说，给中央的报告才可以转达到相关的部门。其次，和我一样主张的张晓彤正好在国家计划生育委员会的政策法规处工作。他虽然是一般干部，但可以运作由中央有关方面批转过来的文件。特别是他的家庭背景，可以把他和马瀛通的研究报告送到当时的国务院总理手上，取得总理和总书记的支持。他们的报告一方面批评"本世纪末把人口控制在 12 亿以内"的目标过于僵化，同时支持我向胡耀邦建议在全国推行"晚育加间隔"的主张。这样，在主管部门不愿意落实胡耀邦和当时的国务院总理有关批示的情况下，我就有了向中央要求试点的理由。如果您仔细分析从我向中央要求试点到得到国家计划生育委员会允许试点的几个批文，就能够发现其中隐含了张晓彤的许多智慧。否则，和其他千百份群众来信一样，我的报告也照样石沉大海。还有，我当时在省里的具体环境也有利于试行试点工作。在此之前，我因为《人口学》在国内的影响，得到了省委书记李立功的支持，安排我兼任山西省计划生育委员会的顾问。这样，国家计划生育委员会批复给我和省里主管部门的文件就可以统一和一致起来，我在翼城县做工作也和主管部门有了共同点。再后来，省委决定我在该县挂职担任县委副书记，也有利于试点工作的巩固和发展。如果是一个纯粹的学者，可能无法在我们国家做这个事情。这是一件由下面提交中央、由国家管理体制以外强行挤进来的实验，如果不是同时具备了总书记和国务院总理的关注、中央机关有人积极运作和地方的有利环境等 3 个方面的条件，是不可能发生的。在一定程度来说，这种过于偶然的事情隐含有极大的悲剧成分。在现代社会中，一项有效的或者比较合理的公共政策都该是经过社会各个利益集团的充分博弈并依靠民主决策程序获得的，而不是靠一系列的偶然性来实现。

2. 从现在翼城的人口数据来看，您对试点效果如何评价？

不仅仅是现在的效果。从 1985 年进行试点以来，任何点上的数据都表明，翼城县执行较为宽松的政策，人口的增长却比只准许生一个和"一个半"政策的全国还低。所以，我一直高度评价翼城县人民的实践。生育是老百姓的实际生活，是由其具体的经济社会生活条件决定的。生还是不生，多生或者少生，都是在选择一种不同的生活方式。在别人看来无足轻重的生育行为，实际关系到当事人对幸福生活的追求和感受，都是他们依据自己的具体情况进行的选择。老百姓既不因为政府的政策严紧少生，也不会因其宽松而多生。翼城县允许农民生育 2 个孩子比全国只准许生一个、生"一个半"的人口增长还低，这是一个不争的事实。面对国家明确的政策而农民选择了超计划生育，一定是他们反复权衡之后所做出的决定。我们早就该检讨现行政策的合理性，而不是责怪农民的轻率和以身试法。

3. 采访中我发现，翼城实行二胎政策，人口增长反而比邻县一胎半政策更低，您认为是什么原因造成的？

我把避孕和节制生育归结为工业现代化的产物。现代化的生活方式要求每一个人都有一份职业，经受长期的教育，再加上个人的自由发展和独立的生活取向，这都与传统时代频繁的生育和多子女家庭发生矛盾。越来越低的生育率一方面是人性的选择，同时它还要受社会发展条件的约束。由于经济社会发展的不平衡，决定了各个县生育水平和人口增长的程度有高有低。人们目前还没有弄清楚经济、政治和文化等等社会因素具体怎样在决定着人们的生育意愿和生育行为，所以，我们不好、也不应该用哪一个县的生育率作为样板要求别的县。我认为，各个县的生育率都是人民群众实际生活的总结和总计，无所谓好和坏，先进或落后。最多，我们可以就生育率下降的水平和先后来评价，说翼城县的生育率下降过程相对走在前面。西安财经学院的年轻人口学家韦艳教授去年在美国做访问研究时发现，翼城县的出生率在试点以前就低于临汾市的大多数县。我沿着这个提示查找历史资料，翼城县早在 1964 年就是山西省计划生育委员会和卫生厅直接点名汇报的 15 个重点县之一。我们还不清楚当时省里确定的这 15 个县的条件是什么，只是从要求准备的内容来推测，这些县在计划生育、新法接生和妇幼劳动保护方面属于省里直接抓的单位。那时候的翼城县属于山西省晋南地区，当年有 5 个县参加汇报，占全省三分之一。该地区在文化大革命中划分为运城、临汾两个地区。在当年晋南地区参加汇报的 5 个县中，4 个县为现在的运城市所辖，在目前临汾市所属的 17 个县市中仅只有翼城县当年参加了计划生育等几项工作的汇报会。所以，可以判断，翼城县的生育率下降过程相对走在临汾市其他一些县的前面。生育率降低是现代化的结果，但也不好说生育率低就是先进，更不能反过来把它当作社会直接追求的目标。计划生育管理部门一直以来，总是把低生育率当作计划生育工作先进的结果，这是不正确的。假如这个观点能够成立，绝大多数发达国家的生育率都比我们低，似乎他们的计划生育工作好。殊不知在那些国家里，政府根本不管理民众的生育从而是不做计划生育工作的。

4. 从人口学角度，翼城试点对中国的人口政策有何启示？

翼城县的试点已经 27 年了。在试点工作开始以后的任何一个点上与全国平均水平作对比分析，都表现出相当好的效果。但是，国家计划生育委员会从来都没有对它进行总结和研究的打算。如果要做全面的研究，至少需要有相关的数据支持，涉及统计、民政、卫生、公安、计划生育等许多个部门，不少的资料还不是在该县的范围内可以协调解决的。试点以来，国家人口和计划生育委员会对该县的工作一直采取捂的态度，政府如果不作为，其他人做研究都不可能筹集到经费。所以，我也没有能力作深入的研究。这些年来，我只限于列举出几次人口普查的资料对比。即使如此，翼城县的实验都有不小的意义。第一，翼城县农民平均生育 2 个孩子，其人口增长水平还低于全国，说明全国的农民也平均生了两个孩子。第二，翼城县和全国的人口增长说明，老百姓在宽松的政策下不一定多生孩子，在严紧的政策下也没有少生孩子。第三，这样的结果表明，人口变动是一个客观过程，生育政策作为国家意识形态没有对人口过程发挥多大的调节作用。

5. 您曾经提出在现行体制下，要将翼城试点扩大推行是一个幻想。为什么这样说呢？

从历史来看，政府决策有两种不同的模式。一种是自上而下，一种自下而上。在民主社会，各种不同利益的社会集团经过反复博弈，才会将一些妥协的方案转化为政府公共政策。我们目前还属于长官决策，社会下层的利益和呼声往往无法到达决策层面。特别是生育问题本来不属于政府公共政策却因为特殊的历史机遇转变成公共政策，30多年来已经形成一个以政府管理层及其工作人员为主体的利益集团，这个主管计划生育的部门只有把政策制定的相对严格并加大执法力度，才可以体现相应的权力。在我国现行的体制下，决策层不仅很难代表下层民众的利益和意愿，而且因为计划生育管理部门的利益导向会影响决策层从而阻止放宽政策。自从试点以后，临汾地委和山西省委都曾经有推广和扩大试点的意图，其结果都没有走出省、地主要领导的设想就被迫放弃了。所以，现行计划生育政策和当前我国其他领域中许多不合理现象一样，都只有如温家宝总理所说，"要进行政治体制改革，特别是党和国家领导制度的改革"，"建立社会主义民主政治"，才有望解决它。

6. 如果不考虑扩大推行的阻力，单从政策本身来说，您认为翼城模式是否有必要在全国推广？

新世纪以前，我也是在现行的计划生育体制内寻求解决计划生育不合理问题的。那时候认为，即使需要控制人口和实行计划生育，相对宽松的政策也可以达到目标。我争取试点的目的，就是要给中央提供一个在全国推行它的样板。但是，历史没有选择翼城县。随着新世纪的到来，我们国家加入世界贸易组织，经济文化进一步融入世界，我发现不仅所有的国家都没有我们这样的生育政策，而且国际社会从上个世纪40年代中后期联合国以来的一系列国际公约都明确规定，生育是基本人权，"父母有自由而负责地决定其子女的数目和出生间隔的专有权"。中国是这一系列国际公约上签署同意意见的国家之一。中国应该是一个负责任的大国，有义务和无条件遵守自己署名的国际公约。所以，目前已经不是该不该推广翼城经验的问题，而是必须无条件执行国际公约，尊重人权，停止现行的计划生育政策，把自由生育权交还给人民，让人民自己决定自己的生育。

——2012年3月24日

（刊发于2012年4月13日）

计划生育是一场堂吉诃德对大风车的战斗

这篇博文本来是紧接着那组《"四人帮"与计划生育》文章的，按照原来的计划该是春节过后不久见诸于读者。不想"四人帮"这个历史词汇还是引起了文字检察官和网络管理人员的敏感，一组整齐的文字却被屏蔽得一塌糊涂。面对网络删改又必须设置相应的文字，无形中就浪费了许多时间。

因为最初被党组织分配搞人口和计划生育研究，就是为了遏制过高的人口增长。所以，长期以来也和现在的人口学家、计划生育管理人员一样，总是盯着妇女生育率、人口出生率和自然增长率等数据，对计划生育政策的效果和人口增长有着特别的感觉。早期的一些年头里，也和计划生育部门一样把生育率下降笼统地归结为几乎所有的成绩，但是，在此后的许多年里却发现，人口过程的实际变动与政府制订的生育政策并没有太大的关系。下面列举几个例子。

1. 第一个例子当然是山西省翼城县，因为将近 30 年来，我在那里有过近距离的持续的接触，有着较深刻的认识。山西省翼城县 1985 年以前也是实行"一胎化"的政策的，改行"晚婚晚育加间隔"生育试点以后才普遍允许农民生育 2 个孩子。包括翼城县所属的临汾市和山西省在内的全国在 1979-1991 年基本执行"一胎化"即只准许生一个的政策，1992 年以后允许绝大多数农村实行"女儿户"的政策。如果我们可以把山西省翼城县近似地当作实行 2.0 的政策，那么，全国前期就是接近 1.0，后期则是 1.5 的政策生育率。毫无疑问，翼城县在过去 20 多年里一直实行比全国总体上较为宽松的生育政策。但是，根据 1982、1990、2000、2010 年 4 次全国人口普查资料的对比，翼城县的人口增长水平却一直比全国和所在的山西省、临汾市的平均水平低。

①1982-1990 年期间 8 年，翼城县人口增长 8.34%，比同期全国少增长 4.07 个百分点，比山西省少 5.33 个百分点，比所属的临汾地区少 6.16 个百分点。

②1982-2000 年，翼城县人口增长了 20.7%，比同期全国少增长了 4.8 个百分点，比山西省少了 7.7 个百分点，比临汾市少了 9.7 个百分点。

③因为省以下的人口普查数据直到现在还没有公布，我们只好根据统计年鉴的数据比照全国的数。1982-2010 年，该县人口增长了 24%，比全国少增长了 8 个百分点。根据以往的统计，山西省和临汾市的人口增长状况都要高于全国的平均水平，所以，翼城县照例要比山西省和临汾市的增长水平低。

2. 湖北省长阳土家族自治县、五峰土家族自治县和秭归县的情况。关注湖北省的这 3 个县的情况，是起因于《瞭望东方周刊》的两篇通讯。这是国内政治类刊物中比较有影响的一份期刊，不仅新闻性强，绝大对数文章的理念也比较前沿。除此之外，我对该刊还有一份好感，是起源于 2006 年该刊记者程瑛对我的采访。当时我已经调到上海工作。一天，在办公室接到程瑛要求采访的电话。我照例要求她拿出采访提纲。第二天，10 多个问题就发到了我的邮箱。从所列的提纲可以看出，她不仅读了我的许多文章，而且有许多理念是国内的人口学家所没有的。之后，她去了翼城县，有了《山西翼城二胎试点 20 年》的重头报道。接着，就有了国外和国内媒体持续到今天的新一轮的对翼城的关注。从 2006 年程瑛的报道开始，该刊持续不断追踪计划生育和计划生育政策，刊登了不少有影响的稿件。

2011 年 4 月，该刊又在同一期上刊登该社记者李静的两篇有关计划生育政策的报道，有很大反响。不过，这两篇文章在人口变动和生育政策关系的认识上，也还是迎合了人口学家和计划生育管理部门的意见，以为老百姓的生育是由政策决定的，政府制订了怎样的政策，老百姓的实际生育就是怎样的。该文说，上个世纪 80 年代初中期，中央提出"开小口、堵大口"，给全国的计划生育工作造成很大混乱。"'开小口'启动很急，下面的状态一直紧绷，上面突然一放开，下面不明白发生了什么情况，干脆就不管了。因为下面的工作一直在得罪人，很难。"文章列举湖北省长阳县为例说明，该县趁改为民族自治县的机遇，提出少数民族可以生育二胎的政策，结果出现人口失控，截至1986年底，全县出生人数由1984年的6597人上升到11429人。1987年，国家计生委官员来该县检查工作时，认为民众抢怀、抢生现象普遍，取消了城镇地区的二孩生育政策。直到现在，从县里到省里的计划生育管理部门仍把那次当作教训而经常谈起。

按照这个说法，长阳县在1984年7月根据国务院批准设立民族自治县的机遇改变生育政策，造成了抢生。为此，我分析对比了长阳县和与其相邻的五峰县和秭归县等3个县2000年人口普查资料，发现不仅长阳县在1985年以后的生育人口激增，在其南部的五峰县民族自治县也在这几年出现人口激增。因为没有详细的资料，我想，五峰县是与长阳县同时经过国务院批准改为民族自治县的，也许同期的生育政策有相同的变化，从而导致了相同的结果。所以，再比照了长阳县北部的秭归县，发现秭归县的人口激增现象比这两个民族自治县增长速度还剧烈。这3个县同属湖北省宜昌市，虽然政策不一样，特别是秭归县并没有改设民族自治县得到宽松的政策，1985年以后人口增长的速度却比两个民族自治县还激烈，说明人口增长的原因既不是政策也不是管理的问题。图1是根据2000年人口普查资料绘制的3个县0-24岁分年龄组的曲线，以每条曲线峰顶高低为序，最高的一条为秭归县，长阳县居中，五峰县最低。不用说，2000年普查时的10—14岁，应该是1986-1990年出生的人口。这3条曲线谁高谁低不重要，因为各个县的总人口和人口年龄性别结构的差异，出生多少也许本来就是很自然的。我们主要分析各条曲线都有着一个相同年份的高峰，以及3条曲线中形成高峰的坡度方面的差异。高峰越高说明同期内出生的人口多，这一点我说了并不重要，因为也许是各县人口总量和结构方面的差异导致了这样的结果。形成高峰坡度比较平缓还是陡峭，则表明增长的激烈程度，反映了当时生育的速度方面的差异。高峰陡峭表明生育速度快，过程来的剧烈。图1表明，3个县在1986-1990年同时发生了生育激增的现象，而且秭归县比此前设置民族自治县的长阳县和五峰县生育激增的程度还严重。这不仅排除了生育政策的影响，也反映出那个时期当地官员和国家计划生育委员会官员的感觉是不真实的。至于为什么3个县都在这个年龄组有一个人口高峰，这是我国人口史上的一个故事，我将在另外的地方讲。这里只要排除该县干部和计划生育部门、人口学家以及新闻记者共同持有的一个观点，即把该县设置民族自治县而改变生育政策当作人口激增的原因就可以了。

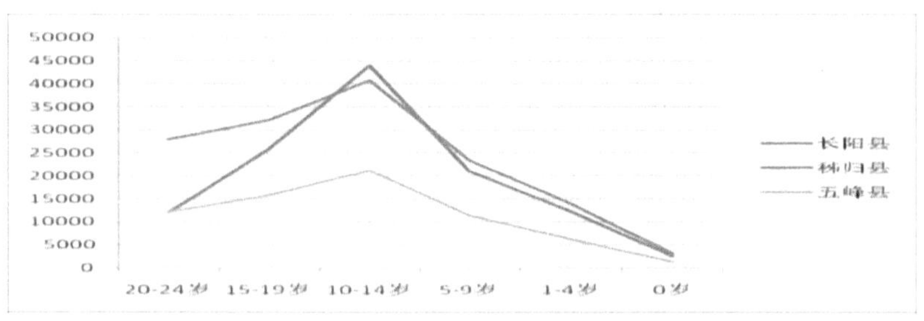

图1 2000年长阳县和秭归县、五峰县0-24岁人口曲线

3. 湖北省和江苏省的情况。为了验证长阳县和秭归县、五峰县在1985年前后的生育情况属于正常，我利用同一来源的资料绘制了湖北省县人口中的0-24岁分组的人口曲线，发现上个世纪80、90年代整个湖北省的人口走势和长阳县、五峰县和秭归县都大致一致。这就是说，不仅政策对于人口过程没有直接的作用，就连各个地区的管理水平的差异都对其没有太大的影响。我再进一步把当时所谓全国计划生育工作先进单位、执行"一胎化"生育政策不动摇的江苏省的0-24岁的县人口画出曲线，其走势与湖北省的上述3县的曲线走势也都基本一致。（见图2）这就说明，1986-1990年我国人口变动出现的人口小高峰是政策和管理以外的某种原因形成的，生育政策和管理都不是足以影响人口过程的根本因素，特别是生育政策根本不可能对人口过程产生根本性的影响。

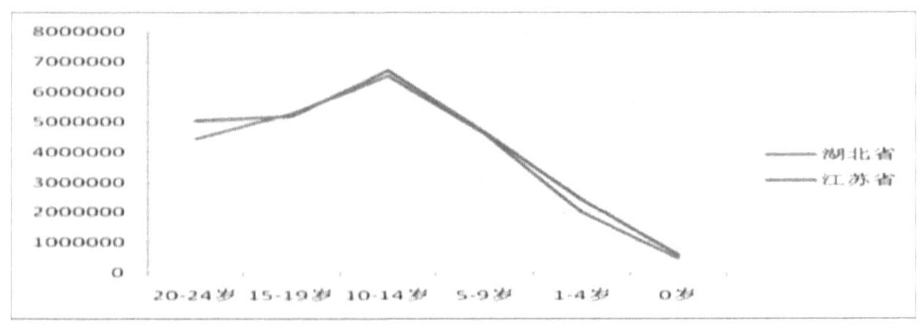

图 2 2000 年湖北省和江苏省 0-24 岁县人口曲线

因为讲到了湖北省和江苏省的县人口，有必要多说几句。湖北省是在全省开放女儿户较早的一个省区，即允许农民家庭中只有一个女孩的可以再生育一个。江苏省自 1979 年以来一直实行一对夫妇基本上只生育一个的政策。另外，根据 2000 年人口普查资料，湖北省还有少数民族人口 259.69 万，占总人口 4.36%，实际上实行更宽松的生育政策。江苏省仅只有 25 万少数民族，占总人口 0.17%，基本上对生育没有多少影响。但是，图 2 中，峰顶较高的那条江苏省的曲线坡势相对陡峭，说明江苏省在 1986-1990 年人口增长的趋势比湖北省要剧烈一些，进一步说明彼此的政策在其中没有直接的作用。

4.江苏和浙江两省的妇女生育率比较。我把避孕和节制生育归结为工业革命创造的一种符合人性的新生活。随着资本主义在我国的发展，以上海为中心的东部地区是我国工业发展较早的地方，也是生育率下降较早的地区。江苏省和浙江省不仅是我国近现代历史上接受资本主义工业最早和最多的地方，而且是上个世纪 70 年代以来在我国经济社会发展过程中走在全国前列的两个东部省份。比较有意思的是，70 年代江苏省乡镇企业的发展走在前列，80 年代后浙江民营企业带动了地方经济，成为我国经济社会发展最快的地区。江浙两省在上个世纪 80 年代中期以前的生育政策并没有大的区别，1988年中共中央第 18 次常委会议以后，浙江省根据国家计划生育委员会的建议实行了"女儿户"政策，江苏省则坚持"一胎化"。图 3 是我们根据国家计划生育委员会 1982 年 1‰生育率调查和以后的几次普查等资料整理的 1971-1990 年两省妇女生育率曲线，起点上生育率相对较高的那条曲线是浙江省，另一条为江苏省。上个世纪 80 年代初中期之前，因为江苏省的经济发展水平总体上比浙江省要高，该省的妇女生育率也就相对低一些。80 年代中后期，浙江省民营企业的巨大发展推动了该省的发展，生育率曲线很快低于江苏省，充分说明生育政策在妇女生育率下降过程中并不起什么作用。

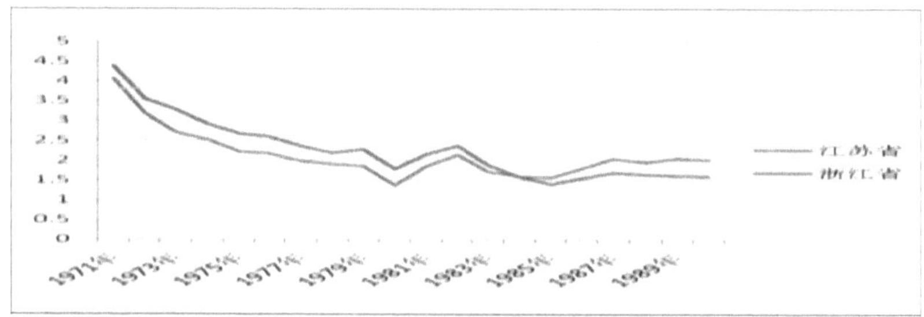

图 3 1971-1990 年江苏省和浙江省总和生育率变动曲线

图 4 仅只是把图 3 中 1979-1990 年抽取出来。浙江省的妇女生育率并没有因为生育政策严紧就低了，政策宽松了就高了。相反，浙江省的妇女生育率曲线说明，是经济社会发展水平和社会结构变化影响生育率。而江苏省尽管维持"一胎化"政策，其生育率却始终保持在 2.0 的水平上。

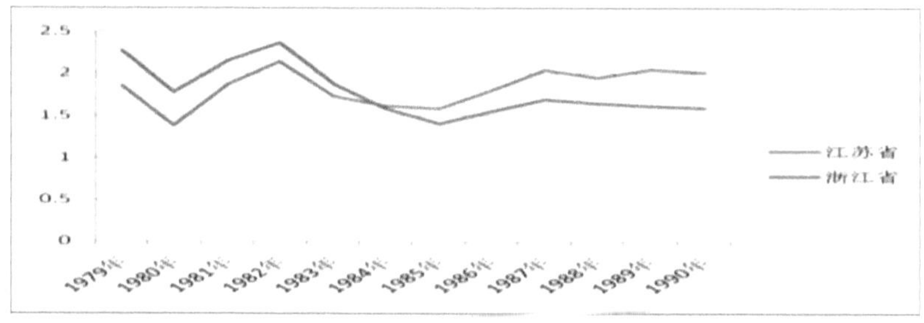

图 4 1979-1990 年江苏省和浙江省妇女总和生育率变动曲线

5. 印度和中国人口增长情况的比较，是一个足以使那些主张计划生育的人精神崩溃的问题。图 5 是根据联合国人口司的资料绘制的印度和中国 1950-2000 年人口总量的变动曲线，其中上面的一条代表较多人口的曲线是中国，下面一条是印度。说是联合国的资料，但是，像人口总量这一类的人口数据都只能由该国政府来发布，所以，联合国等国际社会组织的数据来源还是各个国家的政府提供的。譬如去年4月份中国要发布2010年人口普查数据，联合国宁可推迟发布自己预定每年调整的全世界人口数据的时间也要等中国先公布。印度每10年一次人口普查，都放在逢1的年份进行。中国从1990年开始也实行每10年进行一次的人口普查，放在逢10的年份进行。这样，我们使用的就都是经过联合国调整后的数据。

我们知道，印度也是开展节制生育比较早的国家。但是，印度没有我们这样的计划生育政策。上个世纪70年代印度国大党执政的时候，曾经在个别的邦（相当于我们的省或者民族自治区）提出每对夫妇生育2个孩子的主张，结果被反对党攻击得一塌糊涂。那次国大党下台的主要原因当然不是生育政策，但这是重要原因之一。此后，历届政府虽然都主张节制生育，却都由民间来做。这就是说，印度政府对国民的节制生育态度再严厉些，也超不过我们50年代到70年代末以前的节制生育和计划生育。至于我们国家1979年以后的强制性的生育政策，印度却从未曾有过。但是，从两个国家人口总量的变化来看，两条曲线几乎是平行前进的。中国强制性的计划生育政策的作用在哪里？

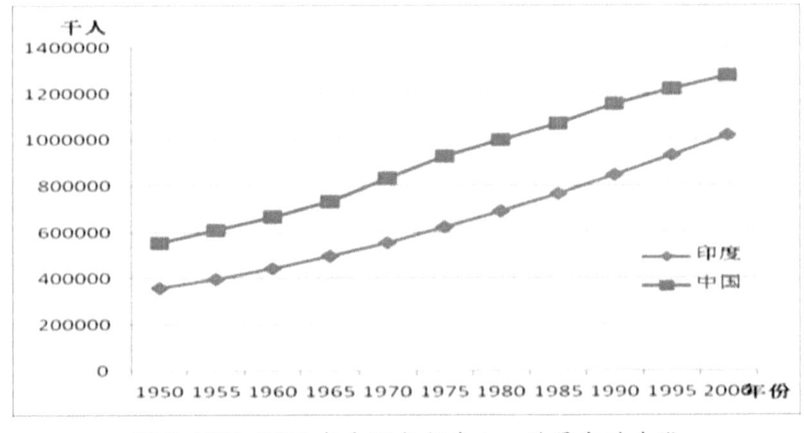

图5 1950-2000年中国与印度人口总量变动曲线

计划生育制度和政策没有出现人口效果，该是题内应有之义。计划生育是毛泽东完成农业、城镇手工业和资本主义工商业社会主义改造之后继而提出的设想，原来想着农民和城镇手工业者走合作化道路可以共同致富，民族资本和个体工商业者公私合营走社会主义道路会有经济社会的巨大发展，可事实呢？农业社和人民公社并不多打粮食，国有企业如果不依靠政府实行垄断经营，哪里会有效益！所以，与此同一体系的计划生育如何能改变人口再生产的规模和方向呢？

可能有的读者会问，计划生育政策就是为了管理老百姓的生育，为什么就不能使得老百姓少生育呢？其实这就像合作化就是解决农民的小农经济无力抵抗天灾人祸一样，政府的良好意愿不等于客观实际需要。如果政府仅凭良好的愿望就可以心想事成，那还了得！生育问题本来就不是政府管理的对象，政府强制性的政策管制除了扰乱老百姓的正常生活以外，并不能改变人口发展过程的轨迹。请读者不要一般性地看待人口数据。人口数说起来很简单，不过是人口统计的结果。但是，这个简单的人口统计却是人们实际生活和生命过程的总计或总结。人口过程是全部人口的生活和生命的结果。每个人、每个家庭的实际生活是受到他以及他们所特定存在的环境即具体的经济社会条件制约的，而生育行为这一看似偶然的现象实际上却是由每个人的各方面具体因素决定的。一方面，人的生活和生命过程是一个全方位的社会行为，而政府的生育政策仅仅是一个极小的方面，人们的生活不可能时时事事想着它。在最近一些年接触媒体的过程中，不少中外的媒体告诉我，他们在翼城县采访过程中，绝大多数受访对象并不知道翼城县的计划生育试点，也不了解计划生育政策。另一方面，在那些外人看似随意的生育行为对于每一个生育者来说都是他们人生的大事，每个特定的人和他的家庭的生育实际上并不是随意的，是由其具体的生活环境和社会条件决定的，不是某个政策条文简单规定就可以解决的。

说老实话，我刚听说翼城县的老百姓不知道"晚婚晚育加间隔"

生育试点很吃惊。试点以来常常发现农民没有按照我设计的政策规定生育，也时有郁闷。但是，跳出计划生育局限思考问题后，明白了这就是实际生活。人民群众的实践是丰富多彩的社会活动，每个人每天需要面对的生活会有各种各样的问题，他们不仅不可能按照某个学者的设计去生活，也不可能按照政府设计的政策去生活。如果说在现阶段实行计划经济是空想社会主义的话，那么，计划生育本来就是一个幻想。人口过程有其固有的规律性。包括发达国家数百年历史在内的世界各国实践表明，社会进步即使需要妇女生育率的下降，那也不需要政府介入期间。政府强制干预民众的生育行为，犹如堂吉诃德对大风车发起的一场战斗。

——2012 年 6 月 10 日

（刊发于 2012 年 6 月 10 日）

严正声明

　　本人博客上读者连同本人的许多留言无故消失，无论是网络管理人员，还是黑客或者大侠所为，我都把它同无故屏蔽我的文章一样，当作是无视和肆意践踏我国宪法的违法行为。因为它野蛮地侵犯了我应该享有的言论自由的民主权利，特提出严正抗议。

梁中堂 2012 年 6 月 15 日星期五

（刊发于 2012 年 6 月 15 日）

生育法是中国法学的耻辱

按语

本月 24 日，笔者在北京大学参加了一个有许多位法学家参加的小型讨论会。会议的主题是讨论"公民生育权与社会抚养费制度"和建议全面修改《中华人民共和国人口与计划生育法》。我在会议中有过几次插话和发言。下面是笔者根据记录稿修订的文字。

2012 年 6 月 30 日

（一）几次插话

1. 我介绍一个背景。我原来是国家计生委的专家委员，没有出台以前的《中华人民共和国计划生育法》草案，是我们先讨论过的。1999 年讨论的时候我就讲，其实它就是规避了给大家规定每个公民应该生几个不应该生几个，如果直接规定这一点，这个计划生育法在人大常委会层面上就会因为争论很大而无法通过。在历史上，1978 年就开始搞《计划生育法》，但因为究竟应该允许国民生育一个、二个，争论很大而搁浅。一直搞到 1998 年原国家计划生育委员会主任彭珮云、副主任蒋正华都当了副委员长。作为立法机构的全国人大常委会副委员长中有两位来自于一个国家部委，这是该部门千载难逢的机会。有了这个立法条件，在草案中再把应该生一个还是生两个这个最有争议性的问题从本法中回避了转而"授权给"省市一级人大常委会，国家《计划生育法》就很容易地在全国人大常委会通过了。

2. 其实《中华人民共和国计划生育法》在现在法的体系和框架里

就是多余的，法律本来就有一个内部和谐一致不能矛盾的原则。《计划生育法》放在现代国家法律体系中就是矛盾的，世界上哪个国家有这样的法？它存在的本身就是一个悖论。

3. 上海电视台做了一组"失独家庭"的节目。他们走访时，一些"失独家庭"反映说，失去孩子以后，计划生育部门发现他们还在生育年龄，就带上五千块钱，动员他们不要再生育了。

4. 生育率是一个必须通过人口普查、较大样本的抽样调查或者相关的统计才可以得到的数据。国家人口和计划生育委员会曾经有过生育节育调查，但持续许多年的生育率 1.8 却不是经过调查得到的。这个数最初被国家计划生育委员会提出来的时候是估计的，现在已经沦为政治数据。

（二）两次发言

1. 首先感谢几位会议的召集人让我参加这个会议，怀着兴奋的心情听取了各位专家的发言。过去看不起中国的法学家，这次一改前识。六、七年前，我曾经说过，《中华人民共和国人口与计划生育法》是中国法学的耻辱。2001、02 年的时候，我读到恩格斯讲到的一个观点，现代国家中法的表现有一个基本的特点或者原则，这就是"内部和谐一致"，即在国家法律体系中，法和法之间不能矛盾、不能对立或冲突，不因内在矛盾致使自己反对自己。我读到这个话的时候就想，中国怎么能有一个计划生育法呢？现代法的基本起点和原则是保护人的基本权利，从自然权利引出法律的公平、公正，这是现代国家立国的基础和准则。计划生育法的出发点却是限制人的权利的。所以，计划生育法本身就不合乎法理，同时又决定了它在实践上与现代国家的各个法律法规都严重抵牾。这样一个明显的悖论，中国法学界竟然整体失声，岂不是中国法学的耻辱？也许在座的法学家以为我这话有点偏激。不过，我们就处在一个耻辱的年代。农民工就是我们的耻辱，时代的耻辱。由传统的自然经济向现代工业社会转变，是世界各个国家和民族都要经历的。无论已经完成转变的发达国家还是和我国一样正在转型阶段的发展中国家，由农村到城市人口的转变都是自然完成的。这表现出一个国家公民权的平等和正义。一个美国的管道工可以有联邦部长一样的收入，能和部长做邻居。在我们国家，不管农民进城多少年还是农民。农民占我国人口比例的绝大多数，社会却长期歧视这个绝大多数，所以说这是时代的耻辱，历史的耻辱。前几天的引产事件就是政府高层和主流社会的耻辱。这么没有人性的事件，高层谁表态了？哪位有影响的名人名家发声了？社会主流整体对这件事采取一种漠视的态度，是国家的耻辱。

我和洪（秀平）校长观点不一致。他认为这次事件能够被在网上炒作出来说明上层对这个问题的关注，我说不是。安康事件其实在最近 30 多年里一直存在着，只是都无法浮出水面。这次之所以暴露，媒体和网络的迅速发展是一方面，另外是有关部门的疏忽和大意。以前的计划生育部门领导知道如何对待媒体，媒体稍微有负面的东西就立即申请管理部门给各大媒体打招呼予以封杀。这次只是没有及时应对，晚封杀了两三天。仅此而已。计划生育政策的调整或改变，在可以决定它的那个层面上，绝不是 3、5 年内的事情。

计划生育很简单，其实就是"四人帮"做的。计划生育是毛泽东在计划体制下的一个设想。上海市委第一书记柯庆施为了回应毛泽东提出的计划生育，就在上海积极推行计划生育。柯庆施由一个在解放战争初中期的中层干部，很快上升到接近党和国家核心的位置，就是因为善于回应毛泽东，能够为毛泽东提供他想要的东西。所以，柯庆施有一个想法，就是准备回应毛泽东的计划生育思想。文化革命前，包括三年困难时期在内，上海为全国的计划生育提供了不少好的经验。1965 年，柯庆施去世了。文化革命中，上海市仍旧是抓计划生育的先进单位，为全国提供了不少好的经验。毛泽东讲"四人帮"是后来的说法，最初是用"上海帮"这个称谓。在从上个世纪 50 年代中后期到 70 年代中接近 20 年的时间里，上海市一直能够提供全国需要的计划生育经验，就是从柯庆施到"四人帮"持续抓计划生育的结果。当然，在那个体制下，几乎所有的部门或者地方党委都在为毛泽东工作。所以，即使没有柯庆施和"四人帮"，计划生育也是会产生的。只不过在当时来说，柯庆施及其继承人"四人帮"是最好、最优秀者。所以，现在一些人眼里很神圣的现行计划生育事业，却是"四人帮"直接推动的，是我国特殊历史阶段的极左思潮的产物。

即使不讲许多大道理，从人权理念来说，计划生育也是该尽快废除的。人权是现代国家和现代国际关系的一个基本原则。生命权是基本人权，这是自《联合国宪章》以来的许多国际公约里都明确规定和反复讲到的。早在我们做强制性的计划生育之前，许多个国际公约都将生育权定义为基本人权。既然是基本人权，那就没有多少道理可讲了。因为人权是现代社会和国际关系的基本准则，它就不是一个可供讨论和研究的问题，而是一个需要保护和尊重的事情。所谓保护，是对政府来讲的。公民的基本权利，政府必须保护。否则，就是失职。至于说政府侵犯公民权利，那就是大逆不道。至于尊重，则是公民间的关系。愿意生育或者不愿意生育，要生几个，都是你的基本权利。我可以不同意你的观点和做法，但必须尊重你。

另外，我还要讲一个观点。我看重的是现行的计划生育政策或法侵犯了公民权利，造成社会摩擦，危害了我们社会。因为它严重伤害了我们社会的基础、基石，所以，我以为这是应该尽快解决的。但是对真正的人口结构会不会有影响呢？可能有一定的影响，但是影响不大。为什么？因为人口变动是一个客观过程，有它自身的规律性，包括政府在内的主观意识对其即使会有影响，也不会是根本性的。

2. 我不同意提修改计划生育法，即使说是全面修改我也是反对的。因为对于现行的计划生育制度来说必须尽快废除，那么对于《中华人民共和国人口与计划生育法》就不是修改的问题，而是必须废除。另外，我也不同意用上书的方式提出问题。不错，我过去给胡耀邦、赵紫阳上过书、进过言。但是，后来王丰教授联合几十个人口学家签名给中央撰写东西的时候，我的认识就不一样了。我们国家的传统体制是适合知识分子给领导上书的，所以，许多人以为他写的东西领导会批，其实不是这样。当初的领导人批我们的东西，是因为他们理想的计划生育政策方案中就有我建议的观点。是我的观点迎合了他们认识，有利于他们的决策。现在跟 2、30 年前的时代不一样了。一方面，我们国的家机器已经庞大臃肿到包括一般知识分子在内的一般人的建议书没有适合的渠道可以通达到希望达到的领导者手里，他们繁忙到已经没有时间去看一般人上的书，你花费了很大精力撰写的东西根本到达不到应该到达的地方。更重要的是，另一方面，现代民主社会的公共政策应该是社会各个利益集团之间博弈和妥协的结果。所以，社会必须改革和进步到让所有的人都可以公开发出自己的声音，明确讲出自己的观点、提出自己的要求。历史已经超越了"明君清官"的时代，社会呼唤民主和法制。法学家更应该为民主社会而努力。

（刊发于 2012 年 6 月 30 日）

严正抗议

本月 24 日，笔者在北京大学参加一个有许多位法学家参加的"公民生育权与社会抚养费制度"的小型研讨会。今天上午，我将会议上几次插话和两次发言的记录整理稿以《生育法是中国法学的耻辱》为题粘贴在自己的博客上。未几，该文即被屏蔽。我对这一粗暴地践踏我的言论自由的行径表示极大的愤慨，对我国政府未能采取任何措施保护公民自由表达权和制止网络管理层面严重侵权行为深表遗憾，并再次严正抗议有关方面再次侵犯我的民主权利。

梁中堂 2012 年 6 月 30 日

（刊发于 2012 年 6 月 30 日）

废除生育法是它被通过的那天就已决定了的

按语

    《中华人民共和国人口与计划生育法》是该修订还是该废除，最近几天被吵得不亦乐乎。一些法学家不仅热衷修订，而且还庆幸中国有一个生育法，所以现在有个可以讨论修改的基础。听了这样的话，我真的后悔那天表扬我们的法学家了。下面几段文字是从 2007 年 4 月完成的《"一胎化"生育政策产生的时代背景研究（修订稿）》中抽取出来的，该文是为参加当时中国人民大学主办的一次人口理论讨论会撰写的。下面引述的几段文字中属于该文结束语部分中对"一胎化"生育政策的评论，其中宋体字是那篇文章的正文，华文仿宋是紧跟正文的脚注。

——2012 年 7 月 11 日

    那是一个只有公权而没有私权的时代，国家公权可以随意进入属于个人权利的领域。那时只要从逻辑推理上是为了国家的利益或者仅仅以革命的名义，就可以要求国民做这做那，即使给国民带来极大的伤害或牺牲，也毫不影响政府堂而皇之地长久施行。

    一个文明的社会，稳定的社会，一个和谐和可以持续发展的社会，必定是一个法制健全和国民可以安居乐业的社会。这个社会必须设置一条底线，这就是每个人都应拥有的一种基于正义的不可侵犯性。这种不可侵犯性即使以社会整体或未来利益之名也不能逾越。社会正义否认为了一些人分享更大利益而剥夺另外一些人的利益，既不承认许多人享受的较大利益能够补偿强加于另一些人的牺牲，也不支持以未来的名义而强制和侵犯另一部分人的现在的权益。为了维护社会正义，国家必须划分严格而清晰的界线，厘清国家公权和公民私权各自不同的领域，时刻警惕公权侵犯私权，坚决不能让公权跨越属于公民个人私权的领域。

生育和生殖是人从大自然的永恒演变中获取的一种本能，是与生俱来的。生育权是人的生命权的重要组成部分，是人的生命权的一种自然延续，是和人的生命权不可分割地联系在一起的，属于人的一种自然权利。自然权利具有神圣的不可剥夺性。它不接受人的立法的约束，不能通过人的立法来调节。恩格斯说："在现代国家中，法不仅必须适应于总的经济状况，不仅必须是它的表现，而且还必须是不因内在矛盾而自己推翻自己的内部和谐一致的表现。"人为地破坏这种内部和谐，即使政府强制制定一个干预自然权利的法律，也无法使其贯彻执行。相反，不仅丧失法应有的严肃和权威，而且必然地导致社会不和谐。这就是为什么西方国家法律制度如此健全，却压根没有一个我们意义上的生育政策和生育法的根本原因。

现代国家的法既是适应国家经济发展和社会文明进步产生的，又是她的保障。经济的发展和社会文明的进步，不仅限于可以不断地为社会创造出可供人享受的物质的和精神的财富，而且更重要地体现在给人们提供了更多更方便的自主选择的机会。一个人只要自己不愿意，即使上帝也无权送他进天堂。如果社会发明了一个好的东西政府就制定法律强制人们必须接受它，那么，首先那些具有发明创造才干的人就该下地狱！

我国计划生育法的产生除了上面我所指出的立法机构的人员构成方面的偶然性变化促成以外，也典型地表现了中国式的聪明和狡黠。节制生育是一种符合人性的生活方式。即使如此，人们是否选择、何时选择以及如何选择，那都完全是每一个公民自己的事情。现在世界上大多数国家对待这一问题的态度也仅仅限于似是而非地或明或暗地意向和提倡，那些支持节制生育的国家的政府也主要从事一些宣传和倡导，个别旗帜鲜明的国家最多也是依靠半官方的组织为那些自愿选择节育行为的公民提供一些方便和服务。但是，上个世纪 70 年代末开始，我国政府的计划生育部门一下子把自己的主要工作职能定位在管理所有的国民一生都别无选择地必须实行节制生育的生活方式和要求每一个国民只许可生育一个或者两个孩子。这必然地就把计划生育管理系统置身于一种始终被动和艰难的工作状态之中。为了摆脱和扭转这一被动的工作局面，计划生育部门不是寻求如何使自己的工作转变以适应客观过程和顺乎民意，而是在寻求"红头文件"和要求"各级党委一把手亲自抓、负总责"的同时，希望这一工作具有充分的法律地位。也许，还有包括当时的许多党和国家领导人在内的国民通过反思"文化大革命"的教训而来的法制观念的觉醒的因素在内，总之，从 1980 年前后伴随我国法制建设的发展与完善，计划生育部门也一直在努力寻求得到一个国家生育法。但是，由于在生育领域立法明显地破坏了渊源于罗马法以来的现代国家法所要求的"内部和谐一致"性原则，计划生育法长期受到立法部门的本能的抵制。在长达 20 多年的交涉过程中，可能是因为立法部门法理知识方面的脆弱，立法的分歧和障碍似乎集中在允许国民生育的数量方面。《中华人民共和国人口与计划生育法》最终采取回避直接规定和授权地方制定法规的方式，获得了通过。但是，法理上的矛盾不过是实践中的重大冲突的反映。它是不能通过这一类的聪明和智慧得到消除的。节制生育是一种符合人性的生活方式，可以促进愈来愈多的家庭幸福。只是有一条原则必须遵循，即它是每一个公民的自愿选择，不能由政府强制实行。在现代国家法的体系中放置一个对国民生育问题规制的法极大地破坏了法的内部和谐一致性。我国国家生育法中固然没有具体规定国民生育的数量，但地方法规中的具体规定照样破坏了法的体系的内部和谐和一点也解决不了实践中本来就存在的普遍的冲突，计划生育部门也没有因此减少与群众对立的程度或者由此改变了工作的难度。随着我国加入世界贸易组织和愈益深入广泛地走向世界，更多地引入和通过与市场规则相适应的法律法规，以及不可逆转的改革使得我们距离市场经济制度愈是接近，国家计划生育法和我国愈来愈为完善的现代国家法的体系就愈是显得不和谐。所以，从现代国家法的体系中把生育法剔除出去以保持"自己的内部和谐一致"，是它被通过的那天起就已经注定了的事情。

——选自梁中堂 2007 年 4 月自印本《"一胎化"产生的时代背景研究（修订稿）》第 50-51 页

（刊发于 2012 年 7 月 11 日）

再说法学之耻

　　根据宪法，全国人大是我国最高权力机关，全国人大和人大常委会行使立法权。但是，在实际的操作上，人大及其常委会往往行使审查通过权，并不由它主持立法的全过程。特别是涉及部门法，起草和准备的过程主要都由政府执法部门来做。比如以我们当前讨论的《中华人民共和国人口与计划生育法》来说，有没有必要立这样一个法，由谁作论证，以及通过论证后谁来做立法的准备工作和起草法案，每一道程序都由国家计划生育委员会来承担。就是说，宪法所规定的立法机关即全国人大实际上是审查通过机关，立法的起草和准备工作都交给了将来立法后的执法部门。这样的立法过程就成了我一定要立将来有利于我执法的法律。她制定法律，执行法律，相关的法律成了他们工作的工具和武器。政府部门即执法机关不是想着法制建设，而是考虑如何实行法治。在现行的体制下，政府各个部门都可以说是分管党的一项工作，大家都有相同的地位，都需要相互的支持，就都有了立法的合理性。由于部门利益和权利扩张的冲动，不管实际工作是否需要，也无论是否符合法理，政府所有的部门都有极强的立法冲动，也都具有立法的必要性和必然性。重庆市人大法制委员会主任俞荣根说得好，现在的情况是"立法容易，不立法难"。《中华人民共和国人口与计划生育法》就是在这样的情况下产生的。

　　即使这样，我还是对一些领导人和许多不知名的法制工作者表达一种敬仰的心情。因为部门利益和个人权利的欲望，也许也包括一部分人真诚地是要把计划生育工作搞好，从很早的时候起就有了制订计划生育法律法规的想法和行动。我可以检索到的，最早在 1973 年 12 月全国计划生育汇报会上，国务院计划生育办公室就拿出了一个相当于"计划生育条例"的草稿，被时任国务院计划生育领导小组组长华国锋否决了。他说："我们要多从宣传教育着手，解决人的思想认识问题，不要订一些条条框框限制，不要强迫命令。有的地方规定，不按计划生的不报户口。这不行。人家生出来了嘛，在新社会还要叫他健康成长。"因为我们国家没有实行档案解密制度，对其中的一些历史还缺乏中间环节，无法解释有些问题。华国锋这次几乎是逐条逐句地批驳和否定了计划生育办公室起草的条例，但是，我手头现在还保留了一份签署日期为 1978 年 7 月 10 日的《计划生育工作条例（征求意见稿）》。合理的解释只能说，相关部门一直没有停止过计划生育立法的活动。

1979 年，随着党和政府越来越强调人口众多是实现现代化的障碍，计划生育工作越来越严紧，有关部门又开始了新一轮的立法攻势。从 1 月份的全国计划生育办公室主任会议之后没有几个月，就经过了好几遍讨论稿。10 月 16 日，党中央副主席、国务院副总理李先念主持会议，讨论《中华人民共和国计划生育法》第 3 稿，其中就有了奖励"一对夫妇只生一胎"。我的手上还有一份签署日期为 1980 年 8 月的讨论稿，说明在大约一年半的时间内，有关方面就对计划生育立法做过 8 次讨论和修改。在整个 80 年代，中共中央、国务院等相关领导以及一些会议上，也都反复、明确地提出立法问题。譬如，1982 年 10 月 11 日中央书记处第 8 次会议指出：

各级领导要调查研究，探索规律，争取两年左右的时间研究制定出既能有效地控制人口，有比较切合实际的条例和法律。不立法，计划生育工作不能持久。

尽管中央这样说，立法仍然很难。我现在手头还保留有 1982、1984、1987 年等几份不同时间的《中华人民共和国计划生育法》（讨论稿），说明这个问题在全国人大的审查上还无法突破。1989 年 2 月 23 日，中共中央政治局常委会第 58 次会议又提出：

为了使计划生育工作逐步纳入法制的轨道，应积极为制定《计划生育法》作准备。在制定《计划生育法》之前，可以先由国务院制定和颁布《计划生育暂行条例》。

我们知道，国家计划生育委员会是国务院的组成单位，如果制定"暂行条例"，即由国务院颁布法规，那就简单多了。但是，国务院颁布法规的方式也遇到了不可逾越的阻力。1990 年 8 月 31 日，国务院第 117 次会议认为：

我国计划生育工作应逐步纳入依法管理的轨道。现在全国已有二十四各省、自治区、直辖市根据本地区的实际情况颁布了计划生育的地方法规。由于各地区的经济、人口、民族等方面的情况不同，国务院制定的法规，不可能很具体，也很难照顾到不同地区的实际情况，因此，目前由国务院指定计划生育法规的条件尚不成熟。会议经讨论议定如下：

国务院暂不发布计划生育条例，待地方法规执行一段时间，积累了一些经验后，国务院再考虑对计划生育立法问题。

这样，直到 1998 年国务委员、国家计划生育委员会主任彭珮云，国务院计划生育委员会副主任蒋正华都担任了全国人大常委会副委员长之前，计划生育立法问题实际上是在全国人大和国务院两个方向上都遇到难以跨越的阻力。长达 20 年的时间里，这样的法在中央层面无法通过，具体的原因当然可以列出许多。不过我以为最根本的原因还是法理层面的。包括在 60 年代就曾公然提出"法律面前人人平等"的彭真在内的人大和国务院的一批法律工作者，实际是对计划生育立法有抵触的。彭真在 1979 年平反恢复工作后即担任全国人大常委会副委员长兼全国人大法制委员会主任，1983 年 6 月六届全国人大一次会议当选为全国人大委员长。由于新中国的具体历史背景，彭真和那个时期在人大和国务院法制机关工作的同志，都不一定对法理有很深刻的认识。但是，他们一定意识到在国家法里增加一个生育法有什么问题。他们属于老派的共产党人，即使心里有看法，因为计划生育已经成为国策，与大局不利的话语也不一定会说出来，只好心存忧虑，设法延宕。可以把《中华人民共和国人口与计划生育法》

最终立法看作是体制最终获胜的恰当例子，但它同时也是传统体制下人治战胜法治的恰当例子。虽如此，我们并不能不为那一代并不一定懂得现代法学原理的法律工作者表示一定的敬意。

我说法学之耻，并非要法学界为我国计划生育法承担责任。《中华人民共和国人口和计划生育法》的产生是传统体制的必然的结果。在一个以人治为特征的体制下，政府部门立法容易，不立法才是困难的。问题在于，目前的形势已经不同于 20 年以前了。如果说 20 年前的中国还谈不上有一个法学界的话，那么，现在的中国已经拥有了一个很强大的法学队伍了。改革开放以后，我国出国留学学习法律的学生可能是仅次于学习经济学和管理的。从上个世纪 80 年代末开始，已经有了一大批在国外接受了良好法学教育的法学家回国从事于法律工作。这些紧缺的人才被充实到国家机关、高校和研究单位，以及现在已经很具规模的律师队伍和民间法律工作者队伍。除此之外，更不可忽视的是，随着我国改革开放的发展和社会的进步，国内法学教育在接近现代法学方面也有了很大的进步。所以，我国自己培养的大批法学队伍也是一支不可忽视的力量。生育法与现代国家整个法律体系直接抵牾，与国家各个具体法规严重冲突。现行的计划生育制度和生育法的存在是我国当前社会不安定的一个重要因素，是影响社会和谐发展的一个严重障碍，是潜伏国家各种危机和动乱的渊薮。法律体现公平和公正。现代法律是正义之剑。从事法学和法律工作的人首先应该是现代国家制度的建设者和捍卫者。基于这些理由，我才说无论是法学界没有读出生育法与现代国家法律体系的矛盾和冲突，还是虽然意识到了这种冲突却不敢用构建现代国家基本制度的法理为武器批评、批判和裁决《中华人民共和国人口与计划生育法》的不合法性，当然都是一种耻辱。

——2012 年 7 月 17 日星期二

（刊发于 2012 年 7 月 17 日）

缺失公平和公正意味着什么？

——关于"农民工"问题

前几天在有关生育法的讨论中，讲到了农民工问题。这是当前历史阶段中我国一个具有根本性的问题。这个问题暴露出我们国家制度缺少公平、公正和正义，是严重影响经济社会健康发展的一个大问题。既然提出来了，就不该只停留在"愤青"的层面上，接着再具体分析一下不公正对待农民的一些后果。

2002年3月全国两会期间，我在政协小组会议上就"三农"问题建言，说人类由传统的自然经济向工业现代化过渡，就是一个农村人口城市化的过程。国家应该制订政策，以积极的态度欢迎农村人口城市化。一位做过市长、市委书记的政治局常委听了我的发言后回应说："你们学者讲这样的话很容易，如果一下子农民都进来，我这个当市长、市委书记的就受不了。"这位领导的观点，反映了党和政府自上个世纪50年代以来的一贯的思维。计划体制一旦形成，其弊端也就显现。一方面，政府试图包揽一切，企图解决社会各个方面的需要。另一方面，政府又没有能力满足社会的需要。但是，它不允许人们"另起炉灶"。既不允许自行投资、创业，又不许可自谋职业或私自就业，一切都必须经过政府的计划安排。城里安排不了，就动员到乡下去。各级市长、市委书记只接受自己"计划"的城市人口规模，使得我国出现了20多年的"逆城市化"。第一阶段，是由1957年城市粮食供应紧张开始，要求城市中没有经过政府安排就业的人都回到农村去。12月18日，中共中央国务院颁发《关于制止农村人口盲目外流的指示》，动员"盲目流入城市的"农村人口返回原籍。第二阶段，严格户籍制度，在限制人口自由流动的同时，压缩城市人口，动员已经在城市就业和生活的一些城市人口也回到农村去。根据中央的要求，1961－63 年被后来通称为"六二压"的城市压缩人口达到 2000 多万。第三步，从 60 年代初中期开始到"文化大革命"中，逐步形成制度，动员城市中新成长的青年下乡当农民。据估计，全国总计有 2000 万知识青年上山下乡当农民。

服从于市长、市委书记的计划还是尊重公民自由平等权，反映了两种不同的执政理念，体现了两种不同社会体制的要求。在市场经济体制下，一个乡下人到城里找到工作，有了收入，能够正常生活下去了，就自然成了那里的居民。城市接纳农村人的过程，就是农村剩余劳动力转移到城市，体现了市场体制应有的平等和正义。在计划体制下，不允许农民进城寻找工作以及把城市新成长的劳动力疏散到乡下，让所有的人都服从政府的计划，压制个人的积极性，则是有悖于公平、公正的原则的。政府不允许农民自由进城当然首先是伤害了农民的利益。但是，难道仅仅是农民受到了损害？在传统农业向现代工业社会的过渡阶段，传统农业相对于新兴的工业和服务行业是一个生产效率相对较低的部门，农民由传统农业进入工业或者服务行业，其实是选择一种有较高生产效率的职业。农村剩余劳动力进城获得职业，一方面改变了经济结构，另一方面是用同一个劳动力创造出更多的社会财富。30 多年前，政府把 90% 以上的人口都限制在农村，让几亿劳动力挤在早已饱和的传统农业领域里磨洋工，还能有经济效益？改革开放以后，不仅原来上山下乡的城市青年都回城就业，而且还有几亿的农民进城获得职业。今天网上有一篇署名任理轩的文章，把现在的发展成就归结为"高度的理论自觉和理论自信"。这无疑还是传统思维，与文化大革命中讲成绩就都是"毛主席无产阶级专政下继续革命理论的胜利"如出一辙。在那几十年里，人民日报整天宣传的"形势大好"中当然也包括了不许农民进城和千百万城市青年下乡当农民。其实，真理都很简单，没有所说的这理论那代表的那么复杂。我们如何有了最近 30 年的大发展？仅仅对比几个数字就可以明白。过去农民以外的从业人员只有几千万人，几亿人口的劳动力都拥挤在传统农业部门找饭吃，现在有将近 5 亿的人口都在效率更高的第二、三产业从业，巨大的财富还能不喷发出来！所以，对照前后两个 30 年，就简单化为政府是否允许农民进城打工。前 30 年不允许农民进城，几亿人口的劳动力没有实现它的价值都被浪费了；后 30 年将近 3 亿人口的劳动力找到了发挥作用的劳动岗位，实现了劳动力应有的价值，创造出巨大的财富，推动经济社会的巨大发展。问题的本质就这么简单。

但是，虽然现在允许农民进城了，却不能说对农民公平、公正了。实际上，政府不仅没有转变理念，而且将农民身份制度化了。所以，比较而言，现在有违正义的原则，实际上对农民更不公平了。50 年代以前，甚至于旧中国，农民进城当了工人，自然就是城市人口了。现在却不是。改革开放以来，一个农民在城里辛勤劳作了几十年，仍然是个"农民工"，一个进城从事非农工作的农民、农村人口。如果说 30 年前是"计划"暂时把农民挡在了城市之外的话，那么，现在是制度把农民永远地排斥在现代社会之外。这可不是一个小数字。按照绝大多数人认可的数，我国有 2-3 亿农民工。如果每个农民工家庭平均按照 2.5-3 个人计算，涉及的总人口有多少？这是我国改革开放以后才有的新现象。农民工，意味着离开了农村到城里寻求幸福的农民却因为制度上的障碍得不到正常的、与其付出的劳动相一致的报酬，得不到和城里人一样的社会待遇，过不上城里人的生活，最终使得他还必须回到他农村的家里去。

这当然是对农民的不公正。但是，社会因此也承担着沉重的代价。

首先，因为农民工的存在，压低了全社会所有靠工薪收入的劳动者报酬。"农民工"即意味着无论一个人从事于城里的工作有多长的时间，雇主都是把他当作离开农村不太久的人。一个出身于农村的人，标志着接受教育或训练的时间短，不那么正规，成长的成本低，所以工资待遇也比较低。当我们国家事实上存在着一个数量庞大的农民工群体的时候，无论政府职员或者社会其他企业的雇员都不会得到与他付出的劳动应有的工资收入。这既是近 20 年来国家税收很高而中国的企业还能得到较高的利润的秘密，也是中国获得"世界工场"的根本原因。尽管对于绝大多数农民工来说，在城里也得到了乡下得不到的收入。但是，农民工的收入长期被压低则是不争的事实。在现行的制度安排下，绝大多数农民工的理想也仅仅是用打工所积攒的收入改善自己农村的住房，而不是完成由农村向城市的跨越。对于其他工薪收入者来说，也仅仅获得一份可以应付日常生活开支的报酬，很少有通过工资收入达到中产阶级的理想抱负。在美国，一个管道工可以和教育部副部长做邻居，因为他们有接近的收入水平。在中国，这可能是天方夜谭。

其次，因为农民工的存在，我们得到了一个扭曲的经济结构。马克思说："……没有消费，也就没有生产，因为如果没有消费，生产就没有目的。"所以，消费直接决定着生产，即消费的状况引导或决定了包括结构和规模在内的经济状况。读者可以设想在一个正常的市场经济里，我国目前2、3亿的所谓农民工都会和他们的家人一起生活在城市里，那样，我们国家就是一个接近10亿城市人口再加上3、4亿农村人口的国家。同样是13、4亿人口，其中一个10亿城市人口、3亿多农村人口的国家和一个10亿农村人口、3亿多城市人口的国家，所形成的经济结构当然是不同的。更何况，包括城市人口中的工薪阶层在内的绝大多数劳动者的工资收入还都是被压缩在很低的水平，经济构成中生产和消费基金的比例就必然是扭曲的。大约从上个世纪末开始，经济学家和政府管理层基本达成共识即普遍认为我国经济病在于消费不足，提出要"刺激消费""扩大内需"。按照蹩脚的经济学家的建议，消费不足应由政府投资或者改善收入分配的方式以刺激消费。岂知由人民生活消费循环形成的经济结构和政府扩大投资项目刺激获得的结果如何相同？人民群众所需要的是一种可以安居立业、丰衣足食和有安全感的安逸生活，这样形成的经济结构是一种以人民生活消费需要为特征的经济类型，而在政府工程刺激下的经济是一个以生产资料建设为特征的经济结构。前一种经济是人民的生活，后一种则是政绩。人类无限发展的历史是由一个个生命有限的个体连绵不断的延续实现的。人类历史永远处在由低级向高级发展的过程中，每个生命也都是处在某个阶段上，这个阶段相对于过去可能因为发展而进步了，但相对于未来还处在较低的水平。对于每一个人生来说，相对于过去则是享受人类已经创造的文明，相对于未来则在于追求更明媚的明天。所以，每一个具体的人生都有权、也可以和能够享受幸福生活。但是，由政府主导的生产和人民消费引导的生产目的是不一样的。在政府主导的体制下，每个人都需要牺牲今天以换取所谓的明天的社会发展。所有国民都没有了自己的生活与生命，而被政府动员起来，被政府经济动员、绑架或挟裹着，成为政府经济的一部分。30 多年前，改革开放的前期，我们就曾讨论和反省过生产的目的是什么，至今却仍在惟经济而经济、为生产而生产的怪圈中。至于改革收入分配的意见，也属一种隔靴挠痒的方案。分配从来都是由生产方式决定的，是受经济制度制约的。既然社会上存在一个几亿人口的农民工市场，那么，无论你怎样分割各种收入比例，工薪阶层的劳动报酬都不会有根本性的突破。不变革社会，不解放农民和农民工，我们永远无法改变扭曲的经济结构，永远无法从传统的生产方式里走出来。

第三，因为农民工的存在，我们只能获得一个扭曲的社会构成。改革开放前，我国社会基本构成是九亿人口，八亿农民。现在，按照统计数据 13 亿多人口中城乡大约各占一半。但是，这是变换了统计口径，以所谓"常住人口"统计的结果。所谓常住人口，是指在统计居住地已经居住了半年以上的人口。这样，2、3 亿的农民工也就成了"城市人口"。但是，农民工即已经在城市里的农民毕竟还不是城市市民。因为农民工，我们实际上是把历史发展完全可以融合到市民社会的数亿人口，人为地排斥在城市市民之外，使他们和那些未曾离乡离土的农民一起成为我国社会构成中最底层的人。这是占据我国总人口 80%以上一大块人群，但是，因为主导我们社会的体制不容纳他们，使得我们的社会成为一种扭曲了的社会构成和关系。一方面，一个国家农业发展所游离出来的劳动力的数量和比例，充分显示出它的发展水平和所达到的高度。另一方面，我国城市吸纳的这 2、3 亿劳动力是经济社会自身发展的需要。历史的发展明明已经达到城市可以接纳和融合 2、3 亿原来的农民劳动力及其他们的家庭的程度，社会却把计划体制下沿革的做法制度化，排斥他们，把这样大比例的一个群体游离于城市社会主导的体制以外，人为地把我们分裂成为一种有深深裂痕的社会。

美国总统林肯在南北战争前警告人们说："一间房屋分裂成两半要倒塌，我要说，如果一个社会分裂成两半，它的政府也不会长久。"林肯这里指的是解放奴隶，而不是农村人口向城市的转化。如前已述，在传统农业人口向现代转变过程中，除了我们以外，几乎所有国家都是无障碍地逐步转变的。所以，至少发达国家没有发生堆积成一个如目前我国所具有的庞大的农民和农民工人口。林肯说的是黑人的解放。我们知道，美国是经过南北战争解放黑人的。但是，在"分离但平等"的种族主义理念和制度下，黑人在自后的 100 多年里仍然是被排斥在主流社会之外的。上个世纪 50 年代，美国黑人已经达到 2000 万。这是足以左右两党政治的社会力量。美国总统开始介入种族隔离制度，甚至于不惜动用空降师来保护黑人青年与白人同校的权利。正是因为大批的黑人自此得到公平、公正的待遇，接受了良好的高等教育，从而涌入了主流社会。政府公务员、政治家、大学教授、律师、艺术家、体育明星等等，都开始有了黑人的身影。如果说半个世纪前美国还有一个游离于社会主流以外的黑人种族从而使得美国实际上成为分裂的社会的话，那么，自从黑人与白人有了一样的接受教育的权利以后，美国开始有了黑人议员、联邦最高法院大法官、总统安全事务助理、国防部长、陆军司令、四星上将、参谋长联席会议主席、州长以至于美国总统。现在，美国底层仍有黑人。但是，美国已经没有了一个处于社会底层的黑人种族。美国给了黑人以公平、公正的待遇，用提升数百年来处于社会底层的黑人种群地位的办法挽救了社会的分裂，同时也成就了半个多世纪以来的美国社会的和谐和发展。

马克思论述历史发展动因问题时往往反对诉诸道德。但是，这并不表明道德规范不重要。这要具体分析。个别人的道德也许不重要。但一个政府的道德即决定和制约政府公共政策的政治准则、政治哲学，却至关重要。说到底，这是社会的正义和政府的良心。特别是在历史发展的现阶段，公平、公正涉及社会正义，是一个能否给公民寻找或追求幸福生活的自由平等权的问题。从表面看，它是政府给老百姓的。但是，它又不是单向的。政府对某一个人或某个人群的公平、公正的问题，同时也必然地涉及到社会、国家和政府自身。一个政府保障了国民追求幸福的自由平等权，国民依靠自己的劳动获得了幸福生活，这同时就是社会的效率、国家的进步和经济社会的发展。在现代社会，一个政府只能通过人民的幸福和社会的和谐发展来证明它的合法性。所以，政府给国民公平、公正和自由平等权，实际上也是在向社会展示自己存在的理由。

——2012 年 7 月 25 日

（刊发于 2012 年 7 月 25 日）

访谈第十七：

政府不能把群众诉求宣布为非法

——中央电视台的采访

1. 您如何看待广东八胞胎的新闻？

我是你们台记者杨梅昨天下午约我以后才开始关注八胞胎的新闻。从现在的情况看，这一例事件中的许多环节还不是很清楚，譬如这个 3 胎是几对、几次精子和卵子受孕发育起来的？ 3 胎的受孕胚胎和移植是在哪里进行的，国内还是国外？如果是在国外就需要依据所在国家的有关法律来评论。3 胎共计 8 个孩子都是在哪里接生和生育的？是不是中国公民？等等。如果仅仅看一位孕妇一次临产生育 2 个孩子和 2 位孕妇分别生育 3 个孩子，这在现代已经不是什么新鲜的事情。如果这一事件全过程都是发生在我国内地，那么，这一对夫妇的受孕卵子除了作为当事人的妇女本人接受试管胚胎以外，其他的两位代孕妇女的合法性问题，3 胎生育中另外两胎生育违犯计划生育条例问题，都需要具体地对号评论或评议。除此之外，我以为还有两点可以评议。一个可喜的现象，网上不是一边倒地批评这一事例，而是有不少的人留言祝福 8 个孩子健康成长，足显社会的成熟与进步。另一个问题，社会的广泛关注，这一事件具有很大的新闻性，表明科学技术进步给社会带来的一定的冲击。在人类历史上，当科学技术有了较大进步的时候，传统的社会意识和制度可能就无法容纳它们，实际是重大技术进步挑战传统社会。比如与生育相关的避孕药具的出现，都引起过社会的反对。1950 年以前，就连很开放和包容的美国也把宣传避孕和节育的广告当作违法的行为。几十年前试管婴儿的出现，是人类自身繁衍领域中的一场具有革命性的技术突破，对于人类历史进程的影响还远不为人所知，社会对它应有的反映还很不够。也许，这个具有戏剧性的 8 胎事件，是从一个特殊的视角给社会提出问题。我个人认为，从科学技术发展的角度来审视这个问题，不妨社会宽容地对待这一事件。

2．是什么催生了如此大的地下市场？甚至形成产业链？（包括多仔丸、卖卵、代孕等等灰色地带、甚至拐卖儿童的罪恶交易）

我觉得还是有社会需求吧。不过，我以为也不要过于渲染这一点。因为，至少从目前我国社会现状来分析，这绝对不会成为一个很大的市场。我们可以具体分析这个问题。首先，不孕不育现象本来就不是很大的比例。根据医学上的统计，80%以上的在婚后一年即可怀孕，婚后两年怀孕的可达到 90%以上。最近一些年有人认为不孕不育的比例上升了，但并没有权威性的数据支持这样的观点，只是说现代生活压力和化学物质提高了不孕不育现象。即使如此，另外一方面因为医学科学和技术进展，治疗不孕不育的技术无疑也提高了，绝大多数不孕不育者可以经过治疗正常怀孕生育。其次，在本来就是一个很小数量的不孕不育者人群中，还有一些人选择不要孩子。再其次，在希望得到孩子的不孕不育者人群中，绝大多数都会采取领养的方式得到了孩子。再其次，而在剩下的那些不孕不育者又想得到孩子的人群中，绝大多数又会选择夫妻之间的精子和卵子配对、选择自己的妻子孕育生育。所以，剩下需要通过市场寻找卵子、精子的是极少数，代孕的市场更是一个很小的数。

对于这个问题，我的看法是，首先是立法和制定法规不要操之过急，可以先看别的国家怎么做。其次，在已有法规的情况下，执法部门严格按照法规监管，特别是严格监管医疗和药疗试验单位，不轻易审批具有这方面的医疗单位具有这方面资质。因为不孕不育是一个古老的问题，社会有许多种通常认可的比如领养、过继等解决办法。试管婴儿是一个新出现的技术，会给社会带来什么问题，需要给社会一定的时间理解和应对。我们不妨反应慢一些，严格审批试管生育机构的资质，减少"工业"生产单位。

3．这些乱象，是不是也在挑战现行的计划生育政策？乱象是否正在愈演愈烈？

具有这方面的成分吧。因为极为严厉的限制生育政策，有不少想生育较多一点的孩子的人就希望在有限的生育胎次的权利范围内，尽可能地多生几个孩子。这样，近些年就出现了不少人为地制造双胞胎或者多胞胎。这一现象部分地反映出我国生育政策不合理。如果是自由生育，这一现象就不会那么突出。但是，我觉得不会出现乱象愈演愈烈的局面。因为，人们都是具有理性的，一方面所有的事情都是有成本的，太不合理了，就没有市场了。另一方面，如果包括政府在内的社会都理性地对待自己的问题，政府不要把过多群众的诉求宣布为非法，群众需要和向往的东西的成本就大为减少，地下的东西或所谓的社会乱象也就会越来越少。

4．在第六次人口普查之后，关于是否调整现行政策的争论很激烈吗？您的观点是什么？哪些数据支持您的观点？

调整和改变生育政策的观点越来与受到社会广泛的支持，是因为我们国家的经济社会进步。随着国家对外交往的扩大，越来越多的人具有了自由、平等和人权价值观念，看到世界上其他的国家都没有我们这样的计划生育制度，别人的人口也没有发生"人口爆炸"。所以，人们必然反省我们的问题究竟是社会体制、制度和政策的问题，还是人口多少的问题。当然，第六次人口普查的一些数据也支持人们这一方面的反思，比如，根据0-14岁组的人口在总人口中的比例越来越少的情况，证明我们国家的人口生育率越来越低。我的估计，我国生育率已经下降到1.3-1.5这样的水平。就是说，现在生孩子的这一代妇女的生育率已经降低到2个妇女终生生育不到3个孩子，表明我国人口生产和再生产是以极大的速度萎缩性发展。所以，现在要求停止计划生育的呼声越来越高。当然，还有维持现行生育政策的，以及要求普遍生育两个孩子，要求不分城乡执行"双独"生二、"单独"生二，等等几种观点。

5．目前持续三十年僵化的人口政策，已经带来哪些显性和潜在的后果？

我是主张立即停止现行的计划生育政策的。我主要是从计划生育制度给我们的社会带来的危害出发提出这一意见的。我有个推算，从 1979 年到现在，违反政策出生的至少有 2、3 亿人口。我们的基层干部大都是认真执行计划生育政策的。发生超计划怀孕后基层干部不可能不知道，知道了也不可能不上门去做工作，既然做工作了那些超计划怀孕的就不可能没有人去做流产。所以，2、3 亿违犯政策出生的人口一定是经过更大数量的一个怀孕次数才得到的。有多少次？1980 年前后，我们国家的人流比，即一定时期比如一年内生育数和流产次数的比例，大约维持在接近1:1的水平，即使我们用1:0.5来计算，这 30 多年我国大约生育了 6 亿多人口，那么伴随超生的 2、3 亿人口至少还有 3 亿次的人工流产。另外，2、3 亿人口违犯生育政策意味着必须缴纳罚款，每一位听众都可以计算基层干部要经过多少亿次登门上超生户家里收缴罚款。还有，我们国家是需要证件才可以有正常生活的社会，超生就意味着不可以正常上户，没有户口也就没有其他一切证件。孩子大了需要上幼儿园、上学，家长必须去办证。这将是群众多少亿次的跑关系、走门子啊。这种种非正常的现象其实是我们社会的摩擦，是与正常的、和谐的社会相违背的。

6．在讨论中，很多人都提到您的翼城县试点，您觉得试点的最大结论是什么？为什么只是一个孤本试验？

自从 1985 年山西省翼城县试点以后，已经经历了 3 次人口普查。对照试点前的 1982 年普查人口和后来的 3 次，每次都表明翼城县的人口总量增长要比全国、全省和所在的临汾市的总人口增长还要低。这至少表明，宽松的政策要比严紧的政策要好。

7．龙年即将到来，请问这一波生育高峰能提高低迷的生育率吗？（这个问题纯属扫盲……嘿嘿）

我国传统上有这样的讲究，社会的感觉似乎也认为逢羊年生孩子少一些，逢龙年生孩子多一些。但是，实际上差别不大，各个年的人口生育大致还是平衡的，人口统计上的忽高忽低的现象并不明显。因为每个人的婚姻和生育都是很实际的生活，要受各自具体的生活条件的制约，能够依据这种观念和意愿一类的条件实行调剂的家庭只占极为微小的比例。特别是绝大多数做这样提前或者推迟生育的仅仅是调节了自己的生育日期，而不是增加生育数量，所以，对于提升生育率几乎没有什么影响。这里的道理很简单，如果龙年提升了生育率，那么羊年也就会压缩了生育率。

8．今年各地的人口政策调整中，您觉得哪些是有益的尝试？（人口大省河南也刚刚通过了"双独"二胎……）

由于计划生育很不合理，所以，多年来政府对于这方面政策的反应都表现得极为敏感。过去是不允许公开讨论生育政策的。这几年的网络发展很快，有关部门无法制止网络上的讨论，反对和要求调整计划生育政策的呼声越来越高。有关部门不愿意由此引起舆论波动，就尽可能不接这个话茬。在这种理念下，前几年还有说要作调整政策的实验，并且初步规划了东三省先作试点，后来内定又增加一个上海市，甚至于广东省也打报告要求参加试点。到今年前半年第六次人口普查主要数据公布前，又不再提了。河南省前一阵子允许"双独户"可以生育第二个孩子，只是属于其他大多数省份都已经执行了几十年的政策。除此之外，这几年民间舆论生育政策的呼声大，而管理部门实际的动作并不大，甚至于基本上没有。

——2011 年 12 月 23 日

（刊发于 2012 年 8 月 3 日）

访谈第十六：

生育政策总是伤害老百姓，早就该停止了

——半岛电视台 Steve Nettleton 的采访

1. 中国当下的计划生育政策，有哪些益处和危害？

我国当前的生育政策就是通常人们所说的现行的计划生育政策。它也是由政府决定和分配给居民生育指标的一种生育制度。这种很反常态的人类制度是在我国传统的计划经济体制下的一个很特殊的社会背景下产生的。因为这一政策和群众的生育意愿之间存在着极大的反差，政府逐渐形成了一个以强制性为特征的国家机制用来维护政策的严肃性。国家强制性的政策和群众的实际生育产生了大量的社会摩擦。我曾经用一些简单的数据来显现计划生育政策带来的社会摩擦。从1979年实行"一胎化"的生育政策以来，30多年来实际生育大约6亿人口，其中违犯生育政策和超计划生育指标生育的人口少说也有2、3亿。我这里用"违犯生育政策和超计划生育指标"，是因为计划生育部门在日常工作中常常是用政策和指标双重标准进行管理的。有的家庭按照政策可以发放生育指标，但因为该地区或单位的生育计划严紧就无法得到生育指标；有的地区或单位计划比较宽松，本来可以给希望生育的家庭发放生育指标，但因不符合生育政策的要求，同样得不到生育指标。这样，30多年来应该处罚的人口就特别多，既多于单纯按照计划管理的人口，也多于违反政策的人口。您莫小看这2、3亿被处罚的人口，这背后还大有文章。首先，因为计划生育"一票否决制"，基层对于超计划生育是极为重视的。在各个基层单位，有条件生育的妇女怀孕是无法瞒过干部的。当发现

计划外怀孕，干部会三番五次地上门做工作动员其流产。所以，我们国家一直都有很高的人工流产率。1980年代的人流率最高的时期曾接近于1∶1，即每生育一个孩子的背后还会有一个孩子被人工流产处理掉了。即使用1∶0.5的比率，过去30年生育6亿左右的人口至少也会有3亿左右的人工流产。考虑到超计划生育怀孕会得到干部和群众的多次博弈，2、3亿违反政策和超计划出生的人口就会有更高的流产比率。基层干部工作愈是认真，流产率就愈高。很可能这2、3亿人口是通过2、3亿次的人工流产得到的。其次，如果按照每个家庭4口人计算，2、3亿违犯政策出生的人口该是8亿人口了。国家是把一个8亿人口的群体推到了对立面去了。再其次，为了维护政策的严肃性，超生之后接下来就要接受处罚。因为处罚轻了，就变相成了交钱生孩子了。所以，计划生育的处罚政策故意制订的有一个具有很大伸缩性的幅度，由基层干部根据各个家庭的实际经济状况具体决定，其目的就是要让违犯政策的家庭拿出的罚款几乎拿不出来，能拿出来的也会心痛。这样，干部上门收取罚款也不是一次两次可以结束的。要知道，包括动员怀孕妇女流产和征收罚款，这都是基层干部和群众的摩擦。还有，我们国家是一个需要许许多多的证才可以过正常生活的社会。而办各种证件的基础性证件就是户口，超生就意味着没有户口。超生家庭为了孩子有正常的生活，从办户口开始又是没完没了地跑基层政府官员的家里和机关。这都是社会摩擦。

想一想，一个社会2、3亿的出生人口，牵涉8亿以上的人群，总不能说这么多的群众是错误的。一项把民众正常生活人为地列之为非法，从而造成民众和政府的摩擦。摩擦是一种社会内耗。内耗，是不发达状态下的一种常见社会现象。特别是由政府引起的内耗，更是落后的表现。

至于您说现行的计划生育政策有什么益处。我一开始是也是站在计划体制内认识和研究计划生育的，对计划生育持肯定的态度，现在则完全否定它了。计划生育的本意似乎是为了控制人口，说经济要发展，人口就要减少。即使是这样，也没有必要由政府来操作。我把避孕和节制生育总结为工业和现代化创造的一种符合人性的新的生活方式，随着经济社会由传统向现代的转化，生育率自然就得到降低，而无需要政府插手期间。我国的妇女生育率由 1969-1970 年的 6.8 下降到 70 年代末的 3.0 以下，10 年的时间妇女平均少生育了 3 个孩子。泰国在 1980-2002 年妇女生育率由 3.5 下降到 1.8，比同期我国由 2.5 下降到 1.9 的幅度还要快。当然不只是中国和泰国，世界上几乎所有的国家和民族都随着现代经济社会的发展出现了生育率下降，其中有些发达国家的生育率已经很低很低，譬如日本达到 1.2，发达国家生育率比较高的如美国也仅只有 2.0 左右，英国、法国都在 1.9 以下，欧洲大多数国家比这都还要低。总之，除了我们国家以外的几乎全世界都说明，即使需要放缓人口增长的幅度，那也不需要政府插手期间。

如果往深层里分析，制造所谓经济社会发展需要减少人口的荒谬理论，是社会上有钱人对穷人的一种恐惧。人类社会的进步限制了富有者阶层的生育。在传统社会里，有钱人可以有许多个妻妾为他生孩子。资本主义时代的一夫一妻制度断绝了富有者阶层的这一特权。因为接受教育和较高层的社会职位都需要花费大量的个人时间，这都与较高的生育率发生冲突。与此形成鲜明对照的是穷人似乎有较高的生育率，富有者往往害怕穷人无节制的生育毁掉了人类的未来。他们总以为穷人不会计划自己的生活，不知道通过奋斗寻求幸福。这一现象扩展到国际社会，就是发达国家的主流意识形态对落后国家人民的歧视。其实，穷人和富人的差别仅仅在于拥有的资源和遇到的机遇不平等，而在利用资源为自己和他的家庭、他的孩子谋求自由和幸福的能力上并没有明显的差别。把穷人想象为只会生孩子的动物，以为人类会被穷人的生育给毁灭掉，是富有者们的一种偏见。

毛泽东有一句至理名言，说人是世界上第一可宝贵的资源。这是一个颠扑不破的真理。人只有在不合理的制度下才会沦落为社会的包袱或负担。无论富人或者穷人都不是生孩子的机器，那么，在历史上，当社会还未能产生节制生育的手段的时候，人们别无选择地生育一个又一个的孩子。在现代，当社会为人们提供了选择的条件的时候，每一个出生的孩子就都是家长们的理性选择。

2. 计划生育与性别比偏高、老龄化社会、与抚养率增高、与劳动力缺乏之间有什么关系？

从发达国家走过的历史来看，随着经济社会的发展，妇女生育率出现持续下降，这就必然地产生一定程度的人口老化和负担指数的提高、劳动力短缺等问题。道理很简单，就是生孩子少了。生产工业化和社会发展现代化是不同于传统的自然经济时代的。仅仅从形式上来考察，现代社会有这样 3 个特点，一是把劳动力从各个家庭吸引到社会，二是劳动力经受培训的时间越来越长，三是男女性别差异在劳动职位上的表现越来越微弱。这三个方面的重大改变给人类生育行为带来的直接的后果就是劳动社会化、妇女走向社会、婚姻推迟，以及避孕、节制生育和生育率的持续下降。这是人类应对现代化的直接、本能的一种反映。因为作为人类走向现代的时间还不很长，特别是走在前面的发达国家自身的生育率下降造成的劳动力短缺一直有丰富的发展中国家廉价劳动力的补充，而发展中国家的生育率下降又都是最近 3、40 年的事情，所以，作为全人类的生育率下降给社会带来的后果还不是很清楚。但是，可以肯定的是，劳动力短缺将会给社会发展带来极大的困难。

以上是就一般问题来讲的。我国的问题还有一些特别之处，这就是政府在生育率下降过程中的作用。除了我们国家以外，世界上其他所有国家的政府都没有直接干预居民家庭的生育行为。也就是说，世界上其他的国家的生育率下降是一种自发过程。我们国家最近 30 多年由政府作为强大推手，一方面使得老龄化过程加快了，另外一个后果就是出生性别比的失衡。

3. 是否需要调整？应该如何调整？

现行的生育政策不是该不该调整和应该如何调整的问题，而是早就该放弃了。因为，避孕和节制生育虽然是现代化的一个必然结果，但它是居民自发的行为，而不是政府刻意追求的目标。现行生育政策不断地伤害老百姓，早就该停止了。

4. 某些地方（如广东）曾经尝试放宽生育政策，可行么？会得到上级领导部门同意么？

前年开始曾经吹出一阵风说开放一些地方实行"单独生二"，那可能是国家人口和计划生育委员会的一个工作思路。但是，我对此是很不以为然的。现行的计划生育有百害而无一利，本不是什么试点和试验的问题，早就该坚定地放弃的。但是，即使这样，也不清楚是什么原因又停了。生育政策是国家最高层决定的，去年传出话说"十二五"期间不作调整，那就不可能在近期有大的变化。至于说国家领导人是怎么想的，我们就无从知道了。

5. 您曾经说计划生育违反人权，为什么？

所谓人权是人生而具有的、与生命紧密相连从而不可剥夺的权利。马克思在《资本论》里论述，只有在人类平等概念已经成为国民的牢固成见的时候，它才是一个可以得到广泛理解的法权概念。因为社会发展水平相对落后，前苏联就不愿意承认这个概念。联合国通过《世界人权宣言》的时候，前苏联率领当时的社会主义阵营的国家投了弃权票。我国长期受斯大林思想的影响，对这个理念也是持否定态度的。现在还有不少的人对温家宝总理说人权等观念的普世价值表示不同的意见，写文章说世界上没有普世价值。恩格斯说，人权就是超越国界的平等和自由权。毫无疑问，因为每个人拥有的经济、社会和自然条件的不平等，人类在发展的现阶段也还没有实现全面的、所有人的自由平等权。但是，这是一个社会发展阶段上的局限性，是随着经济社会的发展需要不断克服和扩大的问题，而不是应该否定的理由。生育权属于基本人权，其实是人类社会发展以来就被尊重的事实。由于存在这样的前提条件，人类才得以逐渐发展成为一个有规则的社会组织。联合国人权宣言以后，许多国际公约都根据《联合国宪章》和《世界人权宣言》明确约定生育权属于基本人权，生育孩子的数量和间隔都是各个家庭的基本权利。我们国家正在走向世界。我们不可能要求国际社会修改一系列国际公约来迎合我们政府的价值观念。相反，中国要做一个负责任的世界大国，就必须遵守承诺，服从国际公约。生育权归结为基本人权，那就意味着这不是思想或理论问题，而是一个国家的法权实践。对于每一个公民来说，必须认可和尊重人权。对别人基本权利的尊重，是现代社会自己基本权利保障的前提。对于政府来说，必须无条件地保障公民的基本权利。

——2011 年 12 月 5 日

（刊发于 2012 年 8 月 21 日）

访谈第十五：生育权应该回归个人和家庭

——法制周末报记者焦红艳的访谈

按语

本月 21、22 日，法制周末官方网站先后刊登了记者焦红艳《专访计生专家、人口学家梁中堂》[1]和陈宵来自翼城的报道《翼城二胎实验 27 年》[2]（这两篇文章分别载 2012 年 8 月 23 日《法制周末》第三和第二版）。所谓我的专访，是根据 17 日电话访谈整理的。20 日，记者曾将文字整理稿发给我，但因参加李建新教授在上海书展期间举办的一个论坛，未能在当天过目修改。21 日下午 6 点许，我将修改后的文字返还给记者，不想 11 点 48 分，网上的那篇文章已经粘贴出去了。前几天，一位热心朋友检索后发现，各大官方网站似乎都踊跃转载了那篇文章。所以，他来电话问是否有背景，或者表明上层对这一政策将有松动？我毫无犹豫地都做了否定的回答。17 号焦红艳对我的电话采访，与绝大多数媒体并没有什么不同。大约 2 个小时的访谈，在过去几年里也是常有的事情。不同的是，因为不知道他们要发专访，我没有及时修订文字整理稿。所以，经我修订的文字并未进入编辑程序。为了严谨起见，将其粘贴在下面。

——2012 年 8 月 29 日

法治周末：翼城试点之后，您作为主导试点的专家经常回去吗？最近这些年还经常保持着关注吗？

梁中堂：因为毕竟是体制内与其他地方政策差别很大的一个县，

---

1 参见 http://www.legalweekly.cn/index.php/Index/article/id/718
2 参见 http://www.legalweekly.cn/index.php/Index/article/id/719

所以，从试点开始后，我一直比较关注它。但是，不同时期的关注点是不一样的。上个世纪 80 年代中刚开始，那主要是对试点运行情况作一些分析指导，去的次数就多一些。90 年代试点工作已经定型，再加上推广的希望渺茫，就去的少一些了。近些年社会关注度提高，有许多问题需要我从新的角度研究和思考，又去的多了起来。当然，有些时候是应一些媒体的邀请陪他们的。

法治周末：您好像说过对山西省的计划生育工作并不很熟悉，但为什么把试点选在了翼城？

梁中堂：这个试点是从 1985 年开始的。但是，试点的做法"晚婚晚育加间隔"是我 1979 年全国第二次人口理论讨论会上提出来的。1983 年年末，省委任命我为山西省计划生育委员会顾问。我认为自己研究的生育政策属于全国性的，为了工作的小环境好一些，避免和省里的具体工作发生冲突，就对省里尽可能地超脱一些。所以，省里各个地方的计划生育工作就不熟悉。争取到试点以后又觉得，这个办法应该对全国普遍适应，那么从原则上来说，它放在什么地方就不很重要了。

但是，作为试点，我还是提出一些要求，比如城市郊区的经济社会条件好，选择做试点可能就没代表性。所以，在山西省计划生育委员会党组会议上研究试点工作的时候，我提出 4 个条件。一是计生工作的难点在农村，要选择一个有代表性的农业县。二是试点工作主要靠地方干部作，至少县委一班人对这一工作有积极性。三是试点情况需要及时分析总结，基层的人口状况要比较清楚。四是那时候的交通不像现在这么便利，为了我来往方便，希望是个通火车的地方。省计生委党组提出 2 个县供我选择决定，第一站到翼城，和县委书记见面后就决定放在那里了。

法治周末：当年的计生干部用"大胆出位"评价您，您自己的心情是怎样的？当时，和您有共同认识的人是不是非常少？

梁中堂：就我个人而言，至少没有现在人们设想的那么兴奋。您可以想一下，我是在 1979 年针对"一胎化"的政策提出晚婚晚育加间隔的。这一观点不仅没有得到认可，还被当作是反计划生育的。按照当时的中共中央总书记胡耀邦和国务院总理赵紫阳分别在 1984 年的批示，应该在全国普遍实行晚婚晚育加间隔的政策，因为实际工作部门的抵制，现在不得不通过试点的办法去推动它，那还有什么激动的理由？

根据当时的规矩，党和政府的现行政策是不容研究和讨论的。所以，研究这个问题的人就很少。当然，包括国家计划生育委员会在内，直到现在也没有人公开反对过我。高校和研究机关里有极个别反对我观点的人，可能因为太忙，又都不愿意做这方面的专题研究，几十年来也都是采取回避的态度，避免与我正面的讨论和交锋。

法治周末：在 1979 年的那次会议上，您预测了"一胎化"会造成严重的人口老龄化、劳动力资源和兵源的困乏、经济结构扭曲和家庭结构"四、二、一"等问题，现在不少已成为现实。您主张"晚婚晚育加间隔"的做法能解决以上所有问题吗？

梁中堂：一定程度的人口老化是现代化的一个必然结果。不过，发达国家和一般发展中国家的老化都是在其发展中自发产生和发展的。我们过于严厉的人口政策则加速了这个过程。另外，发达国家因人口老化带来的一系列问题有发展中国家的劳动力的递补而得到比较好的解决，这就好像我们国家大城市的人口老化有大量"农民工"得到缓冲一样。但是，我们这样的发展中国家自发的老化问题如何解决，本来是个不得而知的问题。政府的不适当干预，肯定加速和激化了这一问题的程度。如果 1980 年前后执行允许人们生育两个孩子的政策，人口老化的现象不会避免，但有至少可能得到缓冲，独生子女家庭也会少一些，社会负担相对会轻一些。

法治周末：如果翼城的出生率不是一直低于国家、省、市的平均水平，是不是也有可能推行不了这么久的时间？为什么其他的一些试点（媒体报道过的有辽宁省黑山县、黑龙江省黑河市、浙江省武义县、甘肃省酒泉地区等地区）先后都被收回了？翼城的经验为什么一直没有得到推广？

梁中堂：翼城县的试点能坚持下来，主要和当时的中央领导的认识有关。我这些年研究才发现，赵紫阳在 1980 年对正在实行的"一胎化"就有看法。他在 1981 年 9 月的书记处会议上明确提出的两个方案中，首选的就是允许农民生两个孩子。我的一些观点，刚好迎合其想法。所以，试点开始以后，有很大的反对声音，赵紫阳明确支持试点，这是 80 年代坚持下来的重要原因。后来可以坚持，而且遇到 1989 年那次"动乱"，仍然得以坚持，可能与我的执着和认真有关。试点开始以后，我不断研究其运行情况和效果，客观分析那里的工作情况，说明在实行这样的政策以后，该县的计划生育工作健康发展。所以，当那次"危机"来临的时候，翼城县的试点已经成长得足够大，有广泛的社会影响，不是随意就可以拿掉的了。也许还有一个原因，就是我在省里的影响，省委支持我的工作。

至于其他地方被取消试验资格，我觉得也有这方面的因素。我曾经想过，即使翼城的出生率比全国的平均水平高，但我一定会客观分析其原因，比如因为年龄或性别构成上的原因，它本来就应该比别的地方生育水平高一些，那我一定要向社会讲出这方面的道理，那你有什么理由取消试点，否定人家几十万甚至数百万人民的实践活动？

翼城县的实验那么好而得不到推广，说明我们的体制有问题。任何国家政策都是社会利益的体现。在一个民主社会里，公共政策往往是有关集团充分博弈的结果。因为我们国家还没有达到那样的程度，政策都是由相关的长官来决定。翼城的试点本来就不是政府主管部门提出来的，是从外面强行加入的，人家本来就很勉强。所以，它终究没有得到体制的认可。虽然它有一定的影响，但在现行的体制下没有被取消也算是很不容易了。一个严重的现实是，即使被实践证明是可行的，当他不愿意的时候也就可以不做。这就是我们的现行体制。

法治周末：可能，时至今日，依旧可以用"大胆出位"这个词来形容您。在计划生育依旧是一项不容动摇的基本国策的时候，您坚决主张废除计划生育。在专家这个领域，现在和您有一样观点的人多吗？人们对计划生育的认识是不是随着计划生育一些"后果"的显现出现了很多改变？现在，持全面放开二胎的观点的人是不是比持取消计划生育的观点的人多？

梁中堂：我国现在很活跃的这一批专家中，认为国家不应干预国民生育行为的人占多数。这些人大多都有国外留学背景，懂得生育权属于人权的道理，也知道全世界除了中国以外再没有这么做的。另外，几乎也没有专家认为计划生育可以一直这么做下去的。但是，和我一样愿意明确表达的却微乎其微。

说到底，还是社会存在决定社会意识。现在人们对于生育政策的认识比过去深刻，就是因为这几十年来我国经济社会的巨大发展。因为社会的发展，特别是我们走向世界以后，有许多社会意识，一下子就得到众多人的认可。就拿最近几年计划生育方面爆出的有影响的几个事件来说，如黄陂事件、临沂暴力执法、邵氏孤儿、安康大月份引产，等等，其实在过去30多年里都是见怪不怪的。可现在媒体一旦揭露，就成了过街的老鼠和众矢之的。这是社会发展给人们观念带来的巨大变化。

但是，我们还需要回到现实的体制。因为现在的专家几乎都是体制内的，自己的认识归认识，明确表达时还要尽可能地与政府保持一致。所以，他们以为政府比较容易接受放开二胎，提出这个方案的人就多一些。他们哪里在乎，人民群众怎么可能按照某些人想象的要求去生活呢！

法治周末：像印度这样的国家，近些年人口增长一直都很快，似乎带来了一些社会问题。

梁中堂：印度的问题，是人家国家的问题，我们并没有深入研究过。现在的一些报道，往往是我们误读和采取实用主义的结果。比如说发达国家为了解决生育率下降问题，实行鼓励生育的政策。这是用我们国家的情况误读人家的公共政策，是不正确的。发达国家一般都有依据家庭人均收入缴纳税额和获得社会福利数量的政策，那是人家的社会福利政策。我们往往以此为据，说是他们的生育政策。这是不正确的。发达国家都把生育当作国民的私事，政府是不参与其中的。所以，这些国家都没有一个旨在影响国民生育行为的公共政策。包括印度在内，一些发展中国家的政府贪图国际社会的援助，有希望国民少生孩子的，但那也都是交给半官方的机构譬如计划生育协会之类的社会组织来操作，政府并不直接出面要人们如何生育。印度是不是因为人口增长造成许多问题，我们没有研究。但是，我曾经根据我国和印度的人口普查的数据画过一张图，从 50 年代到 2000 年，中、印两国的人口总量的变化曲线几乎是平行的。这说明，我们实行严格的计划生育，但实际结果和印度的人口增长差不多。

法治周末：我们都知道，计划生育的初衷是怕人口增长过快。那么，计划生育到底让我们国家少出生了多少人口？如果当年不实行这个政策，会是怎样一种情景？

梁中堂：根据国家计划生育委员会的说法，我们因为计划生育少生了 4 亿人。这是一个伪命题。社会由传统的自然经济转向现代的历史阶段，必然造成妇女生育率的降低。这一点已经得到世界上几乎所有国家的证明。生育率降低，似乎就是少生了孩子。但是，这究竟是经济社会发展的结果，还是政府实行强制性的计划生育的结果？您如果说我们因为计划生育少生了孩子，那其他国家的生育率下降而少生的孩子是什么原因？如果说我们因为计划生育少生了 4 亿的孩了，那么，因为我国最近几十年经济社会巨的大发展又少生了多少？

我把避孕和节制生育总结为工业革命创造的一种新生活。随着现代化的发展，生育率必然下降。如果同意这一观点，那么，因为我国经济社会在最近 30 多年有了历史上从未有过的大发展，现代化的社会生活必然带来生育率降低。所以，即使需要放缓人口增长的速度，那也不需要政府插手其间。相反，如大家都看到的那样，因为政府的操控而收获了许多悲剧。

法治周末：最近有一个新闻，石家庄的一个计生干部退休后失去了唯一的儿子，她非常后悔当初放弃了要第二个孩子的决定，不知您看了这样的新闻有什么样的感受？

梁中堂：能说什么呢，这都是计划生育惹的祸。

从古至今，即使不提倡一对夫妇只生一个，也有很多人愿意或者只能生一个。上帝不会因为只有一个孩子就不让其出意外。但是，如果没有计划生育，这些"失独家庭"不会埋怨政府。石家庄这个人，她曾是计划生育的受益者。因为独子，她曾经受到过补助、奖励、转干和提拔。即使这样，孩子没了，她还是会埋怨政府。她有理由埋怨。政府也应该为这一后果负责任。其他"失独家庭"就更有理由要求政府负责。随着时间的推移，政府因计划生育的错误而检讨的问题会越来越多，比如劳动力的缺乏、老龄化、性别比例失调，等等。

法治周末：失独老人、性别比例不均衡、老龄化，这些跟计划生育政策相关的"后果"逐渐显现，很多是您当年就预见到的。而且，您曾经说过，在80年代，还没有人口数字作支撑的情况下，一般的专家甚至都可以通过逻辑推理来预计到这些，那么，为什么这么多年过去了，您的观点依旧显得那么孤独？为什么我们的政策没有动摇？

梁中堂：需要纠正一点，我的观点已经不孤独了。您看看我的博客，或者每次计划生育事件发生时的社会舆论。

至于这样的政策得不到改变，那还是体制和制度问题。从上个世纪90年代中后期开始，我逐渐明白计划生育政策不单纯是一个人口和计划生育问题。它是我们国家体制中的一个局部问题。体制或制度是一个国家社会构成的反映，集中体现了社会不同集团的利益关系。我们还没有发展到民主制度的阶段，重大决策都是由相关的领导决策。有许多在底层的人看来重要的问题，决策者却不认为它重要。和我们每个普通人一样每天都在做自己重要的事情一样，决策者每天都在做他们认为重要的问题。这就是问题的症结。

法治周末：还有人认为，取消计划生育政策的一大阻力是，目前庞大的计划生育工作队伍无法安置，您怎么看？

梁中堂：这是一些老百姓的认识而已。我觉得从来就不存在这个问题。从上个世纪50年代初期建国以来，我们政府的机构改革从来就没有停止过。不用说新增加和撤消的机构，一些机构分分合合，从来就没有停止过。中央什么时候会因为某一个部门的人员去向和安置问题，而妨碍机构改革的大事了？这完全是一个价值判断。决策者认为这个问题还没有到应该解决的时候，仅此而已。

法治周末：您说过，人口老龄化还没有到最严重的时候，除了老龄化，您觉得当年计划生育政策带来的"后果"是什么，我们现在有什么办法能应对？

梁中堂："一胎化"刚刚实施的时候，我强调其会引起如老龄化等社会后果。现行计划生育政策实际运行一个时期以后，暴露出严重的现实问题，我就将社会现实问题当作研究的重点了。许多人对媒体揭露出来的一些事件义愤填膺，其实有比这些更可怕的事情，这就是每天都大量发生在我们身边的社会摩擦。这是来自政府对人民的伤害，是动摇执政党统治的根基、抑制社会发展的制动仪。这是比老龄化这些"后果"更严重的问题。

没有别道路可走。"解铃还须系铃人"。解决因为计划生育带来的社会摩擦，只有取消计划生育这个办法。

法治周末：您说过："世界近现代史上，哪里有人口减少经济社会却得到发展的事例呢？"那么可以反过来说吗？人口增长有利于经济社会发展？

梁中堂：这个问题问得好。我曾经说过，30多年前，我们政府设计了一个梦，"经济要上去，人口要下来"。因为古今中外的历史上都没有这样的事，所以它是一个中国梦。但是，我的研究发现，几乎所有的国家都是随着经济社会的发展，人口也在不断地增长。这至少是被世界近现代历史所证明了的事情。即使这样，我也不同意设置"人口增长会有利于经济社会发展"这样一个命题。因为，每个国家或地区的发展，都是它自身的成长和发展。这一发展的基础和出发点都是已经存在的人民。一定的人口是其发展的前提和目的。我们应该和必须考究发展的社会政策，而不能追究他的人民，把一定的人口因素当作社会的目标。如果这样做了，就可能转移方向，干预人民的私生活。要知道，无论人口的状况如何，那都是我们发展的基础和出发点。我们只能在一定的人口基础上前进，但不能把某种人口规模或构成设置成为目标来追求。如果那样，就是本末倒置，就必然出现悲剧性的问题

法治周末：您说过《中华人民共和国人口与计划生育法》是中国法学的耻辱。

梁中堂：我国现在的法学界已经不同于 20 年前。现在的法学家大都有良好的教育背景，应该懂得"内部和谐一致"是现代国家法律体系的基本特征和要求。但是，现代法学家竟然没有人指出《中华人民共和国人口与计划生育法》是和包括国家宪法在内的所有法矛盾、冲突的。生育权应该是宪法保障的基本人权。我发现，法学家毕竟不是一般的老百姓，他们了解许多国际公约上都有"生育权是基本人权"的约定，也懂得其中的法理，却不是主张废除而是提出修改国家计划生育法。既然是基本人权，那就是应该得到保护和尊重的问题。法学家懂得其中的道理却不敢坚持，显然是迎合政府。所以我说是一种耻辱。

法治周末：如果说当年的计划生育政策没有太多的人口数据支撑，那么这些年来人口学的发展是否为计划生育工作提供了一些重

要理论依据？

梁中堂：人口学这些年基本没有什么发展。如果科学为错误辩护，它会有什么发展？就连实际的人口统计也没有多大的进展。比如说，根据 2000 年的普查计算，我国生育率为 1.22。但是，10 多年来，我们官方从来就不承认它。2010 年普查后，生育率为 1.18。官方继续对这一数据漠视，不认可它。一个国家的人口状况，权威的来源只能是它的普查。生育率是人口普查最重要的指标之一，我们却连续两次否定自己普查得来的数据。这就意味着，我们国家在长达 20 多年的时间里弄不清楚我们的生育率究竟是多少。既然如此，我们有什么理由认为人口总量是准确的呢？20 多年里的妇女生育率和人口总量都说不清楚，还有什么人口数据是清楚的？

法治周末：教授，您是不是这样认为，如果在当年翼城模式或可推广，今天这些已经不够，而是必须取消计划生育？

梁中堂：就当年站在体制内来说，全国实行翼城县这个办法，无疑比现行的计划生育政策要好一些，社会矛盾和内耗要少一点。但是，它同样不能解决我们的社会问题。计划生育是当年站在计划经济的视角上的认识，现在跳出体制的局限，知道生育权是基本人权，那根本的问题还是回归老百姓的生育决策权。

（刊发于 2012 年 8 月 29 日）

粘贴《“现在好的是，允许我们这些人说话”——〈法制周末〉记者/焦红艳专访计生专家、人口学家梁中堂》一文前所加的按语

　　文章的题目是《法制周末》2012 年 8 月 23 日刊发我的这篇专访时使用的文字。该文是记者焦红艳于 5 日前对我的一次电话采访。文字用引号引了起来，想必是我在电话中说的一句话。但是，我已经忘记了是在什么情况下所说的。因为报纸发表的那份稿件未曾经过我的审阅，所以，前天下午将修改的稿件粘贴在我的博客上。标题《生育权应该回归个人和家庭——专访计生专家、人口学家梁中堂》，猜想也是记者使用了我在电话里说过的话。但是，我在粘贴文稿前所写的按语里，羞于写出报纸标题中的这句话。言论自由是现代国家公民的一项基本权利，那是一个现代国家最起码应该达到的。“允许”讲话，显然还未达到现代国家的发展阶段。“现在好的是，允许我们这些人说话”，未免像是一个生活在专制时代的人说出来的话。何况，这样的语气还有点对专制政府的宽松和施舍感恩戴德，奴颜婢膝。谁想，《法制周末》刚想用我的口夸现在的世道，我的那篇文章放出去不到一天，又被屏蔽掉了。也许是我的那篇专访的题目与报纸不一致所致。所以，再改用报纸的题目，把它贴出来。

——2012 年 8 月 31 日星期五

（刊发于 2012 年 8 月 31 日）

计划生育：一个中国梦

——生育率持续下降对未来劳动力供应的影响

按语

去年 5 月 21 日，参加上海财经大学高等研究院一个专题研究会。因属临时抓差，开会前几天才接到通知，急就了个 PPT，题目就是现在的副标题。"一个中国梦"，是作为题词出现的文字。后来，就以题词为题，又作了几次讲座。那次会议后，主办方要求报告人交出一篇文章拟汇集出版。为此，我根据 PPT 整理出这篇短文。昨天，收到新出版的书籍，《中国沿海地区产业转移浪潮——问题和对策》，张欣蒋长流范晓静编，上海财经大学出版社，2012 年 7 月出版。现抽出拙文，换取讲座时的题目，粘贴于后，以飨同好。

——2012 年 9 月 9 日

恩格斯在《家庭私有制和国家的起源》的序言中说：

根据唯物主义观点，历史中的决定性因素，归根结蒂是直接生活的生产和再生产。但是，生产本身又有两种。一方面是生活资料即食物、衣服、住房以及为此所必需的工具的生产；另一方面是人类的生产，即种的繁衍。

所以，人口的生产和再生产本质上就是社会经济生活的重要内容，特别是它的生产规模即生育率水平对未来社会劳动力的供应产生直接的影响作用。

1. 一个中国梦

30 多年来，我们在做一个美好的梦。这个梦的一半是人口快速萎缩，另一半是经济社会的巨大发展。为了圆这个梦，理论家又制造了许许多多的理论，形成了一个庞大而又能自圆其说的理论体系。如同经过神学家的辛勤工作令中世纪的欧洲生活在精致的宗教世界里一样，中国人也生活在一个由自己编织的梦境里。

2. 一个常识

但是，那个人口萎缩，经济增长的梦幻在人类的历史和现实中却找不到例证。不仅从总体上来说，人类进步的历史与人口增长相约而行，而且现代经济增长也是与人口增长属于同一个社会过程的两个侧面。世界上没有任何国家或民族在人口萎缩的同时经济却保持增长。30 年前，当中国只有 9 亿人口的时候，人们普遍吃不饱肚皮。现在，全国 13.4 亿人口了，经济总量在世界排名第二。人口增长的同时，经济发展了；经济要发展，人口总量也伴随增长。不信，请看世界银行提供的一些国家的数据。

3. 几个国家的数据

其实，经济增长不仅伴随着人口的增长，而且社会的进步还表现在经济活动人口即劳动就业人口的增长高于人口的增长水平。

美国总人口由 1980 年的 2.27 亿增加到 2002 年的 2.88 亿，年均增长率 1.1%；劳动就业人口则由 1.10 亿增加到 1.48 亿，年均增长 1.4%。

英国同期由 5630 万增加到 5920 万，年均增长率 0.2%；劳动就业人口则由 2690 万增加到 2960 万，年均增长率 0.4%。

日本同期由 1.17 亿人口增加到 1.27 亿，年均增长率 0.4%；劳动就业人口则由 5720 万增加到 6800 万，年均增长率 0.8%。

印度同期总人口由 6.87 亿增加到 10.49 亿，年均增长率 1.9%；

劳动力则由 2.99 亿增加到 4.7 亿，年均增长率 2.0%。

如果愿意，读者可以随意寻找任何一个国家的数据。

4. 我国未来劳动力供应的前景

在这样的情况下，检视我国的未来的情况，2009 年我国经济活动人口 7 亿 9812 万。[3]根据国务院第六次人口普查办公室的第一号普查公告，2010 年 10 月 1 日普查时点，我国 15-59 岁人口为 9 亿 3961 万，考虑到 15-19 岁约 9000 万，以及统计口径中学生和军人不按照"经济人口"统计，大约 20-60 岁人口基本上就构成了我国经济活动人口的主体。那么，一方面，未来 20 年我国将有 3.8 亿人口达到退休年龄，而同期进入劳动年龄的人口仅为 3.0 亿。另一方面，过去 10 年中平均每年有接近 2300 万的人达到 20 岁的年龄，今后 10 年内每年进入这个年龄的人口不足 1600 万。这样的劳动力供应，是古今中外的各个国家历史上所没有的。

5. 我国劳动人口的年龄结构分析

如果上面是就劳动力总量供应情况的话，那么，我们再进一步分析一下劳动力的结构问题。

首先，最近几年，一些人总是用劳动力年龄人口的总量来说事，认为劳动年龄的人口群体似乎还在增加，所以就不应该存在劳动力紧张问题，从而否认从珠江三角洲开始蔓延至长江三角洲等东部地区的招工难问题是由劳动力供应引起的。根据改革开放以来的 4 次人口普查资料，2010 年大约 9 亿劳动年龄（15-59 岁）人口中，40-59 岁占 43.17%，而 2000 年这个年龄组的人口占整个劳动年龄人口的 33.38%，1990 年占 27.78%，1982 年占 28.90%。劳动年龄人口高龄化，是目前劳动力结构的一个显著特点。它一方面表明全社会的经济活力下降，创新精神不足，另一方面预示未来劳动力接续将进入一个紧张时期。

其次，需要十分注意 1962-1974 年出生的人口群体在下一轮年龄段的特殊影响将给社会带来的冲击。实际上，将近半个世纪以来，1962-1975 年出生的 14 个年龄组的 3 亿多人口所通过的各个年龄段对社会的影响都特别显著。这个人口群体到达上学年龄时，小学、中学不够；在达到就业年龄时，就业岗位不够。很大程度上因为这个年龄段的人群给社会带来的压力，国家走上了改革开放的道路。在刚刚过去的 15-20 年里，社会普遍在一种无意识的状态下享受这个群体贡献的财富。现在，这群人中最小的年龄也都达到了 37 岁。再过 3 年，当这部分人全都越过 40 岁年龄的时候，我国劳动人口结构将更趋于老年化。再过 10 年，当这部分人像大海退潮般地每年以 2300 万以上的人口离开岗位，而社会仅只有 1500 万以下的人进入社会时，当农村越来越多的老人没有子女照顾，当城市养老机构和医院寻求护工、市民家庭需要保姆为其服务的时候，这一人口群体会教育当初要他们实行"一胎化"生育政策的社会认识到什么叫劳动力短缺。

6. 独生子女家庭和农村劳动力转移

我国是一个由传统农业社会向现代工业社会转变的国家。世界近现代史的经验表明，在由传统农业社会逐渐转变为工业社会过程中，农村剩余劳动力释放是正在工业化的社会获取足够劳动力的一个重要来源。但是，对于一个基本上还处于传统的社会生活条件下的农村，持续 30 多年的计划生育政策对农村人口的发展造成很大的影响，较高比例的独生子女家庭无疑将影响农村劳动力的正常转移。

据 1987 年国家统计局的抽样调查，我国当时每户平均 4.2 人，1990 年普查平均家庭户 3.96 人，2000 年为 3.44 人，2010 年则下降到 3.10 人。这是城乡合计的人数，考虑到城乡结构，推算现在的农民家庭中超过两个孩子的不会超过 40%。

7. 我国劳动力供给远景分析

由于计划生育考核制度，从上个世纪 90 年代开始因为生育人口的瞒报漏报使得包括人口普查在内的各种人口统计都极不准确，所以，计算和预测未来人口状况已经失去客观条件。分析未来劳动力供应的远景，主要依靠妇女总和生育率指标，因为这个指标可以近似地看着妇女终身生育率即平均一代妇女终生生育孩子的数量，它表明当前的妇女在以怎样的规模为 20 年以后的社会提供劳动力。在人口预测上，人们往往喜好提供 50 年、100 年的远景。但是，那是在许多假设的条件下运算的结果，而由于现代社会经济因素的变动性很大，那样的远景反而是极不可靠的。因为 1990 年人口普查以来就没有可靠的人口数据，所以，确定当前的生育率指标就是一个十分重要的问题。

实际上，从上个世纪 70 年代末计划生育实行考核时期开始，人口出生的瞒报漏报就发生了。但是，在初期这一现象还未发展到十分严重的程度。所以，比较起来，1982、1990 年的两次人口普查数据相对还可以使用。根据这两次的普查，1982-1990 年我国 0-14 岁人口在总人口比例下降了 5.9 个百分点，生育率由 2.86 下降到 2.14，下降了 0.7。1990-2010 年比例下降了 11.1 个百分点，如果再下降一个 0.7 就是 1.4-1.5；如果下降再多一点就是 1.2-1.3。

如果按照国家计生委上个世纪 90 年代中后期的 1.9-1.8 的感觉推论，此后 0-14 岁人口在总人口中比例下降了大约 10 个百分点，生育率无论怎样说也都在 1.5 以下了。也就是说，当前的妇女平均终生生育不到 1.5 个孩子。根据我国目前的社会发展条件，如果说需要每个妇女生育 2.1-2.2 个孩子可以维持人口的简单再生产的话，1.5 是一个以及大速度萎缩的生产前景。

如果展望得再远一些，从 1970-2010 年 40 年间生育率变动的趋势米分析，我国妇女总和生育率是从 5.8 几乎直线似地下降到 1.5 以下，具有很少波动、义无反顾的特点。根据发达国家和现代化较早进展国家的经验，当妇女生育率下降到较低的水平的时候，即使社会采取一些鼓励的措施，刺激生育率回升的政策往往都是无效的。这些历史经验，都值得我们国家的重视。

8. 结束语

人类作为一种实行劳动生产的社会动物，其生育行为的本质就是劳动力的生产和再生产。所以，把妇女生育当作是一种无意义的从而可有可无的行为不正确，看作可多可少也都同样是不正确的。

现代人口过程是资本主义工业化的产物。随着资本主义生产方式的发展发达国家的人口先后经历了快速增长和生育率缓慢下降的过程。如果仅仅从本民族的自然出生和死亡的视角来考察，发达国家的生育率自发下降也造成了劳动力短缺。但是，在历史进程中发达国家是以吸引发展中国家的移民和国际劳工得以缓解其妇女生育率持续下降带来的劳动力的短缺的。

第二次世界大战结束以后新独立的民族国家大都选择了工业现代化的道路。随着工业现代化的进展，发展中国家的人口也经历了快速增长和生育率下降的阶段。

中国是较早实行工业现代化并较有成效的发展中国家，人口增长和生育率下降自然都走在前列。但是，与发达国家不同的是，第一，中国生育率下降借助了政府的推力；第二，中国是一个 13、4 亿的人口大国；第三，中国是一个还不发达的穷国。这样背景下的劳动力短缺该如何解决，现在就已经提到了社会的日程。

（刊发于 2012 年 9）

"发展是最好的避孕药"

—— 对南方日报闫昆仑的访谈

按语

本月 7 日，应南方日报记者闫昆仑先生的要求，作了一个小时的电话访谈。闫先生是刚刚结束了翼城的采访后，提出要与我电话交谈的。17 日，南方日报在 A09 版以接近一版的篇幅刊登了记者的采风文章《翼城模式：二胎试点的非典型试验》，并以"对话梁中堂"的方式，刊登了电话采访的部分内容。应该说，社会进步的步伐还是很大的。与前些年比较，媒体无论对翼城的实验还是对我的观点的理解，都深刻多了。按照以往的原则，电话随意的交谈，过后我都不再阅读或检点。但 17 日一位人口学界的朋友读到网上的文章后，即刻就反馈给我。我发现有 2 点必须纠正。

一个是有关广东省计划生育政策的改动问题。广东省从 1986 年突然由省人大常委会通过"计划生育条例"，允许农民间隔 4 年经批准可以生育 2 个孩子。这无疑是极为明智的做法。我不仅一直高度评价广东省的这一举措，而且在一切场合极力捍卫它，为它辩护。从 70 年代后期开始，各级党委在计划生育问题上越来越激进，到 80 年代以后，当时的中央总书记胡耀邦和国务院总理赵紫阳主张农民生两个孩子，至少允许生育了一个女孩的农民生两个孩子，不仅国家计划生育委员会有抵触，绝大多数省、市、自治区党委也都有抵触。广东省竟然以省人大常委会审议通过的方式，突然宣布允许农民生两个，这无疑是很特别的事情。广东省何以有这样的政策，当时的国家计划生育委员会为什么不反对？这是萦系我脑海 20 多年的一个问题。前些年作计划生育史的研究，突然醒悟这该是赵紫阳推动的。赵紫阳在广东省工作几十年，文化大革命前担任广东省委书记，后接替陶铸任第一书记，文化革命中又曾从内蒙古自治区调回广东任党委第一书记，在广东有很广泛的干部基础。80 年代中期，他的人口和计划生育政策无法在全国推行，翼城县的"晚婚晚育加间隔"试点开始以后，反应很强烈。所以，就有可能再授意广东省在一个省的范围实行这样的政策。我之所以做这样的推测，是因为如果没有胡耀邦或者赵紫阳的授意，一个是省一级党委不敢自作主张，二是即使省一级党委有这样的想法或作法，有关部门也一定会将其扼杀在摇篮里。只有总书记或者国务院总理私下授意，并且再给国家计划生育委员会主任打过招呼，小范围的实际负责任的人在这个问题上保持默契，这事情才可以做成功。我曾经就此事向广东省的老同志求证，未能得到回复。

再回到南方日报的访谈。该文说，因为国家计划生育委员会的反对，广东省于 1998 年由省人大修订"计划生育条例"，把允许农民生育两个孩子改为"女儿户"。这不是事实。据我知道，这是新任省委书记促成的。早在 90 年代初期，该省委书记还在河南省担任省长，省人大按照中央"女儿户"的口径通过了"计划生育条例"。但是，该省长不顾国家计划生育委员会的劝告，以"省长令"的方式，否定了省人大的"计划生育条例"，要求河南全省农村执行"一胎化"的生育政策。1998 年由河南省调任广东省委书记以后，认为广东省人口增长过快，要求省人大改变计划生育条例，在全省推行"一胎化"。可能是地方干部与其妥协的结果，省人大通过了以"女儿户"为基础的政策。我不知道当时的国家计划生育委员会对这一问题的具体态度。但是，说国家计划生育委员会反对使得广东省改变政策，是不正确的。

第二个问题是，似乎我专门还做过一个有关广东省的生育率的课题。我没有。我一直关注和维护广东省的计划生育政策，不同意国家计划生育委员会许多人长期以来认为广东省的计划生育落后这样的观点。我的认识是，广东省作为我国经济社会发展最快的地区，人口生育率也必然是变化最大的地方，计划生育工作至少不会比其他地方落后。但说实在的，我却没有能力做这个研究。这是需要组织一定力量才可以做的事情。很惭愧，我在这个行当里混了几十年，一直属于不掌握资源的书生，——甚至于一定程度还不如一般的书生。因为自己非主流的认识，即使申请做这样的课题也不会得到支持。我的理论基础使我相信，广东省的生育率不会高于内地。所以，去年请同事刘玉博博士做过标准化生育率，即剔除年龄结构影响的生育率，证明广东省的生育率并不是人们印象的那么高。

鉴于这两个问题，今天接到报纸以后，我将"专访"修改了一下，另行改了现在这个题目，将其粘贴在下面。

——2012 年 9 月 23 日星期日

南方日报：根据第六次人口普查的数据显示，广东已经取代河南成为人口第一大省，您认为主要是什么原因造成的？

梁中堂：首先必须澄清一个观念，就是人口多少对于一个国家或者地区来说，都不是很重要的事情。过去在一种极为荒唐的理论指导下，一说中国是世界第一人口大国，似乎就是灾难，就必须实行强制性的计划生育。世界上有 200 多个国家或地区，总有一个国家的人口会最多。现实中的所有问题都是在一定关系下存在的，仅仅拿人口数量说明不了任何问题。一个国家有许多个省份，同样总会有一个省的人口最多。人口多并不丢人，相反是那里的经济社会发展有活力，社会环境好，有吸引力。所以，人口多少往往不是问题所在，关键在于那里的经济社会关系是否健康，人民群众生活得幸福指数高不高。

至于说广东省取代河南成为第一人口大省，这都是由两个省的经济社会发展差别造成的。30 多年来，广东省一直是我国改革开放的前沿和排头兵，经济社会发展有了巨大的进步。河南省作为一个很有代表性的内地农业大省，农业转变则表现出典型的中国特点。在传统的计划经济时代，广东省因为地处东南沿海，除了极少具有地方特点的个别加工业以外，国家几乎不在那里布局大型工业企业。相比之下，上个世纪 70 年代末的广东工业比河南要少、要落后得多。改革开放以后，广东因为具有吸引外资、接受国外信息快和海上交通方便等优势，特别是因为中央给予的率先开放的政策，从而成为我国经济社会发展最快速的地区。河南省大约可以成为我们国家的一个缩影，农业比重大、农业人口多的特点很显著。正因为如此，两个省的人口过程也显示了他们各自经济社会变化的特点，那就是广东省 30 多年来流入了大批的人口，而河南省则相反是流出了大量的人口。因为人口普查是按照"常住人口"即居住半年以上口径登记，首先是因为从全国各地流入劳动力特别多的广东省人口似乎增长就快一些，而输送农村剩余劳动力的大省河南的总人口反而比广东省少了。

过去几十年广东省一直背着人口增长快的黑锅，成为经济发展了不等于人口生育率就会自发下降的典型和有必要在全国实行严格的计划生育管理的证据。1998 年，新上任的省委书记也是以广东省人口增长过快为理由，要求执行严紧的"一胎化"政策。可能是省内干部的抵制，《广东省人口与计划生育条例》将自 1986 年开始就行之有效的允许农民生育二孩改为"女儿户"政策。但是，从 80 年代后期开始，我一直坚持认为广东省的生育率实际上是随着经济社会发展变化的。广东省的经济社会进步快，生育率下降的也较为迅速。记得 1997 年一次国家计划生育委员会的会议上，一位素以人口学班底出身的副主任在会议上以广东省人口增长数据说事，我就提出异议。广东省总人口增长快是事实，但首先必须搞清该省流入人口究竟有多少。遗憾的是，这个本来很容易统计清楚的数据就是一直说不清楚。另外，流入的人口主要是劳动力，属于生育年龄，特别是 20 多岁生育旺盛年龄的人口居多，生育率相对高也属于正常。几十年来，没有人对广东省的这些人口特点做细致的分析。去年我的同事刘玉博博士给研究生讲人口统计学，我托她按照标准化生育率即剔除人口年龄结构因素以后计算广东省等一些地方的生育率，广东省的生育率果然明显低于内地，再次证明了"发展是最好的避孕药"这一颠扑不破的真理。

南方日报：您怎么看现在社会上越来越多的"失独"家庭的问题？

梁中堂：现在社会"失独"家庭越来越多，这与独生子女家庭绝对数量越来越大，独生子女家庭政策实施的时间也越来越长有关。即使没有"一胎化"政策，社会上也会有一定比例的独生子女家庭。因为本来就会有一些人选择只生一个孩子，还有一些人生育了一个孩子后就再也生不出孩子了。这都是自然发生的。人口死亡现象总是以不同的机率不时地发生在各个年龄段，它也会分摊到不同的家庭。所以，独生子女家庭的"失独"现象，也是自然发生的。

这些本来很自然的现象不自然了，就是和我们不自然的生育政策相关的。像自古以来那样，人家自愿生了一个孩子，或者虽然还想再生育几个孩子却因各种原因再也生不了了，然后"失独"，那他可能会信天、认命，强制自己接受那个残酷的现实。但是，现在不是这样，是政府的政策让我"生独"，然后"失独"，那罪过就在政府，政府就要负责任。虽然说政府负责任，其实也是一句空话。失独家庭在经济上被补贴再多也无法挽回那个鲜活的生命及其由此而来的心灵创伤，政府用更多的金钱安抚失独家庭那都是用纳税人的钱为自己的失策补过。所以，无论什么时候，政府负责只是一句空话，真正为政府过失埋单的还是人民大众。

南方日报：您是最早提出人口老化概念的，那您怎么看待我国人口的老龄化趋势？

梁中堂：一定程度的人口老化，是社会经济发展的必然结果。就是说，一个国家在由传统的个体农业转变为现代经济的过程中，伴随着妇女生育率的下降必然会出现人口老化现象。所以，可以把人口老龄化看作是人类社会进步的某个阶段上的一个必然结果。

但是，对于世界上其他的国家来说，人口老化是其国家妇女生育率自发下降形成的。生育率自发下降和老化程度的自然提高，发生的时间长、速度缓慢，社会也许会有一个自然的适应和解决的过程。特别是发达国家，就像我们国家的大都市一样，因为率先发展有许多优越的条件，在其因老化而需要劳动力的时候，欠发达地区的人口递补上去了。将来发展中国家出现这样的问题，谁来递补？

再具体分析我们国家的情况，老龄化最严重的阶段应该是在 2030 年左右开始的。人口老龄化是一个人口统计学的概念，似乎过于专业而让人产生深奥的感觉。把它说白了，就是 65 岁以上的人口占总人口的比重。我们国家在 1962 年到 1974 年有过一个生育高峰期，那是对 50 年代后期到 60 年代初期政治运动穷折腾和经济困难时期的人口生育低谷的补偿性生育。在那些年里，每年出生人口平均在 2500 万左右，其中最多时一年出生接近 3000 万。当这个年龄段的人口进入到老年时，我们的老年指数就会迅速增加。需要说明的是，从 1990 年的人口普查以后，最近 20 年的我国人口数据实际上是很不准确的。30 多年的生育政策究竟人为地给人口过程带来什么，我们是不清楚的。所以，当我国人口老化最为严重的时期，社会将如何应对，可能是将来的人们的一个很大的难题。

不过我关注的还是现实。人类发展过程中，每一个时代的人们都需要解决该时代出现的问题。所以，我们可以把老化问题留给今后 10 年、10 多年以后的社会去解决。但是，自由生育本来是一种自然的现象，人民群众按照人类自古以来的自然、自发的行为生育他们想要的孩子，却遭到政府暴力反对，这当然是来自于政府对民众利益的侵犯。因为本来是保护人民权益的政府却反过来伤害人民，所以我说它是一种人为的社会摩擦，是我们不能容忍的。

——2012 年 9 月 17 日

（刊发于 2012 年 9 月 23 日）

终止计划生育是当前无法回避的重大问题

——瑞典《今日工业》Heddin Jenny 的采访

珍妮：中国的人口问题是否严重？如果严重的话，表现在哪些方面？

梁中堂：所谓人口问题，应该是说由人口因素所造成的各种问题。仔细分析起来，我们只有因为经济社会发展所造成的社会问题，像因生产力落后造成的经济收入少，居民生活水平低、质量差；社会体制不合理造成城乡人民政治经济权利的实际不平等，以及对政府的权力太大，人民很难实现对它的监督，等等。这些问题过去往往都被说成是人口问题，特别是把经济落后的原因归结到人口方面，说是人口多造成的。这都是很不正确的。马克思指出，劳动资料的生产即生产力水平才是经济社会发展的测量器和社会关系的指示器。如果说中国因为人口众多成了中国落后的原因，那么，现在的中国会不会因为减少了一半或者三分之二它就可以达到欧美的水平了呢？显然不是这样。一个国家的发展和一个人的成熟一样，是需要付诸应有的努力和时间的，要经过一个个的过程的。所以，我们没有经历应有的发展阶段，即使中国现在只有 2 亿人口，仍然是一个不发达的中国。需要指出的是，因为人口本身就是一种最重要的社会力量，所以，如果中国不是现在这么多的人口的话，它在世界上的影响力会更微弱。

中国没有因为人口而引起的所谓人口问题，但有因为错误的人口政策造成的累积的社会问题——因为它发生在人口及其生育领域，并且是因人口政策造成的，所以，如果愿意的话，倒可以说它们才是人口问题。现在的专家和媒体往往把注意力选择在未来的人口老化等方面，大家没有稍稍的深入探寻 30 多年的严格的计划生育政策造成的所谓超生的实际含义。我们可以简单的计算一下，按照实际的政策和生育指标的要求，30 多年应该只生 3 亿左右的人口，而实际出生了 6 亿多人口。这其中至少有 2、3 亿人口属于超生。因为各级干部对计划生育工作都很认真，超计划怀孕一定会有干部去做人工流产的动员工作。中国的老百姓很重视包括干部在内的社会关系，更没有现代的维权意识。所以，这 2、3 亿超生人口绝大多数都是经过一、二次人工流产以后才再次怀孕生出来的。另外，既然超生了，那就一定会受到处罚。而计划生育罚款都是根据各个家庭的实际收入确定的，每个家庭的处罚额度都要订得让你心痛、拿不出来。那么，这收缴罚款就不是一次二次，甚至都不是一年两年可以完成的。所以，如果分解 30 多年来的计划生育工作，那就是基层干部几亿次的到群众家里动员人工流产、几亿次到超生的家里收缴罚款。当然还不止于此。中国是一个需要许许多多证件齐备才可以过正常生活的社会，而居民的一切证件的基础性证件就是户口。超生的孩子不可以上户口。家长为了超生的孩子入托、上学以及过上正常的生活，又需要到主管的政府官员和机关跑关系。以上这许多的社会现象，都是由政府的所谓生育政策人为地造成的，都是社会的内耗和社会摩擦。它们都是和社会进步和发展背道而驰的，是损耗政府的统治基础，是在不断地钩织社会矛盾和累积群众对现实的不满。这才是问题的严重所在。

珍妮：在人口问题的背后，最重要的原因是什么？

梁中堂：您原来设计的人口问题可能是指中国人口多、底子薄，即将出现人口老化，等等。我的观点已经将这些排斥在问题之外。就是说，那不是人口问题。这些都是社会发展阶段上各个国家都会遇到的。发达国家也是从传统的农业社会发展过来的。在个体农业阶段，发达国家也不富裕。300 年前，西欧国家也羡慕中国的强大的。莎士比亚戏剧中有一个细节，剧中人出场时一边走一边用牙签剔牙。那时的英国把模仿中国人使用牙签也当作时尚。现在的欧美国家发达，表现在什么地方？就是已经完成了工业革命，完成了传统的农业自然经济向现代化的转变，实现了一体的市场经济。中国现在还处在传统农业和现代化并存的阶段上，也就是许多人所说的"二元经济"。我们不能把经济落后的根源归结到人口因素上，似乎减少人口就可以代替经济社会发展的跨越。那显然是不对的。经济是社会发展的基础，经济发展是不可以跨越的。

至于人口老化，发达国家的历史已经证明那是发达阶段的产物。社会现代化必然造成生育率下降，而生育率的持续下降就造成了人口老化。克服人口老化给社会带来的问题，是经济比较发展的阶段全社会需要认真处理的问题。现在不少的人认为，因为政府持续地计划生育，我们国家在不太发展的情况下就出现了人口老化，这是对未来中国的严重挑战。另外，政府计划生育实际上是人为地加速和加重了我国人口老化的过程。这当然是停止计划生育的重要原因。但是，我觉得更紧迫的问题是现在。计划生育政策每时每刻都在侵犯人民的基本权利，破坏了人们的幸福生活。所以，这是两种不同性质的问题。一个是未来社会自己必须面临的困难，一个是当前现实中由政府制造的不合理制度。毫无疑问，解决现实存在的不合理制度乃是当代人们不可回避的重大问题。

珍妮：你不认为众多的中国人口是个问题？

梁中堂：人口多不是问题。中国人多是历史形成的，中国的土地面积也比较大，他就应该有这么多的人。如果从人口密度来说的话，它并不比许多欧洲国家的人多，也绝对没有日本的人口多。何况，人口多少并不是问题所在。假使现在中国只有 3 亿人口的话，不照样还是现在这么落后，难道就超过美国了？人口多少并不能解决中国社会发展落后的问题。

珍妮：那您认为可以采取哪些措施来解决现在的问题？

梁中堂：由 30 多年的生育政策造成的社会摩擦和内耗，是现在所论问题的核心。所以，停止现行的计划生育政策也是解决这些问题的核心所在。

珍妮：目前，中国政府采取了哪些措施？

梁中堂：截至目前，中国政府还没有认识到问题的严重性，也没有想解决这方面问题的打算。

珍妮：有专家在报纸上撰文说 20 年以后，中国人口老化将达到高峰，两成以上的 GDP 将被老化问题所抵消。您怎么看？

梁中堂：也许是这样。人口老化是经济社会发展到一定阶段上就会出现的现象。所以，发达国家、发展中国家都会出现的。但是，不同的是，发达国家因为先一步发展具有吸引劳动力的优势，在其需要劳动力时由他们灵活的社会政策吸收发展中国家的劳动力比较容易地解决了老化的困难。但中国和发展中国家发生老化的时刻可能就没有这么荣幸。此外，许多人还认为，发达国家和其他发展中国家的人口老化是自发地发生的，而中国由于政府以计划生育做推手，其老化过程和程度就要严重得多。因为老化的本质就是劳动力的供应问题，从这方面来看的话，中国广大农村现在已经出现老化问题了。因为上海、北京等大中城市吸收了大量来自农村的劳动力，不少的农村已经剩下老人、妇女和儿童。有人反映，他们村子因年轻人进城打工，有人死后连抬棺材的人都没有。中国将来的老化问题可能是很严重的，可以想象得到上个世纪 60 年代初中期到 70 年代生育高峰期间出生的人口到了老年期的时候，当社会需要大量的保姆和护工的时候，因为劳动力不足而社会陷入极为艰难的境地。

但是，即使这样，我还是把反对计划生育政策的立足点放到现实方面。生育是基本人权，是人民的基本权利，政府只有保护公民基本权利的义务，没有侵犯的任何理由。这是与将来因人口老化带给社会的困难性质完全不同的问题。

珍妮：计划生育带来这么多的问题，为什么得不到及时的纠正？

梁中堂：这就是中国政治体制的特点。中国还处在一个相当落后的阶段上，国民在许多方面的基本权利都还得不到应有的保障。

珍妮：还有哪些？

梁中堂：比如言论自由、迁移自由，工作和劳动平等权、教育的平等权，等等。总之，无论与发达国家还是与大多数发展中国家比较，中国的国民在享受应有的自由平等权方面都还存在着很大的差距。至于在生活方面，人们所受到政府及政府所属企业垄断产品和服务的盘剥，那就更多了。

珍妮：你似乎不乐观？

梁中堂：不。恰好相反。虽然我对现实持一种批评的态度，但是，我还是高度评价过去30多年，它是我国历史上发展最快的一个阶段。对于未来，我也是持乐观态度的。中国的将来是很有前途的。因为中国已经走向世界，人们会越来越清楚地知道发达国家是怎么一回事，我们的将来也应该是怎样的。

珍妮：我和瑞典的一些朋友、一些企业家聊天，大家也都看好中国的发展。

梁中堂：回到我们一开始的问题上。中国的问题是因为经济社会处在较低的发展阶段上，具体说是处在由传统的个体农业向工业现代化转变的阶段上。发达国家之所以发达，是因为早已经完成了这一转变。我们则还处在转变的过程中。因为经济社会发展程度的落后，是不能通过增加人口或者减少人口来解决的。中国减少上一半，达到5、6亿人，甚至于3、4亿人口，经济社会照样还是处在现在这样的阶段。经济社会的落后必须通过发展生产力和改革社会体制来解决，通过市场化改革来完成，而不是人口的增减可以凑效的。中国现在还很落后，但是经过改革会有很大的发展。由很落后到相对发展，其间有很大的空间，这就是希望。13亿人口，这是一个很大的市场。即使这样，我还是强调，经济社会方面的发展，不能代替需要在人民民主权利方面所做的努力。

珍妮：你是一位自由民主派？

梁中堂：向往自由是每一个人的本性。追求自由和幸福，是一个人的本能。

珍妮：你不怕发生混乱吗？

梁中堂：人民群众争取自己的民主权利是天经地义的事情。如果在维护和使用自己的民主权利的时候，一定会出现混乱，那它就是不可避免要出现的。人民需要通过学习认识自己应有的权利，经过实践的过程学习和训练如何维护、使用自己的民主权利。一个传统时代的农民转变为现代民主社会的公民，是需要经过较长时间的社会正反两方面的经验训练才可以完成的。历史上任何国家和民族都曾经经历过这个阶段。历史上有不少的既得利益者都曾经用"混乱"来吓唬人民，推迟赋予人民应有的民主权。不过，只有人民才能能懂得如何行使自己权利。如果历史真的发生了"混乱"，也只有人民有办法结束它。

—— 2012 年 8 月 30 日

（2012 年 9 月 23 日）

莫言的诺贝尔文学奖和他的《蛙》

按语

　　瑞典文学院将今年的奖项授予中国作家莫言，这既是对莫言文学成就的奖励，在一定程度上来说，也是世界对中国现实的一种认可。去年，莫言获得国内官方文学的最高奖项茅盾文学奖，今年再得世界民间最高奖项，当然不仅仅是一本作品的问题。应该说，莫言是靠他的人性的理念和几十年的不懈努力赢得了国内的读者，也赢得了世界。但是不得不说的是，还是有一本作品在其中起到了作用，这就是《蛙》。

　　《蛙》是写计划生育的。我曾经说过，这是莫言为向诺贝尔冲刺的一本书。莫言在文学界的地位，无论国内茅盾文学奖还是诺贝尔文学奖，都有了多年的呼声。对于茅盾文学奖来说，这是迟到的奖项。茅盾文学奖需要莫言，而不管他有什么书，都该上了。但按照茅盾文学奖的规则，莫言只能拿出《蛙》去参评。茅盾文学奖是奖莫言的，而不是奖《蛙》的。但是，因为奖项要授予莫言，不得不奖《蛙》。

　　同样，莫言在许多年里都属于候选诺贝尔文学奖的中文作家中呼声最高的一位。但是，诺贝尔似乎根本没有顾及到中文文学，其实是中文文学中所反映的理念还未能达到诺贝尔文学奖的水准。莫言在多次的受挫中悟出来了，赶写了一本。也是中国的发展，自觉不自觉地都在靠向世界。世界需要中国，诺贝尔文学奖需要中文作家。莫言因为《蛙》而勉强应试合格，所以得奖。但是，诺贝尔文学奖授奖词中却没有提到《蛙》。

　　这是大千世界的奥妙。

　　我很赞同莫言的这句话：普世价值没那么复杂。

　　为庆贺莫言荣获诺贝尔文学奖，特将去年的一篇博文粘贴于后。

　　2012 年 10 月 12 日　（刊发于 2012 年 10 月 12 日）

高官清谈，误国殃民

　　最近因忙于写一篇文章，就少了在网上留恋往返的机会，经朋友督促才看了一档由那位国家人口和计划生育委员会副主任华丽转身于中国红十字会常务副会长的高官接受香港凤凰卫视《对话风云》的采访，"以科学、业者"的身份谈论计划生育的节目[1]。我 1988 年被国家计划生育委员会聘请为专家委员，属于兼职性质。2008 年离开，期间正好为 20 年。该高官 1998 年被国家计生委任命为司长，旋即升任副主任。按说，该有 10 年的工作关系。特别是她担任副主任期间，专家委员会至少名义上属于主任、副主任领导。但因未有工作上的联系，当然也包括未曾特意交往，没有具体接触过。即未曾聆听过她的讲话，也未曾阅读过她的文章。当然，也包含未曾特意争取去听她的报告、读她的文章。之所以这样，不存在好感或者恶感，只是知道那些官场的东西，不听、不读、不知，也罢。这次愿意花时间去看凤凰卫视对她的访谈，一是朋友的建议，二是以为离开计划生育工作岗位，相对超脱，也许可以谈一些过去许多年早就有过却不便于谈的感悟。看完视频，只是惋惜我的几十分钟的时间。别的暂且不说，在国家计划生育委员会待了那么多年，计划生育工作与人民的冲突那么大，究竟怎么回事？总该是每一位有心人思考的吧。在当前，回避计划生育制度与人民的冲突，再说什么都没以任何意义。即使不说这些属于"有心人"才可能产生的问题，作为一个诚实的人，该不会在数字上欺蒙人民吧？问题就在这里。令人感到悲哀的是，不到半个小时的节目里，出现的数字几乎都是误导听众的。试举几例。

1　　参见 http://v.ifeng.com/news/society/201209/40566062-bb77-42ef-815c-93f62c9887af.shtml）

1. 计划生育实施 30 年少生 4 亿人

我们且不讲一味地说少生孩子对不对，只说方法。国家人口和计划生育委员会是说 1970 年我国妇女总和生育率是 5.8，到 2004 年下降到 1.8。所以，30 多年因为实行计划生育我国少生了 4 亿人口。如果是这样，因为人类都是从传统的自然经济走过来的，世界上所有国家的妇女的生育能力都是差不多的，发达国家的妇女生育率也曾经高达 7、8 个。那美国、英国、日本等发达国家现在的生育率都达到 2.0 以下，其中日本仅只有 1.3，如果用相同方法计算也必然会少生了多少亿的孩子。但是，不用说干预老百姓生孩子，这些发达国家的政府甚至于连提也不提人们的生育问题，那么他们少生的孩子是什么原因造成的？另外，30 年前，人们普遍担忧发展中国家会出现人口爆炸，而现在几乎所有发展中国家的生育率都下降了，其中泰国 1980-2002 年由 3.5 下降到 1.8，希腊由 2.2 下降到 1.3，伊朗由 6.7 下降到现在的 1.8，都比我们国家快得多。发展中国家也没有我们这样的计划生育政策。比照发达国家、发展中国家，我们国家还专门设置一个计划生育管理机构，国家在计划生育工作方面花费了多少的经费，收缴了老百姓多少的罚款，各级党和政府为计划生育倾斜了多少的资源、挨了老百姓多少的骂，还有无数的家庭被逼迫得倾家荡产，无数的民众为此受到身心的伤害，"成绩"却不如人。作为国家人口和计划生育委员会的领导不仅不脸红，竟还有一脸的成就感！更令人诧异的是，世界上几乎所有的国家妇女生育率都越来越低，可没有一个国家的政府把妇女少生孩子当作自己的政绩来张扬。我们这位高官说她是政府把她从国外请回来放到这个位置上，后米又去过许多的国家。但是，怎么就没有弄明白这么一个简单的道理？

2. 妇女生育率 1.8

妇女生育率是反映一个国家或地区的妇女生育水平的一个指

标，根据比照或统计对象的不同，可以有不同的标示。但是，不管如何标示，它们都有这么几个特点。第一，它是在某一个时期或时点上的数据。第二，它是属于动态性的，不断变化的。第三，它是对全部育龄妇女的统计即普查的结果。因为普查过于耗费，常常用抽样调查来替代。但是，这是以抽样调查可以准确地反映全体这样一个命题为前提的。在实践上，不仅抽样会与全体不一致，就是普查也因为这样那样的原因而不准确呢。10 多年以来，国家人口和计划生育委员会先是用 1.9，后用 1.8。近 10 年来，中国妇女生育率 1.8 已经被固定化。更有甚者，它还被写进所谓的中国人口发展战略和列为国家未来长期发展计划，要将其永恒化。这档节目里，主人说国家计生委调查 1.8。这样的话听说的多了。因为一般的人听过就算了。可要是认真起来，国家人口和计划生育委员会的这个说法神奇可大啦。首先，中国数亿妇女生育史上的神奇，可以 10 多年、数 10 年地生育结果正好凑够 1.8。其次，国家人口和计划生育委员会的领导们也神奇，实施的抽样调查可以 10 多年、数 10 年地结果都是 1.8！我觉得，魔术师刘谦这样 10 年、数 10 年地在那里操作，也还会出现差错的吧？我们国家人口和计划生育委员会的领导是搞什么专业出身的，怎么比刘谦还高明！

但是，中华人民共和国国务院领导的人口普查结果却于这个 1.8 很不一致。根据最近的两次普查，2000 年的总和生育率 1.22，2010 年的 1.18。当然，无论国家统计局还是国家人口和计划生育委员会都不相信它，也从不使用它们。这当然不是一个负责任的政府应该有的态度。首先，这个数据毕竟是普查得来的，总比凭空产生的 1.8 有依据吧。国家花费那么多的钱得来的数据即使不准确，也不该使用凭空想象的数据取代它，而是该分析这个数据究竟距离真实差在哪里，差了多少，以及为什么不准确，如何才可以搞准确。现在的国家统计局和国家计划生育委员会都采取回避的态度，抹杀它，那国家为什么还要一而再再而三地搞普查呢？这么大的一个国家，政府既然又把老百姓的生育看得那么重要，而涉及生育水平的指标，为什么就不能把它统计得准确些，却数 10 年地用一个估计数糊弄人？作为国家人口与计划生育委员会的领导，其职能就是管理妇女生育的，却连一个妇女生育水平这样一个极为简单的数据都拿不出来，还真有脸要求老百姓应该这样不应该那样地！

3. 关于避孕药和宫内节育器的使用率

我们这位高官在谈话中说中国妇女充分享受到"知情选择权"，其中避孕药的使用率达到 82%，"比美国还要高，美国大概是在 78%左右"。我们无法知道这个数据的真实含义是什么，是占全体育龄妇女、有条件生育妇女，还是指实行节育妇女的比例。但是，不管什么，它都是有问题的，甚至于很离谱的。国家人口和计划生育委员会属下的中国人口宣传教育中心在 2012 年 9 月 26 日即"第四个世界避孕日"召开的《蓝色避孕指南》发布会上指出：在西方发达国家，口服避孕药的使用率已达到 30%-50%，而在中国其使用率不足 3%。有这个数据在这里，我想，无论"避孕药的使用率"按照怎样的口径作统计，也无法凑到 82%的高水平上。而且，她还说到节育环的使用率，说 IUD 即宫内节育器的使用率达到 60%。60%的妇女戴环了，如何可以使避孕药的使用率达到 82%？难道有不少的妇女戴着环却怕不安全，同时再服避孕药？提到带环，我就脸红。自 70 年代以来，我国绝大多数农村妇女都是被强制戴节育环的。我当年在国家人口和计划生育委员会的专家委员会的时候，就是在北京的会议上听到这样的笑话。有位东北农村妇女对前来动员她上环的基层干部说："再戴，我就成'奥迪'了"。我们国家这样的情况，如何可以和美国妇女完全自愿实行的节育作比较？

4. 关于生育政策的人口比例问题

节目中穿插了一段话：

中国的生育政策是根据中国每一个地区的经济社会发展状态所确定的一个多元化政策。国家人口和计划生育委员会官方数据显示，占总人口 35.9%的城镇和部分农村是属于生育一个孩子的政策，总人口 52.9%的 19 个省的农村实行生了一个女孩再允许生一个的一个半政策。此外，另有 5 个省的农村是允许生 2 个的政策，占总人口 9.6%；而占总人口 1.6%的人口较少的少数民族地区则是实行允许生两个孩子以上的政策。

首先，各个地区的经济社会发展状态如何就可以确定出那里的老百姓只可以生育一个或者个别人又可以生育两个，这是人类历史的怎样的规律或规则？它如何就可以让一个国家的公民因为居住地、民族、职业，以及奇奇怪怪的条件，就具有了不同的生育权利？这些都先不去说它。第二，根据国家人口和计划生育委员会的数据，似乎全国仅只有 35.9%的城镇和农村人口实行只生一个的政策。但是，"总人口 52.9%的 19 个省的农村实行生了一个女孩再允许生一个的一个半政策"中，这 19 个省里面的城镇人口实行怎样的政策？如果它们也实行只生一个的政策，包括不包括在第一项的"占总人口 35.9%的城镇和部分农村"之中？如果包括，就都不计其中还有"部分农村"了，也不计后面 5 个省和民族地区的城镇人口了，仅这两项中的城镇人口与我国目前城镇人口占总人口 49.68%的口径也相差甚远的呀？还有，这部分省份中农村生育了一个女孩的可以生第二个，那一多半生育了男孩的家庭执行什么政策？第三，文中说"另有 5 个省的农村是允许生 2 个的政策，占总人口 9.6%"，是说这 5 个省的农村人口占全国总人口 9.6%，还是 5 个省的全部人口。如果仅仅说农村人口，那这些省的城镇人口实行什么政策，是不是包括在第一项的 35.9%之中？还有，哪 5 个省？那里有这么回事！早在张维庆当主任在国务院新闻办召开的发布中国人口发展战略的发布会上，张维庆提到过云南省的农村是普遍允许生育两个的省份。但是，我们查该省的"人口与计划生育条例"中有关农村的条款：

第十八条夫妻双方或者一方是非农业人口的，一对夫妻生育一个子女。但有下列情形之一的，由夫妻双方申请，经县级计划生育行政部门审查批准，可以生育第二个子女：

……

第十九条提倡农业人口一对夫妻生育一个子女。确有实际困难要求生育第二个子女的，由夫妻双方申请，经县级计划生育行政部门审查批准，可以生育第二个子女。

大中城市的郊区、人口稠密或者生态恶化地区实施前款规定应当从严控制，具体办法由州、市人民政府和地区行政公署制定，报省人民政府批准后执行。

第二十条少数民族农业人口在执行本条例第十九条规定的基础上，有下列情形之一的，夫妻双方可以提出申请，经县级计划生育行政部门批准，可以再生育一个子女：

（一）夫妻双方都是居住在边境村民委员会辖区内的少数民族；

（二）夫妻双方或者一方是独龙族、德昂族、基诺族、阿昌族、怒族、普米族、布朗族的。

第二十一条再婚夫妻，具有下列情形之一的，由夫妻双方申请，经县级计划生育行政部门审查批准，可以再生育一个子女：

……

（二）农业人口的再婚夫妻，一方为依法生育过两个子女的丧偶者，另一方为未生育过的。

我引用"第十八条""第二十条"和"第二十一条"，就是为了说明该省的生育政策对于农民是如何的苛刻，夫妻双方有一方不属于农业户口，无论男女，都不按照农民对待。另外，少数民族农业人口也不是可以普遍生育一个，农民再婚家庭生育政策的规定，实际比不少内地还严格。这样的省，怎可能是普遍许可农民生育两个孩子呢？其次，关于农民生育，"第十九条提倡农业人口一对夫妻生育一个子女。确有实际困难要求生育第二个子女的，由夫妻双方申请，经县级计划生育行政部门审查批准，可以生育第二个子女"，这不就是1982年中央11号文件所规定的基本提法吗？"确有实际困难"，不就是"女儿户"的一种羞羞答答的表述吗？那里有 5 个省的农村允许生 2 个这回事？至于占总人口 1.6%的少数民族地区允许生育两个，也是很不严谨的表述。

国家人口和计划生育委员会是管理全国生育计划的中央机关，连全国省一级的生育政策都说不清楚，不知道不会算账，还是故意用糊糊麻麻的话语蒙骗视听。其实，现在所说的"现行生育政策"，按照中央的表述就分 3 块。一个是国家职工、城镇居民，一对夫妇基本上只准许生育一个孩子；二是农民家庭生育了一个女孩的还可以再生育一个；三是少数民族可以实行更为宽松一些的政策，具体规定由民族地区自己制订经省一级人大通过。许多年来，人们简单点说，就是一、二、三的政策，即允许生一个、二个、三个不等的政策。既然国家人口和计划生育委员会连这样简单的数字都算不过来，我利用该委上面的数据替他们计算一次：

我们先来解构国家人口和计划生育委员会的数据：

（1）"占总人口 35.9%的城镇和部分农村是属于生育一个孩子的政策"。其实，这部分也不是"一胎化"，还制订大约不到 10%的人口可以生育第二个孩子。我们按照 10%计算吧，即大约占总人口的 3.6%允许生育生两个的条件，32.3%只许生一个。

（2）"总人口 52.9%的 19 个省的农村实行生了一个女孩再允许生一个"。其中城镇人口、农村中第一个生育了男孩的农民家庭，也都是实行只生育一个孩子的政策。因为这些省份基本上都是东部、中部人口比较稠密的省份，社会发展水平相对高一些，我们将国家职工、城镇人口的比例放得比国家统计局低一些，按照 45%计算，即占全国总人口 52.9%中的 23.8%。另外 55%的农村人口，占 52.9%中的 19 个省的 29.1%。但是，在农村人口中，按照人口统计学经验之谈每生育 100 个婴儿中，48 个是女孩，52 个为男孩。所以，农村中还有占全国总人口 15.1%只准许生一个，14.0%的农民女儿户可以生 2 个。这样，该委所说的"总人口 52.9%的 19 个省"中，实际是占总人口 23.8%的城镇人口和占总人口 15.1%的农村人口只允许生一个孩子，合计 38.9%。当然，这其中还有 10%即占总人口 3.9%允许生育 2 个，该从只生一个的人群中扣除加到生 2 个的人口中去。这样，在所谓总人口 52.9%的 19 个省中允许生一个的是 35.0%（38.9%－3.9%），允许生两个都是 17.9%（14.0% + 3.9%）。

（3）"5 个省的农村是允许生 2 个的政策，占总人口 9.6%；而占总人口 1.6%的人口较少的少数民族地区则是实行允许生两个孩子以上的政策"。因为这实际属于少数民族生育政策，比较复杂。比如壮族是人口最多的少数民族，但执行和汉族一样的生育政策。其他民族地区和少数民族比例较高的省份，国家职工和城镇人口原则上还是只允许生育一个孩子，少数民族可以生两个。如果按照 40%即占总人口 3.8%只许可生一个，60%即占总人口 5.8%允许生 2 个孩子。

（4）"而占总人口 1.6%的人口较少的少数民族地区则是实行允许生两个孩子以上的政策"。这种情况主要包括西藏和极少数情况下的新疆、青海一些地方。但是，也还是不可笼统地这样说。譬如西藏，原则上不开展计划生育工作，但援藏干部和在藏区生活的汉族等民族则实行其户籍所在省区的生育政策。即使这样，全西藏的人口也只占全国总人口的 2‰。另外，新疆规定少数民族的农牧民可以生育 3 个孩子。可是，根据 20120 年的人口普查，新疆除去汉族以外的所有乡村人口也只占全国人口总数的 7‰。西藏、新疆这是所谓可以生 3 个政策的主要部分，充其量占不到全国 1%。我们不知道国家计生委因何在这里又变了口径，不说省份。所以这个数据是很有问题的。

需要说明的是，后两部分的人口比例已经很少，各部分的划分已经照顾不到更为精确的比例数，我们没有计算允许生育各种有许可生育 2 孩的比例。

这样就可以总结了。

（1）全国实行生育一个孩子的约占总人口：32.3% + 35.0% + 3.8%= 71.1%

（2）允许生育 2 个：3.6% + 17.9% + 5.8%= 27.3%

（3）允许生 2 个和 2 个以上的人口占总人口的 1.6%。

按照现行生育政策规定，允许生育 1、2、3 个孩子各自占总人口的 71.1%、17.3%、1.6%。不知道中央国家机关如何连这都不会运算？一个现代国家，一个为人民服务的政府，一项有惠于人民的公共政策，为何不敢光明正大地把各类受惠的人口群体如实地告诉人民，却在那里遮遮掩掩，有这个必要吗！

5. 关于人道、个人权利和群体权益问题

这是一大段狡辩。本来不准备回应这段话，但因为我们这位高官讲到人们可能"生七个八个"的话语，为回应 7 个 8 个之说，我还真的绕不过去。为准确理解她的含义，我们把这段话放到应该评论的内容中去。在看节目的过程中，我们不难发现主持人和受访人都极力避免人权这个词语。但是，有的地方他们还真的无法回避这两个字。当主持人说国际上批评我们计划生育不人道的问题的时候，她说：

我作为人口的发言人是很多年了，而且也到过很多，各个国家的议会吧，来进行说明和回答问题。这个问题是一个非常集中提到的问题，就是个人的人权。因为很多人认为生儿育女是一个私权领域，自己应该来决定，individual rights（个人权利），你可以决定你自己要多少孩子，要男孩子女孩子，什么时候要孩子，这个你自己就可以决定了。在我们国家恐怕有一定 different（不同），就是我们在考虑 individual rights 的同时，还有一个 group rights，就是一个群体的权利。这个当然还有很大的争议。比方说，你在强调个人权利的同时，你可以有七个八个孩子，但是当你把这七个八个孩子这样一个家庭，你放在 13 亿人口的这样一个大环境中，而且你的资源这么缺乏的情况下，你就不得不平衡一下 group rights，就是所谓的群体权益。我们如何来为大家一个共同的目标服务……

这是典型的胡搅蛮缠。首先，既然是人权，那就没有讨论的余地。人权，是现代社会中一个人的基本权利。所谓人的基本权利，就是与人的生命联系在一起的，不可剥夺、也不能剥夺的权利。人权是现代

国家的基本准则或底线。超越这个底线，这个国家永远得不到安宁，妄谈和谐。所以，人权不是一个可以商量或讨论的事情，而是必须保护和尊重的问题。——保护是对于政府来说的，一个政府如果不是基于保护人权，那他就还是处在现代社会以往的传统时代，由政府规制老百姓的行为，老百姓靠政府和当权者的施舍、恩典生活；尊重是对于公民相互关系来说的，各个人都可以有不同的认识，但必须承认那是别人的权利，当事人无论怎样做，都应该受到别人的尊重。在别人的权利问题上还要商量、讨论，那是强盗的逻辑。

其次，生育权是基本人权，这不是个别人、许多人、大多数人、绝大多数人，甚至于也都不是全部人的认识问题，它是自上个世纪 40 年代结束第二次世界大战以后的一系列国际公约中的明确约定，是出自于《联合国宪章》和《世界人权宣言》的基本精神，是联合国得以存在的基础，也是现代国家和现代国际关系的基本准则。中国是这一系列国际公约的成员国，签过字、划了押的，作为中央一级政府的官员怎么能轻描淡写地把它说成是部分人的认识分歧呢？

再其次，你怎好意思说"这个当然还有很大的争议"呢？这是中国政府已经强制推行了 30 多年的一个问题。既然老百姓还有争议，你怎么就实行了呢？一个为人民服务的政府、一个负责任的政府，怎么能一边争议一边强制执行呢？

还有，我们这位高官几处提到之所以实行这样的政策，一是中国是一个大国，二是资源缺乏。这是理由？一个世界，任何时候都有一个国家的人口在其中排列第一。第一就该实行强制的计划生育？这是什么逻辑！我们资源真的缺乏？与日本、比南韩、新加坡或者英国、法国、德国、意大利几乎所有的国家比较，我们还不该感谢上帝有多么地偏爱我们！

还有，我们这位高官说："你在强调个人权利的同时，你可以有七个八个孩子……"，那是一个部长讲出来的话？我们现实中有哪个是生育了 7 个 8 个还与政府冲突的？当前的现实是只要生育，那怕是生一个，就需要政府的批准和管制；生第二个，那摩擦更大；为了保证妇女不超生，每个育龄妇女（特别是农村妇女）都必须按照管理部门的规定实行节育；除非绝育，否则必须定期接受管理部门透环之类的审查；外出必须由户口所在地出具已经落实节育措施的证明，定期还需要回去接受检查重新更换证明……。就是说，现行生育制度是管理所有人的，是要管理妇女生育期几十年的，所以该项制度是和所有人对立的。而所有这些乱七八糟的东西在一个正常的社会、一个成熟的社会——不，就连那些极为落后的非洲部落里，人们生活中都没有这一类的负担。计划生育给人民生活增加了极重的负担，给老百姓添堵，给社会添乱。这就是问题的所在。我们的这位高官不接触现实问题，却在那里云里雾里、王顾左右而言他，说老百姓生 7 个、8 个的神话！

对了，我们这位高官还说过，如果不是他们所从事的这种计划生育工作的话，中国现在就不是 13 亿，而是 17 亿！这让人想起 50 年前的马寅初。他当着毛泽东和 1800 位参加会议的高级干部说，50 年后中国人口将达到 26 亿！难道这些人真的相信中国妇女就是生孩子的机器，中国人都是生育狂？

上个世纪 80 年代初期，有关部门提出干部知识化的要求，各级党委和政府部门特别强调知识化和高学历，对干部特别需要加强德的方面的要求则做得很不够。其实，如富兰克林所说，国家公职人员有一般的智商就足以胜任了。淳朴、正派，特别是因为公职人员拿老百姓的薪水，心里要装着老百姓。这比什么都重要。否则，像目前不少的干部，都把聪明和文化用在谋取私利上，工作方面则要耍花架子。特别是高官、中央大员，接近决策层，直接影响中央决策，如果都这样不着天地、云里雾里、夸夸其谈，现实中的任何矛盾都不去碰，更不去解决实际中的问题。清谈一通，仅获得一种快感；为官一任，矛盾依旧、问题依旧。话说到这里，所谓误国其实是小，真正遭殃的还是老百姓。

2012 年 10 月 28 日

（刊发于 2012 年 10 月 28 日）

重新粘贴《高官清谈，误国殃民》一文的按语

上个月写了一篇《高官清谈，误国殃民》的博文，也不知道是网络管理的官员还是管理员自作聪明状，反复予以屏蔽。今天看网上有署名习近平的文章《空谈误国，实干兴邦》[1]，竟予放行，可见又许可这样的敏感词出现在网上了。所以，把我的相同题目的文章再粘贴出来。

2012 年 11 月 30 日

（刊发于 2012 年 11 月 30 日）

1　参见 http://news.ifeng.com/mainland/detail_2012_11/29/19681955_0.shtml

反复屏蔽我的博客是黑社会的做法

96

《中华人民共和国宪法》赋予公民有言论自由，我特意粘贴在个人博客上的文章反复被人屏蔽，这是对公民自由权的肆意侵犯和践踏，是黑社会的恶劣行径。强烈抗议！

梁中堂 2012 年 12 月 1 日

（刊发于 2012 年 12 月 1 日）

重贴《高官清谈，误国殃民》一文的按语

  这是一篇 3 个月以前张贴在我的博客上的文章。不凑巧，那正是十八大会议前夕。可能是因"高官清谈"，就被自作聪明的网络管理人员（官员）反复屏蔽。不想，十八大刚一结束，习近平就率领常委班子参观《复兴之路》展览，提出"空谈误国，实干兴邦"。习总说"空谈误国"，当然是指高级干部。一般的老百姓空谈，侃大山，能误国吗？最多也就是他自己没有实际收益罢了。最近看有关部门对计划生育的认识，仍然是泛泛空谈，什么基本国策不动摇，什么目前我国的低生育并不稳定，要继续稳定低生育，云云。根据 2000 年的普查，我国生育率已经下到了 1.22 了。10 年以后，2010 年普查达到 1.18 了。这明明是稳步下降，还要说"不稳定"。1.18 的生育率，即是说每 100 个妇女终生平均仅生育 118 个孩子。还不稳定。在人口统计学上，2.21—2.23 的生育率称之为人口简单再生产，即维持两代人之间不增不减的生产规模。都几十年地在 2.0 以下运行了，已经达到 1.2 以下了，主管部门竟还敢说不稳定。这岂只是空谈、清谈，简直是无稽之谈！

  那些历史上务实的领袖们，都是极为反感空谈的。列宁在 1917 年的《真理报》上就写过《空谈的害处》的文章，毛泽东在延安也提写过"深入群众，不尚空谈"的题词。空谈误国是个极为浅显的道理，因为空谈的确是可以误国的。高官都是国家的高官。"空谈误国"。皮之不存，毛将焉附？高官空谈，其实也是误了他们自己的呀！

2013 年 1 月 25 日

（刊发于 2013 年 1 月 25 日）

97

不该把现代化确定为国家目标

按语

昨天和朋友有个书信往来，有几个问题的叙述其实是自己去年研究的新认识，故将其粘贴在这里。

——梁中堂 2013 年 2 月 2 日

（一）Y 先生致梁中堂

梁老，您好！

25 日才把书寄来，麻烦您接收快递。说年内奉还，其实时间过了，只好请您按学校的习惯理解。

我期待独胎制近期彻底终结，但近来希望再次破灭。我和妻子急切地想再生一个孩子，甚至一度要步杨支柱之后尘，但偶然因素失败了。这又让我重新关注人口问题。我发现，自己的许多思路都不由自主地跟着您在走，独立于您的观点已经所剩不多了。

不过我认为，人口膨胀的危机在现代世界上的确是事实，而且人口问题并不能随着生产方式的转变而自然解决。

第一，西方国家因为其在世界经济中的主动地位，人口膨胀可以在生产效率的快速提升中，在大规模贸易、扩张、殖民中解决，最后在它所创造的现代生活方式里逐步达成平衡，这勉强可以看作一个自然历史进程。但也不尽然，马尔萨斯主义的陷阱还是带来了两次为争夺生存空间的世界大战。战后西方人口的再次大幅增长，是通过再次的技术革命来解决的。今天欧洲的人口萎缩趋势是另一种相反的

98

危机，即使承认土耳其人、非洲人等外来人口渗透的合理性（这一点也值得怀疑，我亲历过很多德国人不肯生孩子的状况，无论站在欧洲人立场上，还是站在对近代文明发源地的敬仰上，我都感觉一种深刻的危机），也无法抵消世界其他地区的人口爆炸。

第二，广大的非西方国家的现代进程却是被动的，无力深度开发自身的资源，又很难从外部获得充足的资源，同时向外转嫁现代生活的负面后果，保持与资源、环境的平衡。即使他们被市场化进程带进现代生活，获得技术与生产效率的提升，其生育的惯性增长仍会保持相当长时间，并获得现代生活医疗条件的保障，这可能给世界带来整体的灾难性结果。这些国家喷涌出来的人口难以获得现代教育机会，青年人缺少发展机会，在简单劳动和失业边缘上徘徊，无法改变自己与国家的命运，最后面临未富先老的问题。这些国家人口的膨胀要回归，至少需要漫长的一百多年，如果没有更加强大的力量来控制生育，要避免马尔萨斯主义的困境是很困难的。马尔萨斯认为，上层社会不需要节育，而下层社会需要通过道德和节欲限制生育，如果自生自灭，必然会有灾难解决。这可以推广到世界关系上。

第三，虽然罗马俱乐部的增长极限理论一再被突破，但地球生态与环境的失衡，物质与能源的危机，却是在越来越恶化。郎咸平说每年工业化造成的二氧化碳排放只是所有地球生物二氧化碳排放的一个零头，由此他认为，所谓环境危机是一种阴谋炒作。可是，他想不到，生物排放与生物吸收在千百万年来基本上是平衡的，而工业排放却在一年年叠加，几十年累积就会成倍超过生物排放，累积上百年之后这个体系不会崩溃吗？现有的技术，包括可预见的技术，都无法根本解决能源的需要，即使所有土地的种植都转换为可利用的生物能源，也不能代替化石能源的消耗，核裂变已经逐步退出历史舞台，除非核聚变能够利用，可这是谁也没有把握的事。

我感觉，您的人格、情感基本上形成于毛的时代，但您的思维方式，基本是现代的经济理性，不知道这个判断是否准确。

您以市场经济的眼光看待毛时代的经济问题，统购统销和集体化虽然保障了当时工业发展的需要，但挫伤了农业，这很给我很大启发。但是，似乎也要看到小农社会要过渡到现代市场经济，需要全面的社会改造，农业基础设施的建设，没有政府的大力干预是很难的。传统的小资产要过渡到现代资本主义，在外部，作为后起者要跻身国际市场的竞争，没有国家后盾更加困难，在内部，要建立契约化法制化的秩序，形成理性而互信的文化，也需要经历漫长经济、政治、法律、文化、教育、科技的建构过程。俄国、日本、印度在工业起步时都有自上而下的国家主导作用，后来才逐步私有化。政府权力一旦形成政治权贵阶级，会构成社会的反动势力。但无序的市场竞争，在初级阶段是高成本、低效率的，而形成垄断之后，同样会形成阻碍进一步发展的经济权贵阶级，财阀集团。如果现在让重庆市民选市长，那么很有可能仍然是薄胜选，这表明现代社会本身是矛盾的。因此，我不太相信有一种自由主义的或者社群主义的终极出路。

祝您新春愉快！

（二）梁中堂致 Y 先生

Y 先生，您的邮件涉及十分广泛的领域，因为我正在忙于另外的事情，无法展开一一回应您，只是简单地说几句。

首先是您的个人问题。我觉得虽然您的年龄稍大一些，但您的太太的年龄还不很大，不应着急生育第二个孩子。现行的制度本来就是一个与人民生活找别扭的社会，人们生活中的不应该有的麻烦本来就够多的了，如果再走一条与现行的政策相对立的路子，会给自己带来更多的麻烦。应该由我们来做的事情很多，没有那么多的精力处理这些麻烦。所以，我觉得等一等还来得及。

其次是您所说的人口问题。我觉得人口在近代得到明显的增长是和工业社会的发展相联系的。人类在其进步过程中，一直伴随着自身的增长。——虽然我不好说这种现象是不是会一直延续下去，因为现代社会已经越来越多地显示出相反的情况即越来越多的人是不愿意生孩子，甚至于根本不愿意生孩子的人也越来越多。——至少，在我们可以回顾的历史中，人类开始学会了种植即原始农业开始就曾有过一次人口的巨大增长，如果愿意，您也可以说那是一次人口大爆炸。因为与先期的人口数量来说，有了种植业以后，人口增长翻了若干倍。因为那次的人口增长，就有了人口的重新分布，也就有了原始人类争夺土地和水资源的战争。几千年来，这样的战争从未间断过。而人类的文明也就是这样产生和发展的。人类文明史演绎了至少5000 年，只是到了 200 多年前英国出现了一位马尔萨斯天才以后，才将几千年人们习以为常的人口增长和战争连接成为一个方程式。不过在我看来，这两个东西本来是、现在依然是没有任何内在的和必然的联系的。包括您所说的上个世纪的两次世界大战在内，都与人口增长没有必然的联系。人类历史上一直存在的战争，其实是人类成长过程但还处在尚未成熟的阶段中处理相互关系的一种方式。人类从动物界走过来，曾经也是一种野兽，在其初期的阶段上处理许多问题就都还只能用野兽的办法。除此之外，它还不会其他的方法。100 年前爆发世界大战时全世界多少人口？才 10 多亿。现在多少？60 多亿。如果是人口引起战争，现在为什么没有爆发世界大战？打架，战争，都是一定阶段上的人类解决自身问题的基本方法。人类在成长过程中逐步成熟，逐步摸索出更为理性的办法协调相互关系。国际法、联合国宪章、世界贸易规则，以及其他一系列的国际公约，都是相对成熟阶段的协调人际关系的准则。所以，把人口当作战争的原因，既无法解释历史真相，也无法给人类的发展提供任何帮助。

您还提到发展问题。人类目前处在由传统的自然经济向工业制造的过渡和发展阶段。虽然发达国家似乎走过了头，不少的国家已经在说"工业后"或者"后工业社会"。但是，从整个人类来说，显然距离那样的程度还很远。特别是绝大多数发展中国家还谈不上完成过渡，这是人类的大多数。那么，就不能说人类历史已经越过了工业化时期。即使这样，一个国家也没有必要把工业化或者现代化作为自己的奋斗目标，要全民族牺牲自己当前的生活去实现它。每个人都是第一次也是唯一的一次来到人世间，他应该享受属于他自己的人生。其实，如果把现代的工业化放在人类历史的长河中，它也就是一个很短的阶段。人类在每个阶段上都应该度过自己的幸福人生；人类在每个阶段上也都能利用已有的成就享受自己的人生。所以，政府没有必要把人民驱赶在为争取什么目标的征途上而牺牲他们的生活。发展中国家像发达国家那样拥有很强的生产能力，实现了工业化以后会更强大、生活水平也必定会比现在更高、更好，但是，那样的社会人民所感受到的却未必就一定会比现在较低阶段上更幸福。更何况，征途上的人们和达到目标的人们就不可能是一批人。用牺牲一代或几代人去争取的发展，我觉得是没有意义的。——如果从另外的角度看问题，像发达国家的政府那样从来没有设置一个现代化的目标却并不意味着国家不会现代以及现代来的似乎就慢了些——发展是一个历史过程，人类一直是在发展中享受自己拥有的幸福人生的。把发展和现实的生活割裂开来，本来就是政治家们绑架了人民，把人民都动员起来以实现他头脑中的所谓目标，并通过牺牲人民的生活来满足他们少数精英们的成就感和幸福感。

您所说的工业污染问题也不能说是人口增长引起的。十分清楚，它直接的原因是生产的结果。污染是工业发展的副产物，如同人体活力产生粪便一样。即使从中国现实来说，中国人即使很多，但真正达到发达国家标准而过上工业化生活的人连百分之二十都不到。我国百分之八十的人基本上还过着工业化前的生活，说他们造成污染岂不是与伊索寓言中站在河流上游的狼指责下游的小羊弄脏了它的上游的水一样欺负人？相反，发达国家也曾有过污染而到现在却没有污染，那怎能说是人口的原因？所以，与其说我们污染和许许多多的社会问题是人口因素，不如说是发展不足。人类总是处在摸索和发展的路子上，人类在其发展的每一个阶段上也都会存在这样那样的问题，这些问题解决了，社会就向前跨越了一步。现在发达国家解决了的问题，甚至于包括他们转嫁过来的问题，都是需要发展中国家通过发展来解决的。混淆问题的性质，把这些问题转嫁到人口方面，都是于事无补的。发展，才是发展中国家摆脱许许多多问题的根本办法。当人们用新的技术实行生产的时候，当人们寻找到更好的能源的时候，现在发生所面临的问题可能就不存在了。但是，更高阶段上还会发现和产生新的问题，那时的人们又需要正确面对他们的问题，以便把社会再推向前进。

包括我们在内的许多发展中国家在上个世纪跟着前苏联犯了一系列的错误。列宁和他的社会民主党伙伴们都清楚地认识到当时的革命性质是资产阶级民主革命，也就是发达国家走过的资产阶级带头革封建统治阶级的命，扩大民主和发展生产力以实现传统农业向资本主义工业生产方式的过渡。但是，列宁，特别是斯大林掌握政权以后却要运用手中的政权跳过民主革命直接实行社会主义。为了实现领袖人物脑袋里的社会主义，不惜运用恐怖手段镇压反对派和剥夺人民的自由。这是一段弯路和悲剧。所以，不是您说的经验。相反，我觉得有不少的发展中国家没有跟着苏联而另外走的一种比较接近自然发展的路子才是对的。现在，我们是生活在一个没有自由表达权的制度下面，另外，更是由于没有真实的信息披露制度，所以，您说的投票的可能结果都是被人误导了的，从而不可能是正确的和合理的。如果在自由表达的情况下，可能您说的那个人和他的党派都不会得到人民的拥护。

Y 先生，如果人们在自然领域所认识的真理都是相对的话，那么，社会领域就更是如此了。在人类分裂为不同的利益集团的情况下，一切问题的本质都是利益问题，从而对它的认识和解释就都具有了党派性。这些问题无所谓科学与合理，就看它的评判标准、出发点和立场，这个理论维护哪些人的利益、对谁有利，以及是否代表了历史发展的未来？历史是由人来推动的，人类应该有一种共同的东西即被通常的人们理解的所谓人性。所以，人性在那里决定人类的选择。　因为人性在不同的阶段和不同事物上的表现会不相同，以至我们还不可能用一个合适的概念来表达它。也就是说，虽然我们不能准确地说明它，但它在不同的历史阶段总会出现并产生一个选择，从而把人类社会推向更高的阶段。就这点来说，人类的发展是具有一定的必然性的。也是从这点来说，理论应该有一个科学和判断其是否正确的标准，那就是要看它是否揭示出历史发展的必然性、推动以至于有利于这种历史必然性的发展。而这一学说最简单的标准，就是人民性。无论什么理论，反对、伤害、指责和歧视人民大众，肯定是有问题的。马尔萨斯主义把统治者应该承担的责任转嫁到最穷苦的人民身上，恰好这些人处于最无权势的境地中，却还要承担发展缓慢的责任，这无论是马克思还是上帝都不会同意的。

（刊发于 2013 年 2 月 2 日）

计划生育制度是一面镜子

按语

最近几年，常会接到一些读者的来信，讨论生育政策调整时机及相关的问题。现行的计划生育制度是一面镜子。它的存在，表明我们还处在一个十分落后的社会发展阶段上。大家可以放眼去看世界，除了我们以外，哪个国家的政府敢于干预公民的婚育行为？相反，我们的政府不但可以这样做，而且还可以以合法的形式堂而皇之地去做。所以，一方面，人们可以从计划生育看到我们的国家落后到了什么程度。另一方面，它也告诉我们，要解决现行生育制度和其他领域的诸多不合理问题，并不是一朝一夕的事情，而是有待于政治经济制度的改革，有待于社会整体的进步和发展。今天是农历正月初一。只将去年回复读者的短文择出几段，以和大家共勉。

——梁中堂 2013 年 2 月 10 日

（一）2012 年 5 月 14 日

梁老：您好，我非常敬重您，本人在学校工作，学校总是让学生尊重生命，敬畏生命，对学生进行生命教育，还搞这样的课题，可是我们社会尊重生命了吗？太可笑了，几年前我姐姐怀孕 8 个多月还被计生委强制流产了，社会道德滑坡我个人感觉与这一政策有很大关系。我自己也很想再生一个孩子，但我们实行连坐，所以只有叹息！

先生：谢谢您。

我们国家还处在一个较低发展的阶段上，这里说的较低，即是经济发展的低阶段譬如由传统农业向工业社会发展的转型阶段，也还包括政治制度和人们的观念、理念。特别是我们国家的这个转型不是像西方发达国家那时来自社会内部的自然发展，那样的转型社会各个方面都会比较协调一致地向前走。我们的转型是从引进西方生产开始的，无论生产还是政治制度，以及包括人们理念、观念在内的意识形态，都来得比较突然，社会各个方面不太一致，发生的问题就多些，冲突也多些。这是一个发展阶段上的问题。占主导的当然是政府，政府必须自觉地转向，适应社会的发展。现在的问题是政府有惰性，不愿意自觉朝前走，所以出现的问题绝大多数还是民众和政府之间的冲突。在这样的情况下，社会发展更需要民众推动政府向前走。

（二）2012 年 5 月 15 日

教授您好：我也是一个关注中国人口问题的普通人，最近看到很多网站包括人民网新华网央视都有一篇题为"日本人千年后灭绝"的报道[1]日本 15 岁以下人口为 1665 万，日本人口现有大约 1.28 亿15 岁以下占 13%他们 3011 年 5 月 5 日将剩下一名儿童。而中国普六人口数据 0-14 岁人口为 222459737 人，占 16.60%；15-59 岁人口为939616410 人，占 70.14%；60 岁及以上人口为 177648705 人，占13.26%，其中 65 岁及以上人口为 118831709 人，占 8.87%。同 2000年第五次全国人口普查相比，0-14 岁人口的比重下降 6.29 个百分点，15-59 岁人口的比重上升 3.36 个百分点，60 岁及以上人口的比重上升 2.93 个百分点，65 岁及以上人口的比重上升 1.91 个百分点。14 岁以下人口十年间下降 6.29 个百分点，我们中国只剩下一名儿童的时间应该也比人家日本晚不到哪去。 您一直研究人口问题，各种

1　参见 http://world.people.com.cn/GB/157278/17877383.html
http://news.xinhuanet.com/yzyd/world/20120512/c_111937973.htm
http://news.cntv.cn/world/20120512/108649.shtml

数据都有，是不是也可以制作一个中国什么时候只剩下一名儿童的倒计时，这样是不是会有更好的效果，这是我的一点拙见请教授批评指正。谢谢！望回复！

先生：谢谢您的建议。不过说真的，我不具备您所说的做这个事情的知识修养。做这个测算，应该有一定的数学功底。尽管不是很深的数学问题，但靠我的数学知识还是做不到的。其次，愿意做这个测算的人，也不好说完全没有意义，给人们说明一点趋势，也有意义。但实际意义并不大，因为社会的发展不可能这样千年不变。30 多年前，世界上有关人口爆炸的说法甚嚣尘上，几乎所有的发展中国家的生育率都居高不下，反驳他们真的还不是件容易的事情。现在几乎所有的发展中国家的生育率都在下降过程中，有的国家的生育率已经低得令人们发愁了。我们再看 30 年前我反驳人口爆炸论和与那些有教养的知识者的辩论文章，都有点像在打口水仗。人类社会的发展不会走向毁灭，特别是不会由人类的生殖把人类引向毁灭。即使未来有许多困难，那也是人类在发展中应该遇到的问题。人类其实就是这样的一种生物，它就是为了克服困难而生存的。所以，未来的问题不会难倒未来的人们。未来的人一定比我们更聪明。如果您说的问题将来一定会到来，那至少还有 1000 年，让未来 1000 年的人们解决他们的问题吧。现在的生育制度不合理，整天制造社会摩擦。所以，我们还是先解决我们自己的问题。

（三）2012 年 12 月 22 日

尊敬的梁中堂专家：……给您写信实在冒昧，我是福建福州市一名高校教师，我老公也是一名公务员，一直以来，我们已有一女，一直以来想要再生一个，因为独生子女危害太多了。但苦于中国这惨无人道的计生政策限制，不能如愿。今日中国计生政策只是限制了体制内一部分公职人员，其他也都管不了，何等不公平。最近媒体报道前计生委主任说即将进行城市放开二胎，这让我们一家十分高兴，可第二天计生委又进行澄清放开二胎民心所向、大势所趋，可为什么还是遮遮掩掩，似无似有的。我很苦恼纳闷，特冒昧请教您国家明年是否会放开城市二胎（张维庆的说法应该不会毫无依据的捕风抓影吧）因为我已经 36 岁，老公已 40 多了，我们十分焦急，时间等不及了。

女士：我可能让您失望了。在我们国家这样的体制下，我真的无法给您预言近几年的政策走向。至少明年不会变化吧。张维庆的说法是没有依据的，他已经退出机制。在这样的体制和制度下，人民总是无奈的。我完全理解您的痛苦和绝望心情，我因为不能帮助您而惭愧。对不起！

（四）2013 年 1 月 25 日

尊敬的梁中堂专家：……近日，社科院专家蔡昉在公开场合透露二胎政策指日可待，且通过一定的步骤过度到全面二胎。我想请教您，蔡昉所言是否确实，他所说的通过一定的步骤过度到全面二胎是什么含义，是先放开单独二胎吗？我和妻子都是公职人员，也都不是独生子女，年纪都不小了，我们渴望二胎，能有希望生二胎吗？

打扰您了，请见谅！

先生：很抱歉，您所提出的问题我真的无法做出明确和具体的解答。但是，对于蔡昉的说法，我却可以明确地说那是毫无根据的。我国这一类的决策集中在国家最高层的一、二个人手里，即使发生改变，也不会事先与蔡昉这一类的人去通气并通过他们来发布消息。实际上，当消息面到达国家计划生育委员会这个层面的时候，政策就已经确定了，何况中国社会科学院属于政府以外的机构。蔡昉的说法如果不是记者通常会歪曲被采访对象的观点的话，中国的学者也往往会自以为是，以为政府和人民群众都可以接受他们这一类的天才人物在自己的头脑里精心设计的产物，把国家政治生活和人民的社会生活简单化。最近国家人口和计划生育委员会刚开过全国主任工作会议，主任王侠在会议上明确说还要稳定低生育政策，计划生育政策长期不变，这才是反映了现在的国家最高层面对现行生育政策的基本认识。所以，现在说生育政策改进"指日可待"的话，纯粹是胡说八道，简直是闭着眼睛说瞎话。相反，如果根据现在民间反对计划生育的力量和呼声，鉴于计划生育如此不得民心，说改变计划生育"指年可待"，那还差不多。我相信，现行计划生育制度是不会长久的。我知道，我的回答一点也没有解决您所想要解决的问题。但愿您能理解，这不是我的错。这是我们共同生活的这个国家所达到的发展阶段的性质所决定的，是它目前所给予人民的许多痛苦和不确定性，在这个阶段生活的人们会在许许多多的方面都要经受这样的痛苦和煎熬，无论谁都是无法幸免的。

（刊发于 2013 年 2 月 10 日）

苏联解体了，人民永存

——与友人唱答

（一）Y 先生致梁中堂

梁老：拜读您来信多遍，每一遍都有许多新的感受。在社会领域，要获得完全的共识几乎不可能，但我仍然要说，您是我近年来遇到的最令我由衷敬仰的学者，您的实证研究具有极强的心灵穿透力。受到启发便会有自己一些想法，在您的博大与深刻面前，我努力保留一点独立思考的空间。以下文字是我断续记录的，有一些可能与以前写过的重复。只是向您汇报而已，实在不敢打扰您的正常工作与生活，因此您不必再回复。

但有一个小问题要单独请教您，您方便的话，请简单告诉我：妇女安全期的计算，现在是普遍运用的生理学避孕常识，是什么时候有的？以前的资料似乎都未提到，没有人运用。

祝福新春快乐！

（二）梁中堂回答 y 先生的问题

Y 先生：您我不过是在探讨一些相互都感兴趣的问题，所以，没有必要一定同意我的观点。记得去年曾向您说过，我们在许多问题上能够互相讨论，这都是人生中可遇不可求的事情。更何况，您的许多认识对我也是很大的启发。所以，读了您的信件，还是想谈点看法。

先回答您所问的妇女安全期问题。我没有找到具体的文献。不过，我以为这个时间不长。人因何而生育，人类在上百万年的进化史上都是很不清楚的。上帝高明之处就是把人的两性行为和生育捆绑在一起，而且将男女性交过程设计得十分巧妙，使得当事人必须在具体的性交过程中得到充分的享受。这样，追求性爱则成了人的一种本能；而人在性交过程中享受愉悦和快乐的同时，不知不觉地成就了上帝所要求的创造新生命的使命。但是，这个过程在人类过去漫长的进化里始终都是很麻木和无知的。对于自身的生理受孕过程的了解大约也就是 100 年的样子，它是建立在对妇女排卵周期和受孕的生理机能的认识基础上的。需要提醒的一点是，人的生理机能其实是很复杂的，现代生殖科学告诉我们妇女卵子的受孕过程也只是一般性的原理，但妇女排卵还可能受其他一些特殊因素的影响，所以，所谓的安全期往往也不是很安全的。

下面是回应您的一些思想和观点。

1. 战争与人口之间没有简单的因果关系，但生存空间的争夺会引发战争。两次世界大战存在这方面的诱因，虽然这不是唯一的因素，也不是决定性的因素。战后技术的进步从内涵上扩大人类的生存空间，两次战争留下的惨烈记忆，高科技下势均力敌的战争没有胜利者的考量，都教会人们容忍，即使人口成倍增长，生存空间也有盈余。

同意您的看法。

2. 您说战争是人类尚未成熟的阶段所保留的野兽处理相互关系的方式，我基本赞同。从小被人欺侮的时候，我都会这么想。但是，今天世界上最文明的国家，恰恰是战争机器最发达，发动战争最多的国家，尽管这也可以解释为文明对野蛮而战，但我不能完全相信，很多欧洲人也不相信。现任伊朗总统内贾德本是一位大学教授，我读过他的讲演片断，我深为他的学养所折服，至少在中国领导人里完全找不到这样有语言魅力的演讲者。朱镕基极有魅力，但那也不是思想的魅力。可在今天信息技术如此发达的时代，我们却根本找不到一篇内贾德的完整作品，简直难以置信。同样难以置信的是，连给他的文质彬彬的讲演做一个粗野无礼的开场白的大学校长，也遭到美国舆论的普遍抨击。我曾在维也纳街头遇到一个声讨伊朗的犹太人集会，很像我们文革时的批判大会，在会场边缘，我与一位殷勤给我提供照相方便，却又批评中国政府立场的妇女发生了争执。我只是强调，我们听不到伊朗人的声音。当时内贾德要求与布什公开对话，却被拒绝。

Y 先生：我只能说，人类文明、文化的发展，都只具有相对性。我们今天的人类，比较 300 年前和 100 年前，距离野兽和野蛮状态相对远了一点，发达国家相对于发展中国家的经济社会发展水平相对高一些，但并不是绝对的。发达国家的许多做法也还是历史发展的结果，他们也远没有脱离人类早期的羁绊。至少，在当前的历史阶段里，即使在发达国家所牵头的许多似乎高尚的行为中，也不难从空洞辞藻背后阅读出其物欲意图的本意。

3. 您说中国处在信息不公开，国民被误导的状态下，这没错。可是，两千年多来的历史，波斯—伊朗人一直被说成野蛮人，为什么谁都不听听他们说些什么呢？伊朗革命恰恰是美国化的改革失败之后，愤怒的民众起来推翻帝制，建立民主国家啊！

这已经说远了，我只是要以此对您的战争理论也提出一点质疑。

在历史的现阶段，人们还都处在不自由的状态，每个人都会因为以生存为主的困难和问题而经受煎熬。人还不得不各自照应自己，从而都远没有形成以爱和同情心为核心的所谓人类共同的、普遍的人生世界观及价值观。所以，绝大多数人还没有时间、精力和兴趣倾听别人的诉求。您所说的人们不听伊朗人，如同我们现在城里人不听乡下人一样，因为包括政府在内的城里人还在忙活他们自己的事情，没有时间和精力去听别人。甚至于那些本来有义务和责任听取乡下人的人，因为制度不健全也会逃避责任不愿意倾听，更不要说国与国之间了。至于您所说的伊朗要建立的民主制度，我以为也是落后国家向现代过渡和发展的证明。

4. 每个人都是第一次也是唯一一次来到人间，人应当服从自己生命的目的。但是，人又都生活在具体的历史中，现实赋予给他一生的命运。尤其在全球化的时代，很多民族根本无法摆脱被动的命运，贫穷，屈辱，甚至被奴役，被屠戮。这个历史进程虽然不长，但它一旦来临就无法回避，人们的所有生活状态以及感受都被圈入其中。所有的超越都只能是向前走，不可能后退，不前进就会被淘汰，因此，个人不可能置身社会之外。

食草动物面对食肉动物，悲惨的命运可想而知，他们唯一自救的办法是逃跑。其实只要团结起来，用集团优势完全可以对付少数食肉动物攻击；只要勇敢，个头大也是有优势的。可惜的是，绝大多数食草动物像牛羊做不到，不是缺少勇气，就是没有个体之间的默契和互信，于是它们庆幸有人类的饲养、庇护，无视最终被屠宰的命运。汉民族中典型的农民性格很像食草动物，统治者基本上都是流氓、草寇、蛮族出身，前者的整体命运总是由后者主宰。工业化进程就像把食草动物们从草原赶进了圈养地或者作坊，农民再不可能在属于自己的土地上自给自足，再没有任何世外桃源让人独立享受，个人的全部命运都被捆绑在国家的命运中，这并不需要政治家来绑架，倒是市场上那些卑微的个人也会强烈地期盼一种强势的力量，把大家凝聚起来，以应对共同的命运。

任何比喻都只具有相对的意义。首先和基本的一点是，因为人类历史本来就是处在一个不断发展的过程中，所以，一切问题都必须放到特定的阶段中才可以得到解释。将社会发展某一阶段的横断面上的问题抽取出来与只可消极处在生存竞争状态的动植物相比较，能够抽取出来的道理不仅是极为有限的，而且是相当勉强的。

5. 近年来，"官民比"的概念一再被扭曲来说事，中国汉代八千个百姓养一个官，清代一千个百姓养一个官，现在不到30个百姓要养一个官。可让人无语的是，美国15个人要养一个公共雇员，而公共开支更是占国民生产总值四成左右，欧洲国家有的占五成。中国近来这个比例猛增，但仍不到三成。网上一片反对声，说中国官场腐败，说财政收入中大部分钱浪费掉了，没有花到百姓福利上，这都有道理。但是，主要的反对声音却是说中国政府养的人的比例超过美国，中国财政收入所占国民生产总值比例超过美国，包括哈佛教授、著名经济学家陈志武都这么说，可他是把中国全国财政与美国联邦财政对比（与联邦财政规模相当的州与地方财政根本没有计入），哈佛经济学教授绝对不会犯这样低级错误的！我担心是我哪里错了，否则陈志武一定是个经济学骗子。

这里我要说的是，越是现代社会，公共空间越大，美国的社会主义比中国多，个人的生活完全社会化了。当然个人的空间，个人的自由权利，绝对需要保障。

换另一角度来看，人与动物的重要区别之一，人是时间的，也就是说，不仅生活在当下，而且生活在过去和未来（回忆与憧憬），甚至远远超出自己一生的范围。传统中国人把传宗接代当信仰，西方人也在宗教里获得观念上的永生，这都是体现着人的时间性。因此，考虑未来，考虑子孙后代，是人内心的关怀，不全是道德、政治表演。

Y 先生，这里有这样几个问题。首先，随着社会的发展，公共社会这一块所占的比例可能会越来越高。人类的历史是不是会越来越朝着这个方向发展，我不知道。至少最近 100 多年的历史是这样，看得见的将来似乎会继续这个趋势。但是，公共社会比例高不等于政府所占的比例就一定要高。我们国家确实是政府的比例高，官员比例高。这和欧美国家可能不一样，也不能简单用人数类比。其次，社会公共比例高，也不等于一定要由政府来经营。100 多年前德国首相俾斯麦把社会保障承揽起来，各国政府竞相效仿。现在政府立法、司法和执法行政以外的承担公共职能的这一块越来越高，我总觉得很有可能是现代人陷入了一个误区。养老、医疗等问题是不是会有政府以外的途径可走？我觉得在这一点上，还是政客们的权力欲驱使他们在扩张，造成了政府机构越来越庞大，公职人员越来越多。罗斯福在上个世纪 30 年代执政以前，美国联邦堪称小政府。从他的手上开始，美国政府迅速膨胀。这些我们先不用去说它。不过，现在的社会发展似乎是需要公共社会越来越大。即使不属于政府，许多行业也还是会随着社会的需要而扩张的。这通常表现在三次产业的第三产业的统计上，它的比例越来越高。相比较的话，欧美国家政府以外的公共社会比例很高，而我们最近 30 年政府比例明显地增加得很快，政府以外的公共社会即政府以外的第三产业还是被政府严格限制发展的，许多领域不允许政府以外的实体进入，严重妨碍了我国的正常发展。最后，关于政府浪费。我们知道，政府投资往往是缺少效益的、不经济的。欧美等发达国家的政府远没有我们的政府手上拥有这么巨大的资源，他们则很少直接投资，特别是工程项目的投资，一般并不经营和投资企业。我们国家的浪费是在这上面，腐败也主要发生在这个方面。

6. 如果政客只是绑架人民去实现自己的政治目标，我赞同您的主张。但是，政治作为社会生活的内在需要，作为历史进程的必要环节，我认为这是无人可以回避的。

具体到生育领域，我认为，个人的权利和公共的目标，需要一种理性的平衡。中国独胎制是最野蛮的制度，但政府以公共政策倡导家庭计划生育，还是必要的。新加坡、台湾、韩国，尤其是许多欧洲国家，政府鼓励生育，在您看来也是不合理的？

我赞同您的观点，即政治作为公共社会生活涉及每一个人的利益。所以，从理论上讲，每个人都不会也不愿意回避的，都有积极参与公共政治的内在动力。但是在实践上，还是有一定的差别。在社会发展比较落后的阶段，居于社会底层的人距离政治相当的遥远，政治的热点和焦点往往远离他们，首先是个人看不到政治所包含的个人利益，其次也没有合适的理论把他们的利益和当前的政治联系起来，从而无法激起他们的政治愿望和热情。此外，还有一部分人，他们的基本利益已经包含在继续发展的社会政策里面，对于政治也没有特别大的诉求，从而也不具有热情。

至于谈到生育领域，我以为不存在个人权利和公共目标所谓平衡的问题。生育领域纯属于私人空间，公权根本不应该插入期间。你看美国等发达国家，什么时候政府参与国民的生育了？节制生育完全是一个文化或者知识问题，只要人们需要，它自然就随着社会的发展而普及了，并不一定就要政府来宣传。国内的人们有一个被误导了的认识，以为发达国家的政府也有一个和发展中国家相反的公共政策即鼓励生育的计划生育政策。这是不正确的。发达国家的福利政策中，有一个按照家庭收入水平征税的政策，家庭人口多、负担重、相对收入低，纳税就少一些；公共福利中还有一些方面，比如人口多收入少的家庭得到政府的照顾或补助就多一些。这都被中国的人口学家和政府解构为发达国家的生育政策。这是不对的。人家那是福利政策，无论立法的本意或目的，都与家庭的生育无关，国民或政府谁也不会把这些问题和人们的生育联系起来。在法治国家里，公权和私权是泾渭分明的。只有落后国家的政府还会有意无意地要影响国民的生育，在某些政策方面有意无意地诱导人们少生或者多生孩子。在我们这个特别落后的国家里，政府根本就不懂得、也不顾及什么公权、私权的。这也难怪，想一想历史上的专制国家，连国民的生命权从来都不当一回事。刚从那样的状态发展过来，未形成的生命就更不是一个问题了。所以，前苏联国家如俄罗斯，以及您说的新加坡、南韩、台湾，政府都想影响民众生育，因为它们都是距离专制时代还不很久远的社会，远远够不上法制社会。即使这样，还是要向您提醒一下，这些国家和地区也都不是我们这种直接由政府颁发指标的计划生育。不是这样，它们绕得远远的，仅仅是以一种间接的方式诱导国民而已。

7. 现代工业的污染与传统生活的垃圾根本不同，后者可以进入生态循环，即使人口聚居地一处消化不了，长时间、大范围也能消化；而前者却有可能永远消化不了。欧美国家没有解决污染问题，只是把大部分问题转移到全球，尤其是落后国家。您说，落后国家要靠发展解决污染问题，发展能不能解决呢？即使我们按照西方的途径发展，也不过是把问题再转移到比中国更落后的地区，可是，哪里还有比中国大得多的地区任由让我们转移呢？况且，中国 GDP 只相当于美国四成，但能耗和污染规模已经超过它了。

我知道您也持有一种道义立场：西方发达国家能够享受的生活，

凭什么中国不能享受呢？这一点没有错，问题是我们不能仅仅站在与西方比较的立场上，而要站在全人类的立场上，这包括对西方生活方式必须的批判和超越，不仅是量上的超越，而且需要本质的超越。地球生态本是一个奇迹，它是一系列偶然的物理学、化学巧合，经过几十亿年的冲突与磨合，终于达成的一种生态平衡，在我们所知的浩瀚宇宙里，尚无第二个地球。然而，工业化却在快速打破了这种平衡，甚至接近它所能维系的极限。所有的技术发展都没有朝向建立生态与资源环境的平衡，而是更加深度、广度的开发。

我认为，改革、发展是今天中国内涵最空洞的概念中的两个，比过去革命一词更不清晰，却同样缺乏审慎的反思，容易让人霸道，强词夺理。人们普遍把希望寄托于技术进步，有了技术进步一切都会自然解决。正如马克思相信，生产力发展是一个自然历史进程，会导致社会的文明进步。但是，工业化从来没有阻止过人类欲望扩张、生态失衡的步伐，这种发展真的可以这样无止境吗？可以持续吗？人可以一直自主操纵吗？

这一点，我显然还无法说服您。而且我怀疑，您也陷入对发展、进步之类概念的迷信状态里。我要强调另一个思路：所有人类文明一开始就基于一种普遍的文化设置，这就是宗教与伦理所代表的节欲，一切文明都源于欲望的文化节制，西方一神教对人性的压抑程度远远超过中国"吃人的封建礼教"。而现在，这种文化力量普遍被消费主义的经济发展、机会主义的政治改革所瓦解。然而与西方人打交道会发现，他们的生活观念与态度通常是相当保守、拘谨的，只有中国人才天不怕，地不怕呢！

Y先生，我以为必需廓清这样几个问题。首先，污染是不是由老百姓的生育造成的。或者，污染是不是政府干预老百姓生育的理由。其次，污染能不能治理。再其次，如何治理环境污染？我以为，对于前两个问题的答案当然是否定的。因为发达国家也曾存在很严重的污染问题，现在都得到了有效的治理。目前发展中国家要治理自己的污染，当然要像发达国家那样，必须坚持发展才有能力治理污染的问题。这里有一个问题，即发达国家是存在将部分污染转嫁到发展中地区，而发展中国家往往不存在这样的便利条件。但是，这其实是一个很简单的问题。污染是工业化的产物。发展中国家在引进发达国家的技术的时候，本来就有一个权衡和选择的问题。对于引进技术积极的和消极因素的评估，可以解决引进带来的污染问题，即超过发展中国家的容忍度，本来就可以不引进或者少引进的问题。现在发展中国家的污染虽然是个问题，显然还在它的政治许可度以内的。

还有，您说过去的污染是在自然循环以内的，是可以通过自然大循环解决的。那么，我觉得现在仍然是。您所说的那些问题，我觉得从发达国家制造和出现污染的时候开始，实际上就是人类需要面对解决的生态平衡问题。即使包括发达国家转嫁到发展中国家的一些污染问题在内，绝大多数都应该有办法来解决它。可以把现在的发展阶段，视为人类正在探索解决由自己的发展带来的污染问题。人类只存在现在还解决不了的问题，但一定不存在永远解决不了的问题。即使从理论上说可能会有一些污染问题永远解决不了，那也好办。因为现代污染都是生产过程中产生的技术问题，如果真的有人类用了很久的时间还解决不了却又会对人类产生相当大的伤害，人们放弃这种生产就是了么！人类绝不会因这类低级的问题而毁灭。

您说的生活方式上的超越，这似乎在理论上存在的。但在现实中却是无法找到的。人们只能在一定的社会中生活。任何人都无法选择历史。我们处在工业化的落后阶段，前面有人已经探索出好的道路来，我们为何不去走，却要另外走一条还不存在（也许根本就不存在）的道路？更何况，自从 30 年前我们开始面向世界以后已经看到，发达国家是一个比我们更可以让绝大多数人享有较高经济生活和自由的社会。我们学习这样的制度有什么不好？其实，您如果愿意，完全可以进一步分析那些提出要走另外道路的人，据我所知，那些人毫无例外地都是现行体制的受益者，他们一边把他们的儿女们送到发达国家生活，一边却拒绝走发达国家和民族已经证明的一条光明大道，实际包藏着要捍卫和维持他们的既得利益的祸心。

我不同意您的观点。我觉得改革、发展，没有什么不好。正如大家说"100 个人眼里有 101 个哈姆莱特"一样，即使人们对于改革和发展的概念认识不一致，这两个概念也是好的。至少，它表明人们对于现实不满，要求改变现状。而事实上，我国现实的确不好，的确需要改变，这也是绝大多数人的愿望。我倒是很能理解寄希望于技术进步的人们，尽管我在 30 年前的《人口学》一书中，从哲学上既批判过技术悲观主义也批判过技术乐观主义。但是，在今天我国的具体环境中，我还是极为宽容地对待那些把将来寄托在技术进步的观点上。要知道，在我国目前现实情况下，不是人们普遍要寄希望于技术进步，而是对于绝大多数人来说实在是没有别的希望。按照马克思的看法，社会进步的原动力当然是生产力。同时，马克思主义也认为政治是历史的火车头。我国的经济社会已经有了 30 多年的进步的情况下，政治上层建筑的改革自然应该跟上。但是，在几乎所有的人都被排挤在政治之外的社会体制下，在一个敏感问题丛生，这也不许说、那也不能讲的环境中，除了寄希望于生产技术的进步以外，您说还有什么别的希望可以寄托？ 我觉得，对于那些把希望寄托在技术进步的人们来说，多多少少还有点唯物史观的认识。因为当生产力获得巨大进步以后，社会发展总会突破人们的主观意愿而实现应有的飞跃。问题可能在于，人为地抑制社会的渐进发展，累积的问题达到一定阶段就会爆发突变而以社会动荡的方式前进，这可能是我们最不愿意接受的。

Y 先生，我不是对进步的迷信。我只是相信世界上万事万物都是在运动着的，从而是发展的、变化的。对于人类来说，它已经具有一定的理性，有追求和选择，就不会像一般生物那样消极适应自然条件。人类会趋利避害，善于选择，所以会有好的前途。这是基于理性的认识，一种积极向上的理念，而不是迷信。至于您所说的宗教等观点肯定是一种过时的理论，即使它们在历史上曾经进步过，发挥过积极作用，但随着现代生产技术的发展和科学的进步，那些历史上曾经起过进步作用的理论，现在一定是落后的、过时的。人们也必须看到它们的局限性，必须再输入先进的理念才使其具有生命力，才可以解释现实的问题。所以，我不同意您用过时的"节欲说"来批判现代人的所谓欲望和贪婪。如果我们承认人是从动物和野兽走过来的，从总体上来说，现在的人类所具有的贪婪该比过去时代要少。另外，我把人类所具有的一定的欲望看作是社会进步的发动机。正是人们的不满足现状，才推动创造和发展。还有，如果将中国人和西方民族比较的话，我觉得我们民族的保守和守旧还是很突出的。因为，保守和不求进取，恰恰都是自然经济的天性。而您可能会同意我的说法，我们还没有完全从自然经济的状态中走出来。与这一点相对应的也不是您说的中国人"天不怕、地不怕"。哪里呢？我觉得中国人现在可胆小了，以至于站在树下也担心掉下片树叶把头给砸了。不是吗？现在的人不仅对于自己以外的事情懒得过问，就连宪法上明确给予的那点自己的权利也不敢直起腰来去理论。胆多小啊！

8. 我们普遍受到误导，这毫无疑问。但是，误导者都是官方么？问题似乎还更复杂。您所揭穿的马寅初神话是谁误导谁？似乎主要还不是官方，而是文人群体，而且自由知识分子尤其对此津津乐道，当然跟体制有关，我觉得还跟文化心理结构相关。

西方文化里，有一种独立的精神价值，那就是追求真相与真理，这是一种与主体利益无关的客观目标，西方学术，尤其是大学，都建立在这个基础上。理论上，它甚至不服从您说的人民性，当然更不服从权贵，虽然它背后常常被这些因素左右。在您的实证研究里，我看到这种可贵的价值，因此，您的许多结论，几乎无人能推翻。

但是，这种价值在我们的文化里却是普遍缺乏的，所有的理论几乎都是意识形态，都服从党性原则。因此，中国根本没有西方意义上的历史学，像您这样的实证研究少之又少。您的那些历史研究结论，对于所有有良知的人来说，本应当像闪电一样，启蒙一代人的，但是我在几个网站上尝试了一下，共鸣者廖廖。方舟子揭露韩寒，说他是一个根本没有写作能力的小混混，却被媒体包装成文学奇才，真相呢？一年之后，没有任何结果，我问一家大报系的人，他说，对韩寒，我们是要保的。我追问，韩寒是作家吗？回答是，他是不是作家根本不重要，他名下的作品符合我们取向才是关键。

您看看，这惊人地符合您关于利益集团与党派的陈述。但是，在西方传统里，至少会有一些人，会抛开价值立场，去追求事实真相。我在网易、凯迪、凤凰等网站上，常常看到一些颠倒黑白的报道（有些是基本的常识，有些甚至直接关于我本人的），我会去信或者留言更正，但是因为事实背离报道者的目的，根本就得不到回应，我的留言根本发不出来，而那些一边倒的弱智言论，却可以畅通无阻，这可不是党报呵！

Y 先生，我觉得您的这大段论述中，有一个关键词，那就是体制。毫无疑问，我们和西方民族存在较大的文化和价值观差异。但是，最主要的差异还是体制或制度。比如您说的马寅初问题，当然是官方的误导。它是由当时的中央和中央隶属的新闻媒体一手制作的。虚假的马寅初事件具有时代的魅力就在于，第一，新闻报道把在中央政府当大官的马寅初说成了体制外的一位无党派民主人士；第二，在体制内享有许多特权（包括话语权和文章自由发表出版权）的马寅初被塑造成一个受批判改造的一般知识分子；第三，处在体制内遭受到体制伤害的马寅初被歪曲为受到坏人陷害的有独立精神的思想家。因为有这样几个特点，它才能被包括海外反对共和国体制的人在内的社会各个层面所接受，才可以由此浮想联翩地引申出许多深刻道理来，才能够在长达 30 多年的时间里常说常新。因为罪恶的根源都归结到坏人康生、陈伯达那里，体制内的主旋律也能够不断根据需要炒作它。姚先生，您可能小看了这一点。所以，您把这个问题归结到"自由知识分了"身上，说是他们的误导。这不是事实。由于政治经济的体制问题，不要说那个时候的中国还没有自由知识分子，就是在目前是否真的存在我还心存疑问。我在最近几年读历史的时候发现，几千年来，包括不同时期发生的革命在内，差不多都是政府代表和主导这社会，是社会的主流。由官方所发布的故事版本可能永远是正版和底版，社会上绝大多数人都是根据官方发布的信息为依据的。所以，您所说的官方以外的人最多属于"以讹传讹"，而没有多大的能力误导人，特别是没有能力误导社会。准确些说，该是官方的误导和社会上以讹传讹。

其次，您说的国外的知识分子会以真理为取向，我觉得还是一个体制问题。共和国实行计划体制，把所有的人都纳入到由政府主导和管理的单位内，所有的人都成了"单位人"，每个人也就失去了具有独立精神的个性和人格。我所说的"独立精神"，当然是相对而言的。所有的人都是政府内的或者依附于政府的单位人，就不存在相对于政府以外的人及其精神，从而也就没有了政府以外利益和目标的追求。这是根本的原因。您说的美国或者其他西方国家存在为真理而真理，我以为也只是因为那里的体制是经济社会多元化，相对于不同的经济政治实体，人们具有不同利益格局，没有权贵可以左右他的命运，也就会产生不同的精神追求。当中国成长到那样的程度的时候，我们也能。

除了体制以外，当然还有一个与体制适应的人、人格。因为我们从一个自然经济的农业社会直接过渡到单一的政府体制下，国人就未曾经过一个以独立和自由为前提的市场经济的熏陶，所以就都不具有现代精神或品格、思想和观念、世界观和人生态度，以及处人做事的态度和风格。所以，您也不要埋怨国人所表现的那种令人恼丧得没有灵魂和气节的表现。说到底，仍是体制使然。正是曾经被我们引以为荣的这个大一统体制，使得我们丧失了半个多世纪的多元化的市场经济和民主制度的建设，也就少了令您耿耿于怀的现代文化的熏陶。

9. 您关于列宁主义与苏联历史以及受此影响的中共体制的看法，我认为是真知灼见。不过，从另一角度来说，这也不一定是某个人的错误，甚至也是一个自然的历史进程。从彼得大帝改革，到斯托雷平改革，到十月革命，到斯大林主义，再到今天的普京政治，都体现着俄罗斯民族的特殊性格，辽阔的疆土上散居着的个人无法独立，需要一个可依赖的集权。而晚清中国的蹒跚步履，孙中山的激情革命，袁世凯的老谋深算，蒋介石的军国政治，毛泽东的文化革命，邓小平的改革开放，同样出于中国人的特殊境况，农业社会应对现代文明是被动的，经验主义、教条主义、实用主义的。今天孤立地看，甚至感觉一代不如一代，孙要不捣乱，袁要不称帝，中国现在可能最好。可问题是，中国为什么总是选择错误，且一错到底？有必然性，我认为不是人性，而是文化。

您的一个说法我有所保留，一些没有跟着苏联走的发展中国家的道路是对的。我想您指的应当是韩国、新加坡、台湾、香港以及泰国、马来西亚，还有战后日本吧。我认为这些政治实体只是在特殊的两大对立阵营的夹缝里生存时，自己弱势情况下，比较多地获得了欧美强大外力的改造，形成了比较积极的结果。而像菲律宾这样的国家，跟两大阵营对立不太相干，虽然有整套的美国制度，它的发展却是迟缓的。

诺大一个中国，有没有可能选择别的道路，这是我们事后难以假设的。国民完全不具备现代理性，而实力集团完全缺乏共识与互信，只有诉诸武力，结果自然是专制。

苏联道路的确是有问题，俄罗斯民族的集权政治只有脉冲式的创造力，不可能有持久，它一旦崩溃，跟它走的国家也落入谷底。朝鲜比韩国，东德比西德，五六十年代不是曾一度更强势吗？只是后来苏联垮掉，它们才随之而崩溃。

我同意您的意见，即不能把历史的发展归结到个别人方面，特别以为长期的历史发展是哪一个人的错误。虽然前苏联体制存在许多问题，苏联共产党没有按照社会客观发展的自然路径因势利导地把前苏联国家带领到资产阶级民主革命的轨道上，发展市场经济、扩大民主和保护公民政治自由，而是实行专制和恐怖政治，属于逆历史潮流。但是，如果将您所说的各个阶段连续起来比较的话，那也是以俄罗斯为主的前苏联各个民族在由落后的沙皇俄国向现代发展的一条路线，总的趋势毫无疑问体现了由传统向现代的进展。只是想一想

1917 年"二月革命"和"十月革命"、1991 年"苏联解体"都几乎没有出现死人和流血，而斯大林的白色恐怖时期竟然会发生数百万"富农"被消灭、大批知识分子被关进监牢和流放，以解放人类大多数自居的政党竟然都无法构造出一个与现代相适应的党内斗争规则，不断将党内不同意见的同志打成"反革命"以至从肉体上将其消灭，这不能说不是苏联共产党自身的问题。至于您说的前苏联的独裁制度似乎是因为俄罗斯地旷人稀而人民要求，我以为更是荒诞的。无论从历史上还是现代来看，俄罗斯都不是人口密度最低的。在这方面，我们只需要列举一个国家，这就是加拿大。这两个国家无论国土面积还是人口密度，都不能说俄罗斯民族似乎就是贱作，人们从内心就有一种愿望要求独裁。更何况，对于前苏联和俄罗斯来说，从来都是它的欧洲部分几乎决定着整个国家的一切。

您是研究文化问题的专家，所以崇尚文化因素。但是，我还是更倾向于经济因素才起决定性作用。100 多年来中国的个体农业向资本主义经济转化过程制约着整个社会的发展进程，而不能怪罪于您所列举的孙中山革命党和袁世凯称帝等一些偶然性的事件拖了后退。同样地，蒋介石、毛泽东和邓小平这不同的时代，代表着中国发展的不同阶段。尽管我批评中国发展缓慢，但这毕竟都是我国向前发展的不同阶梯或阶段。而正是这些以个人名字命名的时代，则代表了我国社会发展的不正常。——当一个民族或者一个国家还需要一个人引领才可以走路的时候或者当一个人就可以决定整个国家和民族的道路的时候，也就是历史上以这个人为时代标示的时候，这个国家和民族无论如何都不能说它已经成熟了。

我所说的落后国家没有像我们跟着前苏联走经济上以政府所有和政治上集权的现代化，不是您所指的那几个亚洲小国家和弹丸小地方。我心目中是指像印度和土耳其这样的大国家（也许还有南、北美洲那些比较大的如巴西、墨西哥等发展中国家）。它们和我国一样落后，也差不了多少的大小，但人民却拥有比前苏联人具有相对多的自由。我们是在舆论一律的原则下生活和接受信息的，总是以为我们比印度发展得快。其实并不是这样。60年前在世界排队，我们身边站着一个印度。现在，印度仍然站在我们旁边。20多年来，我画过几次中国和印度的人口曲线，印度的曲线圆滑平稳，可以给人一种美的享受，而我们的图线残差不齐、凹凸不平，简直是惨不忍睹。人口变动曲线的差异，实际是人民不同时期动荡生活遭遇的结果。——人民的安定生活造成人口平稳变动，不安定的生活导致人口变动大起大落。我想，无论哪个国家的人民都会有一个共同的愿望，那就是希望有一个安定祥和的生活。

我想您可能还有一个误会，即以为俄罗斯相对于前苏联是一个倒退。不，不是这样的。上个世纪90年代初中期，前苏联刚刚解体的那几年里，是俄罗斯经济社会相当困难的时候，人民群众的生活可以说相对有一定程度的下降（即使不说是苏联时期的原因，这个短时的困难几乎是所有国家在新旧制度交替过程中都会遇到的）。按照我上面所说的标准，既然前苏联和俄罗斯在最近20多年依次历经了戈尔巴乔夫、叶利钦和普京时代，那就远不能说俄罗斯已经走上成熟的发展轨道。但是，与过去相比，现在的俄罗斯明显比苏联时期好多了。所以，我一直高度评价苏东的巨变。我现在只用两个指标来评价，一个是斯大林时期，党内斗争中连列宁的亲密战友和苏联共产党的领袖托洛茨基、加米涅夫、基诺维也夫、布哈林这样优秀的领袖人物也都被消灭或者驱逐出国外，30年代肃反中数10万共产党人消失。现在，俄罗斯政府不能随意再"黑"它的公民了。另一个证明是，前苏联的商店里和货架上总是空荡荡的，而现在的俄罗斯告别了短缺经济，人民不用再排队购物了。所以，您说"谷底"和"崩溃"，绝大多数所指都不是事实。唯一正确的可能是北朝鲜。而北朝鲜之所以如此，正是因为它还在顽固地坚持原教旨主义的斯大林体制。前苏联是解体了，不存在了，但比它更高级的社会制度诞生了，人民获得了永生！

10. 如果我没有理解错的话，您基本上持人民史观，反对精英史观。您认为，历史是人推动，共同的人性在背后起作用，人性作出的选择具有必然性，必然会造成社会的进步。在抽象意义上，这当然都没错。问题是，你说的人性是抽象的，历史进步的必然性也只能停留在哲学的意义上。如果这样，相反的观点同样也可以找到自己的合理性。

从熊彼特的观点来说，现代文明，尤其经济发展，完全取决于精英的创造力，道理很简单，工商业最大程度地依赖人的智力，而不是人的体力及自然的恩赐，创造力总是属于少数人。一个人，多数时候是平庸的，个别时候、个别状态下可能是智慧的。

我认为，两种对立的立场其实没有截然分明的是非。无论欧美的民主党—共和党，工党—保守党，社会党—自由党，还是中国的左右势力，都没有全部的真理。

重庆事件，我觉得不完全是大众被误导，我们各人的某种观念也都在左右着事实真相的了解和传播。重庆上层社会与下层社会的感受有很大差别，甚至截然对立，很难说谁拥有全部真相。设身处地想一想，当坑蒙拐骗、以强凌弱盛行时，出现一位罗宾汉，大家当然会拥戴他。上层有理性的人，会有充分的理由怀疑，这位罗宾汉自己也可能成为下一个恶人，一旦操纵政治权力，他就会身不由己地为恶。然而，普通百姓想不了那么多，他们需要的是安全感、亲切感以及实惠，讲再多的道理都是苍白无力的，他们很容易被有魅力的政治家说服，他们无疑占据绝大多数。民主本来就跟民粹划不清界限，现代民主制努力划清界限，结果常常沦为假民主，仍然是老谋深算的精英说了算。

历史是精英创造的，问题是精英只能是少数人，多数人成不了精英。少数精英的地位一旦通过私有制、集权制固定下来，精英蜕变为权贵，就成了社会进步的障碍。

Y 先生，我也不敢标榜我就是唯物历史观或者您所说的人民史观。我只是认为人民应该也能够决定自己的命运，决定自己的生活，决定自己的事情。我并不笼统地反对所谓的精英。只是需要对精英有所定义。如果把人民群众中具有创造性的人、出类拔萃的人称之为精英，我并不反对。但是，要形成一种体制，似乎有一种被称之为精英的人生就就是要统治人民的，是决定人民的生活的，那是我不会同意的。精英即人民中出类拔萃的、风光的人，决定他们自己的出类拔萃和风光的生活；人民中一般的、庸庸碌碌的人，决定自己一般普通的、庸庸碌碌的生活。但是正如您所说，"一个人，多数时候是平庸的，个别时候、个别状态下可能是智慧的"。精英都是在某个时候、某个点上是闪耀光芒的，大多数情况下是平庸的。如果清点不同的闪光点，大多数人都赋有智慧的，都是精英；如果理论闪光点以外的表现，人人都是平庸的。所以，所谓精英理论，本来就是把人民划分为精英和普通两种人。即使承认这种理论，那也是精英和普通人共同构成人民，人民由精英和普通人共同构成。人民创造历史，而不是精英创造历史。

我把社会发展的动力看作是人民对自由和幸福的追求，是人性的选择，似乎是抽象了点。但是，这正是人性进步意义的魅力之所在。因为它的不具体和不确定，从而才会随着社会的进步而提出新的发展方向。您想一想，仅以平等来考量，几百年来社会在财产限制下的平等进步到没有财产条件的平等，仅只有成年男人的平等进步到男女平等，仅只有自由人的平等进步到奴隶的解放，等等。这是随着历史的发展和人民理念的进步而由抽象的人性出发不断提出的具体的人的解放和自由的目标。这些不同时代新的目标的实现，就具体推动社会向前跨越了一大步。相反，如果人性仅仅是具体的、看得见的，实现了它以后，社会岂不就止步不前了吗？

我觉得您说的民主和民粹的关系是有问题的。民主是指人民当家作主，是自己决定自己的生活；国家公共事务牵扯到人民自己的利益，所以人民就要参与。民主制度就是一切权力归人民，人民主权。历史表明，民主政治中就没有民粹的市场，甚至可以说顺应历史潮流自然发展的民主和民粹就没有什么交叉，也不存在别的什么联系。相反，民粹是平民对不平等制度的一种反动。专制和暴政才是产生民粹的温床。所以，历史同样说明，民粹之中并没有民主，民粹主义中往往包含着专制和恐怖。所以，要求民主与民粹无关。相反，如果长期拒绝民主，一定阶段的民粹主义则有可能成为通向民主的阶梯。

我觉得重庆事件之所以发生两个极端的认识，还是我们国家没有真实的和畅通的信息披露制度造成的。薄某人一直作为正面领袖形象示人，其实背后长期的违法勾当却一直被蒙盖着。如果有畅通的信息披露制度，这样的人是不会爬到那样的高位的。另外，大量这类信息一直都由官方垄断发布，而它的真实性又一直都有问题。社会得不到真实的信息，各种版本的故事就应运而生。社会不同层次的人从不同角度接受不同的信息，以及以不同的价值取向解构不同的信息，就形成了现在的重庆。说到底，这就是现在的体制。人民在此以前接受的媒体所宣传上的薄某人的英雄形象，其实是垃圾，他的指鹿为马，随意抹黑非政府企业，是以毁坏重庆民营经济为代价给他捞取政治资本。（顺便说一下，我的这个认识不是今天的，而是在 2009 年山西"国进民退"和重庆打黑时就到处讲的）底端的民众是从那时重庆政府给民企贴的"黑社会"标签认识他的，把他当作仇富的代理人、把他当作罗宾汉。和前面的一贯思想观点相呼应的是，当一个社会的民众盼望出现"罗宾汉"式的人物出现的时候，既表明这个社会不正常，又证明这个国家还未发育成熟。

——2013 年 2 月 15 日

（刊发于 2013 年 2 月 20 日）

计划生育是一面镜子

按语

下面这篇文章是笔者 3 月 1 日在北京大学的一个"计划生育政策改革讨论会"上的发言。

谢谢李建新教授。各位专家、各位学者：

我想讲一个观点，计划生育是一面镜子。这是今年春节时，我更新自己的博客所用的一个标题。在座的除了叶廷芳先生，可能我算年龄较大者之一。因为参与计划生育政策的研究比较早，所以，现在大部分同志所困惑的问题，即计划生育政策如此不合理却长期无法撼动，二三十年前，我就碰到了。大家知道翼城的二胎试验，这么明显的一个问题，这么好的一个办法，即使那时在体制内来看这个问题，既能达到控制目标，又能得到群众的拥护，干部也容易做工作，为什么得不到实行？特别是总书记胡耀邦和国务院总理赵紫阳都有明确的批示，为什么得不到实行？20 多年来，我一直在都在思索它，至今并没有寻找出好的答案。现在，我提出这个题目，和大家交流一下。

在美国独立时期素有智慧老人之称的本杰明·富兰克林曾幽默地说："做一个有理性的动物真好，总能找到理由做自己想做的任何事。"其实计划生育没有什么道理，就是想做这一项事业的人，他们提出许多的理由要推行这一所谓事业。所以，首先需要明确的一个问题，就是生育是一种什么性质的行为。这是一个很简单的道理，一是从传统社会来看，祖祖辈辈千百万年以来，人们的生育就是每个家庭的私事。二是在一个法制国家，它是一个私权领域的事情，公权绝对不会参与其中。三是从现在世界范围来看，自从联合国以后的世界各国有一个共同的主题，就是每个国家应该以保护人权和公民的自由为宗旨。从《联合国宪章》和《世界人权宣言》到一系列国际公约都明确提出了生育属于基本人权，是应该由各个家庭自行决定的事情。从上个世纪60年代以来的许多国际公约白纸黑字写着"家庭的大小应该有每个家庭自由决定"这一原则。既然是每个家庭自己决定的事情，我觉得没有很多的道理再去讲了。就是说，本来是老百姓自己的事情，我们却要讲出这样或者那样的一些道理把各个家庭的决定权拿过来由政府决定，那显然是错误的。

这本来是一个很简单的道理，为什么我们30多年来一直这样去做呢？原因就在于我们国家还处在发展的较低阶段。计划生育是一面镜子，照出了我们国家究竟落后到什么程度。首先，从联合国以后，根据《联合国宪章》和《世界人权宣言》的宗旨，人权状况就成为判别国家发展程度的一项重要指标，每个国家按照保护人权和公民基本自由状况，可以区分为能够保护和不能两类国家。因为计划生育的存在，鉴于它涉及到每个公民的人权受到践踏从而所具有的普遍性，说明我们属于公民基本人权还不能得到有效保护的落后国家。其次，在落后国家中还有许多个的类别，如果按照国家承认和不承认区分的话，也可以划分为两类。其中一类是国家承认人权，但是由于经济社会发展的需多条件限制使得政府客观上还不能有效地保护。另外一类是国家事实上还不承认人权，所以从主观上就谈不上也就没有想要保护人权。我们国家属于后一类。再其次，在不承认人权里面还有两类，一类是虽然不能有效保护公民的基本权利和人权，但国家还没有明目张胆的说你这不是人权，我不保护你。另一类是敢于公开推行政策甚至于明确制订出法律来，否定基本人权，那当然也谈不上保护的问题。我们就属于后一类。还有，在明确有政策和法律不承认甚至于否定人权的国家中，还可以划分为两类，一类是政府虽明确不承认人权但也不一定参与其间，国家只是不保护国民的这项权利。另一类是政府直接插手，由政府剥夺公民基本权利，侵犯人权。计划生育的存在，表明我们国家属于后者。所以，通过计划生育，反映出我们国家的发展水平，标示出它现在所处的具体位置。

当然，如果仅仅从计划生育一项指标还不能完全说明问题。但是，政府能够强制推行 30 多年的计划生育，说明它不是偶然的，也不是孤立的。计划生育只是一个具有典型性的指标，还有许许多多方面，比如说公民的财产权问题，实际上我们政府从来就没有对公民私有财产实行有效保护，从 1954 年宪法开始，有"中华人民共和国公共财产神圣不可侵犯"，就没有"私有财产神圣不可侵犯"。公共财产神圣不可侵犯，即政府财产神圣不可侵犯，要保护政府的而不是保护私人的。所以才有政府推动的合作化和人民公社，资本主义公私合营和对资本主义工商业的改造。说到底，就是政府没有承认公民的财产所有权，所以会有早期的合作化和人民公社，说把你的土地和生产资料拿过来，就拿过来了；资本家和小业主的财产，他要赎买了，他说用什么价格就是什么价格，资本家还要敲锣打鼓地感谢政府的收买。现在有所改善，但还远谈不上有效的保护。譬如现在时常发生的国进民退，你不把持有煤矿的所有权或者股份交出来，煤矿以安全理由无限制地停产；以"打黑"的名义，宣布你的资产"涉黑"，就可以罚没或者变卖，等等。在我们国家，有效保护财产权的问题并没有解决。而个人财产权仅仅是公民基本人权的底线，除此之外还有，我们的言论自由实际上是受到限制的，出版自由是受到限制的，网络是被屏蔽和过滤的，结社是受到限制的，城里人和乡下人是不平等的，各个城市、各地区间也是不平等的，人们的迁徙是受限制的……

计划生育这样一个极不合理的事情，为什么得不到改变呢？几十年来，我一直在奔走呼号，曾经认为党和国家的领导人不了解这一方面的情况。在座有不少的专家学者，在新世纪以来为改善计划生育的状况，做了许多艰苦卓绝的工作，可能也有这样的认识。最近一些年，我觉得不是这样，国家领导机关对于计划生育的情况应该是了解的。为什么这样说呢？一是我们这个国家从毛泽东时代开始就建立一些制度，中央有许多管道来了解国家的基本情况。现二是在我们党和国家领导人中有不少都是从基层到国家机关，有地方到中央领导的经历。三是近年来网络上对计划生育几乎一边倒的反对声音，国家机关不可能不知道。还有，许多年来许多学术精英写的报告都递交到国家机关，上层不可能完全不知道。

国家领导机关了解情况，为什么长期得不到改善？这还是一个基本制度问题。首先，从国家性质来讲，现代国家的基本制度和原则是保护人权和人民的基本自由权利，让公民自己解决自己的问题，讲究人民主权，人民至上。但是我们的国家不是这样，我们国家从一开始建立就是由政府领导人民去完成政府提出的目标和任务的，是政府要求人民跟它走，整个社会以政府为中心，政府至上。

其次，这 30 多年来的发展又增加了解决这个问题的困难程度，一方面随着经济社会发展，政府的发展和膨胀，官僚机构越来越大，脱离群众的官僚主义作风越来越严重。另一方面，经济多元化，和过去相比，现在的政府和政府官员除了他本来政治方面的目标诉求以外，还有很多经济利益的需求。随着官僚体系的膨胀，以及经济多元化、社会目标的多元化，造成国家和执政党自身的内部问题越来越复杂，不像过去毛泽东说一句话，谁上就上，谁下就下。现在党内问题的复杂性增加了，解决党务自身的问题需要牵扯和占据国家机关大量的精力。

还有国务活动运作自身规律方面的问题。设置政府机构是要作政府应该做的工作，而哪些是政府工作哪些不是它应该作的，既有一定传统，又有一定的规律制约。一方面，生育问题本来就是家庭的事，本不是国家事务，不是国家领导人在他所在的位置上必须要做的事情，所以它可以不做，至少在未达到万不得已的情况下可以不做。另一方面，政府本来就是国家权力机关，它的运作规则和程序就按照权重和权力的大小排列的。计划生育本来就不是公共事务，公共政策和权力机关中本来也没有它的位置。我们国家是在特别的历史背景下产生这个问题，虽然也在政府组成单位中设置了这个部门，但它毕竟属于不伦不类，在权力部门中实际还是处于无权的地位，许多工作排不到适当的位置。因为要解决这个问题，总还是有一些麻烦的事情要做，譬如取消计划生育，还是需要措辞讲一讲"巨大的成绩"和这样做的必要性，要做一些协调工作和研究协商，需要花费一些时间。但是，政府各个部门需要国家最高层要做的事情总是排得满满的，作为计划生育部门，它没有这样的能力（有的时候可能还有它也没有这个愿望），能够让国家最高层去解决这个问题。

生育问题本来是一个不该由国家来管的问题，因各种原因变成国家必须要管的一件事。现在却又发展到了国家顾不上、能推脱，从而没有条件、没有精力、没有时间、没有愿望、没有动力、没有利益，以及不愿意管和也可以不管的地步。——这，恐怕就是计划生育问题一拖再拖，长期得不到解决的原因。

那该怎么办呢？我认为，计划生育是一面镜子，它反映出我们的落后程度和状态。在这样的情况下，即使计划生育由于某种偶然的原因解决了，譬如或者政策有所调整，或者彻底解决即完全取消了（按照我现在的认识，它本来就应该完全取消），那我们也不要太高兴，因为我们还有许许多多落后的事情需要我们去继续做。它什么都没有做，还是像这样的状态继续下去，那我们也别气馁，不骄、不躁。社会的发展、国家的进步，需要人民持续地推动它往前走。

谢谢大家！

（刊发于 2013 年 3 月 7 日）

我们需要一部可行走于大地的宪法

——与 Y 先生的第三次讨论

（一）Y 先生致梁中堂（2013 年 3 月 1 日）

梁老，对您的这个称呼法也许有点问题，您并不很老。我一是沿用杨支柱先生的称法，二是表达对您由衷的敬佩，也许有毛的语境影响，他敬为老都表示某种尊重，有的年龄并（不）比他大。您的确是十分地博大又深厚，您的文字一气哈成，常常是无懈可击，我一遍遍阅读，受益良多。不理解和不同意的地方，当然还是要写下来，断断续续又写了两周。连同两篇以前文章发您，还是希望不要打断您的正常工作。

祝福！

（二）梁中堂致 Y 先生（2013 年 3 月 7 日）

Y 先生：谢谢您的回复。我感到很难得到您这样可以使我对一些基本问题展开论述的思想家。您我的观点交锋和思想碰撞，对于我们各自进一步整理自己的思路和引申观点，都是极好的机遇。所以，我不惜丢开手上的其他事情，又对您作了具体的回应。希望得到您的再批评。

顺颂春安。

（三）梁中堂与 Y 先生的第三次讨论

Y 先生：我重又在网络上搜索了一遍内贾德的文献，这次搜到多一些，包括他与中国留学生谈中国文化与伊斯兰文化的共通性，他随口引用大段诗经等古典文献，让中国的大学教授都会吃惊。他与美国电视名嘴对话中表现的机智与雄辩，让对方频频插播广告来缓解尴尬。小布什拒绝对话是可以理解的，两人真要遭遇，他会输得比战场上美国的敌人更难看。

梁中堂：Y 先生，您说的情况我完全相信。因为每一个民族无论其所处在发展的哪个阶段上，也不管它的国家先进与落后，都拥有一大批相当优秀的人物。毛泽东无论在哪个方面，都堪称中华民族的优秀代表。当年就是他用自己的作为赢得世界，成为 20 世纪最有影响的政治人物之一。您看他在许多场合的讲话和发言，诗词典故，随手拈来，许多深奥的道理却谈笑风生，娓娓道出。所说"激扬文字，粪土当年万户侯"，一点都不假啊。在这方面，且不说我们这些平常百姓，就那些与他几十年共事的领袖人物，哪一个在中华民族中间不是出类拔萃啊？可与之相比，都逊色多了。中美破冰，尼克松来华，那是毛泽东的个人魅力所致嘛！但是，如同奥林匹克运动中的一个个运动员的比赛成绩并不一定代表他的国家在经济社会发展方面的先进与落后一样，各个民族中的个别优秀人物在某些方面，甚至在许多方面突出的个人表现，与各个民族的发展水平也是无直接相关的问题。我的观点是，人类是从动物界进化过来的，人们在被称之为人所组成的社会里相互发生关系，逐渐地探索和采取人类所特有的方式处理他们的问题，从而逐渐地脱离兽性而增进人（理）性。因为以资本主义工业生产为标志的近代 500 年以来，西方国家走在工业化的前列，他们所积累的生产（经济）和政治经验较被称之为发展中国家和地区的落后民族相对多一些。当然，这个先进与落后也不是绝对的。发达国家一般地说发展程度高，接受现代教育的程度也高一些。但是，发达国家也还没有完成从野兽到人的彻底转变，有很多的事情上您仍然可以看见他们还拖着野兽的尾巴。不知您看过《黑猩猩的政治》一书吗？如果没有，我建议您不妨阅读一下，因为那是一本科学家的手记，是一本写人和人性的书。黑猩猩也是群体生活，每个群体就是一个层级社会。低层级的个体会自动向高层级的个体"问好""问安"，高层级猩猩对低层级的问候往往是不理、不看、无表情，甚至于视而不见，表现出一种十足的无礼、轻蔑和傲慢。发达国家在国际事务中常常显示的傲慢与偏见、蛮横与霸道，就是这样一种兽性。前不久美国"特使"对我国领导人的表现就是黑猩猩的那种做派。当那个"黑猩猩"以"特使"的身份代表他的主子觐见我国领导人的时候，我国领导人首先感谢美国政府在钓鱼岛问题上的"不站队"立场，他马上回应说美国不是没有立场，而是有立场没有明确表露，他们是要站在盟国即日本的立场上的。十足地显示出黑猩猩的傲慢、无理、无礼、无教养和蛮横。你什么身份？不过是一位"特使"，即赋有特别使命的使者；与你说话的是谁？是你来访国家的首脑，大国的总理！他如何敢于如此无礼？即是黑猩猩的兽性使然。按照外交礼节，如果作为"特使"就是为了转达贵国这一立场的，那你必须婉转地说明为什么此前一直释放"不站队"信号，然后解释"要站队"的原因。如果贵国首脑委托你递交信件那就更简单，转达信件即已完成使命。因为两个国家的首脑都有继续修好的愿望，那么，无论哪种情况，一位称职的特使，必须在到访国家的元首面前表现得彬彬有礼、毕恭毕敬，谦诚和有礼貌。特别是因为自己国家因各种原因在此之前释放了"不站队"的信号，误导了相关国家，应该为此向相关国家致以歉意。因为按照一般国家间的交往，你仅是一位信使，受你的主子委托传递信息，转达意见。这是促进两国向良好关系发展的一个步骤，又不是下战书。一个小小的"邮差"，没有资格在一个国家的首脑面前颐指气使。如果不是这个问题上的"特使"，你更没有资格在这样的场合说这一内容相关的话。美国在中国和日本外交分歧上的"站队"声明，本来该以其他方式来表达。但是，如果要在中国的总理面前发声，那该是美国的总统亲自来说；或者由美国国务卿对我国外交部长说，轮不上一个小小的"特使"顺便叨出这样一句来。显得美国使者特别不懂规矩。外交礼节本来是以"西方文明国家"为主的国家通过外交实践总结出来的规则，竟被美国"特使"所打破，实在不可理喻！如果那是那位美国特使自作主张，那就是他个人兽性未蜕；如果那是在出发前就交代好的要来羞辱中国人，那就是美国现在掌权的那一拨人在这个问题上的兽性大暴露。——既然说到这里了，那就让我把话说完。美国政府所振振有词的"盟国"利益和立场，就是一种兽性。因为自从有了联合国，世界争端就应该在联合国框架下进行。联合国是一个平等的大家庭，每个成员国都须平等、友好相处。发生争端和纠纷，最好通过双边来解决；否则，也须在联合国宪章的框架下平等协商，公正裁决。联合国以后，任何国家不得在此基础上再搞以针对第三国为目的的"盟国"之类的国际组织。如果说，因为第二次世界大战的历史原因，以及战后延续几十年的美苏对抗，各自拉出一个国际组织来搞"冷战"，虽该遭受谴责，但总归还有情可原。现在苏联已经不存在了，美国继续冷战思维，还要维护什么狗屁的"盟国"利益，那就是一种撇开《联合国宪章》而在联合国内部继续搞亲亲疏疏的外交，分裂联合国。包括过去几十年中美国和苏联，最近20年来美国撇开联合国在中东（特别是在海湾地区）和阿富汗悍然出兵，都是公然脱离开联合国框架和践踏以联合国框架构建的国际准则。他们这是回到中世纪所谓"圣战"和"十字军"东征的时代，甚至于更远，从而距离野兽更近。这些当然都是我前次所说，发达国家也没有完成人类的转变。美国以"盟国"为借口在中日关系上公然"站队"，就是公然践踏由它热心推动的联合国规则，表现出十足的大国傲慢，一次兽性大发作。所以，姚先生，我说包括我们国家在内的发展中国家总体上处在落后阶段，说发达国家处在先进阶段，也并非说落后者一概都落后，先进者一切皆先进。

Y先生：新古典主义与凯恩斯主义的争论，政府是大一点好，还是小一点好，的确难以简单裁决。有一种观点认为，铁路虽然比公路更经济、更节能，但在政府力量无法介入的完全市场社会里发展十分缓慢，因为私营公司无法获得巨大的投资，不同企业之间的协作成本巨大，经济效益的唯一考虑令铁路安全性大大降低。因此，欧洲许多国家如德国，铁路也是国有的，英国撒切尔夫人时代的私有化进程在铁路方面造成严重后果，不得己又回归国有。

中国铁路虽然一直维持国有体制，被称作计划经济的最后堡垒，但在市场化大潮中发展却相对缓慢，远远落后于高速公路，原因是后者能直接带来投资者利益，而前者基本上是给国家经济垫背，直到近年国家力量加大投入才有较快发展。虽然发生了沸沸扬扬的 2011 年温州动车事件，但就整体而言，中国铁路安全性远远超过公路，而且不比欧美铁路差。英国、德国、日本的铁路规模都不及中国，十多年内也都发生过与温州事件同级别的事件。中国有一个非常矛盾的事实，铁路部长刘志军是个大贪官，同时也是一个很有作为的人。2007 年我在瑞典列车上，遭遇一个非常自负的中学生不断"挑衅"，他问中国列车最快时速多少，我回答大概 200 公里。他认定我错了，因为瑞典的快车也只有 200 公里。其实不久，350 公里的武广高铁也开通了。您研究过中国交通问题，以此向您请教。

接触铁路系统的人，感觉那里还有计划经济时代的文化残迹。最近铁道部可能并入交通部，前途不明。这提出一系列问题，既然欧美都存在不同程度的国有经济，那么有没有一种相对合理的国有制的文化与制度，国有经济效率低的魔咒是不是一定不能避免。

梁中堂：我同意您在这个问题上的一些观点。不过还有两个引申出来的问题。一个是关于政府大点好还是小点好，如果是学术观点，那争论上一万年也无妨。如果涉及到政府和人民，那当然是政府要尽可能地小。按照现代国家的人民主权说，人民至上，国家为人民服务，政府只是去做人民授权的一些事情。且不说政府与人民权衡下来必然是小，而且因为政府的所有费用都由人民负担，那就不该让它过于庞大。政府人员往往并不高尚，最多也就如工人、农民和知识分子、企业家和商人等等的社会群体一样，有道德高尚者，也不乏没有操守、没有道德的无耻之徒。您想一想，你们同一批大学毕业，您当了大学的老师，他考取了公务员，因此他就比您高尚了？弄不准因为政界生态环境恶劣，为了生存和发展，他还学了一身极坏的毛病。特别是因为或多或少地有点权，可能还难以抵御权力、金钱及美女的腐蚀和诱惑，学坏的几率往往比单纯的工人、农民以及整天在实验室、书房、课堂间的知识分子还要高。所以，所谓学习发达国家，就是要像人家那样建立一种制度，方便人民对国家公务人员的监督，时时提防公务人员擅权，防止他们如同小偷般一有机会就会因为一己的私利而做出一些危害人民的事情来。最近30多年，我国政府机构借助经济社会的发展扩张而膨胀，我们是有目共睹的。远的且不去说，1980年前后的政府有多少个部门、多少个机构，以及多少人员？现在有多少？有人可能说，过去的社会有多大，现在有多大！是，现在比过去大多了。但随着社会的发展，政府机构总该有根据需要扩张的，也有根据情况变化而缩小的吧？为何只见扩大而不见减少呢？我们政府是按照现代国家的需要扩张和膨胀了，可政府为什么不学学人家不包住房、不买公车、不公款吃喝、不拿回扣等等的好作风呢？30年来，官本位盛行，政府的各个系统都利用适当的时机提高自己和部下的行政级别。官大了，权大了，人民就必然相对处于无权状态；官大了，官多了，待遇提高了，人民的负担必然就加重了。还有，政府大，人民小，它就敢胡作非为。我还是要说私家车。汽车是现代工业施予人类的一个礼物，西方国家的人民享有它已将近百年。新中国以后，小车成为社会地位的象征，一般老百姓是与它无缘的。改革开放以来，经济社会发展了，老百姓刚开始能买车了，不少的城市就出台限购了。道理当然冠冕堂皇，拥堵。但限购私家车，为什么就不限购书记、市长、局长等等政府的车？一辆普通的轿车约10多万、20万元，上海市一个私家车牌就收取7、8万元，那不是明火执仗地打劫吗？它所以这样，就是在我们这个国家里一向奉行官大、民小，政府大、人民小的原则。所以，我们必须从根本上颠倒这个关系。因为国家的本质已经不同于传统时代的家天下，现代国家的基本原则是人民委托政府处理他们的公共事务，政府属于人民的雇员。政府公务人员必须知道他们的劳动不同于工人农民从事的生产还有一个市场检验，公务人员的报酬来自于人民收入的再分配，即人民从自己的口袋里掏出钱来雇用公务人员，那他就必须接受人民对它劳动的审查和检验。所以，我们必须把"人民主权、人民至上，人民大、政府小，民为大、官为小"的道理从书房里解救出来，让人民懂得这个道理，敢在政府面前直起腰来并时时念叨这个道理，让懂得这个道理并还愿意当官的人时刻都记着老百姓才是他们的"衣食父母"，不敢丝毫怠慢人民。我觉得，只有到了那个时候，才可说我们这个民族基本成熟了。

二是关于国有经济的问题。根据 20 世纪的实践来看，至少是以政府部门实施的公有制经济的效率是低下的。这可能与历史发展的现阶段人性的光辉还不够有关系。我当然并不是对现实视而不见，国家既然建构起那么庞大的机构，怎能不会因为这样那样的原因而存在这种那种形式的经济呢。所以，我并不是一概地反对国有经济。有一些即使是没效率的，因为人民需要，政府也应该办。因为我们个人也不是在什么事情上的花费都要有效益，不少的事就是花钱不计效益的。国家也一样。但是，我这里抨击的是我国的基本经济体制，政府拥有的经济太多、太大，都已经窒息到非政府经济而得不到应有的发展的程度，其垄断状况已到了无一人可以幸免其难的地步。我们的政府把资源都使用到自己办的企业上，实际是维护一个既得利益集团。比如前几天国内石油在国际油价持续下跌的情况下宣布涨价，那不是赤裸裸地帮助自己的企业抢钱？这些问题在西方国家，都可以导致执政者下台的。我们政府竟然毫无忌惮地去做。为什么？就是政府过于强大，打着"国有"的幌子，明目张胆地侵犯人民的利益。所以，不解决政府垄断经济的问题，就没有、也谈不上中国的改革。

Y 先生：我不能完全赞同您的是，个人权利与公共目标之间并不一定有一个泾渭分明的界限，它们之间有交错、消长的关系。生育当然主要是个人的选择，但公共政策的间接影响也一直存在，且并不完全是专制社会的僭举。斯巴达人残忍的人口控制手段，是其特殊的地理环境与农业立国背景所决定的，个人包括政客都没有可选择的空间。今天发达国家给予生育方面的福利，设身处地地想，无法完全避免立法者、行政者对人口问题的考虑。美国一直没有人口过剩问题，因其一直处在强势状态，无论向内还是向外，空间几乎都可以无限拓展，无需人口控制。后苏联国家，新加坡、南韩、台湾等政府鼓励生育，我相信（没有专门研究）欧洲一些国家也存在生育鼓励，其社会需要的紧迫性十分突出，老龄化问题，外来人口问题，甚至难以说出口的种族问题，都会渗透到公共政策里。

如果呈爆炸性增长，我认为宏观政策控制是合理的。生育两胎或三胎以上收取严格意义的"社会抚养费"，在法理上也说得过去。因为，超出亲子代际延续的人口，应当由父母承担社会抚养成本，公共财政没有理由去承担个人多生子女带来的社会成本。

题外话题，我认为"前苏联"一词很荒唐，苏联就是苏联，根本没有"前"苏联。有些人连讲述苏联故事时也要画蛇添足：前苏联军队阻止了纳粹德国的入侵。中国人都听习惯了，仔细推敲不合逻辑，为什么不说前苏联军队阻止了"前纳粹德国"的入侵呢？"后苏联"倒是有的，就是今天独联体国家，"前苏联"却可能被误解为沙俄时代。这个可能是汉语里独有的用语形成，也许有"前清"一词的影响，但那一般指清朝留下的人与事，如"前清遗老"后来如何如何。这个词也许是要表达一种惊诧感，想强调再没有苏联了，连苏联历史也不敢正视了，没有人会说"前罗马""前秦"（有也指先秦）、"奥斯曼帝国"。

梁中堂：Y 先生，我相信一些科学家最近的研究结论，即在争论的问题上，并没有导致谁信服或者"投降"了谁的问题。关于人口问题，我们还是各自在自己的立场和观点上。不同的仅仅是我们分别把自己的观点阐述得更完整和透彻罢了。公权与私权当然有一个结合部，各自的边界在这部分可能不是那么泾渭分明。但是，除了重叠的边界部分以外，公权与私权各自绝大部分空间不仅是清楚的，应该说是相当清楚、而且不能不清楚的。否则，不仅无所谓公权与私权，并且连做这样的划分也是没有必要的了。以私权来说，它有广阔的空间领域，这就是人权。人权问题有一条底线，是不可以轻易跨越的，这就是私有财产权。现代国家的宪法往往都有一条明确的规定，即"私有财产神圣不可侵犯"。所谓"神圣不可侵犯"，当然不是对一般老百姓来说的，它就是针对政府的。政府不仅不得侵犯私有财产，而且必须以此为职责来保护它，——这才有现代国家的法治和法制社会。如果政府公权随意可以越过这个界限，这个国家就根本谈不上法治。公权、私权，首先在这个财产权范畴上就划清了界线。私有财产属于私人，与政府毫不搭界，不仅没有共同边界，而且是泾渭分明。因为有这一"神圣权利"，以此基础，在这一条线再里边的许多人权问题就无需以成文法的形式而规定了。比如吃饭权、睡觉权、拉屎尿尿权，以及我们所关注的婚育权，都属于人权领域中财产权界线以内很远很远的私权范畴，无须规定但一定是属于人权范畴和私权的领域。老百姓有句话，"管天管地，管得了人放屁？"一句对"管"字的诘难和反问，充分表明了为自然法所支撑的私人（权）领域的不可和不能侵犯的性质。相反，如果说公权、私权不是泾渭分明，公权可以随意进入私权领域从而遮盖私权，没准有一天政府会颁发什么条例或办法征收"屁费"或者"屁税"。而按照公权可以覆盖私权的说法或逻辑，政府依照"环保法"无疑对放屁收费是比收取生育方面的"社会抚养费"还有更为充足的理由的。请您不要以为这是如何荒诞不经的事情，如果在政府和社会都以为公权和私权本来就是无法完全区分的，以及公权一定大于私权、公权可以以国家和绝大多数的利益为借口随意进入私权范围的话，这样的后果是完全有可能的。3、40 年以前，婚姻、性、避孕和生育都是极为隐私的事情，人们绝对不会在公开场合谈论这些问题的。在那样的背景下，谁如果会想到将来有一天政府会对国民实行强制性的生育限制，会由政府制定法律以所谓"社会抚养费"的形式收取生育费，那全社会的惊讶程度一点不会比现在我说的"屁费""屁税"低。这不，政府干预生育甚至于了解和控制女性生理周期、强制上环、结扎、流产和引产，现在都是登堂入室、堂而皇之地在国家计划生育法的名义下进行了。所以，如果不清楚地划分公民的私权领域并坚决抵维护它的合理与合法地位，按照现在那种公权可以大于私权的荒谬逻辑发展下去，征收"屁费"和"屁税"并非完全不可能。而且，我以为它比管理生育更有理由。因为生育孩子究竟是家庭抚养还是社会抚养从来就存在很大的争执。根据维护人权和人的尊严的理论来分析，人一生的贡献必定大于索取，生孩子的人还认为自己实际对于国家和民族是在做贡献。可放屁污染环境，这该是一清二楚的事情。政府如是收费，谁有理由反对？所以，如果没有了公权与私权的底线，社会究竟会继续堕落到何等的程度，那真的也是没有底线的。我觉得，更有甚者，如果把公权和私权的范围和底线规制得清清楚楚，还有利于跟随经济社会的步伐公权为私权进一步扩展诸如隐私、自行选择节育和同性恋婚姻等等的公民自由权的发展空间。——而所有这些，才是社会的进步所需要的。

至于您所说的斯巴达对人口的控制，我以为是很不恰当的。斯巴达是在一个极狭小的领域中所建立起的寡头统治，独裁、军事化和军国主义，都是它的治国纲领，——这些都是与现代国家的民主、自由和人权原则背道而驰的。其实，不需要从那么远的历史中寻找证据，上个世纪50年代以前，我国农民也普遍用溺婴、弃婴的方式保持家庭规模。共和国以来，这一现象基本消失。70年代末的"一胎化"以后，极为严厉的生育政策又使得这种传统抑制人口方式大量重现。80年代中后期普及了B超机，现在人们往往又通过流产的方式实行控制。但是，所有这些情况，与您想要阐述的政府插手家庭生育有理的观点都是没有关系的。因为包括传统时代的农民在内，那都是家庭自行的选择。相反，政府向来都是反对的。现在的国家中，除了新加坡的独裁者也许向往斯巴达以外，世界所有的民族和人民可能都无法忍受斯巴达式的统治。我国老百姓不是越来越反感现行的计划生育吗？您以为所有国家的公共政策都有对人口过程的干预的动机，我可能永远无法说服、但也绝不会同意您。在这个问题上，我必须指出两点，一个是您提出的俄罗斯和亚洲的新加坡、台湾、韩国，都有控制或者鼓励人口的意象。其实仔细分析的话，它们都与我们一样也都是从没有法制传统的农业社会实行转变不久的国家和地区（50 年以前的这些地区比中国大陆都要落后多了），公权和私权的道理在他们的政府和人民中间也都相当地淡漠。所以，他们的政府和民间都有很大的势力想直接左右生育问题。即使如此，这些地方如您所说是"间接"影响，而不是强制。我一直反对的是我们国家的强制性的计划生育政策，还没有贯彻我的政府不得干预的基本理论。第二个问题是，您如果一定要坚持欧美国家的福利政策即是或者至少包含着鼓励人口的公共政策，那么，我觉得我们政府也有鼓励人口的政策。——一个不容置疑的问题是，事实上，我们政府连鼓励生殖的意向都不会有。不过，您看，我国近些年实行的个人所得税起征点规定、最低工资制度、最低生活保障和社会救济等方面的制度，不也是保证人民的最低生活福利的吗？可是按照一种奇怪的理论，穷人最喜欢生孩子。你给他们的生活补助正好鼓励他们去生孩子了。所以，如果让这部分人的生活水准再降低一些，他们可能就不敢生孩子了。您能说这些政策表明我们的政府是在鼓励生育吗？许多年来，被政府和一些人口学家所乐道的欧美国家也在制订鼓励生育的政策，其实都是对人家福利政策过分的解读。

Y 先生：如果按照公权、私权或者人权的理论来讨论，这个问题已经没有什么可说的了。说来说去，其实就是政府蛮不讲理地跨越了界线干预人权。您所说的许多道理，我觉得全是站不住脚的。您说"如果出现爆炸性增长"，控制是合理的。可是，现在显然是"萎缩性增长"。您看，我国人口生育率 1970 年前后 5.8、1980 年 2.5、1990 年 2.14、2000 年 1.21、2010 年 1.18，40 年来一直是呈直线下降，一点都不回头。人口统计学上有一个数值，叫人口更替水平，是足以维持人口世代更替而保持人数不增不减的生育率。它要求妇女生育的女孩足以保证成长到生育年龄时和她母亲这一代人一样多。按照人口统计经验，每出生 100 个婴儿中，通常会有 52 个男孩，48

个女孩。因为从婴儿成长到生育年龄会有一定的死亡，这都要求更替水平应该在妇女生育率 2.0 以上（按照我们国家的发展状况应该在 2.1-2.3）。90 年代初期，我国妇女生育率已经下降到 2.0 以下，现在已经逼近 1.0 了，哪里有"爆炸"啊，这不是实实在在的迅速萎缩吗！怎么还要在那里奢谈人口增长和控制的必要性呢？另外，收取"社会抚养费"也没有任何道理。我的孩子究竟是我养还是"社会"养？即使您说有社会抚养的成分，那么，一个人总体上从社会拿走的多还是给予的多？如果拿走的多，那每个人多拿的部分是从哪里来的？如果承认作为人还是给社会贡献的多，我生的孩子将来就给社会做了贡献。那么，我生孩子就不是该不该缴纳社会抚养费，而是应该奖励。相反，那些不生孩子或者只生了一个孩子的家庭，就该缴纳"社会补偿费"。因为按照收缴"社会抚养费"的逻辑，少生孩子的家庭使得社会遭受了损失，从而征收"社会补偿费"才是天经地义！

我同意您的看法，把苏联前面冠一个"前"字，称其为"前苏联"，现在看纯属多余。但这有历史的原因。可能在苏联解体后不久，人们对于刚刚形成的独联体还认识不清楚，以为独联体将会继承前苏联成为一个政治和经济实体，从而需要与其有所区别。谁知历史的发展不是这样。独联体后来并不具备一个主权国家的要素条件，但"前苏联"的称呼已经约定俗成了。

Y 先生：我仍然不能赞同发达国家解决了环境与资源问题的说法。再者，我也不认为发展中国家有选择和权衡工业化方式的能力。尤其在完全市场化的社会里，不发达国家的海关十分脆弱，只有缺钱而引进不了的问题，根本不存在引进多与少、项目的选择。因为引进是由当下的利益与人的消费欲望推动的，基本上是动物性的要求，而资源与环境问题则是社会的长期考虑，只有强大的、不腐败的、非市场性的政府力量，才能作出选择。

您认为，人类只存在现在还解决不了的问题，不存在永远解决不了的问题。这太乐观主义了。人类一直因为解决不了的问题而发生着个体死亡、国家覆灭、种族灭绝。所谓将来一定能够解决的问题，其实只是理论的、认知的、一般性问题，而且需要认定人类永恒生存为前提。可是，如果现在真有一颗小行星撞来，我们都只有等死，尽管理论上也可能回避，但毫无现实意义。两百多年的工业化，主要都建立在化石能源的日益快速的消耗基础上，而化石能源是亿万年地球演变的结果，除了核聚变这一渺茫的希望，现在所有的努力只是减缓耗尽的速度，甚至只是以作秀来自欺欺人，这还不让人忧心吗？人口控制的意义也在于，减缓生态失衡、资源耗尽的速度，以争取在崩溃之前找到解决问题的方式。

还有，解决不了的问题，放弃就是了，有这么轻松吗？工业化就像鸦片，上瘾了就不可能回头。类似的问题导致的种族灭绝也不是没有。我向往田园生活，但那也是现代生活基础上的田园生活，可是也找不到干净的土地了，我连回故乡跟父母住几天都很难。

1980年代有一种"熵"的理论，来自物理学，用到环境问题上，有一个形象的模型：最初天然水是可以直接喝的，有了工业污染之后，一吨水需要一克石油来净化，但随着工业化的深入，净化的难度越来越大，一吨水需要十克、百克、千克以上的石油来净化。家里有垃圾，扫出去就是了，可是，如果外面堆垃圾的地方都没了，再扫就失去意义。广告说：地球温度在上升，只要你拥有春兰空调，春天永远陪伴着你！可是，地球温度正是空调为代表的工业化造成的啊，会越来越严重，可空调的效率是有物理规律限制的啊！

您一再提醒我，任何比喻都有相对性。但这并不是比喻，基本上是一个数学模型，具有物理学意义的普遍性，虽然这个理论可能还有不成熟的地方，但并没有被推倒。

您认为那些鼓吹中国特色的人都包藏着维护自己利益的祸心，我基本赞的，或许还包括美化传统价值的人，至少都有封闭、无知、惰性的因素。但我也不同意您说的，我们处在落后阶段，人家探索出了好的道路，先进的制度，我们只需要直接照着走。西方经济与政治道路我认为是不可复制的，除非在文化改造的基础上，进行全面的超越性的重建。我认为，改革与发展两个概念的空洞就在于，它要么只是掌权者为谋求自己利益而重新分配利益的幌子（每次改革权者都是一轮有利于自己的洗牌），要么就是毫无反思地随波逐流。所谓国际接轨，就是一步步低劣地复制工业化，并沦为国际打工仔的过程。

马克思认为生产方式是社会的决定性力量，我可以赞同。但他把生产力的发展当作自然历史进程，这我反对。我认为，生产力既然是人区别于动物的能力，那么它取决于人的精神与智慧的力量，也就是说，生产力是由文化决定的，文化是比生产力更为核心的动力。当然，我说的文化内在于生命的力量，跟中宣部、文化部、教育部、科技部搞的文化完全是两码事，他们搞的大多是僵死的文化，凝固的文化，表演的文化，其本质是反文化的，他们妨碍甚至扼杀人的独立思考，无限探索与自由创造。

趋利避害不仅是人的本能，也是所有生命，连植物都有的本能。因此，生命的运动、发展、新陈代谢普遍存在。但是，这并不能说所有自然的进程都一定是进步，实际上灾难与毁灭贯穿于生命演进的全过程。个体的趋利避害，并不一定带来群体的共同进步。所有您认为错误的道路，最初都是人们趋利避害的选择。人类今天的理性还十分有限的，市场经济的理性更是局限于个体经营，要达成整体的秩序，需要法制与道德的作用。杨小凯在去世前几年才明白，只有基督教，尤其是新教才唯一地造成了西方市场经济所需要的宪政制度。我认为，这位著名经济学家这时已经由制度决定论者，转变为文化决定论者了。

您认为我对宗教的理解、对节欲的理解是过时的，我相信是出于您的知识背景上的误解。马克思关于宗教的鸦片说，如果按我们直接的理解，那可能是肤浅和片面的。

欲望是人类进步的动力，这我赞同。但要说欲望是发动机就值得商榷了，发动机必须通过对欲望的节制，才能将它转化为有方向、有秩序的动力。动物就有欲望，其欲望由匮乏、阻碍、危险、惩罚以及由此产生的懒惰、疲劳、伤痛、恐惧而得到制约，亦即被外力控制。人与动物的根本不同在于，能自觉节制自己的欲望。体现为三层面：

一是节制当下的欲望，在意识上期待更大的欲望的即将、明天、未来、彼岸实现，心理学家称为延迟满足，通常说孩子懂事了，就是指能抑制当下的欲望，追求暂时看不见的目标。孟子所谓受天将降大任的人，在宗教里寻求彼岸的幸福的人，是把人类文明提升到新的高度。我把它称着人类一切超越性追求的"阿基米德不动点"，一切思想、智慧、艺术的活动，都是通过这个基点，将个别的、直接的、生理的欲望升华到普遍性的、间接的、精神的追求。本能的欲望没有自觉的文化节制，那人就跟动物的本能无异。二是节制自己的欲望，以换取与自己相关的他人的满足，由此形成友情、信任、合作，达成社会化的文明，孔融让梨是中国传统道德的典范，意义就在这里；守信履约是更大范围内建立商业文明的关键，如果贪一时之利，就没有发达的商业。三是节制人的欲望，以维持社会与自然体系的有序运转，传统的开源节流，中共的统筹兼顾，现代的可持久发展，大体上是这个意思，其对立面就是穷奢极欲，醉生梦死，超前消费，不管身后、死后洪水滔滔。

节制欲望是一种否定，但这并不是泯灭欲望，而是转化为普遍的、精神的力量。弗洛依德心理学揭示的人类心理结构表明，本能的欲望受压抑是人与动物的本质性区别。在这个意义上说，宗教与信仰是人类文明的基石，永远没有过时的问题。不妨用一个模型来说明，欲望如自然流淌着的河。人与动物的区别在于，在河上建了一道反自然的大坝，节制河流的流淌，但这个大坝不是一味地堵，如果只是堵，结果要么是萎缩、死亡，要么是灾难、毁灭。通过一定程度的堵，积蓄势能，再把水（欲望）引向特定的方向，或者把势能转化为动能，带动电力系统（人生动力系统）的运转。这个道理，在心理学、教育学上应当是常识，可以推广到对整个人类文明史的理解，包括对各民族差异的理解。

马克斯韦伯认为，资本主义的动力并不源于直接的贪欲，而是对贪欲的合理节制。因此，它不发生在中国、印度、阿拉伯、日本，而只发生在基督教，尤其是加尔文新教的世界，因为这种新教给了人的贪欲一种合理的抑制，并把它引向资本的积累与扩大再生产，引向普遍规则、社会信任的建立。您认为这个理论过时了吗？

我说中国人天不怕地不怕，因为传统节制欲望的文化力量已经瓦解，而西方节制欲望的信仰与理性精神并没有获得，因此，除了人们在现实力量面前表现的懦弱、守旧，今天中国人是缺乏人格，缺乏持守，缺乏诚信，缺乏智慧的。虽然大多数中国人如您所说，仍然没有走出自然经济状态，表现出保守、懒惰，但您也要看到，这一百多年里中国人用了很大的劲，运动了很多，折腾很大，革命不断，摩擦极大，牺牲无数；中国人也是世界公认最勤奋的人，流汗多，心机也多，事实上也造成了极大的物质成果，中国制造的工业产品、消耗的资源早就世界第一了，可是，这一切的现代价值极小。在精神上，中国早已经无旧可守了，其贪婪不受任何信仰与理性的节制，没有底限。西方人包括犹太人，其所有努力都是围绕其文化轴心展开的，虽然不断有创造性地进步，却一直守着它的旧呢！

中国哪有什么宪法与个人权利？宪法是所有人的欲望释放与节制的共同尺度，我们大多数人却只在算计自己当下如何趋利避害。宪法不过是权势阶层的一个工具，一个幌子，对普通人而言，不过是一个空洞概念罢了，谁当真谁就倒霉。

梁中堂：Y 先生，我说的发达国家解决了污染问题，是有所指的。上个世纪 50、60 年代，美国、英国、日本以及欧洲国家因工业化污染也都很严重，有个别地区甚至于比我们还严重。现在，这些国家都已经青山绿水了。至于说发展中国家对引进项目的选择，那当然会有一个经济效益和污染程度的评估，它总是在这两者间选择。如果污染危害过大，当然会放弃的。否则，人民也不答应的。——这是问题，但毕竟不是什么绕不过去的问题。

我所说问题终归都可以解决，是在我们讨论由工业化生产带来的污染和能源等问题时引申出来的观点。如果更宽泛一些说，它是指人类生存和发展中所遇到的困难，都是人们日常生活中产生和出现的具体问题，并不是虚无缥缈的。您所说的个体死亡一类的所谓问题，大都是哲学上所讨论的客观事物呈现的变化或变动，那本来就是自然展现出来的客观发展的规律性而不是问题。——如果哲学家把它引入哲学命题加以讨论，或者科学家将其带进实验室研究生命现象那是另外一个问题。至少，譬如人要死亡这一类自然现象不是、也不该把它列为现阶段社会所要解决的问题，因为它不属于目前人类面临的生存和生活中需要解决的困难和问题。马克思说："人类始终只提出自己能够解决的任务，因为只要仔细考察就可以发现，任务本身，只有在解决它的物质条件已经存在或者至少是在形成过程中的时候，才会产生。"我们所讨论的污染问题，那都是现在的生产过程中产生的具体问题。人们在没有这种生产技术以前已经生活了千百万年，如果某项技术导致的污染严重到影响人们的生活健康而一下子又解决不了，就像目前各国政府普遍所做的那样，关闭它就是了。我觉得这也不是问题。

至于您所说的化石能源，那仅仅是人类发展历史上的一个阶段。人类生活需要消耗能源，而对不同能源的开发和依赖，标志着人类文明和发展的程度。从总体上来说，我们至今经过自然能源和化石两个阶段。在自然能源阶段，人们完全消极和被动地利用草木和农作物的秸秆，而化石能源已经进步到开发和利用自然。但是，开发利用化石能源本质上是以市场价格为导向的，当原料真的奇缺而昂贵到继续使用它已不经济的情况下，人们就会放弃某种化石燃料或者完全放弃化石能源而改为开发别的能源就是了。物理学有能量守恒定理。人类所谓消费能源并没有消灭能量，只是利用某种物质即能源的具体转换过程或方式而已。世界上存在各种大量可以利用的能源。我们现在所知道的能源，基本上都是直接或间接来源于太阳。地球上的各种能源还没达到令人恐慌的程度，科学家们已经掌握了在宇宙空间直接利用太阳能发电的技术。宇宙空间没有白天和夜间的差别，除了因星球和人造卫星运转会有短时间的遮挡以外，空间发电站可以持续给地球送来廉价的电。这已经不是什么幻想和神话，欧洲和中国的一些地方都已经接受到这一科技成果的恩惠。所以，我们面前有困难，而且发展过程中总也摆脱不了大大小小的困难。但是，至少从目前来看，人类还没有遇到克服不了的困难。

至于您所遇到的生活困惑，我很理解。因为工业化带来一种新的生活方式，从而改变了传统的田园化生活。早在 2、300 年前的工业化初级阶段，它就遇到过很多人的攻讦。自那以后，这种非难也从未中断。其间，最著名的代表该是西斯蒙第。我只能说，资本主义工业化已经摧毁了自然经济，难免招致留恋田园式生活方式人的愤懑。不可否认，现代化的大潮是把不少的人强行卷入的。但是，更多的人却是向往和追求。所以，我必须说，社会的大多数是积极参与其中的。因为与传统的自然经济向比较，工业现代化创造了一个传统的个体经济根本无法与之抗衡的大平台，为人们提供了传统时代也根本无法相比的丰富生活。当然，我们在这里奢谈社会整体的发展可能对于每个个体来说是不适合的，因为人总是无法选择历史，譬如根据您的陈述，您曾经有过一个田园式的幸福童年，所以直到今天您还心系而向往之。但是，我建议您不仅缅怀过去，更需要以积极的态度准备拥抱未来，这不只是人们必须适应时代的发展，还因为更多的人都喜欢和憧憬未来、寄希望于未来。更何况，我们所拥有的未来真的值得我们去梦想，我们未来的天空真的是会蔚蓝的、宽阔的。

我在大约 30 年前就不同意那种把地球温度上升归结为人类活动结果的观点。人类目前恐怕还没有这么大的力量。地球温度在几十亿年的历史中一直是变化的，而不是恒温不变的。中国原始农业的产生就有赖于 12000 年前的地球气温上升。人类文明的产生和发展，恐怕也要归功于最近 5000 年气温由最高又缓慢地下降。从上个世纪 70 年代以来的温度变化的历史很短（尽管相对于一个人的生命来说它已经够长），我们还不好说这是 5000 年气温下降过程中的一个波动还是下降到了低谷之后又开始升高。现在简单把气温上升归结为人类活动，然后又把责任推到落后地区的老百姓头上，显然是不讲道理的蛮横作风。即使是工业化造成的，是化石燃料的结果，那该是发达国家和城里人的事情，限制农民生孩子干什么？现在 20 个农民还抵不住一个城里人消耗的能源多，简单地要求人们节制生育怎么会解决温度上升的问题呢。

我们处在落后的阶段上，是从传统向现代的发展来说的。我们自己比较，已经先进了。但是，与发达国家比较，我们还在很低的阶段。在这方面，我们无需有那么多的矜持和做作。比较一下 100 年来的变化，我们自己的传统还有什么？国家制度、武装力量、学校体制、居民组织、生产技术、生活方式和每一个人的日常生活，哪一样是我们按照自己的祖宗亦步亦趋得到的？特别是对于我们生存所需的物质生活的生产和再生产，别说已经根本看不到我们祖先的，就连我 30 多年前在乡镇种试验田的农具都找不到了。没有了过去的许多东西好不好？我认为绝大多数人都会说还是现在好。所以，我们完全没有必要一边学习人家的生产技巧，一边骂人家的政治和文化。我觉得没有必要。所谓西方的东西，其实也不是他们原来就有的，西方国家也是随着物质生产的发展逐步改变了他们祖宗的传统而出现的新的政治和文化。我们常说民族的，也是世界的。一切民族的优秀文化，都是全人类的。我们随着物质生产的发展改变传统、学习先进，乃是顺应历史的潮流。这正是一个优秀民族的伟大之处。不用放眼世界，就以我们国家来说。东部城市部分早现代了一些年，中西部相对晚了点。我们也说东部先进，西部落后。这有什么民族自尊心吗？如果一定要把我们跟着先进后面跑，说成是"打工仔"。那我说"打工仔"也没什么不好。在我们国内，中西部不就是在给东部"打工"吗？我们这 10 多年也说全球化，放眼世界市场，我们给发达地区"打工"又有何妨。您也许会说，一个国家和全世界不可比。那有什么不可比？我们加入世界贸易组织，就是承认世界统一市场。中西部地区丰富的劳动力资源不以这样的方式积极参与国内统一的市场，就会白白地流失和浪费。在统一的全世界市场上，我们不以这种方式参与也是浪费我们的经济优势。为发达国家"打工"，其实就是学习。历史不能可跨越，我们基本上还没有摆脱传统的农业阶段，在现代世界市场上能做什么？在这个阶段上，如同一个孩子一样，绝大多数的学习其实就是模仿。人生只有将包括模仿在内的知识积累到一定程度，才有可能出现自己的创造。如果拒绝引进人家成套的生产线，拒绝打工，那就接触不到先进生产，将继续停留在落后的阶段上。我们这种打工方式，其实是有利于国家和民族，有利于人民的。比较这 30 年，您说是现在好呢，还是 30 多年前好？即使现行的制度对农民极大地不公，压低了他们的报酬和政治待遇，但是，如果您去问一问农民工，是现在进城打工好还是维持 30 多年前的人民公社好？我相信人们普遍会说现在好。写到这里，我想起菲律宾保姆。菲律宾的保姆享誉世界。按照我们传统的观念，宁愿在家守着自己的几分田，也绝不到别人家给人当佣人。但是，您看菲律宾保姆的结果。通过在美国作保姆，最终将自己的儿女送到美国上学，丈夫也接到一起生活。当然，我们国家有不少人不需要这种方式，他们可以直接送自己的儿女、老婆去美国生活。但对于菲律宾保姆的家庭背景来说，究竟给美国打工好，还是继续自己农村的生活方式好？我不反对继续留在菲律宾农村过自己田园式（如果有田园式的话）生活的人，但是，我更赞赏那些先到美国给中产阶级家庭当保姆，然后接自己的孩子到美国读书的妇女的精明。不错，现代社会还很不合理，我们必须批判它的不合理和不公平，同时又必须回到现实中来，认识到彻底改善这种状况还需要社会的发展。那将是很长的一个历史过程，可能是需要几代以至更长的时间。我以为没有必要再讨论究竟应该学习西方先进文化，还是坚持走我们自己由传统到现代的所谓独特道路的问题。因为历史已经做出了回答。30 年来，我们国家的经济能力有了很大提高，人民的生活也有了很大的改善。对比前后两个 30 年，如何就有了这大变化？不就是开放和引进西方生产的结果吗！但是，必须看到，和西方比，我们现在的确还微不足道，这些年学习的还都是一些皮毛，人家的核心技术我们根本就没有接触到。那还不是落后？

　　Y 先生，我觉得您对马克思关于社会生产阶段的发展是一个自然发展过程的思想的理解是不对的。马克思主要是强调社会发展过程也像自然一样具有其客观性。我建议您再次阅读马克思《资本论》第一版序言，那里有几处精彩的论述，强调社会发展也有其"自然"规律性，而不是您所说的忽视精神作用，这与精神的力量或作用一点也没有关系。比如，马克思说："我的观点是：社会经济形态的发展是一种自然历史过程。""一个社会即使探索到了本身运动的规律，——本书的最终目的就是揭示现代社会的经济运动规律，——它还是既不能跳过也不能用法令取消自然的发展阶段。"前苏联和我们中国的挫折就在于取得政权以后，以为可以跳过资本主义的发展阶段，依靠政权暴力直接进入社会主义，实际上侵犯了人民的政治自由权和牺牲了人民应有的物质生活，——而这两者无论在刚从落后的俄国还是贫穷的旧中国转变过来的新社会，恰恰都是需要极大地加强的。

对于宗教，我并不是简单地加以否定。相反，我只是要求把它放到一定的历史中去认识。您可能没有注意到我所有的文句中都包含着这个内容，特别说了"再输入先进的理念"，是说宗教文化被输入现代的理念以后它才有生命。但是，这是新的文化给那个已经僵死的文化打上了强心剂，输送了新的营养。那实际是另外一层含义，如同孔教儒学数千年来时传时新，是各个时代用新的思想诠释它来为现实服务。您关于节欲说的论述很精彩，有不少的观点都足以博得我的赞同。但是，我必须说，马克斯·韦伯关于资本主义起源的节欲说却是早被马克思驳斥过的、曾经在欧洲相当盛行的陈词滥调（且不去引申韦伯节欲说中还包含着新教来源于一个名叫马丁·路德的德国人、包含着西方民族节欲的良好道德远胜过包括中国、印度、穆斯林、日本等等的贪婪的东方人等等的含义），我还是信服马克思《资本论》中阐述的道理，资本积累和扩大再生产的强大动力不是来源于所谓新教徒的节欲这一良好道德，而是对剩余价值的追逐。即使根据您对韦伯的简单陈述，在我看来那已明显是资本对利润的热烈追逐，而不是出自于所谓的节欲美德。所以，从这一点上来说，节欲说并不是过不过时的问题，而是根本就不正确。

我觉得您是受到了 90 年代那阵"告别革命"的舆论的影响。100多年来，中国的变化之大是历史上任何时期都无法与之相提并论的。就是这 30 年，我也常说它的变化虽然与人们的要求来说慢了点，但与历史上任何时期比还是很快的。中国在 20 世纪发生巨大变化首先得益于几次被称之为革命的运动。仅仅从现象上来看，革命当然伴随着冲突和对抗，战争、流血和死亡，以及整个社会的正常生活被打乱，众多的民众流亡失所。但是，这是如何造成的？您可以仔细阅读古今中外历史上所有可以被称之为革命的事件，它的爆发都不是偶然的，更不是某些人所说的由那些别有用心的人鼓动或煽动起来的。它有一个规律，就是政府顽固地站在人民的对立面，拒不愿意给本来应该属于人民的东西。人民中没有哪个人生就的就是造反派，或者说脑袋后长有反骨的。本该属于人民的东西，人民在其初期都是低头哈腰地向政府要求施舍的。在政府和人民的长期博弈中，往往是政府不但不愿意给人民应有的东西，甚至于还不再有耐心而挥动刀枪，这才出现了所谓的革命。革命向来都是被政府逼出来的。您可以阅读历史，古今中外，概莫能外。所以，尽管我也不喜欢革命，但是，当政府坚持站在人民的对立面的时候，可能还真的无法避免。

至于说到人民，我倒是一直持有人民天然合理论。在政府和人民这一组关系中，人民永远是对的；在评价一个民族的时候，不可含有任何指责的成分。我觉得，中国人一点都不比西方民族差，至少中国人的智商或者体格不比世界其他民族低下，从而天生就该落后，就不配有西方民族已经享有数百年的一系列民主权利。相反，几乎所有现在可以列举得出来的中华民族的所谓劣根性，我以为都是因制度的原因而后天产生的。犹如一个孩子身上的各种缺点都可以在它成长的环境和周围的大人身上找到原因一样，所谓中国人的劣根性也都是制度和政府使然。西方国家数百年来没有或者很少有革命，不是民族素质问题，也不是所谓的西方民族文化基因问题，而是他们有幸获得一个好的民主制度，人民纵有不满也可以得到合理诉求和宣泄，两党轮流执政可以及时纠错，不致使矛盾累积到只有通过你死我活的革命才可以解决。犹如孩子的逆反心理和叛逆行为都是不良管教的结果一样，专制制度下的民众才会有您所说的那些毛病。不信您再仔细梳理一下，所谓社会动荡或者发生革命的国家，几乎全都在专制制度之下，或者在距离传统的自然经济并不太远的地方。

我完全同意您最后一段话所表达的观点。不过还需要补充的是，中国人民一定也会拥有一部反映自己意志的宪法，——它不仅是一张纸上的宪法，而且是一部可以在大地上行走的宪法。所谓大地上可以行走首先是因为它是限制政府的法，教育政府如何走路才不至于踏入私权这一本不该它进入的领域。唯有如此，我们才有言论的自由，才可以在网络上看到没有被过滤的信息，才可以用自己的大脑去思考，居民的房屋才不再被强拆，公民上访不再被劳教或关进疯人院，妇女的人身才可以得到保障而不至于被拉去实施人工流产或强行给她的身体里塞上一个环……，从而公民也可以自由地行走在自己的大地上。

Y 先生：我必须同意您关于体制的作用说法，体制是横亘在我们每个人面前不可逾越的障碍，这几乎是所有国民共同的感觉。我与您以及大多数人不同的地方仅仅在于，我认为体制并不是终极原因，体制仍然是人造成的。造成今天体制的每一步，都有它历史的合理性，并不是一个人的恶，或者几个人的无知，虽然目前是少数利益集团强行维持着，他们也许有骑虎难下的尴尬。死的体制约束了活人，还是说明活人的活力不够，最终还是靠活力的觉醒。重物而不见人、人也当成物（劳动力）的生产力发展，恐怕难以促成真正的改变。您相信生产力进步会自然改变历史，也有人相信，现代技术手段的发达，恰恰强化了威权控制社会的能力与效率。还有一种我们都不愿意看到的结局，那就是怨恨积累到一定程度，偶然的事件可能造成彻底的崩溃。前不久，南方报系事件之后，有位公知有一系列文章，认为改革已死，知识分子寄希望于改革只是一厢情愿而被一再戏弄的幻想，批判的武器只有让位于武器的批判。然而，真的革命了，又如何能避免百年无望的轮回呢？

梁中堂：除了最后一句话，我基本同意您的看法。因为我不认为发展是无望的轮回。事物的辩证法本来就是否定之否定，貌似轮回却不是简单地重复，是在一个更高阶段上的重复和再现。毛泽东的革命要比辛亥革命层次高多了，人民获得的解放也根本无法相比。尽管革命后有许多的问题，包括我们所讨论的用简单否定的办法消灭私有制和人为地制造所谓的社会主义国有和集体所有制度，没有及时地扩大民主和给人民以充分的政治自由，等等。但是，毛泽东毕竟不是简单地重复，而是货真价实的革命。因为那时的中国还是一个真正封闭意义上的中国，绝大多数的中国人还没有现代意识。就是这次革命改变了中国，改变了中国人民的命运，也唤醒了中国人的现代意识。

Y 先生：您指出，俄罗斯历史上那些不流血的革命属于自然历史进程，而斯大林主义的血腥独裁是反历史潮流的，这一视角很有启发性。我在大学年代就看过《苏共野史》等著作，感觉毛骨悚然。然而，我可能受现成历史表述的影响，总是把斯大林与苏联快速工业化和反法西斯战争胜利联系在一起，如果换另一个人，另一种制度，另一种传统，也许很难想象有如此辉煌的结果。实际上，彼得大帝开创的俄罗斯近代化进程就十分强暴与血腥。在理论上，市场本身似乎很理性，很平和，讲究公平交易，但在它的边缘，在市场的开拓过程中却充斥着暴力。俄罗斯一方面要融入欧洲文明进程，另一方面欧洲人却视其为野蛮人，他也只有用野蛮人的方式获得力量，才能平等地与欧洲人交往。一个很小的斯拉大族群，在征服辽阔东方的过程中狄得欧洲人需要的资源，他们凭借游牧民族式的团结，这种团结的核心就是凯撒式的君权，沙皇一直被这些东斯拉夫人要称着"小爸爸"，平均每天两百到三百平方公里的新领土，给予那些征战的哥萨克骑兵巨大的利益回报，他们当然离不开对小爸爸绝对权威的崇拜，这种状态一直到旨在开始工商业进程的斯托雷平改革才结束，但俄国农民依赖集权的心理状态并不可能一下改变，这是斯大林主义滋生的土壤。

我倒想换一个与您相反的角度，如果没有彼得大帝以及斯大林这样强势的独裁者，这些人物的所作所为充斥着暴虐与血腥，俄罗斯民族有没有今天这样的世界地位？那些接近于自然历史进程的东欧各民族，大多是遭遇蹂躏、摧残甚至毁灭的命运，设身处地看他们，让人心碎！如果人们生活在这种记忆里，向往威权的保护似乎也可以理解。况且，他们有辉煌的艺术，有令20世纪美国人都震惊，中国人至今难以超越的科技创造力，不可以软化这种贱作吗？是啊，个体不独立，依赖群体，是很不可爱。可是，在毫无信任，没有认同感，无法合作的背景下，要么接受独裁，要么被外敌统治，还有别的选择吗？

当然，如果没有斯大林，希特勒很可能统治整个欧洲，更早一体化的欧洲也许结果并不会如想象的那么坏，德意志民族因受屈辱而短时间激发出的暴虐复仇心理会慢慢平复下来，也许会将这个民族更为深刻而持久的智慧带给整个世界。可那样不过是把斯大林问题就转化为希特勒问题。总之，那些看起来不自然的进程，对人类历史命运的影响更大些。

如果我把俄罗斯民族对于集权的仰赖简单归于地广人稀，您的批评是对的。但我把这种性格归于这种自然环境下的历史过程，应当没有那么荒诞吧？加拿大是更加地广人稀，但它的文明进程是英国、法国两个母体的延续，而且它主要人口集中在几个大城市。

您说，当历史阶段需要用某些个人的名字代表时，它还远谈不上成熟，甚至本身就是不正常，这是十分有哲理的。但我要说的是，东方国家的现代进程，正因为缺乏欧洲特定的文化基因，不可能是十分自然的、平缓的、连续的。

您以印度与土耳其两个大国作为正面典型来说明您的期待。我对此缺乏研究，我只能不严谨地说儿点看法，一是印度殖民地和奥斯曼帝国都有数百年与西方磨合的历史，因此他们跟西方文化长期直接的交往，因此会有很多直接沿用、同化。二是印度文化与西方文化也有根本差异，虽然在政治形式上能接受西方制度，但由于民族、语言、宗教上的巨大保守性，出现不了强烈的革命性力量，其现代进程可能比中国慢得多。您从中印两国人口增长曲线上得出的结论固然很有说服力，但我也从其他人的印度见闻里，感受到这个大国要进入现代文明社会比中国更加遥遥无期。看中印战争，有时我替印度人伤感！三是土耳其现代文明的程度远高于印度，但这个民族一直生活在夹缝里，他们似乎过得不错，但在欧洲人眼里，一直是二等公民，而且似乎没有任何改变的可能。

梁中堂：我同意您关于斯大林政权性质的一大段评论。即使这样，我还是要承认，斯大林政权有它的历史必然性。从沙皇俄国直接传承下来，可能只能得到一个仅次于沙皇或者名义上不是沙皇而实质上仅仅比沙皇略有进步的专制政权。无论如何，一个曾经在历史上存在了半个多世纪的大国政权，如果仅仅用偶然性来解释，恐怕是不会贴切的。也就是说，仅仅对它咒诅是与所要讨论的问题无济于事的。——如果一味地维护，那恐怕更是无济于事的。——它的产生与存在，一定都具有历史的必然性与合理性。除了对沙皇历史的传承以外，第一次世界大战的背景和激进的马克思主义者掌握政权，都是十分重要的原因。激进的马克思主义其实是小资产阶级的一个派别，处在战争的环境中，其最擅长的手段就是暴力和红色恐怖。譬如为了城市和前线所需要的粮食，刚诞生的布尔什维克政权就用暴力征集农民手上的所谓"余粮"。其实那哪里是余粮，它往往是农民自己的口粮和预留的种籽。战争结束了，激进的马克思主义者必然要推进革命。但是，资本主义已经被马克思批臭了，马克思主义者当然不会建设资本主义而是要实行社会主义。在一个资本主义经济还很脆弱和个体经济占居统治地位的国家实行公有制，当然不具有经济条件，不时地会遭遇到抵制、反抗和抗拒，具有极大的阻力。政权暴力自然就出现了。

斯大林领导的苏联人民打败了德国法西斯侵略，赢得了第二次世界大战的胜利。斯大林说过，胜利者不接受审判。这句话是有道理的。按照这样的原则，斯大林也不该受到指责。但是，我们不是在审判，也不是在指责，而是研究历史，讨论历史发展过程中的得与失，总结现实中不合理的制度何以产生、何以存在的原因。那么，对于历史发展有过巨大作用的政治人物就难以逃脱接受历史审判的命运。您说如果不是斯大林就是希特勒，我以为这个命题是不正确的。希特勒要晚多了。1939 年希特勒发动侵略苏联的战争，苏联已经有了 20 多年的历史，斯大林执政少说也 15 年之久了。也就是说，早在希特勒入侵苏联之前，斯大林的专制时代已经开始了很久了。

您关于俄罗斯民族向往独裁和集权的观点，我还是不能同意的，因为它关系到俄罗斯民族究竟是自愿寻求压迫的还是逼迫在专制下生活的。历史上因为面临战争和掠夺被折磨得几近破产的情况下，为了寻求保护而让渡自己的财产和自由的事情并不乏其例。譬如罗马帝国最后几百年的法兰克农民，面临日耳曼的侵扰，国王已经没有力量保护他们，自由农民纷纷把自己的土地交给新贵或教会。保护人让农民把土地交给他所有，然后再将这块土地交给农民终身使用，新的土地所有者当然要获取一定的租金。一经陷入这种依附的形式，农民就逐渐丧失了自己的人身自由；经过几代以后，原来的自由农民也就转变为农奴了。但是我们所讨论的俄罗斯则不是这样，至少是我门所讨论的时代不存在这样的情况。除了德国在 19、20 世纪有过 2 次不成功的入侵以外，俄罗斯基本没有受到过外来威胁。相反，从 19 世纪开始，俄罗斯就素有"欧洲宪兵"的称号，东欧人民一直受到来自东方俄罗斯的侵犯。因为俄罗斯并没有经受过强大敌人的威胁，从而并不需要专制保护，那么，人民也绝不会主动让渡他们的自由权利。

我也不同意您所说的中国人民缺少西方民族的文化基因的观点。因为我知道您对文化元素在历史发展中的作用和地位，很可能由此还要引出中华民族永远不成熟、永远无法实现并达到发达国家的现代。欧美国家的工业化生产以及由此所产生的市场制度和国家上层建筑，都是他们国家和民族的历史发展而内生的。但是，那也不是他们自然以来就拥有的，不是与生俱来的。那是根据生产和生活的需要，逐渐产生和发展的。即使不说孕育期母体的成百上千年，从文艺复兴算起也有了7、800年，从韦伯十分推崇的宗教改革算起该有了5、600年，从工业革命算起该有了2、300年。我们这才多久？100多年。所以，切莫着急。时间是解决历史问题的钥匙。我们现在所说的一些问题，包括所谓国人的劣根性，随着由传统向现代的转化逐渐都可以得到解决。我不相信300年前的欧洲人就比今天的中国人更文明。您看莎士比亚的喜剧，出场人物嘴上叼一根牙签以显时尚，说明那个时代的欧洲往往是向往东方，是向当时的中国看齐的。我阅读贝多芬的传记，他坐在靠窗户的钢琴前一边弹琴，一边咳嗽着朝向窗户外面吐痰。所以，我们也别把西方人看作生就的文明，他们也是从野蛮人转变来的。在他们的文明论中，人类毫无例外地都历经过一个漫长的野蛮时代。从野蛮时代到文明时代，欧洲总共也没有多长的时间。所以，我不相信存在"欧洲文化特定基因"。随着现代化的发展，西方国家所拥有的现代文明，我们也都会拥有。

我说印度和土耳其，是说他们没有政府作推手实行的自然转变。在这样的状态下，每一代人都可以享受每一代人的幸福生活，包括像您这样有条件的人所向往的过自己的田园式的生活，而不是如我们所说用牺牲一代人来换取后代人的幸福。但是，话虽这么说，被牺牲的一代真实地出现了，能否会换来后人的幸福却是个未知数。完全是因为体制的原因，人们到印度可以很自然地看到极为穷困和落后的农村面貌。而在我们国家，即使是自己的国民也很难知道中西部也存在很穷苦的农民。还有，我们谁去见证在城市中生活的农民工了呢？很难想象，我们生活在"城中村"中的那些农民朋友能比印度贫民好多少！中国和印度以不同的方式和不同的道路实现由传统到现代的转变，现代化的实际进程并没有明显的差距。所以我才赞同印度和土耳其那样的模式，不要暴力强制和加速人民的现代化。

Y先生：您关于人民与精英、民主与民粹的概念的界定和区分，虽然很严谨，但我认为概念上的、价值性的、理想的意义，多于现实的、历史的意义。第一，人民是众多的人构成，他们并不是孤立个体的生命，相互间要发生各种各样的关系，这个关系如果形不成稳定的结构，社会就四分五裂，难以成形。第二，越是发达的社会这个关系越是复杂，人们对它的依赖多于对它的支配，这让个人决定自己命运的程度大打折扣，身不由己、随波逐流、人云亦云、循规蹈矩更是常态，这就给了少数人脱颖而出带来了机会。第三，在高度文明的社会里，无论公共空间还是私人空间，精英都直接或间接地起决定性的作用，因为精英掌握的智慧具有极大的优越性。第四，社会越是发达，越是有制度性的力量，造成精英与民众的分化和脱离的趋势，精英们合法地支配社会，民众构成沉默的绝大多数。第五，资本主义的逻辑出发点是个体独立，人格平等，私有财产，自由贸易，公平交换，但其结果却一定是马太效应，形成两极分化，谁是精英，谁是平民，毫不含糊。第六，制度化的精英统治，通过私有制、继承权、层级制、录取制度强化甚至固化两极结构，他们日益平庸、腐朽，却还企图永远居于统治地位，而民众中的优秀分子遭到压制和淘汰。

同样的道理来理解民主。人民当家作主，人民决定自己的命运，人民参与公共事务，人民主权，这是理想。但是，人民不能还原为一个个独立的个体，一个个人的意志并不能直接构成公共意志。选举与公决是当代民主的基本形式，它们所形成的公共意志，一方面可能被情绪的力量所操纵，这就会沦为民粹；另一方面，被各种民众之上的强势利益集团的力量所左右，脱离民主的原旨，因为现代工具力量强化，造成资本异化为主体，往往比众多个人更有现实的力量。因此，理想中的民主是难以切实操作的，现实的民主往往就是民粹的外表，精英的内核，甚至可能是赤裸裸的专制，精英有时就是反人民的。

您似乎有一种观点认为，民主体制里不投票者是不反对现行体制的人。但相反的观点认为，多数不投票者恰恰是无可奈何的反对者，依据是上层社会投票率高于下层社会。

您说的与民粹无关的民主政治，相信是一种理性的制度设计，充分体现市场博弈、政治协商、多数通过、尊重少数的原则。结果要么是优势阶层拥有决定权，社会更有效率，但会造成两极分化；要么是盲目的大众情绪拥有决定权，社会丧失远见与创造力。

离我们最近的台湾民主，在很大程度上就是民粹，因为民众缺乏独立的人格与意志能力，因此就必须给他们感情的、词藻的、偶像的、小恩小惠的满足以取得选票。民进党的胜利就是民粹的胜利，其失败也是民粹的失败。国民党代表精英，但与民众比较脱离，很大程度上靠其他方面来弥补，譬如马英九的个人形象等等。

我对于民主制度的反思主要受三个人的影响，一是王力雄先生对西方民主制度的批评，不过他试图建构的第三条道路，我看不出有任何现实的可能。二是杨小凯先生分析了民主与宪政的对立，他认为中国需要的是宪政，而不是民主；三是王绍光先生《民主四讲》一书，十分专业地分析了现代民主制度的来历、理念、现状及理想，认为现代民主尤其美式民主是假的，甚至认为毛时代的中国更接近民主的实质。我应南风窗杂志要求写过一篇介评，附上。由于基本理念的分歧，您可能没有耐心深入了解他们的见解。但我认为他们的思考是十分深刻而有价值。我对他们的敬重，与对您的敬重是等价的。

关于重庆事件，我们获得的信息是受到钳制。但我认为，我们都是难以获得全面的信息的。重庆的民众中很多拥薄者，不能完全说是被欺骗，他们掌握着片面的，但却是可能比我们更加真实的信息。相反，反薄者也只是掌握着其他的部分信息。薄案至今无法公开审判，最大的要害可能就在，尽管所有人渴望真相，但全面的真相是不能公开的。

我因此联想到陈水扁事件。陈靠民主上台，但他并不太相信民主的力量，他要为自己争取更切实的能量，陈之女说，台湾独立是要钱的啊！其次，陈的败露并非台湾制度的原因，而是来自瑞士银行的异举形成的骨牌效应，如非后者作梗，陈本是可以高枕无忧的。而瑞士这个国家，长期以来一直是各国政治的垃圾桶，这次才莫名其妙地节外生枝。

在一个黑帮横行，信任彻底瓦解的社会里来一次大扫除，在几年里出现一些积极的社会成就，并不是不可能，我是在这个意义上揣度拥薄者的立场的。1949 年建立的新政权，也一度产生巨大的社会进步，并获得过绝大多数人的支持，当然其背后也是长期的暴力革命，武力镇压，权力斗争。问题是它的走向，固然可能如我们所担心那样恶化，最后走向反面，但完全不可能在新的历史潮流中，在普遍的监督下良性发展吗？避开权力斗争的是非，至少给中国多留一种选项吧？我承认，以薄的个性，他不满足于此，会要膨胀。

我跟您一样痛恨现在的国有垄断企业，并在这个层面上同情民营企业。但是，真要全是民营企业的天下，我相信也会一塌糊涂。您会说，是因为没有正常的生存空间和制度保障，才造成民营企业不成熟。我部分赞同，但相信还有更深层的原因。类似的问题，中国公立大学腐朽透顶，但如今的私立学校如何？至少我看到的，无一不是更烂、更腐朽。连同近年凝聚众人希望并因此沸沸扬扬的反体制范例，南方科技大学，我认为一开始就误入歧途。您要有兴趣，请看我的《与朱清时、吴家玮两校长关于南科大的对话》一文。

公共行为都是低效率的，国有制都无法避免腐败，集权就会导致专制，这个道理我也有亲身体验，我比您年龄上小一轮，但文革后期，国有企业的官僚、集体企业的低效，员工普遍的懒惰，这些我还记忆犹新！但矛盾的是，人类文明的进程就是公共空间扩大，国家作用强化，人们的选择权越来越趋于统一的过程，虽然相反的过程也同样存在。现在大家都说，政府只负责裁判，不能参与打球。但是，今天即使最自由主义的国家也无法割舍国有企业，那么我们就需要反问，国有企业、集体企业到底能不能存在，如何存在。

在以色列，有一种已有一百年历史的完全共产主义经济－政治－文化一体化的组织基布兹，虽然只占全国人口的 3%上下，且在今天全球化市场的背景下也有式微的迹象，但它构成该国工党的政治基础，约有一半总理，尤其是开国总理出身于基布兹。那种彻底的共产主义生活，中国一度也有所谓新村实验都是几个月就失败，全国性的人民公社运动不到一年就造成大饥荒。而在以色列，却支撑这个人口仅 500 万的移民国家，对抗近百倍敌对人口，赢得多次中东战争，成为吸引全世界眼球六十年的"超级强国"。这只能归于文化的原因，当然跟特定的历史背景相关，犹太复国主义的历史情结，外部敌对的环境等。

我的结论是，您认为市场经济是普世的、先进的生产方式，这一理念其实也只代表一种人类的生活方式，不能完全排除在别的历史条件下存在另一种生产方式良好地运作的可能性。您可能会反驳说，基布兹只是特例，而且正在走下坡路。但我仍然要强调它存在已有一白年，包括十多万人口，尤其是与一个无法抹灭的世界性、世纪性奇迹相关。即使在今天市场经济的大潮里，有一些领域也是不能彻底市场化的，譬如教育。我赞同部分教育机构尤其是大部分高等教育机构私立化（非营利），甚至市场化（可营利），但国家必须维持基本的公共教育体系（至少目前应当是核心部分），以保证教育的平等、公平以及超越性的文化追求。医疗卫生领域也是这样（这跟您几年前的一系列相关文章的立场有所不同，我认为需要完全市场化的医疗、合作化的医疗、基本保障性的公共医疗三个层次，这跟文明社会基本的人道原则相联系）。更何况，还有庞大的现代政府机构、军队、警察、法院系统，都是必不可少的公共机构，不可能把它们承包给个人或者集团，否则就会沦为专制社会，它们都必须是非市场的，必须有一套独立于市场的逻辑。

如果国有企业的存在是不可回避的，那么它必须有一套独立的观念—制度体系。以上我没有区分国有制与集体制，我相信其道理是相通的。即使是在私营企业里，据说现代企业文化，日本企业管理方式，与鞍钢宪法也有共通性。我希望用这一视角补充您在"国进民退"问题上的观点。我也反感如今的国有垄断企业，但我认为，关键不是在外力介入下彼此进退，相互取代，而是让它们各自建立正常的制度与文化，长期共存，公平竞争。

梁中堂：我觉得您多少还是有点精英情节。把人群中一些人因为做出了成绩而表现出众称之为精英，那我是同意的。但是，如果以为在社会结构中占据显赫位置的就都是精英，而且说某些人天生的就是精英，人民本来就是需要精英统治、精英生来就是统治人民的，那我是绝对不会同意的。人类从来就是一种社会动物，人在社会结构中是按照层级划分的，总有人处在结构的不同位置上。山中无老虎，猴子称大王。大王总是属于精英的人群，而不论它是老虎还是猴子，只要占据了大王的位置，那就是精英。这样的情况，我们还可以到黑猩猩的群体中去寻找，处在最高尖的那位猩猩当然也是精英。可能您以为我这是不严肃，但它是科学探讨。您仔细想一想就该知道，因为黑猩猩的领袖需要带领它的群体寻找食物、规避危险，有的时候为了群体的安全，还会与残害它们的野兽搏斗。所以，黑猩猩的首领往往给它的群体带来的安全与福祉，可能要比有些国家的首脑带给他的臣民要多得多，从而黑猩猩首领对于它的群体往往比我们现代国家的首脑更重要。不用说，如果人类可以读懂黑猩猩的语言的话，黑猩猩一般对于它的首领的尊重可能让现代国家首脑们嫉妒若狂。黑猩猩没有理论家，如果有理论家早就该制造出一个精英论。再回到我们的问题上。按照精英论，治理国家的政治家是精英，大企业的董事长和总经理是精英，知识分子是精英，——除了工人、农民和社会低层的人以外，有头有脸的人都可以是精英。但是，请您看一看我们的社会。国有企业处于垄断地位，像最近这次提高石油价格那样，国际市场上油价正在下跌，政府却在国内提价。我们现在从国际市场购买的原油要比自己生产的多，这样的做法就是个低能儿也能赚了钱，——如果不赚钱也没有什么要紧，接着还可以再提价。就这样，我们还要称他们为精英！我欣赏精英这个词，但反对这个精英论。其实，历史上一直就存在时势造英雄和英雄造时势的争论，我觉得精英论不过是英雄造时势观点的精巧包装。精英论是人造出来的，为人服务的。本来是人民创造了历史，被称为精英的人处在社会结构的优越位置上，收获了历史成果，还要用这个理论愚弄人民，要人民对所谓的精英三呼万岁。这种精英，其实就是人的异化。

Y先生，我十分高兴地阅读了您对王绍光的评论。我觉得，也许人们对西方民主制度的批判没有错。民主制确实不是好制度，但至今还没有出现一个比它更好的制度。我很赞同丘吉尔的这个判断。所以，我主张把批判民主制和实行民主制区分开来。因为即使民主制度很糟糕，但对于中国人来说，我们是处在比那个糟糕的民主制度更糟糕的制度下。所以，我们当前最为迫切的还不是批判人家的民主制，而是缺少民主制。用马克思当年批评德国的话来说，"不仅苦于资本主义生产的发展，而且苦于资本主义生产的不发展"。西方民主制度不好，有条件的家庭都把自己的孩子送到西方学习；西方民主制度不好，许多有条件的官员都将自己的孩子和老婆移民到西方国家生活；西方民主制度不好，在中国挣了钱的商人和明星，纷纷改拿西方国家的护照。所以，我的观点是，即使西方民主制度不好，上述那些能去西方国家实际体验其生活的人毕竟还是少数，我们尽快地西化了，让国人都体验一下，然后再以中国人特有的聪明才智纠正那个不好的民主制度，创造出一个更好的制度来，也好拯救西方民族于水火。

我也很赞赏您在教育问题上的许多真知灼见。我国教育问题主要还是政府所有的行政体制造成的，没有政府在这个问题上的放权，就不会有适应现代发展的教育制度。

关于国有企业问题，我以为政府管制过多的经济资源是现行不合理制度的经济基础，所以，它不是您所说的"让它们各自建立正常的制度与文化，长期共存，公平竞争"那么简单。政府手上一旦有了自己的经济，就一定要排斥非政府企业，对于任何从外部参与市场和公共事务的人充满仇恨，一定要建立起它的垄断地位而由它来决定国民的经济生活。人民不得已已经交出了公共事务的权力，政府已经垄断了公共权力，就不能再让它垄断了经济生活。人民必须直接占有经济资源，因为那是创造财富的基本条件。与此同时，人们还必须紧紧地握住自己的钱袋子，让政府过一种"数着钱过日子"的穷光景。老百姓必须懂得这个道理，政府过于强大，人民在它面前就必定渺小了。政府既有国家权力又有雄厚的经济资源，它就敢于自由地对待人民，从而人民就难免要陷于专制的统治之下。

（刊发于 2013 年 3 月 18 日）

生育政策的改变与对国家的迷信

1. 前面的话

起意将我给 Susan Greenhalgh 的两封信和她致我的一封信粘贴博客里，是起因于一家外媒对我的采访。该媒体驻中国的记者相信中国生育政策不作调整，是因为宋健、蒋正华给中央的一封信。我反复解释说这与他们无关，有关政策不作调整是因为决策者认为没有必要调整。任何政策都会有拥护和反对，而政策的出台却有它自身的规律，它是不因决策机制以外的人们的意见所左右的。认为宋健蒋正华所写的信起了决定性的作用，是以相信世界上存在民主与科学决策为前提的。虽然我早年也持这样的观点，但是我现在必须说，这是一种对国家的迷信。

上个世纪 70 年代末，当我进入人口和计划生育的研究领域的时候，主流意识形态宣传马寅初比党和毛泽东更早地提出计划生育，以及党和政府后来又批判马寅初，从而导致了在人口问题上的失误。我一度相信马寅初的神话。80 年代初中期，我的学术观点曾经到达总书记胡耀邦和国务院总理赵紫阳那样高的层面，而且显然感受到他们肯定这样的观点，从而以为党和国家领导人接受了我的学术思想。我曾经花费了 10 多年的时间，努力把自己的学术观点转化为国家实践，现实迫使我在更为宽阔的领域学习和思考。特别是近 10 年对计划生育历史的研究发现，马寅初完全是跟在党和毛泽东的后面，历史上并没有一个比党和国家更高明的马寅初。因为党和毛泽东开始提出避孕与节制生育以后，中央和地方政府从来就没有停止过，说得准确一些，党和政府在这个问题上从来都没有犹豫过。所以，更不存在党和政府批判马寅初的问题。至于我自己的故事，根本不是胡耀邦赵紫阳同意我的观点，而是胡耀邦赵紫阳早在 1980 年就对"一胎化"有明确的成见，1981 年也试图允许农民普遍生育二个孩子。我 1984 年春节直接给胡耀邦写信，建议在全国普遍实行二胎政策，那不过是符合了赵紫阳和胡耀邦早就存在的观点。是我把关系搞颠倒了。

30 多年来，还有一个远比马寅初更为美妙的神话在国内外广泛传播，这就是中国实行"一胎化"的生育政策，是中央听了科学家宋健的意见。不过，因为我在宋健出现以前就公开批评了"一胎化"并因此受到不指名的驳斥，所以能在这个问题上保持着持续的敏感和自觉。1980 年还不准许批评党和政府的政策，所以，我只好借批判宋健来讲道理。不过，一方面因为对国家根深蒂固的迷信，另一方面也是主流媒体的反复宣传，连人口学家也都相信它的真实。所以，现在的人口学家，以及刚进入人口研究领域的新秀们都普遍认为，既然宋健能令中央相信他的观点而实行了现行的"一胎化"政策，那我们为什么不能通过向中央建议而改变和调整生育政策？

2007 年 2 月，我曾带美国《基督教科学箴言报》记者 Peter Ford 去翼城县采访。在回太原的高速路上，他突然问："既然翼城的办法控制住了人口，干部和群众也都欢迎，那全国不推行的道理是什么？"一个老外竟能产生这样的问题，无法不令人沉思。记得我当时的回答是："这个世界上的许多问题都不是由什么道理决定的。相反，有不少的事都是由权利、利益和力量决定的。"

Susan Greenhalgh 从上个世纪 80 年代初就开始研究我国的生育政策，她是国外唯一的一位长期关注这一课题的学者。但是，她也存在对国家的迷信，相信民主决策和科学决策的神话。所以，她的 Just One Child 一书按照宋健和田雪原给她编制的陷阱写下去，把"一胎化"说成是中央听信了自然科学家的话。这本书在国外很有影响，我估计前不久那个外国媒体采访我对宋健蒋正华信的看法，也是直接间接地受到它的影响。这个并不真实的故事能够在国内外广为传播，就是建立在我所说的国家迷信这一普遍的理念基础上的。尽管按照 Susan Greenhalgh 的说法，我在她的这本书中是"作为英雄出现的”，但我却不完全领情。因为按照她的说法，我们国家已经进入到可以听"自然科学家"的。这就必然地隐含着一系列的命题，譬如，国家能听自然科学家的，那至少以后也会听社会科学家的；譬如，如果有科学决策和民主决策之类的国家的话，那么发达国家应该已经进步到这样的程度，如此等等。这都是迷信。

国家是一定范围内的一定人口结合而构成的共同体。但是，在现阶段，一定数量的人口又是由不同利益的集团和人群组成的。所以，这个共同体即国家的一切行为都是一定利益的表现，任何政策都体现了一定集团的利益。只要是利益，就谈不上民主和科学。当国家真正发展到可以体现民主和科学的时候，国家也就没有存在的必要和意义了。但是，人们总是说民主，连我也向往民主。那不等于说政府决策民主。至于这一点，连那些号称民主的国家也谈不上决策民主。政府是权力机关，当权力机关也可以是民主的时候，政府也就没有存在的必要了。我们所要求的民主，不过是说所有国民都可以平等地发表意见，各自的利益都可以得到充分地诉求。同时，还要求决策有一套公开透明的程序。但即使所谓的民主国家的重大决策也不是因为什么民主和科学，似乎他们决策的原则是看谁的意见正确，从而就民主和科学了。不，不是这样的。其实民主国家的决策，要么是由票数决定的（议会），要么是由掌权的政客决定的（行政内阁）。政客们投票或作决定的依据，都是利益。

所以，不懂得这个道理，不要说至今还看不到要改变和改动生育政策的迹象，即使有了变化，那也不过是再制造一个马寅初或者宋健神话。

2013 年 3 月 31 日星期日

2. Susan Greenhalgh 致梁中堂的信（2009 年 2 月 24 日）

亲爱的梁中堂：

非常感谢您在信中对 Just One Child 一书所作的长篇而深刻的评论。由于您还没有机会读完这本书的全部内容，我想让您知道，对于世界各地所有认为一孩政策严重误入歧途的人来说，在这本书中，您是作为英雄出现的。在很多章节中，我引用您在各种场合对政策的批评，然而，正如您知道的那样，中国的决策制定者过去听不进去。相反，他们听自然科学家的。

要知道，多年来我们的所有谈话，都已经充分地体现在这本书里了。您在来信中提到的许多内容在您尚未读到的章节中也有论述。我把这本书献给王文和蔡文媚：王文所做的研究是您介绍给我的，而蔡文玫是北大的社会学家，她曾经在农村生活了 21 年时间，并尽力让人们关注一孩政策给农村妇女和儿童所带来的严重后果。

我对您发现的新材料非常感兴趣，特别是陈云在 1979 年 6 月 1 日关于人口的谈话。我非常想看这些材料。我特别期望能看到您寄给我的关于陈云和陈慕华的文章。谢谢！过几天，我将去办公室看看您的包裹是否已经到了。

中国学者和政党/政府之间的关系是整本书的真正主题。我感谢您的评论，然而，我认为，我的研究把传统上认为学者基本上听决策者的观点复杂化了。我的研究表明，宋健的研究如何显著地改变了中国决策者的观点。这一点令人吃惊。

您所说的关于罗马俱乐部方面的情况，即中国学者一直没有意识到宋健和其他人的思想深受罗马俱乐部的影响，这是令人震惊的。本书描述了宋健如何大量借鉴罗马俱乐部的研究，然而他从来不承认自己借鉴了。

关于罗马俱乐部另外一点：您是对的，即在过去，西方普遍持有那种观点，然而，到 20 世纪 70 年代，有大量的社会科学研究对罗马俱乐部进行批判。很少有社会科学家重视它。

中堂，您的信大大增强了我把这本书翻译成中文并在中国传播的责任感。在您跟吴艳文提到的两种办法中，我非常希望书能原样翻译成中文（也就是说，不改变内容），即使该书不得不在香港或台湾出版。我也相信，中国的学者，也包括一般群众，需要知道历史的真相。

我就写到这里，我会与艳文多交流。我希望不久后能到上海来亲自拜访您。

致以良好祝愿！

3. 梁中堂致 Susan Greenhalgh 的信（2009 年 5 月 20 日）

亲爱的葛苏珊：

您好。

由吴艳文博士转来的信，早在 2 月 25 日就已经收到。因为手上的事情有点杂乱，同时又想通过一定的时间来消化您的大作，所以回复晚了一些。

吴艳文博士大约是在 1 月份翻译完您的著作，她翻译一章发给我后抽时间就阅读一章。2 月份以后，她又连续校阅了几遍，我就又断断续续地读了两个月，其中有些章节可能是读过好多遍的。很高兴您从人类学、政治学的视角来叙述和探讨"一胎化"生育政策的历史。我在 90 年代曾经一度把研究重心离开人口政策，就是因为单从人口学的角度已经无法解释许多现象。所以，从那以后，我主要从包括法律在内的国家经济政治制度的层面来探讨问题。首先，我们国内的人口学家没有人做这一个题目。其次，国内的人口学家都不具备您所具有的人类学、政治学知识结构，也就不可能运用这方面的框架来分析这一问题。所以，您的这一本著作不仅是第一本从而具有开拓性，更重要的是由于跳出人口学从更为宽阔的领域来探求事情产生的根源而具有极为丰富的思想性。不过，一方面是因为语言的障碍，另一方面由于中国知识界普遍不具有人类学、政治学的知识积累，所以对于认识和消化您的这本书可能还会有一定的时日……

我原来以为您把中国的决策机制当作了美国，不想您信中所表达的理解语言比我还准确。我认为，您原来对于中国学者和政府决策者之间的关系以及相互关系的理解是正确的，因为事实如此。不仅宋健他们并没有改变这一关系，而且由于有了他们就恰好再次证明了这一关系。政治学上对于中国政府这一种类型来说，知识并不会改变政府与民间的关系，如同知识并不改变教会与科学的关系一样。去年5月份一次有关人口政策讨论会上，我就针对学术界企图以政府采纳其主张为研究目的的现象讲述了这一观点。在中国人口学史上，马寅初、宋健和我的观点都曾同政府决策者发生过关系，但是，历史事实不是政府采纳了学者的观点，而是学者的理论观点迎合或符合了政府决策者的观点。只是您可能受到了宋健田雪原这一帮人的误导，他们极力想放大他们在历史上的作用，把一些问题的逻辑以及事情发生先后的因果关系都搞倒置了，使得您以为宋健运用知识影响了决策者。不是这样，是宋健不顾事实地极力修改科学原理来迎合决策者。第一，宋健在1978年欧洲之行遇见荷兰奥勒斯德之前，他是不知道用控制论预测人口的。他把从屯得特大学得到的一摞资料扔给李广元，这才开始了与人口学结缘。李广元阅读文献后去国务院计划生育办公室、公安部寻找人口数据，都已经是该年的年底到1979年年初了。第二，肖振禹给您讲宋健、李广元在1979年年初已经与他们建立了联系，是把宋健和计划生育办公室的合作时间提前了一年多的时间。1979年年初他们之间的联系，就是李广元去寻找人口数据。因为，在这些科技人员手上，这方面的资料完全是个零。但是，这个时期如同现在中国仍然在发生的一些高校或研究单位去中央机关寻求帮助一样，还远够不上合作关系。还有，这时宋健还没有在计划生育办公室出现。李广元也只是到达肖振禹这样的年轻干事的层面上。第三，您如果不受他们的误导的话，再读一遍您已经引用过的钱学森、许涤新1980年2月给陈慕华的信，以及王震的信，都完全说明至少在这个时候宋健与陈慕华还毫无瓜葛。我上次给您的信中说宋健"是一个急不可耐的随时渴望上轿待嫁的騷娘们"，就是根据这几封信得出来的印象。第四，当宋健到达陈慕华的面前时，"一胎化"已经在中国不分城乡地顺利推行了将近一年了。上封信中我已经向您说明，6月1日陈云自己说给李先念讲过，"再强硬些，明确规定'只准一个'"。我的推测，陈云的这个话应该是在3月份动身南下休养前对李先念说的。6月27日，陈慕华在中央党校讲计划生育课时已经说："把工作重点放在最好生一个"。这些都不仅仅是在报纸和表面上，而是在该年的具体工作推动上。我在阅读您的书的时候就在想，如果您在写这本书的时候，能够再检索一下当时的中国报纸，甚至只是把您手头上的彭珮云《中国计划生育全书》中1979年到1980年"公开信"发表前这一段时间陈慕华的几个讲话仔细读一读，就知道宋健田雪原们的文章是诠释陈慕华的观点的，甚至于他们文章中的一些重要语言也是直接抄陈慕华的。关于这一点，我的记忆相当深刻。因为1979年7-12月，我就是在计划生育部门推行"一胎化"政策的背景下从事调查和写作把我终生推进人口学领域的第一篇论文的。您应该知道，在12月提交成都会议的那篇文章里，反对"一胎化"和我的"晚婚晚育加间隔"的内容都已经产生了。如果1979年没有"一胎化"的政策，我如何会写出反对的文章？另外，1979年12月18日，陈慕华在成都召开的全国计划生育办公室主任会议上总结说，"一对夫妇最好生一个孩子，这是今年以来开展计划生育工作的实践中，总结出来的控制人口增长的好经验。"而这个时候，宋健还未曾浮出水面。所以，您把1980年宋健参加书记处会议和"公开信"当作中央和陈慕华接受宋健影响，是不符合历史事实的，是宋健夸大了自己的历史作用。

还有一个问题，我过去也一直以为是钱学森把宋健推出来的。而且，由于宋健很有政客的头脑，把钱学森给陈慕华的信公开发表出来，以表明他的学术背景。其实不是这样。前年，钱学森的信件出版以后，我特意查找钱学森和宋健的关系与往来，这方面的记录是零。最近，我读了《邓力群国史讲谈录》才解开了谜团。1996年3月26日，伍绍祖发言说："有一次钱学森问我宋健当科委主任是你推荐的，我说我哪有资格推荐他呀。后来我才搞清楚，宋健写了一篇文章，用系统理论讲我国的人口问题。王震看了以后，就口授批语，推荐给乔木同志，当时他非要签我的名，我只好签了，还留了电话和地址，中科院的系统所后来拿出复印件，我才看清，那字是我写的……"。

最近读《邓力群国史讲谈录》和《王震传》，大约理清了以前一些人物关系和历史线索。首先，王震作为副总理从 1977 年开始分管国防科委，1978 年 12 月的三中全会上增补为政治局委员。特别重要的是，王震在 1973 年就开始呼吁邓小平（第二次）复出，1977 年再次呼吁邓小平（第三次）复出，1978 年三中全会之前的中央全会呼吁陈云担任党中央副主席。在毛泽东在世时就向叶剑英建议"弄掉""四人帮"，此后一直为此组织活动。该在政治上与邓小平极为密切，也非常活跃。宋健所在的七机部二院，是国防科委的下属机构。其次，1972 年，伍绍祖由胡耀邦推荐由团中央调任王震的秘书，后由王推荐担任国防科委参谋。1980 年前后，伍绍祖应是国防科委科技局的副局长。王震看到宋健于景元李广元刊登在 1980 年 1 月 31 日《世界经济调研》上的文章，写信给伍绍祖转宋健等一系列的故事开始出现。从 1980 年 2 月 18 日伍绍祖给宋健的信以及王震给胡绩伟的信来看，王震在此之前读到《世界经济调研》的文章，随即向分管意识形态的胡乔木写了要求公开发表的推荐信。2 月 18 日，王震已经得到了人民日报准备发表该文的编者按语。可能直接使用宋健的文章不够大众化，才又有了田雪原的出现以及最后按照新华社通稿处理的结果（新华社的通稿是属于级别最高的新闻稿。3 月 13 日人民日报刊发的稿件并没有编者按语，文章也没有像当日光明日报处理的那么厚重）。[1]另外，从钱学森给陈慕华的信来看，宋健与钱学森也不是交往很深、很密切。当时钱学森的级别、年龄都要比宋健高出很多，后者在此之前还属于籍籍无名之辈，不是很容易就可以接近钱学森的。钱学森这时对宋健的介绍还是"自动化理论家"而不是宋健自己给自己冠称的"控制论与系统工程"科学家。

您信中提及我告诉您陈云关于"只准一个"的说法，是 1979 年

6月1日给上海市革委会负责人的谈话中提到的。已公开出版的《陈云传》《陈云年谱》，以及《陈云文选》第3卷中都有。

您提到的蔡文媚，去年北京大学给她印了一本《蔡文媚教授论文集》（当然不是正式出版，与我的那些自印本是一个性质）。不知您有没有，如果没有而又有兴趣，我可以让他们寄给您一本。

读完您的书以后，才理解了我俩在2003年12月那次争论性别比问题，您何以那么大动感情。您批评我对计划生育残害妇女的问题漠不关心，在一定程度上有道理。首先，在1980年代的时候，我还不具有现在的人文理念。那时虽然感觉到了马尔萨斯与我们国家形影相随，但又相信除了实行计划生育别无选择。所以，即使我一直在反对"一胎化"，却也只是在计划经济的体制内寻求一种相对宽松的政策。其次，与现在比较，那时我们的社会还相当落后，落后的社会设施决定了落后的社会意识。如同没有经历过高速公路，骑着自行车或者驾驶着小拖拉机行走在狭窄的柏油路上就已经非常惬意一样，在那个年代里，强制妇女做人工流产和实施节育手术，都没有产生过耻辱的感觉。如同英美国家历史上的奴隶和种族问题一样，即使华盛顿、杰斐逊们也不曾以为那是什么大问题。除了个人的修养和意识以外，在很大程度上是一个社会历史的发展阶段问题。90年代以来，阅读的面宽泛了，主要是随着社会的发展和进步，已经对那种强制节育的政策产生了极大的反感。在我看来，现在再发生用小四轮拖拉机拉上妇女集体手术，已经是不能容忍的事情了。前年6月，我在香港的凤凰卫视的一次节目中说："如果说在我们过去还十分贫穷、连饭都吃不饱的日子里，因为生产粗放，生活粗糙，不经意给我们的姐妹造成了许多的伤害。那么，我们已经发展了，已经开始学习西方发达国家要过一种精致的生活的时候，再继续做那些伤害我们的姐妹的事情，就太不应该了。"

最后，我要感谢您在书中专门设置一个章节介绍我的文章。在过去的日子里，很大程度上我都仅仅是由感觉引导并按照本能去做一些事情。而且，年轻时总是避免不了好高骛远的毛病，以为自己一生能做许多更有价值的事，看不起人口学，也以计划生育为羞耻，时刻准备着离开这个阵地。所以，一路写出的全都是毛手毛脚、粗糙异常的文章，却应了那句"山中无老虎，猴子称大王"的话。在中国共产党大一统的领导体制下，因为再没有人扮演批判现实的角色，我的那些绝对属于极为妥协和不彻底的文字就独立地成为一个类别了。

好了，暂时写到这里吧。诺大一个国家，20 多年来能够谈到一起的人还真的难得。所以，很高兴遇到您这样一位异国他乡的知音。可能是主的原因，我们常常在没有任何沟通的情况下研究十分相近的问题。而且，相近到在各自在自己的国家都找不到再接近的人。所以，您需要什么资料，可以随时告诉我。现在有了吴艳文博士，我们的通信就快多了。您给我的信件当天就可以翻译并转发给我，我的信件也准备让她打印后邮寄给您，这样就可以节约三分之二的时间。

（刊发于 2013 年 3 月 31 日）

我和翼城农民的二孩试验

——重新粘贴《我的自述》一文的按语

本来应该接着粘贴有关国家迷信和宪法、宪政的几篇文章，特别是《不受限制和制约的政府是黑社会——与俄罗斯朋友把酒论道》的那个长篇文章早已经写出初稿了，因为没有时间审改，还无法与读者见面。上个月有位网民在我的博客中留言说："不要总抱着你提倡的什么翼城实验了，那是国家在独生子女政策之外同时进行的又一个实验，不是你的功劳，你不提，国家也会采用其它方式来实验，不会一刀切的，中国这么大，政策也有层次差别，都是某种程度的实验。翼城实验说明计划生育深入人心，翼城人民也自觉在执行。这跟你个人没有什么关系了。"这显然也是对国家的一种迷信。我当时读这段留言时，就有了再次将《我的自述》粘贴出来的念头。因为说这是或者不是国家所希望做的一个实验都过于简单。世界上的许多事情都不是可以用是或者不是来表述的。半个月之前，有一位新华社记者告诉我，有关部门竟然反对他们做翼城试点的采访和报道。我笑着回答说，这是他们的一贯态度。27 年来，计划生育部门的人员不断变化，其领导对翼城试点持消极态度却基本是一致的。我这里没有全部否定，是因为 1985 年试点运行以后曾受到宋健支持的一帮人的攻击，他们甚至用不那么光彩的手段设局让当时主持中共中央书记处常务工作的政治局委员、书记处书记胡启立为他们要求"收回成命，取消试点"的报告作了同意意见的批示。1986 年 12 月 2 日，国务院总理赵紫阳在全国计划生育会议上公开讲了"寄希望于"等一大段保护翼城试点的话。1987 年年底，新一届的国家计划生育委员会主任到任前，已经担任中共中央总书记的赵紫阳又向其表达了类似的意见。也就在这两年左右的时间里，国家计划生育委员会对该试验表现了稍许的积极态度。在其他的阶段里，很难说有关部门打心底里愿意有这样的实验。这位网民说国家也会做翼城县试点这类事情，是不符合实际的。前几天，北京、上海等几个媒体都希望了解试点情况。所以，我将这篇文章分 3 次粘贴在下面。

粘贴前，因为有了新的普查数据，所以分别计算了不同时期翼城县和全国、山西省、临汾市的人口增长情况。其中 1982-1990 年，翼城县人口增长了 8.34%，比同期全国人口少增长了 4.07 个百分点，比山西省少了 5.33 个百分点，比所属的临汾地区少 6.16 个百分点。1982-2000 年，翼城县人口增长了 20.7%，比同期全国少增长了 4.8 个百分点，比山西省少了 7.7 个百分点，比临汾市少了 9.7 个百分点。1982-2010 年，全国增长了 34%，山西省增长了 38.8%，临汾市增长了 42.6%，翼城县增长了 24%，比全国同期少增长了 10 个百分点，比山西省少 14 个百分点，比临汾市少 18 个百分点。我们没有每个时点上的出生性别比统计数据，根据 2010 年人口普查，全国 0 岁组性别比为 118，山西省为 113，临汾市为 114，翼城县是 100。根据翼城县公安局的统计，翼城县是一个迁入大于迁出的县份。所以，以上数据至少说明了两个问题。第一，宽松的政策没有多生孩子，严紧的政策没有少生孩子。第二，即使站在计划生育体制内看问题，过去 20 多年实行比较宽松的政策也不会有什么问题。是不为也，不是不可为也。

本文原题《我的自述》，现在这个题目是在丁东先生的启示下产生的。

——2013 年 4 月 22 日

（刊发于 2013 年 4 月 22 日）

自印本《我国生育政策史论》序言

本书连同附录在内，收录我的 17 篇文章，都是 2006 年以后写就的。

人生实际所走的路，往往与最初的想法不同。2004 年离开山西之前，已经把人口和计划生育方面的工作做了总结，准备新的生活从新的领域开始，其中《我国生育政策研究》汇集了此前 20 多年里所写的有关生育政策的文章，属于告别人口学而印制的 3 本书之一。不想 8、9 年来，自己还是在过去的学科上打转。所以，读者完全可以把手上的这本书看作是那一本的姊妹篇。不过有所区别的是，前者是站在体制内探讨计划生育政策的，这一本则是跳出这个局限从历史的角度研究它是何以产生的。

有一种说法，叫做文史不分家。它反映了中国传统文化的史学观。在这一理念指导下形成的中国历史，犹如艺苑的评书杂坛，每一次说唱都可以将其变为再创作。所以，胡适说历史是一个可以随意打扮的"小姑娘"，还真有他的道理。您看，共和国的笔杆子们，无论什么时候都能够把历史叙述得符合他那个时代所谓中心工作的需要。譬如，由政府生产计划决定的计划生育本来是毛泽东在 1956 年"一化三改"的社会主义高潮和第一个五年计划顺利实施的大背景下产生的一个设想，难免激进、空想和不成熟。所以，在字斟句酌地修改他的"如何处理人民内部的矛盾"的讲话记录稿时，未做任何解释就又放弃了。此后的有生之年，毛泽东除了在避孕和节育的意义上提过少有的几次计划生育以外，始终不让公开发表和传播他早年讲过的那几段话。但是，当毛泽东晚年已不能如常理事和逝世后不久而国人对其崇拜还如日中天的一段时间里，包括掌管宣传机器的"四人帮"在内的媒体则反复宣传说，"计划生育是毛主席提倡的，人口非控制不行"；毛泽东"发展了"马克思主义"在社会主义和共产主义社会中对人口生产实行计划调节的光辉思想"，"为我们的计划生育工作制定了一系列的方针政策"，等等。可是，到了1980年前后，当社会上开始出现反思毛泽东晚年错误的思潮时，却又可以编造出"康生、陈伯达批判马寅初"的谎言，影射毛泽东在计划生育问题上犯了错误，从而导致了6、70年代中国人口的快速增长。还有，自从毛泽东提出计划生育这一概念以后，上海始终都是全国计划生育的先进地区。特别是"文化大革命"中，以张春桥为首的"四人帮"（毛泽东最初的叫法是"上海帮"）所领导的上海市忠实地继承了原上海市委大抓计划生育的传统，不仅表现了极高的计划生育自觉，而且确实也做出了很大的成绩，从而为现行的计划生育制度建设贡献了许多宝贵的经验。如果我们从中央这个层面来翻检，上个世纪60年代中期到70年代中，中共中央和国务院仅有的4份有关计划生育的文件，几乎都是肯定、表彰和推广上海市的经验的。"文化大革命"的10年，是我国计划生育事业得以飞速发展而至关重要的时期。可是，1976年粉碎"四人帮"后，计划生育管理部门一边继续推广上海的经验，一边却说"'四人帮'及其党羽……破坏计划生育工作"。直到现在，有关部门还极力给人造成一种印象，说"文化大革命"是被耽搁的10年。如此等等。计划生育在我国是一种政府行为。但是，生孩子这个事，在世界上其他所有国家中都是把它当作家庭私事的。我们自己的祖辈们也是如此，都未让他们的政府在这件事上操过心。那么，最近30多年，它怎么就变成了基本国策了？即使站在传统的计划体制上看问题，为了控制人口而必须实行计划生育，那分明是生2个孩了就可以达到的目标，为什么却要强制推行"一胎化"？再有，本来说是为了实现12亿的人口目标，世纪末以前的10多年必须推行严紧的生育政策。可是，2000年以后，那个目标早已时过境迁了，为此设置的现行生育政策却还要几十年一贯制地坚持着。更有甚者，当年的中央总书记胡耀邦和国务院总理赵紫阳都有批示要实行生2胎的政策，如何也能不了了之？还有，早在1981

年，中央书记处就提出了"女儿户"的方案。几个月后，中共中央和国务院为此还联合颁发了红头文件，为什么整个 80 年代却未能在全国推行？所有这些问题，是不能指望那位历史的"小姑娘"的。本书的各篇文章，就是在这样的情况下产生的。

需要向读者说明的是，这是一本论文集，其中大多数已在一些学术期刊上发表过。编辑过程中，我虽然将各篇文章按照一定顺序排列，但是，它们本来却不是遵从同样的逻辑产生的。首先，为了让读者了解笔者在不同时期的认识，特别将写作的时间署在了文后。其次，这些文章当初都是以专题形式写成的，各自原来独立成篇。一方面因为不同题目的需要，另一方面也是由于我的认识几乎与主流的观点完全不一致，所以史料的征引不仅详尽，且还有重复。最后，各篇的体例也不尽一致。这样，如果通读的话，难免凌乱、重复、冗长，这都该预先说明并向读者致歉的。

附录里收进了我的三封和 Susan Greenhalgh 写给我的一封信，也都是讨论生育政策史的。她现在是美国哈佛大学教授，著名人类学家、人口学家。按照她的说法，"对于世界各地所有认为一孩政策严重误入歧途的人来说"，以及在她的书中，我都是"作为英雄出现的"。可我并不那么领情。包括她在内的许多人都相信，"一胎化"的生育政策是党和政府接受了宋健的建议。所以，因为拥护现行生育政策的人把宋健当作了英雄，而我从一开始就反对他，从而在对立的营垒中我也就成了英雄。事情不是这样。早在宋健出现之前，有关部门已经在推行"一胎化"政策了，他不过是用一种所谓的科学为这个政策做辩护的。如果回过头来看，他当年是用国人从未听说过的"控制论"和"系统工程"这样的名词唬人的。因为那个时代不允许直接批评现行的政策，我只好借批判宋健讲道理。转了 30 多年才搞清楚，争论老百姓该不该生育，如同辩论人该不该吃饭一样荒唐。有朝一日，当我们国家也走到正常的轨道的时候，再看这几十年的争论，不过都是一些嘴皮官司或口水仗。所谓的计划生育，不过是共和国历史上诸多个"乌托邦"之上的又一个"乌托邦"。包括官方文件和我们的文章在内的所有文字材料除了证明我们的幼稚和不成熟从而又犯了一个相当低级的错误外，连羞愧和脸红还都来不及呢，遑论什么荣耀和英雄！

但是，如果深究一下，如同人要吃饭这么一个浅显的道理，何以在我们国家成了一个长达几十年的大问题？如前所述，这就离不开历史。马克思说过，社会领域只有一门科学，那就是历史。在我国，关于计划生育政策的历史研究，还未曾开始。我愿以这本集子为开端，呼唤更多的人从事这项工作。

是为序。

梁中堂 2013 年 3 月 31 日

附录：自印本《我国生育政策史论》目录

新中国 60 年的计划生育：两种含义和两个 30 年
毛泽东人口思想研究
毛泽东"人口非控制不行"考
马寅初事件始末
康生、陈伯达批判马寅初考略
　　"一胎化"生育政策产生的时代背景研究
试论"公开信"在"一胎化"向现行生育政策
　　转变过程中的地位和作用
关于"公开信"的几个具体问题
"中央人口座谈会"：一个精心编造的谎言
现行生育政策研究
1956-1978 年：计划生育制度的起源与形成

1979-1991 年：先"一胎化"再"女儿户"的艰难历程

论改变和改革计划生育制度

附录

我国人口政策的历史和发展（访谈录）

致 Susan Greenhalgh（2008 年 12 月 2 日）

Susan Greenhalgh 致梁中堂（2009 年 2 月 24 日）

致 Susan Greenhalgh（2009 年 5 月 20 日）

致田雪原（2010 年 5 月 25 日）

（刊发于 2013 年 5 干 11 日）

赵紫阳对翼城试点的支持和期许

　　赵紫阳在计划生育问题上是和邓小平陈云思想基本一致的，认为控制人口关系到我国的四个现代化，对四个现代化的前途有重大的影响；也关系到我们政治和社会的稳定。如果不控制人口，中国四个现代化就会遭到绝大困难。可以这样说，我国四化建设的方针也好，政策也好，要真正能够取得好的效果，重要的条件之一，就是要控制人口。没有这样一个基本条件，其它再好的政策都很难收到满意的结果。按照赵紫阳的说话方式，我推测计划生育是一项基本国策这样的话，最早也都来自于赵紫阳之口。但是，由于赵紫阳从1949年任中共中央华南局常委、农村工作部部长开始，包括后来任广东、内蒙古自治区和四川省的省委书记，主要精力都还是放在农村工作上，熟悉中国农村的实际情况，对于农村"一胎化"政策却是一直有看法的。1979年计划生育部门在全国强制推行"一胎化"生育政策的时候，赵紫阳正在四川担任省委第一书记。四川省的计划生育工作开展得很积极、热闹，主管部门也积极响应推动"一对夫妇只生育一个孩子"的活动，有些地方还曾是全国的先进典型。不过，赵紫阳对此却持消极态度。他后来曾经说过："我在四川从来没有提农村实行一胎化。"1980年9月，赵紫阳担任国务院总理以后，对主管计划生育工作的副总理陈慕华说，计划生育是个大政策。如果我们定政策定到一个不可能的基础上，最后会变成严重的自流，人口会泛滥。1981年9月10日的中共中央书记处会议上，赵紫阳说："……肯定不要开一胎化这个闸，农村里面要有一个合理的要求，要有一个比较坚定的长期的政策。如果农村政策严重脱离实际，即使一个地方，一个时候，搞出点东西来，不能搞久下去。"所以，他在会议上提出"普遍允许农民生两个"和"允许生了一个女儿的农民再生一个"两个方案供大家讨论。不过从他的话语中来看，他是希望实行第一个方案的。1982 年 2 月，中共中央国务院以红头文件的方式肯定了"女儿户"的方案，也就是实行至今的所谓的"现行的生育政策"。

由于体制问题，赵紫阳的以上人口思想仅只在党内小范围有所了解，至少并不被人口学界和计划生育部门的一般干部所知道。我在很长一段时期内，也仅限于了解赵紫阳给马瀛通张晓彤的《人口控制和人口政策中的若干问题》一文的批示，觉得很有政治家的气魄。赵紫阳的批示说："我认为此文由道理，值得重视。所提措施，可让有关方面测算以下，如确有可能，建议采用。本世纪人口控制指标，可以增加一点弹性，没什么大了不起。"这个批示发生在 1984 年 7 月 30 日，其中"所提措施"即是我从 1979 年"一胎化"刚开始就提出的"晚婚晚育加间隔"的学术思想，所以就有了 1985 年我给中央的建议和该年 7 月份开始的山西省翼城县的计划生育试点。因为实行普遍允许人们生育两个孩子的数据已经包含在计算里边，所以，我要求试点的目的并不是要等待人口增长的结果，而主要是了解由当时的"一胎化"向允许人们生育两个孩子的转变过程中，是否会否定计划生育成绩、挫伤基层干部的积极性，以及是否会得到干部群众的欢迎和拥护，等等。所有这些，都是一经试点工作的运行就一目了然的事情。1985 年 10 月 18 日，新华社《国内动态清样》以《人口学家梁中堂在翼城县试行"晚婚晚育加间隔"的生育办法效果良好》为题，向党中央作了反映。接着，新华社又将该文刊登在"发至县团级"的《内部参考》上面，在国内外引起不小的反响，从而也招来了一些反对的声音。

1986 年 7 月 18 日，由国务委员宋健兼任主任的国家科委签发了一份题为《关于我国人口增长趋势的报告》的文件，报送胡耀邦、赵紫阳"并报小平同志"。该报告提出："近一、二年，由于政策的放松，特别是广大农村的失控，妇女总和生育率又高上去了。""建议中央要重申严格实行计划生育的国策，一刻也不能放松，重新审查当前正在推行的多种'口子'方案。看来，今后十年至十五年仍应坚持一对夫妇只生一个孩子，适当照顾特殊情况允许生两胎……"。该报告还以附录形式报送了马宾给赵紫阳的信，季宗权给邓小平的信，马宾于景元小组的《关于我国人口发展趋势的预报》，以及国家统计局《今年上半年人口有较大幅度增长》的文章。其中马宾的信中，直截了当地提出"收回成命，取消试点"。

该报告送出去 10 多天，都未得到胡耀邦和赵紫阳的反馈信息。于是，国家科委则通过媒体逼使中央表态。7 月 30 日，国家科委在其所主管的报纸《中国科技报》上刊登《本世纪末我国人口将达十二亿，实行计划生育不可稍有懈怠》的通讯。同一天，人民日报以不同寻常地方式"转载"当天《中国科技报》的文章。与此同时，新华社播发了新闻稿。这样，中央果然有了反映。胡耀邦不知道在哪天阅读了该报告，只在呈报他的名字上画了一个圈。赵紫阳在 8 月 2 日有一段批示："请告计生委，对今年上半年人口大幅度增长的情况与原因作一分析。"应该说，胡耀邦、赵紫阳并未同意报告的观点。

国家科委的报告同时还"抄送中央书记处、国务院各同志"。当时的中央，有一个领导人批示文件的传阅制度。3 日，赵紫阳前一天对国家科委报告的批示件以"传阅文件"形式，通过中办秘书局转给各领导。4 日，中共中央政治局委员、中央书记处常务书记胡启立在国家科委早报给他的"请启立同志阅知"的报告上具体批示说：

赞成这个报告的观点。上面开口子，哪怕是合理的，下面就刮风。从现在起到本世纪末是"控"的问题，而不是"放"的问题，应坚决停止各种"开口子"的试点，坚决贯彻既定的计划生育方针。

当时的国家机关刚开始改变机要部门垂直发牛关系的制度，实行各机关机要人员定时到机要部门领取机要文件，同时各横向部门也可以相互交换文件。国家科委利用交换机要文件的机会，将胡耀邦、赵紫阳、胡启立处理国家科委报告的批示复印件广为散发至各中央机关。根据胡启立的批示，似乎计划生育政策将再回到1982年以前的"一胎化"时代。我当时也以为中央又要收紧政策，感到我们国家还是处在无法进行科学研究的阶段上。当是时，我正在准备中国人口学会11月份在湖北宜昌召开的"中国人口发展战略研讨会"的论文。我想，既然国家大环境仍然如此，那就不要在这些无谓的方向上过多地耗费自己有限的生命了。所以，我在为会议提交的《关于我国人口发展战略的若干个问题》长篇文章中，系统地总结了我和宋健所代表的人口学分歧。文章完成后，感到言犹未尽，遂又一气呵成《评宋健于景元的人口测算》，共同提交会议。

因为胡启立对国家科委批示给人们的假象，全国在计划生育政策走向上又陷入了混乱。1986年12月初，国务院召开了全国计划生育会议。12月2日，赵紫阳在讲话中说：

这里顺便谈一个问题，人口理论界有些争论。就是"只生一个子女"和"晚、稀、少"。有一部分学者主张不仅在农村，也包括城市都只生两胎，只要晚婚、晚育、间隔生，人口增长的结果与"只生一个"的结果一样，这是一个流派。我认为这种意见现在也不能轻易加以否定，但是现在不敢就这样办，因为这个理论没有经过实践。我说不敢现在就推广，更不要动摇现行的生育政策。但是允许给一块地方进行试验，给个地盘，实践一下，因为这不是一、两年可以说明问题的。如果经过十年，证明了实行这种办法人口增长率并没有提高，那我们就可以采取这个政策。现在已经选了几个地方，山西翼城县已经搞了一年多。全国指定几个地方试验，不要宣传。但是我们还寄予希望。如果这几个地方最后实践的结果证明是好的，顺乎民心，合乎民心，又能控制人口，那当然好了，何乐而不为！但是现在没有把握。我对这些同志的意见讲过一些支持的话，我是觉得如果能论证一下，如果确实这样，那当然很好，那就是个很好的政策，解决一个很大的问题。但是现在我们既不能对这部分同志的主张加以否定，也不能轻易地就拿来在全国推广，因为这个后果不清楚，所以允许试验。至于理论上的辩论、讨论，可以百家争鸣，但报纸上不必宣传这些东西。内部讨论，学术刊物上争论、辩论是可以的，允许在一些指定的地方试验。最后要看实践的结果怎么样。反正两种办法，全国绝大部分地方试行我刚才说的那个政策，个别地方实行这个政策，最后再作决定。

这是我所见到的赵紫阳第一次讲翼城试点。大约也是从这个时期开始，国家计划生育委员会也改变了对翼城县试点较为消极的态度，一度表现得比较积极起来。1987 年 9 月，国家计划生育委员会主任王伟还在翼城县召开了"全国农村计划生育政策讨论会"，10 多个农村生育二胎的试点单位参加了会议，也算得到了国家计划生育委员会的认可。

但是，宋健并不甘心。1988 年 3 月 6 日，光明日报"议事堂"发表专栏文章，介绍"宋健同志指导下的一个研究小组"的观点，"有关专家认为我国人口现状不容乐观，长官意志的干扰是出生率回升的重要原因"，再次把 1985 年开始的出生人口增加原因归结到国家计划生育委员会的政策方面。3 月 16 日，全国两会期间，国家科委"人口－经济发展与对策"研究小组组长马宾、孔德勇、于景元签署《严格控制人口，迫在眉睫》，投寄给参加两会的全国人大代表和政协委员，"就前届期间贯彻人口基本国策的情况向大会反映，并希望得到大会代表的重视和讨论，及时解决目前人口失控的严重问题。"鉴于两会期间的混乱，3 月 31 日，中共中央总书记赵紫阳主持召开了中央政治局常务委员会第 18 次扩大会议，讨论并通过了国家计划生育委员会《计划生育工作汇报提纲》。在这次会议上，赵紫阳重新回顾了 80 年代以来的生育政策的发展历史，明确提出现行的生育政策是党中央的政策，而不是国家计划生育委员会的政策，更不是原国家计划生育委员会主任王伟的政策。也是在这个会议上，国家计划生育委员会主任彭珮云汇报说，从一些地方试点的情况看，采取晚婚晚育加间隔的办法，如果工作抓得紧，抓得好，不论是原先计划生育工作先进的地方，像山西翼城县，或者原先后进的地方，像山西大同市新荣区，效果都是好的。因此，有些同志主张逐步扩大这种试点的面，是否同意扩大这种试点面？赵紫阳明确答复说，目前不宜扩大开二胎的试验，因为我们现在还没有把握在普遍开二胎以后能够把人口控制住，如果扩大试点，就会给人以一种要推广开二胎的印象，有可能引起波动，所以现在就是要稳定在现行政策上。但是，已经试点的少数几个地方，应该把这个实验坚持下去，认真搞好，总结经验。

计划生育政策从来就不简单是计划生育问题。现在回过头来再次阅读这些材料，发现赵紫阳在这个问题上一步一步地后退，似乎可以些许领会到他政治处境的艰难。

1988 年 10 月初，全国人大教科文卫委员会和国家计划生育委员会联合在大连召开的"纪念十一届三中全会召开 10 周年"的人口理论讨论会期间，国家计划生育委员会主任对我说："翼城县我是一定要去的，这是总书记的交代。"说明赵紫阳就翼城县试点问题曾向新任国家计划生育委员会主任有过指示，也是对翼城工作的一种期许。

1989 年 1 月，赵紫阳视察河北邯郸地区期间，在听取领导同志汇报到计划生育问题时说：河北计划生育怎么样？现在人口增长过猛是二胎问题还是多胎问题？赵紫阳同志说，山西翼城县这些年一直实行晚婚晚育间隔生育，效果不错。翼城的做法就是放小口堵大口。这是我所了解的赵紫阳最后关于翼城试验的谈话。几个月之后，赵紫阳因那场风波离开政治舞台。也就是在风波未定的时刻，中央派政治局委员、国务委员李铁映到山西督查、巡视。因为李铁映在国务院分管文教卫生和计划生育工作，山西省副省长吴达才把翼城县计划生育试点当作山西的一个亮点向李汇报，不想刚起了个头，李即打断说："翼城我知道，那是赵紫阳的试点。"从此，翼城和全国农民试验生育二胎的试点单位，就成了"赵紫阳的试点"。所以，除翼城县以外，其他生育二胎的试点很快都不了了之。

1990 年 1 月，全国第五次人口科学讨论会在北京召开。我在提交会议的论文《新的生育高峰——中国改革与发展面临的契机》中，直接抨击了那种试图借中央对赵紫阳的处理而反对完善人口政策和把历史拉向后转的社会思潮，指出 1980-1984 年的低出生率是 1960

年前后我国人口低出生率造成的，而不是 1979-1984 年的"一胎化"政策的结果；1985 年以后的出生率上升也是由 1962 年以后连续 10 年左右的生育高峰造成的，而不是因为赵紫阳的"开小口堵大口"政策导致的结构。我在文章里还写道："……最近半年来，宣传这一观点的人又把赵紫阳问题牵扯进去，使这一学术问题具有了政治色彩，使得问题更复杂化了。"在大会发言的时候，我还进一步批评说："将学术问题政治化，是学术软弱和不自信的表现。"

1994 年 1 月，我为全国第六次人口理论讨论会提交的论文《关于翼城县试点情况的报告》，是第一次向社会介绍翼城县试行"晚婚晚育加间隔"和普遍允许农民生育二孩政策的实施情况。根据 1990 年人口普查，翼城县实行宽松的政策其人口反而比全国、全省和所在的临汾地区平均增长幅度还低。此外，我在文章中设置一个章节谈"试点的由来与缘起"，介绍翼城县试点产生过程，反驳"赵紫阳试点"说。我在大会发言中说，晚婚晚育加间隔是我在 1979 年全国第二次人口理论讨论会上提出来的学术思想，1985 年在翼城县试行以后，赵紫阳讲过一些支持翼城试点的话，但不能由此就说它是"赵紫阳的试点"。赵紫阳同志作为曾经担任过国务院总理和党中央总书记的国家领导人，必然地决定和参与过许多国家大事，我们不能因为他在某些问题上的错误而否定他曾经经历过的一切事物。

2004 年离开山西前，自行印制了 3 本书《我国生育政策研究》《人口论疏》和《翼城县晚婚晚育加间隔生育试点资料汇编》，算是自己从事人口和计划生育工作 20 多年的总结。因为其中都有关于翼城试点的情况，所以，当 8 月份最后一本印制出来以后，我分别在 3 本书的扉页上写上"呈送无比敬仰的赵紫阳同志梁中堂 2004 年 8 月"，大信封写上"北京中共中央办公厅转赵紫阳同志"，也算是给他的一个交代。

写于 2013 年 1 月 17 日赵紫阳忌日，5 月 21 日修改

（刊发于 2012 年 5 月 21 日）

重新粘贴《记一次流产的试点研讨会》一文
所加的按语

昨天刚贴出这篇文章，没有几个小时就被屏蔽掉了。说是"由于该篇日志存在违规内容，审核不通过，请重新编辑"。该文讲的全是自己的经历，即使个别地方记述的不准确，也不至于"违规"。反复阅读，不得要领。也许当下倡导白板、白痴，因故也时尚一次，放个白板。

——2013 年 6 月 4 日

（刊发于 2013 年 6 月 4 日）

王文老一次对胡启立批示的批评

1986 年 8 月，国家科委将胡启立的批示广为散发以后（见我的博文《赵紫阳对翼城试点的支持和期许》[1]），包括中央机关在内的一些单位甚至召开座谈会公开批评现行的生育政策和"开口子"的做法，收紧政策的风声越来越紧。11 月 3 日至 7 日，中国人口学会在宜昌召开的"中国人口发展战略研讨会"上，湖北省计划生育委员会的一位副主任透露了国务院即将在月底召开全国计划生育工作会议的信息。当时我想，既然转向，我还是应把该说的话说出来。会议结束后，我没有跟随会议组织的人去葛洲坝和三峡，径直到了北京。那时的火车，至少需要两天才可以到达。大约 9 号或者 10 号的下午，我入住宾馆后，就拨通李宏规的电话。他听到我的声音，马上就说：

"你开完会了？什么时候到北京？"

我奇怪他如何知道我参加宜昌的会了，但没有接这个话茬，而是说：

"我想见一下王伟主任。"

李宏规爽快地说：

"王主任就在我这，你和他说。"

王主任接过电话，也是问什么时间到京，何时回去。当他听说我说见过他以后就回太原的时候，立即回答说：

"那你明天上午过来吧。"

放下电话以后，我还奇怪李宏规和王伟主任今天的态度如何都这么热情？第二天见到王伟后，他第一句话就说，你给会议上的两篇文章我都看了。这两篇文章分别是《关于我国人口发展战略及其有关

1　参见 http://liangzhongtang.blog.163.com/blog/static/109426508201342111505170/

问题》和《评宋健于景元的人口测算》，后收进我的论文集《中国人口问题的"热点"——人口理论、发展战略和生育政策》（中国城市经济社会出版社，1988 年）。许多年里，我都以为王伟见到我的文章，是国家计划生育委员会派去参加会议的两位年轻人拿到我的文章后径直从宜昌寄回来的。至于王伟改变对我的态度，是因为我的文章中分析 1985 年出生人口增长的原因、批评和反驳国家科委的报告，客观上是替国家计划生育委员会说了话。1998 年王文老去世后，整理老人的文稿，发现胡启立给王文老的一封信的复印件和王老致胡启立信件的底稿，这才知道了事情的原委。

胡启立给王老的信说：

王文同志：

收到了您十月三十一日给我的信，衷心感谢您出于对党的事业的关心和高度的责任感对我提出的坦率的批评。能看到这样的直言，对我就是重要的帮助，为此特别表示感谢。我并认为，对计划生育这样复杂的问题，似有各种不同观点的学者，专家作深入的研讨是十分必要的。当然不同的观点，包括对我个人观点的不同意见，均应在内部平等地进行讨论，至于公开宣传，还要以中央、国务院的现行政策为准，以免造成思想混乱。

我在科委报告上的批示，只代表我个人的意见。在科委报告送上以后，中央书记处于十月十三日再度讨论了计划生育问题，并产生了《会议纪要》，纪要已经正式下达。如果传达，或执行，当然只能以会议《纪要》为准。

您写信我并转耀邦、紫阳同志的信及梁中堂同志的二篇论文均已遵嘱照转。

即此

祝健康

胡启立
十一月十二日

我读胡启立这封信的时候，他已经从中央领导的位置上退下来快 10 年了，但令我心生敬意。王老给胡启立信说：

启立同志：

我对国家科委《关于我国人口增长趋势的报告》有不同意见，写了一封给中央领导同志的信，现送上。除信中所说对科委报告的不同看法处，我对你就该报告所作的批示还有一点意见提出来供参考。

我觉得你对计划生育的情况和问题似未曾作过认真的研究，对几年来人们为解决这些问题进行的许多探讨以及目前为完善计划生育政策改进工作方法所作的各种努力，也没有充分了解。在这种情况下，轻信一部分人的反映就贸然作肯定的表态，是不够慎重的。特别是在经过中央反复讨论批发的（86）13 号文件刚刚下发不久，就轻易加以否定，而且是那么坚决，这个批示传出去（实际已经传出去了），将使工作上造成混乱，影响群众对政策的信任，降低中央的威信。你的工作十分繁重，不可能对所有问题都了解得那么透彻，这是可以体谅的，但是这样听风就是雨，好自作主张，作为中央的主要领导人之一，总是不好的。我的意见也许不当，而且过于直率，可能不太合适。但是，一个离休的党员干部对党的事业的关心和对党的领导人的爱护（爱之深则责之切）想当不会以此见罪。

此致

敬礼

王文（1986 年 10 月 31 日）

王老信中说给中央领导同志的信，是他和张晓彤、马瀛通针对国家科委的报告由王老执笔所写的长篇文章。这封信以《关于人口形势和生育政策问题给中央的信》为题，收录在王老去世以后印制的《求索集》里面。在给胡启立的这封信下面，王老还附了两段话，前一段话说：

上一封信刚刚封好要发，收到梁中堂同志送来他准备在宜昌召开的我国人口发展战略问题讨论会上宣读的两篇文章，我一口气读完，深为文章的流畅而有说服力所吸引。文章回顾了几年来我国计划生育工作所走过的曲折道路，分析了过去发生和当前存在的许多问题的主客观原因，提出今后应该采取的对策，在严密的科学论证之中蕴含着高度的革命热情和对人民事业的强烈责任感，使人感到一种巨大的精神力量和逻辑力量。任何人看了，除非抱有个人偏见，是不能不认真思考并承认它的正确性的，为此我把它献给您们。虽然文章较长，且有很多的数目字但绝不枯燥难读，我相信您们同样会以很大的兴趣把它看完的。

那时的交通不似现在这么方便，太原没有直达武汉和宜昌的火车，我是由北京转车去宜昌的。10 月底到达北京时，曾将提交会议的两篇文章送他。王伟看到的两篇文章显然不是来源于我提交给会议的，而是王老寄给中央，又经胡耀邦、赵紫阳批转给他的。

——2013 年 6 月 6 日

（刊发于 2013 年 6 月 6 日）

重刊《记一次流产的试点研讨会》一文
前所加的按语

    本文是 2006 年至 2007 年为我的个人网站写就的，后来那个网站关闭了，记得在本博客上也曾粘贴过。现在重新粘贴，是为了要读者和自己一起深刻认识现代国家的性质以及政府会做什么和不会做什么。文中最后一节有关赵紫阳的话，似是将 1994 年和 1991 年在人口会议上的话混淆了。

——2013 年 6 月 18 日再次粘贴。

（刊发于 2013 年 6 月 18 日）

政府必须严肃认真地对待人民的诉求

——与凤凰卫视的访谈

按语

　　连续两个月将自己的博客定格在这个界面上，是出于这样两个原因。一是因为网络管理经常屏蔽我的文章，这样，为博客写文章时就不由得会考虑怎样写作才不至于被黑、被屏蔽？原来热心写博文，是把它当作一个自娱自乐的写作方式。但是，现在的网络管理肆意妄为的做法，显然影响和改变人们的独立思考。所以，我要考虑是否像放弃为公开发表和出版而写作一样，再来一次角色的调整和转换。当然，更为重要的，这是对于公民言论自由权利的一种践踏和侵犯。在笔者准备写这几段文字的时候，朋友转来国家主管官员关于网络言论的所谓几条"底线"，我以为那也是胡说八道。言论自由的核心就是自由言论，它的进步意义就是适应人类思维的规律和特点，崇尚自由。现代国家宪法都给公民以言论自由权利，也就是不设底线，没有底线，只有自由；当国家像传统的专制时代那样规制框框、设置底线的时候，也就没有了言论自由。我看他的几条所谓"底线"，诸如"社会主义制度""国家利益"，这都是一些原则，不同的人都有不同的理解，你把它放在 1957 年"反右"、1966 年"文化大革命"，以及上个世纪 80 年中期的"反自由化"时期，都完全适用。而且，在那个时代里，人们也确实就是按照这些原则性的理解审视以至于管理言论的。按照这样的"底线"，那个时代就应该有那么多的"右派"、那么多的"走资派"和更多的"资产阶级自由化分子"。现在，人们继续这样理解，才有了把我们的文章左一个屏蔽，右一个黑。其实，提出这些"底线"原则的人们自己也没有想一想，如果按照 3、40 年前的人们所理解的"社会主义制度"和"国家利益"的"底线"，哪有今天的历史发展？按照"四人帮"时期的思想认识，农村的单干、联产承包和农民工进城打工，国营企业的一系列改革如扩权让利、资产出售、产权置换和股份多元化、股份制和建立现代企业制度，民营经济、私人资本、深圳等所谓特别行政区和从中央到地方的各类名目的经济开发区，以及国家走向世界、加入世界贸易组织与美国等国家实行贸易互惠……，所有这些在那时无疑都是违犯社会主义制度和损害国家利益的。不说别的，仅仅把现在从中央到地方的各级党组织和政府部门的文件拿出来，至少90%以上都是"违犯"社会主义制度和国家利益的，都该划归到"反动的""反革命修正主义"类别当中，统统属于打倒之列。历史之所以发生天翻地覆的变化，不是当年的管理者不愿意按照这一类的"底线"进行管理，可以说，那时对于思想和言论的管理比现在严格、严厉得多了。但是，传统的思想意识形态管理还是管不住自由思想，封锁不住真理的突围，这才有了曾被认为资本主义、修正主义和大逆不道的改革开放。究其所以，就在于思想的本性就是自由的，表现它的外在形式的语言的本性也是自由的。春色满园关不住。自由言论，贵在自由。而自由，则是无底线、无条件的。有人要与人民的自由搏斗，无异于是与人性、人类的未来搏斗。他的胜算，能有几何？

再一个原因，就是对于国家和政府的思考。我也曾把调整生育政策的问题囿于计划生育领域几十年，但长久不得其解。所以，最近10多年才扩展到更广阔的方面。这是政府的一项政策，甚至于是"基本国策"。你不从国家和政府层面寻求发生的原因，哪里找得见出路？很高兴有"天球开篇"和"计生是文革的延续"这样的朋友也这样思维并回应我的想法。

近期接受了不少的媒体采访，考虑到本次访谈具有一定代表性，特别是内容与两个多月以来的界面的氛围接近和相当，所以把它粘贴在下面。

——梁中堂　2013 年 8 月 16 日

199

1. 山西翼城县"二胎试点"25 年，在多年的调研中，当地百姓对计划生育、生二胎有什么看法？ 可以实例说明。

梁中堂：纠正一下，山西省翼城县的"晚婚晚育加间隔"计划生育试点从 1985 年开始，现在已经 28 年，第 29 个年头了。我在翼城县接触的主要还是干部，即使和干部一起接触到的老百姓，我想还是经过选择的，至少也都属于计划生育的积极分子。所以，我所听到的农民表态说拥护政策的占据多数，没有听到反对的意见。干部中我觉得比较有代表性的，而且我以为比较切合真实想法的还是第一位县委书记武伯琴。1985 年 4 月末，我和山西省社科院的张广柱到翼城调研，看那里是否适合作试点。武伯琴没等我介绍完毕就说："希望你把点就放在我这里，即使试验不成功，但对我们的工作只有好处而没有任何坏处。"我觉得这是一个明白人，实行这样的政策对于干部来说，至少是比以前的"一胎化"政策好做工作了，与群众顶牛和摩擦减少了，所以，绝大多数干部是拥护的。

至于农民的态度，如前面所说，因为体制的问题，我实际上能够接触的农民还是有限的，农民愿意和我说心里话的有多少，也是一个问题。但根据现在绝大多数农民生育两个孩子的情况来分析，允许生两个孩子，至少可以减少政策和绝大多数农民的对立。至于生育 3 胎和 3 胎以上的农民，我以为这个政策和他们的矛盾还是一个实际存在。虽然从 70 年代末开始，我一直为普遍生育 2 个孩子而努力，但是，直到新世纪以后才弄明白，根本问题不是允许生育一个或者二个的问题，而是计划生育本身就是错误的，即使允许老百姓生育 8 个，也还是不合理。生育是基本人权，是该由个人和家庭自行决定的事情，只要政府插手其间，无论放宽到怎样的界线上都是不对的。

2. 翼城试点显示，放开二胎政策，当地人口没有迅猛增长反而增速降低，是不是由此就能预测全面放开二胎后不会给中国带来人口压力？

梁中堂：关于试点情。因为我国计划生育制度主要是害怕人口增长，所以我将 1982 年以来的 4 次人口普查做了一些对比，其中 1982-1990 年，翼城县人口增长了 8.34%，比同期全国人口少增长了 4.07 个百分点，比山西省少了 5.33 个百分点，比所属的临汾地区少 6.16 个百分点。1982-2000 年，翼城县人口增长了 20.7%，比同期全国少增长了 4.8 个百分点，比山西省少了 7.7 个百分点，比临汾市少了 9.7 个百分点。1982-2010 年，全国增长了 34%，山西省增长了 38.8%，临汾市增长了 42.6%，翼城县增长了 24%，比全国同期少增长了 10 个百分点，比山西省少 14 个百分点，比临汾市少 18 个百分点。通过以上数据比较，至少可以说明以下两个问题。第一，宽松的政策没有多生孩子，严紧的政策没有少生孩子。第二，即使站在计划生育体制内看问题，过去 20 多年实行比较宽松的政策也不会有什么问题。

必须强调指出的是，如果政府不实行强制的现行的计划生育制度，我国本来也不会出现所谓的"人口爆炸"和人口压力。"人口爆炸"理论是上个世纪 50 年代到 70 年代以美国为首的发达国家的政客和学者面对战后一系列发展中国家由传统走向现代的转变过程中，人口死亡率迅速下降和自然增长率一个阶段内迅速上升提出来的。实际上，其他所有发展中国家都没有像我们这样实行由政府控制的计划生育制度，而人口生育率和自然增长率在最近 230 年都有了大幅度的降低，有不少的国家比如泰国、伊朗等国家甚至于下降的速度比我国官方公布的数据还要迅速得多。特别是伊朗很受国际社会的关注，该国的教会组织对于人们的生活影响极大，传统观念极强，但最近 10 多年的生育率下降在发展中国家却名列前茅。世界经济生活会发展的实践已经证明了，当年的"人口爆炸论"是没有道理的。更何况，上个世纪 70 年代末，当我们实行强制性的计划生育政策的时候，我国的生育率已经下降到接近发达国家，在发展中国家属于最低水平了。所以，发展中国家没有发生"人口爆炸"，中国更不会发生。

说我国的人口给经济社会发展带来压力的观点也是错误的。我国政府是在上个世纪 50 年代初中期开始提出计划生育的，这大约是与计划经济制度建立同步。现在回过头看我们的计划经济体制，实际上是政府企图建立一个排斥一切民间和非政府的、由政府包办一切的大而全的经济制度。这个经济制度实际上不过是一个扩大的自然经济即个体经济，所以，在这个经济体内人口成了羁绊和阻力。上个世纪 70 年代末，政府就不断宣传我国人口成为实现"四个现代化"的障碍。那是多少人口？8 亿多 9 亿，人们尚且吃不饱肚子。现在多少人口？2010 年普查 13.4 亿。多了 4、5 亿人，不仅普遍解决了温饱问题，而且不少的地方对私家车和商品房实行限购政策了。30 年的变化，简直是天上地下，是过去根本不敢想的，是历史上从未有过的大发展。30 年取得的成就是谁创造的？还不是 30 年前被当作压力、阻力和障碍的那些人口创造的！还是那时的人口，政府稍稍放松了管制，实行改革开放，就取得这样的成就！所以，是社会体制和制度的问题，而不是人口多少的问题。我们完全应该向世界上其他国家那样，归还人民的生育自主权，以人文本，把人当作世间最可宝贵的财富，再不要讲人口压力这类荒谬的话了。

3. 为寻求计划生育政策的调整，您奔走多年，这其中遇到的最大阻力是什么？政府迟迟不调整不放开，主要原因是什么？

梁中堂：生育问题本来不属于公共事务，所以，就不该是政府应该管理的问题。但是，在极为特殊的情况下，我国政府将它纳入到政府的管理领域，成为国家政策，甚至给其以"基本国策"的地位。这样，改变生育政策也就成了政府的事情。计划生育政策得不到改善，其阻力当然来自于政府。这是政府的事情，但它对于老百姓的诉求却又表现出极大的冷漠。政府不愿意改变政策，别人有什么办法？

进入新世纪以后，随着经济社会的发展和我国走向世界，人民群众现代权利意识的觉醒和普世价值观念的增强，同样的政策已经越来越变得不可忍受。人民群众在这一问题上的几乎一边倒的呼声和诉求，政府却无动于衷，充分说明我国政治体制严重滞后。现代国家制度不同于传统时代，它是建立在充分保障社会各个不同利益集团和人民基本权利基础之上的政治制度。自由、平等，公正和公平，都是它的基本特点。国家的基本职能就是保护包括公民基本人权在内的权益，不许可公民的权益受到来自任何方面的伤害，特别是不许可来自公权力即政府对人民的伤害。现在，计划生育之类的行为恰恰是政府对于公民权益的侵犯，说明我们的国家制度还很落后，存在很大的问题。另外，国家公民的基本权益的保障不是依靠哪个人的施舍，而是靠自己的努力甚至于通过斗争来维护的。人民需要通过自己努力来改变现状。

4.从经济角度讲，放开二胎或者计生政策的调整有利无弊？

梁中堂：我们放眼世界，不要说发达国家没有，所有的发展中国家也都没有我们国家这样的政策。但是，最近几十年几乎所有的发展中国家都得到了很大的发展。有不少的国家，譬如亚洲的"五小龙""四小龙"，其发展速度比我们国家还要快。相反，计划生育除了给我们社会带来摩擦、内耗以外，没有任何好处。所以，无论从哪个方面来说，放弃计划生育都没有任何弊端。我最近去了一个国家级贫困县，该县大约10万人口，每年的计划生育罚款100多万。一方面，这么多的罚款说明，人口变动是一个客观的、不以人们的意志为转移的客观过程，生育政策并没有管住该出生的人口。另一方面，我们可以想象出，所谓的"社会抚养费"给农民带来的负担有多重。在这里，我想重复一下20多年前的一段话（见拙著：《中国人口问题的"热点"——人口理论、发展战略和生育政策》，中国城市经济社会出版社，1988年，第214页）。1986年，我在提交中国人口学会举办的"中国人口发展战略研讨会"的论文中说："我们一直在做一件违背党的宗旨、违背我们国家性质和损害我们民族利益的事情。我们正在处罚和剥夺8亿农民，但竟然还要说'这是为了农民的幸福'！"

5.您注意到了没有，国家卫生和计划生育委员会最近几次表示，将适时出台完善生育政策，您怎么看？

梁中堂：包括东方卫视在内的许多个媒体，就这个问题对我都有过采访。为了准确表达国家卫计委的意思，我们按照中新社的报道[1]，将其主要内容摘述如下：

国家卫生计生委新闻发言人毛群安 2 日曾表示，目前正研究提出完善生育政策的思路和方案。

几日后，官方公布的"服务百姓健康行动实施计划"提出，适时出台生育政策调整方案。

9 日，国家卫计委新闻发言人在新闻发布会上回答相关问题时说："大家关注的完善生育政策问题，在党的十八大报告和国家的'十二五'发展规划中，对此都有相应的明确要求。"

中共十八大报告指出，要坚持计划生育基本国策，提高出生人口素质，逐步完善政策，促进人口长期均衡发展。"这里提的'逐步完善政策'就包括完善生育政策。"邓海华说。

邓海华说，按以上要求，原国家人口计生委和组建以后的国家卫生计生委已对完善生育政策问题进行了大量的调研论证。

邓海华表示，在当前和今后一个时期，国家卫生计生委将按照中央的决策部署，适应经济社会发展和人口长期均衡发展的要求，积极稳妥地做好完善生育政策的相关工作。

我认为，国家卫计委并没有给我们释放出将要调整政策的任何信号和任何实质性的内容。"目前正研究提出完善生育政策的思路和方案""适时出台生育政策调整方案""在当前和今后一个时期，国家卫生计生委将按照中央的决策部署，适应经济社会发展和人口长期均衡发展的要求，积极稳妥地做好完善生育政策的相关工作"，全都是官话、套话。人民群众对于计划生育的意见和诉求又不是刚出现的新情况、新问题，中国人口状况从人口普查到国家统计局、人口计划生育管理部门的报表，各类的统计调查，什么资料没有？计划生育管理机构又不是新设立的，它是从中央到乡镇都有成建制的计划生育

---

1 参见 http://www.cnfea.com/templates/B472/hgjj_con.php?id=20130809/012133.htm

管理机构，甚至于每一个街道、工厂、农村，都有专管计划生育工作的干部，还有什么情况不清楚的？群众要求改变计划生育政策的呼喊这么多年了，现在却在那里说"正在研究"，遥指"当前和今后一个时期"将怎样怎样，那不是忽悠人吗？政府对待人民的诉求必须严肃认真，来不得半点敷衍。

——2013 年 8 月 14 日

（刊发于 2013 年 8 月 16 日）

马尔萨斯陷阱和埃及局势

按语

随着上月埃及军政府武力清场民众的抗议示威活动，埃及局势陷入恐怖状态。有人用马尔萨斯人口论解释这一局势。第二天有网友把文章粘贴到我的博客，所以发了一篇评论。埃及地处非洲和亚洲连接部。近代历史以前，非洲基本上还处在氏族社会阶段，与其相邻的亚洲西部则主要是阿拉伯世界，处在传统的自然经济阶段。法、英殖民者占领埃及以后，又为其带来现代资本主义。上个世纪50年代，埃及独立，也经历了一个比较稳定发展的时期。但是，随着以现代生产方式为主导的经济社会发展，不同程度和类别的文化与现代资本主义生产的社会问题累积得越来越多，矛盾也越来越尖锐。这是落后国家走向现代必定会出现的社会现象。这是传统与现代的矛盾，传统文化与现代文化的冲突，也是现代生产力和经济基础反对落后的生产关系及其上层建筑的集中表现。解决这一性质的矛盾和冲突，根本的途径是首先形成一个适应埃及社会经济状况的政府架构，产生一个社会主要派别满意的政府，然后推动社会的各项改革。但是，马尔萨斯主义却用马尔萨斯的人口论解释埃及问题，把它描述成一连串根本看不到希望的、没有解的社会骚乱。这当然是不对的。从传统走向现代，是人性和人民的选择，也是人类的归宿。埃及也不例外。一个和平的现代埃及一定会出现。我的解答粘贴出来以后，有爱护我的111先生又发了一段爱之心切的留言，令我读后感动之极。他以为我是个人口学教授，只该说人口方面的话，我不但说了有关发展中国家如何现代化，而且有涉现实之嫌，从而向我提出忠告。他不懂得每一个人首先是一位公民，直抒国事是每一个公民的基本权利。能在国家事务上大胆发表包括直接批评政府的意见，正是社会进步的体现。作为一个现代国家，公民首先需要树立批评和监督政府的意识，政府必须善于接受群众的批评和监督，即使对于过头的意见，也要取"有则改之，无则加勉"的态度，有闻过则喜的雅量。当一个国家拥有这样的人民和这样的政府的时候，才算成熟了，现代了。遗憾的是，我的回复有两段话无法显示。昨天，一位非常有学问的朋友表达了接近111 先生的情感。所以，我再尝试将其一并粘贴在下面，算是对朋友们的回答。

——2013 年 9 月 2 日

（一）

先生，这篇用马尔萨斯主义解释埃及骚乱以及为军政府镇压民众的行为辩解的文章，我昨天已经读过了。它的观点当然是极为荒谬的。而且，它的荒谬程度几乎是原版照抄 1949 年美国白皮书评述正在中国发生的事件。

如果把迄今为止的人类历史归结为传统的自然经济和现代工业生产两个大阶段的话，无疑人类正在处于由传统向现代的转变阶段上。由前者走向后者，需要一定的基础。发达国家较早达到可以转变的生产高度，发生转变的历史来得早一些，用的时间多一些。发展中国家因原来的生产阶段比较低，而且程度参差不齐，比如我们国家已经达到较高、较发达的农业社会阶段，非洲国家事实上还停留在原始部落阶段。但是，因为已经有了发达国家创造的现代，各个发展中国家在不同的阶段上与发达国家接触和交往，也就在不同的起点上都朝向现代转变。发展中国家在实行转变过程中，可能要比发达国家经历的时间短一些。发展中国家用较短的时间走发达国家用 5、600 年甚至更长时间才走过的道路，需要学习和适应的东西太多，难免出现一些动荡和反复的局势，难免要历经许多痛苦。具体到最近的埃及局势，穆尔西作为埃及第一个民选总统，无疑是埃及历史上的一个大进步。但他执政后又得不到许多民众的认可，并爆发了大规模民众游行要求其下台。他本该辞职。在他未辞职的时刻，军队乘机以政变方式

207

取代他。这其中暴露了穆尔西和军政府一类政客的狼子野心。

这种情况在发达国家是不会存在的。在那里，政客也有从事政客所应有的理念和心理素质、职业道德，往往洁身自好、在乎名声，如华盛顿因两党纷争影响到自己的声誉就毅然决然不再谋求连任。美国总统任期不超过连任两届并无宪法规定，但历届总统怕有恋栈的嫌疑从此一般也都不再谋求第三届任期。这是资产阶级政客应有的品德。事实上，历史上有不少的资产阶级政客，都自觉遵循民意，或者稍稍遇到民众的不满就挂冠而去。如第二次世界大战后续问题尚未结束，英国民众即抛弃了丘吉尔而改投工党的票。如果在发展中国家，仍然权力在握的首相会宣布投票无效，但丘吉尔遵从民意，黯然离去。美国发生了在毛泽东看来根本不是回事的"水门事件"，尼克松却引咎辞职。发展中国家的经济社会还未发展到锻造成熟的资产阶级政客队伍的程度，无论政权在握的政客还是军权在握的军人，与我们常常在商界看到的暴发户没有两样。这些政界、军界的暴发户，都还不具备现代国家的政客或职业军人应该具备的品德，他们是一群野心家，是为了利益和权势而活的，穷凶极恶、不按规矩出牌，践踏宪法，是其共性。为了个人和家族的利益不惜杀人流血，也要死命夺得政权；得到了，更要依靠暴力攥紧手上的权力。在现代国家，军队不参与政治。但埃及军方乘机发生政变窃取国家政权。尽管政变后他们曾经承诺给埃及人民以不流血的革命，可话音还未落地，就将坦克开进了广场，用子弹对付和平抗议的人民。发展中国家还没有建立起现代国家应该具备的各个社会集团的抗衡机制。达到这个阶段，需要经历一个过程。发展中国家不能由此而不走向现代，其民众也不会因为流血而不斗争。人民群众运动当然是天然地合理，但发展中国家的人民缺少可以引领他们走向现代的政治领袖。这样的领袖人物必须在他们中产生，必须经过历史火焰的锻造。这都需要时间。也许，发展中国家正是在这样的动荡和流血经历中才可以成熟。所以，它和马尔萨斯没有任何关系。

——梁中堂　2013 年 8 月 18 日

（二）

111 先生的留言：

埃及事件确实和马尔萨斯没有任何关系。

但是梁老师的解释中对国际政治的实质和国家国体和政体的理解有些糊涂。要加强学习，因为你是很好的教授，要动脑，不要一不小心和公知言论不谋而合，降了您一个真正知识分子的身价。

计生就是计生，认识错了，做错了，可以改，也在改，只是慢了点。

不要扯太远了。

失礼了。……的确很尊敬您！

梁中堂：

111 先生，首先要感谢您有兴趣阅读我的博客。那段有关埃及局势的话，是我在计生问题上多年思考不得其解的结果。所以，可以说它是我 30 多年的学习和思考的产物。您所说的"计生就是计生，认识错了，做错了，可以改，也在改，只是慢了点"，也是我 2、30 年前的认识。前 20 多年一直在计生领域寻求解答，后来才明白，如同一个人对某一事物的认识是同这一个人的成长和背景都分不开的一样，计生政策是一个国家的政策，需要从国家的发展和性质方面寻求答案。如同判断一个人不能从他对自己的看法为依据一样，判断一个国家的成熟和性质也不能以它的言论为依据。所以，我作为人口学的教授说出了"国家与革命"的话，正是学习的结果。我的关于人类和国家成长"两阶段"的认识，也不是我的观点，那是马克思的。发达国家所谓发达就在于处在较高的阶段上，发展中国家说"不发展"就是因为它处在不发展即落后的阶段上。发达国家发达不仅仅表现在生产上，而且表现在国家法律、制度和人的适应发达的生产方式方面也即有一个总体上比发展中国家进步的国家上层建筑方面。世界上没有哪个国家拥有先进的生产力而上层建筑却长时期地处在落后的阶段，也没有哪个国家生产力落后却真的会拥有特别优秀和先进的国家制度等等的上层建筑。这都应该是马克思关于生产力和生产关系、经济基础和上层建筑等等的辩证唯物主义的基本原理。所以，埃及等等发展中国家的动荡局势是落后国家走向现代过程中应该具有的，人民群众提出自己的诉求没有错，军政府用政变和坦克回应人民才是错的。按照现代国家的大法一切权力属于人民，人民对政府的任何诉求都属于天生的合理合法。在人民和政府之间，只会有不合理合法的政府，没有不合理合法的人民。任何指责人民的言论都是错误的，用动荡和流血吓唬人民的言论也是错误的。当然，用马尔萨斯主义解释埃及动荡根源的论点也是错误的。

另外，先生，我叫梁中堂。我的认识即是我的看法，这和当教授没有关系。我首先是我，一个中国公民，其次是当过教授，现在退休了。教授是我曾经的一个职业、职位，是社会给予的、暂时的；中国公民如同我是我父母的儿子一样是自然的、终身的和不可改变的。我讲话和发表言论，是我讲我自己的认识，——这是作为一个中国人应有的、神圣的权利。这跟当教授或者种地都没有关系。我不知道您所说的"公知""公知言论"都是什么，从语境上分析似乎就是过去的右派、右派言论吧？我觉得我们国家和社会对于过去的制度和做法还没有做基本的和彻底的反省，所以还有这样的认识和说法。言论自由是作为一个人所存在的基本权利即人权，是不可剥夺的。右派、左派，都是人，都有说话的权利，而且是自由言论的权利。且不说钩织陷阱以及诬陷和歪曲，政府过去把自己不愿意听的话曾经归结为"右派""右派言论"，甚至于剥夺地、富、反、坏，牛、鬼、蛇、神和右派的自由言论的权利，是一种无知、愚昧的表现。不懂得自由言论权是不可剥夺的，这是自然经济和专制时代的认识，是社会发展不文明和落后的表现。现在，有的人对于不愿意听的话，对自己不利的话，往往还扣个"敌对势力""公知言论"的帽子。现代社会多元化，社会群体的利益多元化，人们思想也多元化。一个现代社会、现代国家，首先就需要保障包括言论自由在内的公民基本权利，保障公民言论自由。我们是一个国家，不是一种宗教或党团。作为一种宗教、一个党团，或者什么社会组织，你可以拒绝持有某种言论和认识的人加入。作为一个国家、一个民族，一个人出生以后就不可改变地成为这个国家的公民。自由言论是每一个公民不可剥夺的基本权利，他无论讲什么话你都必须容忍，必须尊重。这就是现代国家。"公知"是不是中国公民？如果是，中华人民共和国宪法就规定人家有自由说话的权利。一个现代国家不仅表现在保护一般的民众，而且还表现在保护批评它的公民基本权利方面。如果一个国家容忍不了公民对它的批评，那么，它的政府不仅是称职不称职的问题，而且表明它还够不上现代国家、现代政府的标准。

我读出了您的垂爱，似乎害怕我沦为"公知"，降低了"真正知识分子的身价"。不过我倒不这样认识。正如前面所说，我是一个中国人、中国公民。至于我算不算"真正的知识分子"，我不知道，也从没在这个问题上花费过脑力。因为，这是一个没有统一标准和硬性指标的概念。但作为您说的"公知"，如果我把它理解为就是过去的右派的话，那可是不同层次的人都有的，与许多有知识、有胆识、道德高尚的右派比较，我恐怕还不够格。所以，我倒不会在这个问题上"动脑筋"，也不计较是否会沦为公知（至于您所看重的教授行列，不也有行尸走肉之徒吗？）。因为我没有特殊的、贵重的身价，我就没有负担。我是一个中国公民，我讲我自己的认识，别人喜欢不喜欢，那是别人的事。我讲话是我的权利，有人不让我讲话、屏蔽我的博客，那是野蛮、践踏人权和违犯中华人民共和国宪法。政府对于这样的违法行为不追究、不理睬，是不作为、不称职，是对它本该维护的国家宪法的玷污和侮辱。

以上都只是我的想法。下面要纠正您的一个错误，即一开始就引用的您的说法，"计生就是计生，认识错了，做错了，可以改，也在改，只是慢了点"。这个认识不正确。计生不仅仅是计生，计生是一项政府的政策、国家制度。既然是国家政策和制度，那就不能把它当作一般人的认识，因为它不像一个人的认识那么简单。作为一个人的认识，可以如您所说错了，做错了，可以改，可以慢慢改。但作为国家、作为政府，就不行。政府在计生上慢慢认识、慢慢改，您可以再进一步追究它的含义吗？时间是一天、一个月、一年地计数的，您可以一天一天地、一个月一个月地、一年又一年地在那里悠闲地品茶、喝酒、等待，可有多少人因为年龄一天天变大、变老，希望再生育的愿望却永远地流逝了，不可能实现了。所以，作为公共政策，它可是让多少代的人不可挽回啊！您知道吗，每过一天就是5、6万人，每过一个月就是160多万，每过一年就是2000多万人口永远地失去了再生育的能力。您更应该知道，在计生政策慢慢改的过程中，多少妇女继续在经受强制堕胎、上环的屈辱和伤害，有多少个像陕西安康的大月份引产在发生、像云南 58 岁农民因结扎而喝农药的悲剧在上演？所以，作为现代人，必须产生一个牢固的理念，即政府和个别人不一样，对它的错误必须零容忍，必须严厉批评、指责、限期改正，甚至要求辞职、下台。

我的确扯远了。因为它作为一项国家政策、"基本国策"，本来就是一个牵扯面很广泛、影响很远的大问题。它是涉及每个人的生育权的，中国 13 亿多人，不大吗？它是涉及我们国家和民族的未来的，不远吗？我也曾经像您的认识那样，囿于计划生育领域几十年，在那里找不见答案，所以，才又循着这个问题的内在的线索"扯"到现在这么远。

我也读出了您的好意，所以把许多话先讲过了，免得以后失望。当然，无论怎样，我还是要感谢您的好意。还是那句话，我就是我，不一定是您所喜欢的那种人。谢谢。

2013 年 8 月 19 日

（刊发于 2013 年 9 月 20 日）

职业操守与蒋正华的"科学发展"

职业操守，是人们在从事职业活动中必须遵从的最低道德底线和行业规范。它不仅是现代社会经济道德的基础，而且是社会道德规范的核心。因为现代社会与传统的自然经济不同，一方面，人们必须依赖社会才可以生存。另一方面，几乎所有的人都是以职业人的身份存在的，职业道德和职业操守也就决定着社会发展的水平和人们的生活质量。工人、农民、企业家、教师、医生、律师、法官、公务员、党和政府的首长、职业军人……，每一个人、每一份职业，大家都能遵从职业操守，国家和民族就不愁没有安定、祥和的社会秩序，也必然会拥有一个美好的未来。否则，就谈不上科学发展。

以 1980 年 2 月 13 日新华社通稿《自然科学和社会科学工作者合作研究人口问题首次对我国未来 100 年人口发展趋势作了多种测算》为标志，宋健一伙开始进入人口学领域，我就对其持批评、批判的态度和立场。随着他们又以科学的化身出现，反复向中央说他们使用的是"世界公认的方法"，一派"舍我其谁"的架势，反感和厌恶的情绪油然而生。所以如此，就是因为这帮打着科学旗号的人缺少最低限度的职业操守。首先，1982 年第三次全国人口普查以前，我们国家就没有准确的人口资料。百年的人口测算，不仅需要人口年龄、性别、出生、死亡等等一系列自然变动的数据，而且需要分民族、地理、城乡、职业等等许多社会方面的统计。那个年代，这些数据都很短缺，如何做得出"科学测算"？其次，上个世纪 70 年代末，社会一致的认识是"文化大革命"耽搁了 10 多年，我国在科学和知识方面落伍了，党和政府极力引导人们学习科学知识。所以，那时有一个尊重科学、尊重知识的氛围。宋健一伙就打这个科学牌，说他们使用控制论和系统工程方法做出的测算。而那个时代里，不要说党和政府的领导、老百姓，就连知识界、文化人也没听说过控制论、系统工程学。宋健用新学科、新概念蒙人、唬人。第三，1979 年 12 月全国人口理论讨论会上，我从宋健的助手李广元那里知道，宋健他们也就是从 1978 年下半年才从国外知道用数学建模的方法测算人口，也就是从这个时候开始，他们才开始寻找数据学习测算的，满打满算他们也只搞了一年多，充其量也就是学习测算人口，如何能谈得上科学？第四，我知道一个多月前的全国人口会议上，田雪原和李广元还不很熟悉，所谓自然科学和社会科学工作者合作不到两个月，就将他们的东西比喻成"自然科学和社会科学"合作的结晶，不要说科学家，距离一个普通研究人员应该具备的诚实和慎重的态度、严谨的学风，何止十万八千里！

我从一开始就看不起蒋正华，是因为他一直跟在宋健的后面，学宋健的那一套做派。所以，在国家计划生育委员会专家委员会的时候，从不往来。2004 年，蒋正华给国务院总理写报告，要利用 2000 年第五次人口普查资料研究中国人口发展战略。那不是胡扯蛋吗！根据国务院人口普查办公室公报的数据，2000 年人口普查时点大陆总人口 126583 万，但参加普查登记的仅只有 12.4 亿人。学风稍稍严谨一些的人，都知道这样的数据根本就无法搞预测。用 12.4 亿人口测算？不是国家确认的人口总量。用 12.6 亿？其中 2000 多万人口没有性别、年龄、民族、籍贯、职业等等具体人口分布，如何操作？所以，如果使用 2000 年普查数据预测人口发展，那一定在起步前就失败了。可蒋正华敢做。果不其然，据课题组的人对我说，他们最终没有用 2000 年的普查资料，而是使用 1990 年的。1990 年到 2005 年作为预测的起点计算，已经过去 15 年，那几乎是宋健距 1964 年普查以后 15 年测算中国人口的翻版。如果是一位严谨的人，终于醒悟 2000 年普查数据不可使用以后终止课题，那也不算晚。但蒋正华不仅做下去了，而且还要学宋健的样子说他的研究是科学的，是可供国家和民族实践的。前些年，有关部门刚有微小调整政策的意向，蒋正华联手宋健又给中央写信，反对任何松动政策的做法。

最近，蒋正华在中国国际交流中心主办的"中国智库"月刊《全球化》2013 年第 5 期上发表《从科学发展高度看人口问题》的文章。6 月 26 日，蒋正华又以此为蓝本在"2013 年全球智库论坛"的分论坛会议上以《新世纪的世界与中国人口》为题作了演讲[1]。蒋正华洋洋洒洒的文章分五个部分，论述人口与经济、社会、资源环境，以及综合协调发展，实现中国人口均衡发展。不过，他说的那些道理历来在国际论坛上都有不同的认识，公说公有理，婆说婆有理，连蒋正华自己说一说也转懵了，说出"人口本身多或者少，自己不能决定这个国家发展还是不发展，而是正确的政策来决定的"这样的话，既然如此，你为什么要坚持和死守最为严厉的生育政策，不惜鸡飞狗跳墙地要老百姓少生孩子？这一类的道理我们且不与其争论。我们只和他讲事实。因为历史事实一是一，二是二，来不得虚假。在这篇万言长文中，他就只有一个地方引用事实说话。

有些学者以山西翼城及甘肃酒泉市为例，认为一个家庭生育两个孩子可以得到控制，这是片面的。1984 年开始的"二孩政策"试点，曾在 40 多个地、县（市）实施，1988 年，为使试点成功，调整为 13 个，但大部分在工作中遇到很大的困难，陆续推出，最后只剩下 5 个县、区、市，成功的只有两个。可以看到，从整体上看，试点不能证明全面实施一对夫妇生育两个孩子的政策可以立即推行。

在 6 月 26 日的演讲中，这段话用口语性语言表达，两个参照起来阅读，可以更好地理解蒋正华。

我们从 80 年代就想能够实现一对夫妇生两个孩子，我们确定了40 多个县市想要试点实行这个计划，但是很多地方实行了以后都甚（认）为自己实行不下去，要退出。所以 80 年代末我们就调整了，1988 年调整到 13 个点，这 13 个点的实施结果只有 2 个点成功了，这两个地区有很多特定环境条件下成功的，所以把这两个地方作为

---

1 参见 http://money.163.com/13/0629/18/92ICGL4800254UCE.html

广泛推行以后一定能成功的证据，这个是非常牵强的，因为失败的更多，现在要拿很偶然成功的两个作为一般规律，这是很不合理的。

从这两次引述可以知道，蒋正华对当年国家计划生育委员会的试点工作一无所知。

首先，蒋正华以为当年的试点单位都是"二孩政策试点"，暴露了他对计划生育还要搞试点这样荒谬的事情产生的背景完全不了解。1979 年，国务院计划生育领导小组开始在全国推行"一胎化"的政策。1980 年以后，胡耀邦、赵紫阳走到党和政府领导工作的第一线。胡耀邦赵紫阳认为"一胎化"过于严厉，造成党群关系和干群关系紧张。为纠正和遏制极端的"一胎化"，于 1982 年以中共中央 11 号文件的形式颁布了以"女儿户"为核心内容的生育政策。但是，中央确定的"女儿户"的政策受到计划生育部门和不少地方的抵制。因为中央 11 号文件中有接受国家计划生育委员会党组的意见，将"女儿户"的政策用"某些群众确有实际困难"的文字表述。按说，这样的表述是国家计生委建议的，它不该影响政策的实际执行。但是，文件下发以后，计划生育部门就把"女儿户"撇在一边而在"确有实际困难"上做文章，开始提出比如"非遗传性疾病""再婚家庭只有一个孩子""农村两代或者三代单传"等等这样、那样的奇怪条件允许再生育一个孩子，实际照顾生育二胎的面很小。因为这与"一胎化"没有大的区别，所以干群矛盾依然存在。1984 年 1 月 19 日，中共中央书记处 108 次会议上，提出"要把计划生育政策建立在合情合理、群众拥护、干部好做工作的基础上"。中央的意图是在督促贯彻"女儿户"的政策，但是，国家计生委还是撇开"女儿户"探索中央提出的"合情合理、群众拥护、干部好做工作"的政策，号召各级政府搞"适合本地情况"的计划生育"试点"。国家计划生育委员会在中央批转的报告即有名的 7 号文件中是这样说：

1982 年规定了农村有十种情况可以生二胎，据测算，根据这一规定生二胎的只占一孩夫妇的 5% 以下。我们考虑再增加几项，把二胎照顾面扩大到 10%左右。对这个问题，我们调查研究不够，没有认真去抓。百分之十是对全国农村的一般要求，各地要根据实际情况，加强思想引导，通过算人口发展细账，经过试点，取得经验，逐步推开。以后随着多胎减少，照顾生二胎的口子可以继续开大一些。有的地方规定夫妇双方都是独生子女的，可以允许生两个孩子，我们打算推行这个办法。这样 20 多年后将逐步改变现行的生育政策，因为到那时独生子女将占多数，这样做既不影响实现本世纪末人口目标，群众也高兴。

从引述的这段话中可以看出，不仅没有"女儿户"，而且今后许多年也只是把生二胎的条件逐步放开到 10%的宽度。各地的试点，就是在这个幅度内的实验，"经过试点，取得经验，逐步推开"。要知道，如果执行"女儿户"政策，仅这一条就可以使农村接近 50%的家庭生二孩。那时经常说的一句话，十亿人口、八亿农民。如果实行"女儿户"，仅这一项就可以使全国生二胎的照顾面达到 40%左右。现在，国家计划生育委员会仅准备把口子开到 10%，而且用 20 年的"双独"政策来实现改变现行的生育政策，这也就意味着，国家计生委还没有执行"女儿户"的打算。可见，80 年代的试点，是国家计划生育委员会连一个半的政策都不愿意实行的情况下产生的，蒋正华竟然说"我们从 80 年代就想能够实现一对夫妇生两个孩子"，也不知道他说的"我们"是谁，我们只是知道实际上并不包括他自己，因为不要说普遍的二孩政策，直到现在他还在死命地反对政策上的任何松动。

其次，蒋正华以为国家计划生育委员会的试点是 1984 年开始的，实际并不是如此。虽然国家计划生育委员会早在 1984 年提出试点要求，但是，那是对下面说的。譬如当时的国家计划生育委员会主住王伟在 1984 年 3 月 7 日的全国计划生育主任会议的总结中说：

怎样"开小口"？国家计生委只能规定一个对全国的一般要求，各地都要根据自己实际情况，通过算到本世纪末本地人口目标和逐年人口细账，确定自己那里的口子开多大的方案，然后试点。以后随着一胎率的提高，多胎率下降，口子可以继续开大。要抓好两类试点：一类是工作先进的地区，一类是工作后进的地区。在后一类地区试点，工作难度可能会大一些，但对我们指导工作更有意义。此外，各地在中央决定的原则下，还可以进行其它类型的"开口子"的试点。各地的同志回去以后，要尽快制订方案，报告党委、政府后开始试点工作，并精心指导，不断总结经验。

就是说，1984 年的试点都是下面的，国家计划生育委员会最初并没有计划自己搞试点的打算。国家计生委有了直接联系试点的想法是在 1984 年 12 月在北京召开的 11 省 14 个县的试点工作交流会上提出来的，到开始运作，大约是 1985 年年中以后。1985 年 10、11 月，国家计划生育委员会分南片、北片先后在山东省荣成县和陕西省勉县召开两次试点交流会，这才标志着国家计划生育委员会抓试点工作。

第三，蒋正华以为 40 多个试点都是"二孩政策"，其实并不是这样。如背景介绍所述，因为国家计划生育委员会准备把生育二孩的口子只开到 10%，所以，不要说生二孩，连"女儿户"在试点里面也是极少数。根据蒋正华的叙述，他只听人说有过 40 多个试点，根本不知道究竟是 40 几个。我们给他普及一下 80 年代国家计划生育委员会的试点知识。1985 年 10、11 月，国家计生委分别召开南片、北片会议的时候，一共是 45 个试点。1987 年第二次试点协作片会议以后，增加到 48 个。关于"二孩政策"试点县，在 1985 年的 45 个试点单位中仅有山西省翼城县、广东省南海县和广西壮族自治区龙胜各族自治县等 3 个县。1988 年的 48 个试点单位中，也仅只有山西省翼城县、内蒙古自治区林西县、黑龙江省黑河市、广东省开平县和南海县、广西自治区龙胜各族自治县、甘肃徽县、青海省湟中县等 7 个县。这里有几个情况需要说明，内蒙古自治区林西县、广西自治区龙胜各族自治县属于少数民族比例高的地区，按照 1982 年中央 11 号文件本来就该享受更宽松一点的政策。黑龙江省黑河市是 1986 年开始实行二孩政策的，广东省在 1986 年 6 月省人大常委会通过《计划生育条例》后全省普遍都实行了二孩政策。不管怎么说，国家计生委的 40 多个试点县并不都是"二孩政策"，二孩试点在一开始只占 6%，到后期也只占 14%。蒋正华不懂历史，把 40 多个试点都当作"二孩政策"在那里说事。

第四，蒋正华说 1988 年"为使试点成功"调整了试点，不对。1988 年 2、3 月全国两会期间，宋健指使手下的一伙人给两会代表、委员邮寄材料，利用 1986 年以来的"生育高峰"攻击刚离任的国家计划生育委员会主任王伟，说"长官意志"改变了"一胎化"的"基本国策"。这次发难明的是对王伟，实际上是暗喻赵紫阳。会议期间，中共中央总书记赵紫阳主持召开了第 18 次常委会议，在会议上回顾和重申"女儿户"政策。新上任的国家计划生育委员会主任明白了中央现行的计划生育政策的要害就是"女儿户"，所以，决定以贯彻中央常委会精神为契机，推动全国的计划生育政策走到 1982 年中共中央 11 号文件上来。因为原来绝大多数试点的生二胎条件都严格限制在 10%以内，照顾面都明显小于"女儿户"，现在一下子走到"女儿户"上，大多数试点就没有意义了。为此，国家计划生育委员会 1988 年 5 月 30 日以"计生委〔1988〕厅字 31 号"的形式，把原来 48 个试点调整为 13 个。在这 13 个试点单位中，其中包括山西省新荣区、甘肃省酒泉地区，原来并不属于国家计生委的试点单位。蒋正华说"为使试点成功"调整试点，是想当然。"为使试点成功"是贯彻试点始终的良好愿望，但它不是这次调整的原因。

第五，蒋正华以为调整后的 13 个试点都是"二孩政策"，也是不符合实际的。实际上，在 13 个试点单位中，只有山西省翼城县和大同市新荣区、黑龙江省黑河市、山东省长岛县、广东省南海县、广西壮族自治区龙胜各族自治县、甘肃省酒泉地区和徽县等 8 个单位属于"二孩政策"试验，其他辽宁省黑山县、浙江省武义县、山东省荣成县、湖北省黄冈县、陕西省勉县等 5 个县都不是二孩试点。

第六，蒋正华说这 13 个试点在后来工作中遇到很大困难，不对。在中华人民共和国的国土上，各级政府在党的领导下，特别是在有蒋正华这样的专家担任国家计划生育委员会副主任的中央机关指导下，有什么样的困难不能克服？蒋正华 1991 年到 1998 年担任国家计划生育委员会副主任，按设想该是试点运行期间，您能列举出一、二条，说明试点单位具体遇到什么样的困难而无法克服啦？还有，既然这是国家计划生育委员会的试点，考虑到您在任期间也许不分管试点工作，也就不难为您了。但只请求您列举一、二个事例，说明试点单位向国家计生委写出报告说遇到他们克服不了的困难了，以及国家计划生育委员会也曾派出领导或者一般干部下去与试点单位的领导和群众一起调查研究，具体帮助下面并试图解决困难结果还是无法逾越而放弃了。您能拿出这样的例子吗？

第七，按照蒋正华的说法，大多数试点单位因为遇到困难退出来了。1988 年调整试点单位有国家计生委的红头文件，个别单位退出试点，国家计划生育委员会党组或者主任办公会研究过吗？国家计生委下达文件通知、通告了吗？或者，我曾见到过龙胜各族自治县计划生育委员会 1989 年 1 月 5 日因广西壮族自治区人大常委会以新的精神通过《计划生育条例》而继续要求实行生育二孩政策试点给国家计生委的请示报告即《关于在我县农村继续试行有计划地安排生育二胎的请示报告》，蒋正华能拿出哪个试点单位要求退出试点给国家计生委的请示报告吗？国家计生委下达文件抓的试点单位，怎么可能让基层单位自己说退就退了呢？这还是中华人民共和国所属的行政区吗！

第八，蒋正华说试点"最后只剩下 5 个县、市、区"，是同样热昏的胡话，根本就没有 5 个试点这一说。如同 1988 年调整的 13 个试点单位一样，您能拿出国家计生委的文件吗？或者，您能够列举出国家计划生育委员会党组或者主任办公会研究调整试点的会议也算。我分析他突然冒出的"最后 5 个"，是看到前几年一批人口学家的调研报告《八百万人的实践——来自二孩生育政策地区的调研报告》，除了广东省以外，列有甘肃省酒泉市、河北省承德市、山西省翼城县、湖北省恩施土家族苗族自治州等 4 个市、州、县，他想当然地在这 4 个单位上再加一个被人口学界普遍传说试验失败了的山西省新荣区，计 5 个县、市、区。乱弹琴！《八百万人的实践》中承德市、恩施自治州并不是国家计划生育委员会的试点单位！何况其中 2 个地级市，一个州，一个县，一个地级市属下的郊区，如何能并列成为"5 个县、区、市"？亏您还当过全国人大常委会的副委员长，连中国的行政建制的具体级别都搞不明白！

第九，蒋正华说 13 个试点"成功的只有两个"。我不知道他说的是哪两个，从行文上似乎是说酒泉市和翼城县。但是，谁说它们成功了？您曾经是国家计生委的副主任，那一定是代表国家计生委或者准确点说，因为您已经离开了计生委不好说代表，一定是反映了国家计生委的信息，说酒泉市和翼城县的试点是成功的。为什么说它们是成功的，其成功的标准、标志是什么？以什么方式验收和评审说他们成功了，是谁领导或主持以及哪些人员参加验收、讨论、研讨、审查、评审的？这是国家计划生育委员会行文确定的试点，那它们实验成功与否都该由国家计划生育委员会党组或者主任办公会研究同意，国家计生委果真研究过啦？发文确认啦？您既没有去过这些单位实地调查，也没见过您的任何有关它们的研究，怎么就可以信口开河说它们是成功的？

第十，调整的试点是 1988 年，据我所知，至少像甘肃省酒泉市、山西省翼城县和新荣区现在还在那里执行允许农民生二孩的政策。而蒋正华是 1991 年至 1998 年担任国家计划生育委员会副主任的，该是试点运行的关键时期。您能给我们提供一下您在任的时候国家计划生育委员会如何领导和指导试点工作的，国家计生委党组或者主任办公会议是否就试点问题研究过 、二次？您回答不出来吧？蒋正华既不了解试点产生的背景，更不知道试点的结果。还是让我为读者揭开这个试点结局的秘密吧。

1988 年 3 月赵紫阳主持中央第 18 次常委会重点解决生育政策问题以后，国家计生委决定在全国贯彻以"女儿户"为核心的生育政策。为此，5 月份下发了调整计划生育试点的通知。1989 年初春，从胡耀邦逝世开始的政局动乱，到赵紫阳下台，社会传出"女儿户"是赵紫阳的政策，二胎生育试点是赵紫阳的试点。至此，国家计划生育委员会不再抓"二孩政策"试点。与此同时，国家计划生育委员会党组向中央申明"稳定政策"，要求各省的计划生育条例继续走到"女儿户"的尺度上。在国家计划生育委员会的督促下，从1990年前后开始，各省人大常委会陆续重新审定本省的《计划生育条例》，绝大多数省份终于走到以"女儿户"为核心内容的现行计划生育政策上。因为再没有国家计划生育委员会的声音，除了如翼城县有本省领导机关特别关照以外（1988-1990年，我根据省委书记李立功的指定下放翼城县蹲点任中共翼城县委副书记。省委副书记、省人大主任卢功勋也是明确支持翼城县试点的），包括酒泉地区和5个非"二孩"试验县在内的其他12个试点单位一般也就被全省的条例所涵盖而实行了与全省相同的政策，所谓的试点就这样不了了之了。所以，并不是哪个试点单位成功了，哪个试点单位失败了，所有的试点实际上就根本没有活动过。国家计划生育委员会于1988年5月调整试点以后，就再也没有举行过活动，更没有帮助和指导过那里的工作。这样，也无所谓哪个单位成功了、失败了。

以上情况就是最近几年被社会上吵闹的"二孩生育试点"的来龙与去脉，其实是国家计生委历史上曾经发生过的一次既是起点又是终点的工作安排。有读者会问，那有些试点成功，有些试点失败的话是怎么来的？我要回答说，所谓成功的试点有赖于学者的据理力争为二孩生育政策合法化的辩护和呼吁，试点失败的说法来源于计划生育部门的双重标准。28年来，我总是用普查数据向领导机关、学术界和媒体说明翼城县人口发展的合理性，为它存在的合理性辩护。酒泉地区在1989年的冲击中也一度被取消，1998年省人大颁布新的条例，改市以后的市委市政府据理力争要求继续试行二胎的政策。2000年6月，中国人口学会在那里调研的时候，省计划生育委员会主任还说没有看到过国家计生委同意酒泉地区生二胎的文件。正好我有1988年国家计生委办公厅31号文件，我给她复印了一份。这才解决了酒泉市的合法性问题。2002 年、2006 年，顾宝昌教授和王丰教授以及他们的课题组，两次深入酒泉市调研，向社会传达了该地区试行二孩政策而人口没有突破指标以及经济社会发展等方面的成就。而其他的地方则没有这样的幸运。相反，新荣区还遭到相反的宣传，说它们的试点是失败的。恰好我是这次所谓"试点失败说"的见证人。

1999 年国家计生委生育政策课题组一行人由政策法规司司长带队到翼城和新荣区调查，在翼城县几天的调研后，给其作了很高的评价。我陪同课题组又去了新荣区。翼城县是山西南部，农业生产条件好，传统以种植小麦、棉花为主，经济、社会和文化发展都是山西较先进的地区。大同市新荣区属于山西北部，气候凉爽，每年无霜期短，农民世代以土豆杂粮为生，属于山西农业经济条件较差的地方。山西晋南和晋北，历史上的差别就很大。调查活动离开翼城县直接到新荣区，坐下第一项就是听取汇报。与会人员一边听取介绍，一边翻阅主人提供的材料。接下来领队讲话，一开口就是对新荣区劈头盖脸地一顿批评，说这个地方的实验是失败的。我想，她的依据就是主人提供的数据，显然比翼城县差多了。她讲完话，就安排我讲，也没有回旋的机会。我第一句话就说，新荣区的实验是成功的。我也是根据手上刚拿到的材料，但不是把它和翼城县比较，而是放在晋北，放在大同市 4 区 7 县进行比较，因为新荣区的出生率等几个指标下降速度是快的，是低的，变化是显著的，所以应该是成功的。不只我认为新荣区是成功的，1986 年山西省计划生育委员会确定新荣区也试行翼城县一样的政策以后，全国人大常委会法制委员会离休干部王文老连续几年对包括新荣区、翼城县等试点单位的调查，也向国家计划生育委员会反映说新荣区的试验是成功的。1988 年 3 月中央常委第 18 次会议上，国家计生委主任彭珮云就给中央汇报说："从一些地方试点的情况看，采取晚婚晚育加间隔的办法，如果工作抓得紧，抓得好，不论是原先计划生育工作先进的地方，像山西翼城县，或者原先后进的地方，像山西大同市新荣区，效果都是好的。"可见，早期国家计生委也认为新荣区是成功的。

　　讲到这里，谈一下我对试点单位的总体认识。由于个人的精力和条件有限，许多年来我只关注了翼城县的试验。我 1985 年 1 月向中央要求选择 1、2 个县进行试点，国家计生委和山西省委、省政府批准翼城县试行后，山西省计划生育委员会充分运用我报告中提出的"1、2 个县"进行试点，乘机又选择了大同市新荣区。虽然同属于山西省，我却没有精力顾及那里。翼城县在 1989 年风波中没有反复，但新荣区还是经过了一个时期的"暗昧"和摇摆。和酒泉市一样，等 90 年代后期政治环境有所宽松的时候才又逐步明确实行二孩政策。至于 13 个试点单位中其他二孩生育政策试点，我更没有做深入的研究。但是，我有一个基本的判断，这些地方的基本情况一点都不会比翼城县差。为什么？因为人口变动实质上是经济社会发展的结果，我国 30 年来的巨大发展是一个基本的事实。人口各项指标不过是经济社会变化的统计和总计，作为社会客观发展过程怎么会随着包括政府政策在内的主观因素所改变呢？我以为，从现象上来看，随着时间的推移，一个人由出生、成长到结婚、生育以至于死亡，似乎都具有一定的偶然性。但是，全社会的变动却一定会反映出经济社会发展的必然性。一个县、一个地区，都足以作为经济社会发展的必然结果表现在人口变动方面。所以，对它们的人口过程所做的总和和总计，也许会因统计的技术或者统计机制问题而不准确，但作为客观的社会发展过程却不会因为你规定它这样或者那样的政策而改变。30 年来，我国经济社会有了翻天覆地的大变化、大发展。13 个试点单位中的 8 个二孩试验单位都是共和国的一个或大或小的行政区，必然地和全国一致都取得了巨大发展。在这个历史阶段里，作为个别的地方可能出现过困难，有问题，有曲折，甚至于不排除还发生过反复，但共和国几乎所有的地方总体上都跟随着时代的节拍向前迈进了，跨越了，所有试点单位作为历史行进的人口统计指标也一定记录、反映了这个过程。所以，如果我们不是人为地用几项人口统计指标划线确定成功与失败，而是客观地把人口变动放到当地具体的现实和历史背景下研究问题，把这些数据当作人民群众和干部的伟大实践的总计和统计，那一定会发现这些试点单位都是一处处被埋藏在地下的金矿，只是没有被世人所认识，甚至于还有人利用独有的话语权对它们作了一些歪曲性描述，从而进一步误导了人们的视线。

接着说一下判断包括试点单位在内的计划生育双重标准的问题。为什么会有新荣区的实验是失败的说法？我后来想，一方面是刚离开翼城县，脑子里已经有了翼城县的一系列数据，突然看到新荣区的数据，有了极大的反差。但他们不知道晋南、晋北，历史上的反差就很大，社会基础本来就不在一个水平线上。另一个很重要的原因，领导机关下到这些单位，往往都用政策标尺来衡量。认为上级给了你们宽松的政策，你们计划生育指标距离政策要求还很远，从政策要求来考核，没有达到，那就是失败的。近些年中外媒体对翼城县的报道很令国家计生委恼火，除了三番五次申令不许下面接待媒体以外，前年还派了对外交流司的一位司长下到翼城，批评县里随便接待采访，同时还很严厉地指责翼城县，把试点工作说得一塌糊涂。他的基本依据就是用试点政策即晚婚晚育和间隔时间等条件要求翼城县。按这个标准衡量，翼城县的各项指标是做得不够。但是，从全国来看，究竟有多少达到计划生育政策的要求了呢？上个世纪90年代以前，全国都是"一胎化"的政策标准，90年代后又是"女儿户"即不到1.5的政策标准，以此计算，我国现在的总人口应该在11亿左右，可普查说2010年已经达到13.4亿。按照政策标准，我国的计划生育也是失败的。但这并不影响国家计划生育委员会反复宣传说我国计划生育取得巨大成绩，多少年少生4亿人口。到了所谓的试点单位，却要用它们的政策尺度挑毛病。这是典型的双重标准。

话再说回来。计划生育试点是蒋正华担任国家计划生育委员会副主任期间的一项重要工作，他应该熟悉和了解，但他的确不熟悉和不了解；现在的蒋正华要以"中国智库顾问"和"中国高级智囊"的身份发表文章和演讲，就把世人以为他本该了解、事实上却根本就不了解的计划生育试点问题拿过来按照他的需要信口雌黄地描述一番，说当初 40 多个"二孩政策"试点失败得只剩下了两家，然后再"合乎逻辑"地推导出"试点不能证明全面实施一对夫妇生育两个孩子的政策可以立即推行"的结论。事实表明蒋正华没有职业操守达到何等的程度！但是且慢，没有职业操守对于蒋正华来说不等于不科学和没发展。您看，宋健如此这般就很快地发展了、腾达了，学得宋健真传的蒋正华也如此这般地发展了、腾达了。所以，在有些人看来，没有职业操守，却可以更快地发展，那还不叫"科学发展"？

——2013 年 9 月 10 日

（刊发于 2013 年 9 月 10 日）

鹿耶，马耶？

——田雪原"中央人口座谈会"

赵高欲为乱，……持鹿献于二世，曰："马也。"

——《史记·秦始皇本纪》

序言

2010 年"公开信"发表 30 周年之际，我曾经写过两篇有关田雪原"中央人口座谈会"的文章，一篇题为《"中央人口座谈会"：一个由田雪原自编自唱的谎言》，一篇是《致田雪原的一封信》，都收进了我的自印本《论"公开信"》。如果不是得到 1980 年 4 月中央办公厅人口问题座谈会的会议资料，有关田雪原"中央人口座谈会"该说的话都说了，再写这本小册子，似乎是画蛇添足了。

去年 10 月初，去北京参加一个活动，绕道又回了一趟太原，为的是寻找给《运城人口志》撰写序言的资料。有一天，无意间翻阅座位旁边的一个文件袋，发现了这次会议的资料。当我用极短的时间以极快的速度浏览过一遍之后，就已经决定要撰写这一组文章了。因为当年写那两篇文章的时候，全忘记了曾经有这么一次会议，所以只能按照田雪原的文章被动地从逻辑上反驳他。毫无疑问，逻辑的力量是强大的。即使有了这一组文章，我仍然认为，那两篇文章是了解田雪原"中央人口座谈会"的必读著作。但是，在未得到这一组会议资料以前，批判田雪原的"中央人口座谈会"就如同无神论者批判鬼神论者述及亲历鬼怪故事一样，其理论逻辑无论怎样有力，而在否定讲述者言之凿凿的"身历其境"之说方面却往往无能为力。现在有了这一组资料，一下子就明白了田雪原以鹿为马的把戏。既然已经手执田雪

227

原那头鹿了，再把它拉到大庭广众之下，鹿耶，马耶？是历史，还是谎言？就都变得极为简单了。

其实，1980 年 4 月中央办公厅人口座谈会，我该是知道的。这一组资料提示我翻检自己的书藏信札，至少发现王胜泉在那年有 3 封信向我述及过。但在写反驳田雪原的那两篇文章的时候，一点印记都没有了。当然，不只是我忘记了它。读者可以从附录的会议名单中发现，除了国务院计划生育办公室的干部以外，会议统计还有"研究人口问题的社会科学工作者 19 人"，那可是当年中央层面的全部计划生育管理人员和首都北京城里几乎所有从事人口研究的专家！特别是刘铮、陈道、孙敬之、张乐群、邬沧萍等，都是早于田雪原一代的人口学领军人物，而国家计划生育委员会在此后也曾编著并公开出版过许多本论著都应该涉及本次会议如参加这次座谈会的原国务院计划生育办公室副主任于旺的《计划生育工作三十年的实践和理论探索》，国家计划生育委员会《计划生育年鉴》编委会出版的《计划生育年鉴》（1986）和《当代中国的计划生育》，国家计划生育委员会副主任杨魁孚等编写的《中国人口和计划生育大事要览》，国务委员兼国家计划生育委员会主任彭珮云主编的《中国计划生育全书》，其中《计划生育年鉴》还专门设有一章"建国后至 1985 年计划生育工作大事记"，《中国计划生育全书》不仅设有"重要活动"部分而且还附有详细的"中国计划生育纪事"。这些书都该论及田雪原所说的这次会议，但是，奇怪的是，不仅这些书没有，而且几十年来有关人口和计划生育历史的文著，都从未提及过它。就是说，30 多年以来，除了田雪原以外，国家有关部门和所有其他参加会议的人都没有再提起它。为什么？因为不重要呗！但田雪原为售其奸而篡改历史，把一次并不重要的会议添油加醋地炮制一番端了出来，实际是在本来就云遮雾罩的历史上又抛撒了一堆垃圾。这也是没有办法的事情。人们要使得自己聪明起来，就必须向历史学习；而学习历史，首先得从清理垃圾入手。

梁中堂 2013 年 7 月 17 日

自印本前所加的按语

我之所以一直用"田雪原的'中央人口座谈会'"这样的语言来表述，是因为历史上根本就没有发生过中央人口座谈会。关于"中央人口座谈会"，完全是一个由田雪原自编自唱的话题。除了他和由他所调动的新闻媒体以外，至今还未见到人口和计划生育领域有谁真的认可他的观点。我曾将"中央人口座谈会"斥之为"弥天谎言"，不仅从漫天谎话的意义上来说的，而且还因为其谎言涉及党和国家最高层面，事涉中央。事实上，当年历史上曾有过一次以中央办公厅名义召开的人口问题座谈会，田雪原是将中央办公厅人口座谈会指称为"中央人口座谈会"。也许对于一般的老百姓来说，真的不懂得中央办公厅人口座谈会和"中央人口座谈会"有什么区别。但是，对于曾经长期在中央一级的国家机关生活和工作过的田雪原来说，他不仅明白这两者之间有差别，而且懂得在实践上两者之间还横隔着一条绝对不允许越过的界碑。对于共产党来说，这个界碑既是政治原则，又是组织原则。任何中央机关工作的人，但凡跨越这条线，打着中央的旗号或借用中央名义，立即红牌罚下，终生都不会再给改错的机会。田雪原深谙其道，才娴熟地玩弄以鹿为马的把戏。

我的自印本《鹿耶，马耶？田雪原"中央人口座谈会"》主要分3个部分，第一部分原原本本地介绍1980年4月中共中央办公厅人口问题座谈会和田雪原笔下的"中央人口座谈会"。第二部分抽取出20个问题揭露田雪原有意歪曲历史把中央办公厅召开的人口问题座谈会描述为"中央人口座谈会"，特别是最后几个问题表明田雪原之所以费尽心机伪造和篡改历史，拔高中央办公厅这次并不算成功的人口座谈会的目的就是要塑造自己在历史中的作用和贡献。第三部分则是将中央办公厅人口座谈会的几份会议资料作为附录提供给读者，供大家分析判断。下面将第二部分分次粘贴在自己的博客上。

——梁中堂，2013 年 9 月 30 日

　　我之所以一直用"田雪原的'中央人口座谈会'"这样的语言来表述，是因为历史上根本就没有发生过中央人口座谈会。关于"中央人口座谈会"，完全是一个由田雪原自编自唱的话题。除了他和由他所调动的新闻媒体以外，至今还未见到人口和计划生育领域有谁真的认可他的观点。我曾将"中央人口座谈会"斥之为"弥天谎言"，不仅从漫天谎话的意义上来说的，而且还因为其谎言涉及党和国家最高机构，事涉中央。1事实上，当年历史上曾有过一次中央办公厅召开的人口问题座谈会，田雪原是将中央办公厅人口座谈会指称为"中央人口座谈会"。也许对于一般的老百姓来说，真的不懂得中央办公厅人口座谈会和"中央人口座谈会"有什么区别。但是，对于曾经长期在中央一级的国家机关生活和工作过的田雪原来说，他不仅明白这两者之间有差别，而且懂得在实践上两者之间还横隔着一条绝对不允许越过的界碑。对于共产党来说，这个界碑既是政治原则，又是组织原则。任何中央机关工作的人，但凡跨越这条线，打着中央的旗号或借用中央名义，立即红牌罚下，终生都不会再给改错的机会。田雪原深谙其道，才娴熟地玩弄以鹿为马的把戏。

一、中央办公厅召开的人口问题座谈会

1. 会议的主持者、主办者

　　《关于人口座谈会的情况报告》（讨论一稿）在一开始就说："根据书记处的指示，最近，中央办公厅主持召开了人口问题座谈会。"2会议的主持者、主办者，均为中共中央办公厅。

2. 会议的目的、起因与缘起

　　除了上述所引，书记处指示中央办公厅召开人口问题座谈会外，

1　请见拙文《"中央人口座谈会"：一个由田雪原自编自唱的谎言》，载自印本《论"公开信"》（修订本），第 64 页。

2　梁中堂自存档案资料，1980040703，《关于人口座谈会情况的报告》（讨论一稿）。

中共中央办公厅副主任冯文彬在第一次会议上对与会者说：

为了解决我国人口问题，提倡和鼓励一对夫妇只生一个孩子，这个大方针是定下来了。在贯彻这个方针的过程中，干部群众中议论较多。有人说两对夫妇各生一个孩子，将来结婚后生育一个孩子，这样两个劳动力就要抚养 4 个老人，一个孩子。还有人说青少年犯罪中独生子女比例高，独生子女中低能儿的比例也较高，独生子女中女多男少，有的人还担心今后的兵源问题等。计划生育工作中也存在有宣传不够深入，有的地方搞强迫命令，医疗技术没有完全过关等方面的问题。中央书记处在讨论这个问题时建议召开一个座谈会，征求各方面科学家的意见。今天请各方面的专家来，就是要讨论这个问题，如何既能达到控制人口增长的目标，又能避免或妥善解决由此而造成的某些不良社会后果。[3]

在贯彻作为"大方针"的"提倡和鼓励一对夫妇只生一个孩子"的过程中，干部群众议论较多，计划生育也有宣传和强迫命令等方面的问题，所以，中央书记处在讨论这个问题时，决定召开一个座谈会，征求科学家们的意见，——这是有关会议的目的、起因和缘起。

主持会议的中央办公厅副主任冯文彬，1911 年出生，浙江省诸暨人，30 年代曾任少共国际师政治委员，延安时期任共青团中央书记。中华人民共和国成立后，历任团中央书记、团中央书记处书记。1977 年，胡耀邦担任主持工作的中央党校副校长以后，调冯文彬任中央党校副教育长。1978 年 12 月，党的十一届四中全会以后，胡耀邦任中央秘书长，又调冯文彬任中共中央办公厅第一副主任。[4] 我们知道，胡耀邦 30 年代在中央苏区就担任少共中央局秘书长，建国后长期担任团中央书记，冯文彬的经历表明他与时任中共中央总书记胡耀邦的关系。了解这一点对于理解这次会议的实际结果有所帮助。

3　梁中堂自存档案资料，1980040705，人口座谈会秘书组：《人口问题座谈会情况简报》（一）。

4　百度百科：《冯文彬》，http://baike.baidu.com/view/313648.htm。

3. 会议时间

根据会议秘书组的 4 期简报，1980 年 4 月 7 日下午召开第一次会议，[5] 其余 3 次分别在 9 日下午、[6] 12 日下午、[7] 30 日上午，[8]一共 4 次，均在 4 月份。有一份会议名单，"1980 年 4 月中央办公厅召开人口问题座谈会分组名单"，[9] 也说明是 1980 年 4 月召开的。

4. 会议地点

除了第一次会议外，会议简报对其他 3 次会议召开的地方都作了明确交代。"4 月 9 日下午在人民大会堂分组讨论"[10] "人口座谈会于 4 月 12 日下午在人民大会堂继续分组讨论"[11] "人口座谈会于 4 月 30 日上午在人民大会堂召开全体会议"。[12] 此外，在会议分组名单上还注明，第一组，广西厅；第二组，陕西厅。[13] 是说两次分组讨论的地点，第一组在人民大会堂广西厅，第二组在陕西厅。

5. 参加会议人员

没有直接提供 4 月 7 日会议名单。但是，有理由认为，4 月 9 日、12 日分组讨论的分组名单就是以参加第一次会议的人员为基础划分的。不过，鉴于分组名单和 4 月 30 日全体会议名单的人数和与会人名并不完全符合，所以，有理由认为分组名单的人员有可能与第

5　《人口问题座谈会情况简报》（一）。

6　梁中堂自存档案资料，1980040706，人口座谈会秘书组：《人口问题座谈会情况简报》（二）。

7　梁中堂自存档案资料，1980040707，人口座谈会秘书组：《人口问题座谈会情况简报》（三）。

8　梁中堂自存档案资料，1980040708，人口座谈会秘书组：《人口问题座谈会情况简报》（四）。

9　《1980 年 4 月中央办公厅召开的人口问题座谈会分组名单》。

10　《人口问题座谈会情况简报》（二）。

11　《人口问题座谈会情况简报》（三）。

12　《人口问题座谈会情况简报》（四）。

13　《1980 年 4 月中央办公厅召开的人口问题座谈会分组名单》。

一次会议实际参加的人员存在一些出入。据会议统计，出席 4 月 7 日会议共 63 人，其中自然科学、医学科学工作者 19 人，研究人口问题的社会科学工作者 19 人，中央、国务院有关部委负责人 25 人。[14]按照分组名单计算的参加 4 月 9 日、12 日分组会议的与会人员共 73 人，其中来自科研和高校的专家 39 人（含行政领导），包括工、青、妇在内的 18 个国家机关（国务院计划生育办公室另行统计）21 人（其中全国政协副主席 1 人，部长 1 人，副部长级 9 人，司局级 8 人，处级 2 人），解放军 2 人，中国人民保险公司 2 人，国务院计划生育办公室 9 人（其中副部级主任 1 人，司局级主任和中层干部 3 人，一般干部 5 人）。4 月 30 日与会人员总计 81 人，其中研究单位和高校 41 人（含行政领导），包括工、青、妇在内的 18 个国家机关（国务院计划生育办公室仍另行统计。此次教育部和民政部缺席，但前次建委参加会议按专家统计、国家医药总局按卫生部统计，故这次仍为 18 个国家机关）20 人，解放军 3 人，保险公司 2 人，人民日报和新华社 5 人，国务院计划生育办公室 10 人。参加会议人员全部属于在京人士，排除了外地和地方研究人员。

另外，需要说明的是，笔者核对了后来关于恢复国家计划生育委员会兼职委员的单位名单，[15]包括工、青、妇在内的这次参加座谈会的国家机关，主要是原来国务院计划生育领导小组的组成单位。

6. 会议经过

1980 年 4 月 7 日下午，中央办公厅人口问题座谈会召开第一次会议。根据"人口座谈会秘书组"4 月 10 日的"会议简报"，会议由中央办公厅副主任冯文彬同志主持，参加会议的有自然科学、医学科学工作者 19 人，研究人口问题的社会科学工作者 19 人，中央、国务院有关部委负责人 25 人。会议开始，在冯文彬作了前面我们所引

14　《关于人口座谈会情况的报告》（讨论一稿），《人口问题座谈会情况简报》（一）。

15　彭珮云：《计划生育全书》，中国人口出版社，1997 年，第 438 页。

述的那段话，算是向与会人员交待了座谈会的起因与缘起以后，有栗秀真、钟惠澜、田雪原、刘铮、李成瑞、王京治、宋健、王胜泉等 8 位先后发言，发言的主要有以下几方面内容，第一，由于过去相当长的一段时间内人口增长过快，给我国社会主义建设带来不少困难，党和政府迫不得已采取果断措施，提倡和鼓励一对夫妇只生一个孩子。这是当前为实现四个现代化，控制人口增长速度的有效措施之一。待到一定历史阶段，根据需要对人口的出生可再作适当调整。第二，要加强计划生育宣传教育。目前社会上许多人担忧的一些问题，有些是误解。建议把某些科研成果，经过验证的数据，采取适当的方式公布于众，解除干部、群众的疑虑。第三，加强人口领域的社科和自然科学研究。由于我国计划生育工作的开展，人口出生率在数年内急剧下降，这种特殊的人口年龄构成，给今后造成的特殊社会后果，应予以研究。又如提倡一对夫妇只生一个孩子后，出生婴儿男女性别比例问题；未来劳动力问题；日益突出的优生学问题都亟待进行研究。第四，建议成立人口委员会。[16]

4 月 9 日下午，座谈会在人大会堂分组讨论，由卫生部胡昭衡副部长和中国医科学院副院长吴阶平分别主持。全国政协副主席王首道和卫生部部长钱信忠分别参加了两个组的讨论。

座谈会上杨学通、何康、叶恭绍、吴雯、陈学诗、罗会元、李天林、林富德、王胜泉等 9 人发言，主要围绕人口数量和质量问题，提高人口质量问题，人口增长与粮食增长的关系问题，独生子女教育问题，出生婴儿性别比问题，等等。[17]

4 月 12 日下午，人口问题座谈会在人民大会堂继续分组讨论，由卫生部部长钱信忠和社会科学院规划联络局副局长陈道分别主持。冯文彬、王首道出席了会议。

座谈会上医学专家和各方面负责同志继续发表意见，重点讨论

---

16 《人口问题座谈会情况简报》（一）。
17 《人口问题座谈会情况简报》（二）。

了计划生育政策问题、经费问题、妇女保健及社会保险等问题。李重民列举我国劳动力过剩的状况：1966年后全国平均新增长劳动力为1780万，比1966年以前每年多增加500至600万，形成巨大压力，人满为患。农村耕地面积不断减少，已出现轮流出工和无地农民。工业劳动生产率很低，平均劳动生产率低于世界各国劳动率水平的几倍、十几倍，甚至几十倍，成为四个现代化建设的严重障碍。实行一对夫妇只生一个孩子是解决未来劳动就业问题的唯一途径。

很多人表示，坚决支持一个历史时期内实行一对夫妇只生一个孩子的政策。在执行过程中，在一段时间里可能会出现一些问题。由于我国国民经济基础比较薄弱，许多生产、生活中现实问题不能得以妥善解决，群众对终身只生一个孩子尚有相当大的顾虑，加之工作方法和作风上的粗疏，有的地方出现强迫命令。因此对社会上的议论要加以分析，对出现的问题要认真研究解决。

顾秀莲提出：各部门要统一思想，紧密配合，都来支持中央下决心，坚决搞好只生一胎的工作。

对一对夫妇只生一个孩子的问题，部分同志持不同意见。鲍侃认为在我国目前的条件下，要求一对夫妇只生一个孩子不切实际，也难以实现。因此，她建议在当前应是"提倡一个，最好两个，消灭三个"，立法时要留有余地。吴旻提出，只生一个孩子的问题相当复杂，在世界上无此先例，如搞法律规定，是否得人心？

有的人在发言中提出，要制定明确的计生政策，解决经费问题，保证政策的严肃性，稳定性。陆雨林认为目前计划生育工作中使用的各种提法如"一胎化""最好生一个""提倡生一个"等，意义不明确，建议统一采用"实行一对夫妇只生一个孩子"的口号。李仙等提出，在提倡一胎杜绝三胎的情况下，二胎怎么办？二胎的比例不少，不能采取不承认主义，要制定明确的政策界限。目前各地实行的奖励政策也不一致。……计划生育工作要搞好，经费问题一定要解决。从长计议国家应当拿出一笔钱来支持这个事业。

有的人在发言中说，加强妇幼保健工作是实行一对夫妇只生一个孩子的必要前提。目前我国农村小儿破伤风，肺炎死亡率仍很高，儿童健康条件较差，不能保证养一个壮一个。因此，薛沁冰鲍侃等认为目前情况下，育龄夫妇生一胎后可采取多种节育方法，不宜做绝育手术。

有人认为，解决社会保险是实行一对夫妇只生一个孩子的必要条件。李仙在发言中强调要解决老有所养的问题。指出，全国有一亿职工年老退休，计划生育无后顾之忧，工作好做；八亿农民年老无生活保障，养老防老是实际问题。建议国家考虑解决农民的社会保险问题。

还有人提出，要抓紧避孕方法和避孕用品的研究。傅克在会上介绍了近年来我国高等院校人口理论研究发展情况，并就中小学即将试行的人类生殖常识教育，呼吁各方面支持这一新生事物。

许多同志再次建议成立国家人口委员会，使之承担起迅速控制我国人口增长和开展好计划生育工作的艰巨任务。[18]

4 月 30 日上午，人口问题座谈会在人民大会堂召开全体会议。会议由国务院计划生育办公室主任栗秀真主持。冯文彬、王首道参加会议并讲了话。

会议开始后，冯文彬说，对于要控制我国人口的增长速度，大家的意见是一致的。中央非常关心计生工作，书记处希望听到各方面专家的意见，集思广益。但是仅就计划生育讲计划生育是不够的。计生工作最主要的是搞好宣传教育，大力宣传避孕，解决避孕问题。同时要研究生下的一个孩子，提高质量，健康成长，并解决婴幼儿、青少年的培养教育及老有所养等实际问题。只有解决好这一系列问题，才能消除人们的顾虑。

冯文彬说，计划生育工作搞得好不好，关系到国家的安全团结。目前有些地方因此出现了新的不安定团结的因素，搞得人心惶惶，值得注意。计划生育是个政治问题，牵连到家家户户，牵连几亿人民利

---

18 《人口问题座谈会情况简报》（三）。

益，关联到安定团结，关联到四化。人多了影响四化，计生工作搞得不好，产生副作用，也要影响四化。

他强调指出，对于在实行一胎化过程中出现的副作用，不能掉以轻心，要引起重视。要制定一个全面的人口政策。计生问题要全面考虑，要切合实际，要合情合理。控制人口增长的前提是不能动摇的，但如何控制要进行研究，要提出一个较为妥善的方案来。

在随后的大会发言中，李仙列举某地机械局规定女工生育一胎后必须绝育，否则停工、停资，致使卜属工厂人心惶惶，影响生产，造成不安定的情况。他建议认真研究政策界限，不要强迫命令一律作绝育手术。同时认为在女工集中的工厂，应根据实际情况自下而上制定生育指标，使计划生育变成人们自觉的行动。

吴旻在发言中指出，计划生育势在必行，但如搞得不好也要影响安定团结。上边压指标，下边搞强迫命令，各种问题都会发生。"一胎化"口号值得研究。要加强宣传教育，教育青年如何避孕。应该研究世界人口史、中国人口史，研究西方国家为什么害怕人口下降，以及造成人口下降的经济、文化原因。要考虑民族的传统和群众的经济文化水平，加强调查研究，不要匆匆忙忙制定计划生育法。有许多的问题是法律解决不了的。

薛沁冰认为计生是一个社会问题，应大力发展避孕工具，避孕套和子宫帽是避孕效果最好的。她呼吁中央及各方面对儿童保健给以应有的重视。

叶恭绍在会上重点讲了做好计划生育宣传工作的重要意义，我国中学应设立遗传及性知识教育课，不能因为非婚生育多了，就降低结婚年龄。

王新法认为只生一个孩子使老人对社会的依赖越来越大，会大大加重社会负担，占人口 80%的农村人口的老有所养的问题不能解决，搞一对夫妇只生一个孩子，就有很大的问题。提出，应研究中国人口控制在何种程度为适量，按客观规律对人口进行调节，在未来的几十年内应避免人口死亡率急剧上升。

最后，王首道讲话说，计划生育工作应该怎样搞，怎样才能符合客观实际，对此应该认真加以研究。但现在的问题不是计划生育办公室能够解决得了的。人口问题关系到各部门，也是民政、公安、工业、农业、劳动等部门的一部分工作。计划生育办公室作为控制人口的一个办事机构需要加强。现在的机构与工作不相适应。计生办是好心好意，做了许多有效的工作，但历史遗留下来的人口泛滥的情况要搞急刹车是危险的。只生一胎，搞强迫命令，也要发生问题。应研究怎样经过二十年、三十年或五十年的时间缓慢地把人口控制下来，这是可行的，不能采取急刹车的办法。目前，下边反映得相当厉害，照目前的干法不行，但不能因此又来一个急刹车，什么都不管了，那可不得了。目前的有利条件是中央书记处亲自抓这项工作，这是转变的关键，如中央书记处不及时地抓，这个问题还不好解决。

会议结束时，栗秀真根据冯文彬的意见，要求所有与会者于 5 月 5 日将《关于人口问题的报告》修改稿退回国务院计划生育办公室，将据此再修改。[19]

7.　《关于人口座谈会情况的报告》和《关于人口问题的报告》

从已有文献分析，座谈会准备形成一个给中央书记处"人口座谈会情况报告"。[20] 该报告前后有 3 个稿件，最后更名为《关于人口问题的报告》。从 4 月 12 日会议简报知道，该报告一开始是由中央办公厅副主任冯文彬主持的。冯文彬曾两次召集有关专家和有关部门负责人研究人口问题的解决意见，并向中央书记处起草报告。4 月 30 日会议的中心议题，就是就已草拟的《关于人口问题的报告》征求与会人员的意见。[21] 但是，在 5 月 12 日形成的报告上署名的既不是中

19　《人口问题座谈会情况简报》（四）。
20　《关于人口座谈会情况的报告》（讨论一稿）。
21　《人口问题座谈会情况简报》（四）。

央办公厅，也不是"中央办公厅人口问题座谈会"，而是国务院计划生育办公室。

报告稿一开始起名为《关于人口座谈会情况的报告》，说明是向书记处汇报会议讨论情况的文件。"讨论一稿"分别交待了中央办公厅人口座谈会的缘起、会议参加者人数和构成。报告稿说，根据书记处的指示，最近，中央办公厅主持召开了人口问题座谈会。参加座谈会的共有 63 人，其中中央和国家机关有关部委负责人 25 人，从事人口研究的社会科学工作者 19 人，从事医学自然科学工作者 19 人。会议围绕一对夫妻生一个孩子可能产生的问题从各个方面进行了讨论。

接着，"报告稿"像论证必须实行一对夫妇只生育一个孩子政策的论文一样，分别用三大块论述大力提倡一对夫妇只生一个孩子是解决目前我国人口问题的关键，对一对夫妇只生一个孩子若干问题的讨论，以及向书记处提出的几点建议。第一个问题说，当前我国存在的人口问题，必须引起高度重视，譬如人口增长速度快、人口基数大、人口年龄构成轻，造成目前我国人口同生活资料的增长不相适应，劳动适龄人口同生产资料的增长不相适应，人口发展同科学、教育、卫生、住宅、交通等公共事业的发展不相适应。所以，大力控制人口增长，大幅度降低人口出生率和自然增长率，逐步提高一胎率，已经势在必行。报告说，绝大多数同志对国家提倡和鼓励一对夫妇只生一个孩子的方针表示赞同。因为要完成 1985 年的自然增长率千分之五、2000 年为〇的战略目标，只有在 1985 年基本上实现"一对夫妇只生一个孩子"的情况下才能做到。否则，不能完成这个战略任务。

在第二个问题即所谓反映对一对夫妇只生一个孩子若干问题的讨论情况中，着重回答了实行一对夫妇只生育一个孩子的后果，有关于劳动力和被抚养人口问题、关于人口质量问题、关于举办老年人社会保险问题、关于独生子女教育问题、关于避孕方法和器具问题、关于男女性比例问题等 6 个问题。

在第三个问题即建议部分中，提出要大造舆论、加强宣传教育，尽快颁布计划生育法，成立人口委员会，逐步实行老年人社会保险，控制人口增长的指标和结婚年龄，认真做好妇女保健、儿童教养工作，以及独生子女奖励等7个方面的问题。[22]

"讨论二稿"又增加了一部分内容，把原来"情况报告"汇报的3个部分变成了4部分。另外，在"论述大力提倡一对夫妇只生一个孩子是解决目前我国人口问题的关键"之后，罗列了按照平均生育率1.0、1.5、2等3种方案的人口测算，增加了较详细的1979至1990年10年规划和到2000年的目标规划。[23] 笔者注意到，其中10年规划比较接近1980年3月参加国务院召开的长期计划座谈会的《1980-1990年十年人口规划初步预测》的计划目标，但人口目标和人口增长率都有所提高。[24]

第二稿沿袭第一稿，还有必须在1985年基本实现"一胎化"，才可以使人口增长率下降到5‰以下的工作思路。

随着社会主义现代化建设的发展，随着技术水平和劳动生产率的大幅度提高，一方面直接从事物质资料生产的劳动力数量呈相对减少甚至绝对减少的趋势，另一方面对科学技术水平等人口质量方面的要求却不断提高，这同我国人口发展之间的矛盾将变得越来越突出。据初步计算，按照本世纪末每人年平均收入达到一千美元的"小康之家"的生活水平，人口自然增长率从1985年降低到千分之五。本世纪末降到〇，即从现在起平均生育率（每个育龄妇女平均生育子女数）大幅度降低，1985年基本实现"一胎化"，2000年总人口

22　《关于人口座谈会情况的报告》（讨论一稿）。

23　梁中堂自存档案资料，1980040704，《关于人口座谈会情况的报告》（讨论二稿）。

24　梁中堂自存档案资料，1980030000，国务院计划生育办公室：《1980-1990年十年人口规划初步预测》。国务院长期计划座谈会于1980年3月30日至4月24日在京召开，国务院计划生育办公室提交了《1980-1990年十年人口规划初步预测》，这也是《关于人口问题的报告》中所说的"年初，根据中央指示，我们制定了一九八〇至一九九〇年十年人口规划"的由来。

在 11 亿左右，国民收入平均每年要增长百分之八；如果人口自然增长率降不下来，平均生育率在 1.5 以上，即有一半以上的育龄妇女生二胎，不到一半的育龄妇女生一胎，则国民收入平均每年要增长百分之九以上。我国第一个五年计划期间国民收入年平均增长百分之八点九，"三五"期间为百分之八点四，"四五"期间为百分之五点六，显然，欲达到百分之九以上的增长速度是相当困难的。当务之急，第一要大力控制人口的数量，提倡一对夫妇只生一个孩子，争取 2000 年总人口在 11 亿左右，最多不超过 12 亿；第二要尽快提高人口质量，提高全体人民的健康和科学文化水平，提高民族素质。[25]

5 月 12 日，最终形成以国务院计划生育办公室名义上报中央的报告，同时将原来拟用题目"关于人口座谈会情况的报告"正式确定为《关于人口问题的报告》，全文接近 7000 字，4 个部分。与前两份报告稿比较，明显成为一篇论述文，但行文简洁，也没有了"一胎化"的词语。报告一开始说：

年初，根据中央指示，我们制定了一九八〇年至一九九〇年十年人口规划。

最近，由中央办公厅副主任冯文彬同志主持，召开了人口问题座谈会，就提倡一对夫妇只生一个孩子等问题听取了有关部门和各方面专家的意见。现将我们对人口问题的长远设想和这次座谈讨论中提出的意见，综合报告如下……[26]

这样，该报告已经不是中央办公厅人口座谈会原来准备向书记处汇报人口问题座谈会情况的报告，而是国务院计划生育办公室根据座谈会和人口长期规划情况向书记处的报告。该报告第一部分论述我国人口问题产生的原因以及做好人口控制工作的意义。第二部分论述了 70 年代以来计划生育工作的成就和经验。在这一部分中，

25　《关于人口座谈会情况的报告》（讨论二稿）。

26　梁中堂自存档案资料，1980040709，国务院计划生育办公室：《关于人口问题的报告》。

取消了"讨论二稿"曾经设置的人口预测，但保留了人口规划部分。按照这个规划的要求，1980 年城市育龄妇女 70%生一胎，农村 30%生一胎，1990 年达到农村 50%生育一胎。这已经比过去宽松了许多。第三部分回答大力提倡一对夫妇只生一个孩子，可能会产生什么社会问题？报告共罗列了劳动力和抚养人口、举办老年人社会保险、独生子女的教育和性别比等 4 个问题，并分别予以论述和回答。第四部分是关于如何搞好计划生育工作，分别就认识、宣传教育、计划生育的科学研究、指标、计划生育法、少数民族的计划生育、社会保险、教育和保健、优生计划生育经费和计划生育机构等 11 个问题，或予以论述，或向中央提出要求予以解决。

该报告后面还附有 4 个文件，其中附件一为《目前我国存在的人口问题》，附件二是署名田雪原的一篇文章《关于一对夫妇只生一个孩子方案的建议》，附件三为"计划生育法"讨论第五稿，附件四是介绍有关菲律宾、泰国、马来西亚和新加坡的人口机构的设置情况。

8. 中央办公厅人口问题座谈会的局限和不足

1980 年 4 月中央办公厅人口问题座谈会，是根据中央书记处的指示召开的。中共中央书记处是根据 1980 年 2 月底党的十一届五中全会决定设立的。在同一次会议上，选举胡耀邦、赵紫阳为中央政治局常委，选举胡耀邦担任新设立的中央书记处总书记。从时间上推算，中央书记处在 3 月初开始工作之后不久，就讨论了人口和计划生育问题，说明中央书记处对人口和计划生育问题的相当重视。1980 年初春，提倡一对夫妇只生一个孩子正不分城乡地在全国开展得轰轰烈烈。提倡一对夫妇只生一个孩子作为党和国家的一项大方针，新设立的中央书记处并没有异议。但是，由于计划生育工作中的强迫命令，以及群众对"只生一个"可能产生的后果，都有很强烈的议论。所以，中央书记处指示中央办公厅召开人口问题座谈会，希望倾听一下科学家们的意见。

但是，从已经拥有的材料特别是 4 份会议简报来看，与会人员虽有一些不同意见得到发表，但是，从总的来说，表态支持"一对夫妇只生一个孩子"的发言比较多，而中央书记处希望听到的建设性意见不很多。之所以出现这种情况，一方面应该从当时社会的背景和氛围，以及政治体制所决定的舆论一律的宣传导向等方面来寻找解释。党的十一届三中全会结束了"文化大革命"，但对于党内和社会上极左思潮尚没有得到清算，宁左勿右还是绝大多数人的座右铭。党和国家领导人提出建设四个现代化的目标，把中国人口多当作尽快实现现代化的障碍，已经成为全党的共识。特别是党中央国务院通过的1980 年将人口自增率降到 10‰、1985 年降到 5‰以下的奋斗目标，连续 7、8 年每年一个千分点的下降速度，是计划生育领域中极左和急躁情绪的政治依据和思想根源。在党和政府这一思想支配下，很少有人对"只生一个"的后果做过深入的研究。另一方面，分析会议的具体做法也存在很多的问题。首先，从参加会议的人员分析，除了作为国务院计划生育领导小组组成单位的国家机关以外，其余的所谓科学家和有关专家，大都是国务院计划生育办公室日常工作依靠的人口学研究人员和医学技术等方面的专家，他们与国务院计划生育办公室都有着非常密切的工作关系。可以这样认为，这个名单实际上是由国务院计划生育办公室提供的。我怀疑，参见会议的通知也是由国务院计划生育办公室和参加会议的与会人员直接联系的。这个时期，京外至少有一位参加全国第二次人口理论讨论会的一位人口学研究人员写出许多篇文章对"一胎化"予以了认真、深刻的分析，国务院计划生育办公室有意排斥不同的意见而不予邀请。这样，会议的氛围、气氛基本上都是和提出"只生一个"的国务院计划生育领导小组及其办公室一致的。其次，虽说是中央办公厅主持召开的座谈会，但是，会议工作人员并不是中央办公厅的干部，而是国务院计划生育办公室的工作人员。所以，名义上是中央办公厅召开的人口问题座谈会，但实际委托国务院计划生育办公室主持、主办。这样，国务院计划生育办公室完全可以将自己的意图通过工作人员和会议文件影响以至于最终决定会议的发展。三是会议的开法和发展，比如第一次会议即安排栗秀珍、田雪原、宋健、李成瑞等主张"一胎化"的人抢先发言，实际是为会议定调子。还有，按照中央书记处指示，中央办公厅的人口问题座谈会的意图和宗旨其实很简单，那就是倾听专家的意见。但会议实际的发展却不简单。4月7日、9日、12日，在连续召开3次以后就长时间的休会。参加会议的王胜泉在1980年4月20日就曾给笔者一封信，说"座谈会已暂时休会，……总之比较复杂"。[27] 王胜泉在这封信中要我去北京，因为时间久远，我已经完全忘记是否去了，以及他向我介绍过会议的情况没有。他信中说会议情况"比较复杂"，为何复杂、如何复杂？"只生一个"是由国务院计划生育领导小组及其办公室提出并实施的，书记处要求征求意见，是要中央办公厅主持召开座谈会的，但因各种情况，冯文彬还是依靠国务院计划生育办公室。国务院计划生育办公室全部人马在会议上，势必对人们发表意见产生这样那样的影响。王胜泉感觉长时间的休会，就有点不正常。另外，本来是征求科学家、专家意见的，但会议安排了不少国家机关工作人员的发言，强调"提倡和鼓励一对夫妇只生一个孩子。这是当前为实现四个现代化，控制人口增长速度的有效措施之一"，[28] 要求"各部门要统一思想，紧密配合，都来支持中央下决心，坚决搞好只生一胎的工作"，[29] 实际是影响和诱导会议的方向。第三个不正常是，会议简报也用一些倾向性的语言，如"许多同志表示，坚决支持一个历史时期内实行一对夫妇只生一个孩子的政策"，[30] 渲染"只生一个"政策是一种正确抉择。第四个不正常，本来给书记处的报告应该是反映会议上各个科学家、专家的意见，但实际发展表明，国务院计划生育办公室顽强地要向新设立的中央书记处论证和说明推行"只生一个"的必要性。冯文彬一开始主持撰写向书记处作

27　王胜泉致梁中堂的信，1980年4月20日。

28　《人口问题座谈会情况简报》（一）。

29　《人口问题座谈会情况简报》（三）。

30　《人口问题座谈会情况简报》（三）。

《关于人口问题座谈会的情况报告》改为以国务院计划生育办公室《关于人口问题的报告》，说明会议发展未能得到预想的结果。因为按照组织和工作关系，国务院计划生育办公室只是国务院计划生育领导小组的办事机构，如果需要，应该以国务院计划生育领导小组的名义向中央写报告。但是，因为国务院计划生育领导小组组长陈慕华没有参加会议，而国务院计划生育办公室主任栗秀珍始终参加会议，只好由国务院计划生育办公室出面报告。出现这样的结果，也许由于会议没有得到原来想象的许多意见而无法完成会议情况报告，也许国务院计划生育办公室顽强地坚持要以论述"只生一个"的必要性意见而出现的妥协结果。从报告的三个稿件分析，后一种情况可能性要大一些。因为从第一个稿子开始，就形成了必须推行"只生一个"的基调。中央办公厅召开的座谈会，最后以国务院计划生育办公室名义向书记处做汇报，反映了冯文彬的几分苦衷和无奈。不过，我还是怀疑这个报告是否会得到书记处应有的重视，相反，会议情况可能随时由冯文彬向总书记胡耀邦作了反映，所以，中央倒是了解到了计划生育部门的情况。因为冯文彬在 4 月 30 日大会上的讲话，体现了上世纪 80 年代初中期特别是 1984 年 7 号文件所反映的以胡耀邦为总书记的中央书记处对计划生育工作的基本认识。换句话说，通过这次中央办公厅人口座谈会，胡耀邦对包括对国务院计划生育领导小组及其办公室在内的我国计划生育部门在工作上偏激的做法，有了一个基本的认识。所以，冯文彬在最后一次会议上的讲话，应该是代表了胡耀邦的观点。他说：

　　对于要控制我国人口的增长速度，大家的意见是一致的。中央非常关心计生工作，书记处希望听到各方面专家的意见，集思广益。但是仅就计划生育讲计划生育是不够的。计生工作最主要的是搞好宣传教育，大力宣传避孕，解决避孕问题。同时要研究生下的一个孩子，提高质量，健康成长，并解决婴幼儿、青少年的培养教育及老有所养等实际问题。只有解决好这一系列问题，才能消除人们的顾虑。

　　计划生育工作搞得好不好，关系到国家的安全团结。目前有些地方因此出现了新的不安定团结的因素，搞得人心惶惶，值得注意。计划生育是个政治问题，牵连到家家户户，牵连几亿人民利益，关联到安定团结，关联到四化。人多了影响四化，计生工作搞得不好，产生副作用，也要影响四化。

对于在实行一胎化过程中出现的副作用，不能掉以轻心，要引起重视。要制定一个全面的人口政策。计生问题要全面考虑，要切合实际，要合情合理。控制人口增长的前提是不能动摇的，但如何控制要进行研究，要提出一个较为妥善的方案来。[31]

这次座谈会是根据中央书记处要求召开的，目的倾听科学家们的意见。但是，会议结束时不是感谢科学家提出了许多宝贵意见，而是婉转地向计划生育部门提出计划生育工作是党的全局工作的一个部分，希望计划生育部门注意群众利益、社会安定等等，说明会议没有按照预想那样获得应有的收获。我去年重新阅读这些材料以后，和当时参加会议的一位同志讨论，该同志也回忆说，本来会议说要征求只生一个孩子的意见的，但会议开着、开着，就成了一边倒地拥护只生一个了。这恐怕也是一种体制的局限和路径依赖吧。——依靠提出并积极推行"一胎化"政策的计划生育部门纠正"一胎化"弊端，这是胡耀邦、赵紫阳等中央"一线"工作的领导人上个世纪80年代在计划生育政策问题上一直处于被动状态的原因所在。问题分析到这里，我们在反过头来思考胡耀邦一开始没有把征求意见的任务交给国务院计划生育领导小组，而是要求中央办公厅召开的座谈会，也许有深一层的考虑。可惜，这个细节被疏忽了。

二、田雪原的"中央人口座谈会"

检索5年来媒体和出版物有关田雪原的"中央人口座谈会"，且不说经过记者文笔的访谈，仅出自他的论著和文章就接近10种。按照时间顺序排列和比较前后的版本，可以发现田雪原的"中央人口座

---

31 《人口问题座谈会情况简报》（四）。

谈会"也有一个提出和形成的过程。为此，我选择一篇比较成熟、具有代表性，并且篇幅适当的文章，转引在后面。如果仅仅从文字来看，这篇文章不全是叙述"中央人口座谈会"。但是，只有阅读田雪原的这篇文章的全文，才有可能理解他为什么要制造一个"中央人口座谈会"。所以，即使文章长了点，我仍然不愿意删节一文一字。另外，我也劝有意弄清田雪原"中央人口座谈会"的读者，能够耐心阅读他这篇文章。

"一对夫妇生育一个孩子"政策的由来与展望

今年是"一对夫妇生育一个孩子"政策提出 30 周年。理解这一政策的关键和枢纽，是 1980 年中共中央书记处委托中共中央办公厅连续召开的五次人口座谈会。这五次人口座谈会定下了二十世纪八十年代以来中国人口发展的战略、方针和政策。

现在，政策实施的效果已经显现，与此同时，劳动力短缺、老龄化、家庭负担过重等问题也相继浮出水面，成为社会关注的热点。社会上有文章说，网上也有帖子说，当年的决策过于"草率"，甚至是拍脑袋的结果，没有考虑政策的负面效应等。这种说法是不符合事实，也是不够负责任的。实际上，当时不是"没有考虑"，可以说，今天提出的问题当时差不多全都考虑到了，对政策的必要性、可能遇到的问题、如何应对等，均作了当时能够做到的最大限度的民主讨论，尽可能科学的分析。为了更好地把握未来人口变动和发展趋势，本人作为座谈会全程参与者和会议报告起草者，有责任也有义务将当时的情况原原本本地公之于众，提供给学术界和社会各界参考。

为马寅初的新人口论翻案

党的十一届三中全会恢复了解放思想、实事求是的思想路线。人口科学战线能不能恢复这条路线，为马寅初的新人口论翻案成为关键。而提到这个问题，就要说到我在《光明日报》1979 年 8 月 5 日发表的《为马寅初先生的新人口论翻案》一文。

1957 年 7 月 5 日，《人民日报》发表了马寅初的《新人口论》，分析了人口增长过快同经济社会发展的矛盾，主张控制人口数量、提高人口质量，曾受到毛泽东等中央领导同志的赞扬。但是，1957 年反右派斗争一起来，将适当控制人口增长当作马尔萨斯人口论批判，进而形成了"人口越多、劳动力越多、积累越多、发展越快"——人口越多越好的理论教条，而且将人口质量与种族优生混同起来，谁讲人口质量谁就是仇视劳动人民，造成其后十多年人口问题成为无人敢于问津的"禁区"。虽然 60 年代前期，中央领导同志和有关文件曾提及控制人口和实行计划生育，但没有有效地贯彻下去。在"文化大革命"期间，人口和计划生育工作则处于停顿、半停顿状态。

1959 年我作为初入北大的一名学子，一踏进校门便赶上第二次批判马寅初新人口论。当时我知少识浅，课余时间找来马老的几篇文章和批判他的文章对照着读，感到马老讲得颇有道理，那些批判文章大都千篇一律，空喊政治口号。由此我心中有些愤愤不平。后来马老无名"蒸发"，我心中的不平又平添了几分，便有意搜集一些相关资料，并且一直保存下来。1976 年粉碎"四人帮"后，我曾动笔撰写为马老翻案的文章，但当时"两个凡是"当道，自然不得发表。党的十一届三中全会恢复了实事求是的思想路线。我数易其稿，最后定名《为马寅初先生的新人口论翻案》，送到《光明日报》。报社收到稿子后很重视，告诉我准备作为"重头文章"刊用，发表时加了"编者按"，作为该报对过去错误批判新人口论的清算。

与宋健等合作进行人口预测研究

人口理论的拨乱反正，对明确中国人口问题的过剩性质非常重要，使人口发展战略、方针和政策，立于可靠的理论基础之上。但是，要制定控制人口的具体政策，还要求对未来的人口变动作出预测，提供人口发展战略需要的选择。

在 1979 年的一次人口科学讨论会上，我遇到七机部二院的李广元同志，我们攀谈起来。这位年轻的山东小伙子很豪爽健谈，思维敏捷，虽然是从事计算工作的，谈起人口来却头头是道。他告诉我说，他们有一个小组在搞人口预测，领导这项工作的是当时七机部二院宋健副院长。

几天后，李广元打电话来说，他回去以后，向宋健副院长作了汇报，能否约个时间，一起交谈一下。于是，我们约好在一个星期天上午相见。这天上午，我在月坛北小街中国社科院经济研究所恭候。九点将近，宋健和李广元骑着自行车准时来到。宋健同志也是山东人，讲起话来开门见山、干净利落。他说，广元同志介绍了你的情况和研究的课题，我们是否可以探讨一下合作研究问题，当前主要是人口预测。他认为，我们可以进行自然科学与社会科学的合作研究。我觉得，宋健同志的话是诚恳的、实事求是的，于是我们开始了紧锣密鼓的合作研究。

由于我们各自均有自己的本职工作，分头的研究利用业余时间进行，讨论研究成果一般均在星期天，个别时候占用晚上。1979 年第四季度，差不多每个星期天，我们都要在一起讨论一次。一般情况下，都是宋健、李广元等同志骑自行车前来。我们中午就买来几个馒头，就着咸菜、白开水充饥。讨论结果，由我撰写成文，并经宋健同志审定，最后选择 5 种方案，作为合作研究的最终成果。

这一成果由我们合作研究的两家单位的直接领导——著名科学家钱学森和著名经济学家许涤新，推荐给时任中央政治局委员、国务院副总理、国务院计划生育领导小组组长的陈慕华同志。随后，陈慕华同志回信称"已转报中央政治局"。

1980 年 2 月，新华通讯社发出电稿，报道了合作研究预测成果。这个研究结果揭示了由当时人口年龄结构比较轻的基本特点所决定，人口增长的势能比较强，即使实行比较严格的控制人口增长的政策，全国人口还要再增长较长一段时间；同时，由于我国人口基数大，号称世界第一人口大国，每年增加的绝对人口数量相当可观，增加了人口问题严重性和控制人口增长任务的紧迫性、艰巨性。

热议：提倡一对夫妇生育一个孩子

1980 年，中国人口政策走到历史的关键时刻。这一年 3 月下旬至 5 月上旬，中共中央书记处委托中共中央办公厅，连续召开了 5 次人口座谈会。

　　第一、二次会议在中南海西楼会议室举行，正式出席会议人员，包括中央有关部委负责同志 25 人，自然科学家 19 人，来自社科院、高校和部委研究部门的社会科学家 19 人，共 63 人。这两次会议由中共中央办公厅副主任冯文彬同志主持。他开宗明义，说明中央准备研究人口问题，中共中央书记处委托中共中央办公厅召开有各方面专家和负责同志参加的座谈会，广泛征求大家的意见，讨论今后 20 年和更长远一些时间的人口政策。他简要地回顾了人口和计划生育走过来的历程，政策上经历了"晚、稀、少"，"一个不少、两个正好、三个多了"，以及"最好一个，最多两个"等发展阶段。现在我们到底应该制定什么样的人口政策，特别是"提倡一对夫妇生育一个孩子"怎么样，可能遇到哪些问题，如何应对等，请大家畅所欲言，敞开发表意见。

　　4 月，座谈会转到人民大会堂安徽厅和广西厅召开，参加人员，中央有关部委负责同志没有变动，社会科学界仅剩下几位同志，自然科学界也减少了。在这次会上，问题的讨论更集中、更深入，专业性也更强一些。

　　第四次讨论回到中南海第二会议室，人员减少到 20 来人，带有总结的性质。座谈会对人口政策的核心内容和表述，可能遇到的问题的估计，应对的政策措施等达成共识。散会前，陈慕华同志就如何向中央书记处报告，谈了她的想法。会上，我被责成撰写这个座谈会向中央书记处递交的报告（以下简称《报告》）。《报告》初稿写出后，陈慕华同志又召集了两次小型会议，讨论和修改。

　　最后一次会议在中南海勤政殿举行。中央有关部委领导 20 多人出席，讨论座谈会向中央书记处的《报告》稿，提出进一步修改的意见。根据这次在书记处办公室讨论提出的意见，我对《报告》做了最后一次修改。5 月初，陈慕华同志办公室将准备 5 月 12 日向中央书记处汇报的《人口问题汇报提纲》（草稿，以下简称《汇报提纲》），通过内部交换寄给我，此后再没有做过其他改动。在向中央书记处提交的《报告》的基础上，我又起草了陈慕华副总理关于中国人口问题准备向五届全国人大三次会议的报告稿，精神与提交书记处的《报告》一致。

经过与会领导、专家学者的反复讨论，这次座谈会定下了"提倡一对夫妇生育一个孩子"大计，起到了为控制人口增长和加强计划生育一锤定音的作用，对后来人口政策的形成和发展至关重要。下面，我分几个方面，对当时讨论的几个主要问题，结合《报告》和《汇报提纲》，做一个简要的回顾和评价。

其一，要不要提倡一对夫妇生育一个孩子。这是座谈会提出的一个前提性质的命题，只有这一命题成立，才有必要探讨生育一个孩子可能带来的种种问题。座谈会对这一点完全达成了共识。也有的同志颇为激动，讲全世界不到 5 个人就有一个中国人，我们为什么要这么多人口？应该来一个"急刹车"。会下也有同志问我：搞一个"无婴年"行不行？大家的愿望可以理解，尽快将人口出生率和增长率降下来，使国家摆脱人口多的困扰，集中力量加快现代化建设；但是操之过急也不行，"无婴年"恐怕属操之过急一类。

具体来讲，提倡一对夫妇生育一个孩子，当时主要是三个方面的原因：

第一，人口现状和未来变动发展趋势。预测表明，如果一对夫妇平均生育2个孩子，21世纪中叶全国人口也要突破15亿人，然后才能缓慢下降，到21世纪结束时，人口总数仍将在14亿人以上。座谈会上发言的人，异口同声地说：中国人口太多了，住房困难，粮食、棉布等生活必需品供应紧张；劳动就业困难，"三个人的活五个人干"，严重地阻碍着劳动生产率的提高；人口多，消费大，每年国民收入中很大一部分被新增长人口消费掉了；人口增长快，学校、医院等公共事业的发展跟不上，造成人口数量过剩而素质不高的被动局面等。与会者均认为，应当加大人口控制的力度。

第二，政策和要求逐渐明确，距离普遍提倡"一对夫妇生育一个孩子"只有一步之遥了。1978 年10 月，中共中央批转的《关于国务院计划生育领导小组第一次会议的报告》，提出"提倡一对夫妇生育子女数，最好一个，最多两个，生育间隔三年以上"。座谈会召开前一年，时任国务院副总理的陈云、李先念，先后提出要求一对夫妇最好只生育一个孩子，并对生育一个孩子的实行奖励。国务院副总理陈慕华多次提到一对夫妇生育一个孩子，称之为计划生育工作的重点转移。1979 年 6 月，五届全国人大二次会议通过的《政府工作报告》，提出"要订出切实可行的办法，鼓励只生一个孩子的夫妇"。

第三，提倡一对夫妇生育一个孩子有着一定的群众基础。1979 年 3 月，山东省烟台地区荣成县农民鞠洪泽、鞠荣芬（女）等 136 对夫妇，向全公社、全县育龄夫妇发出《为革命只生一个孩子》的倡议书。天津医学院 44 位教职员工，也发出一对夫妇只生育一个孩子的倡议书。这说明，人民群众中的一些先知先觉者，对一对夫妇生育一个孩子已经有了一定的认识，并且开始行动起来。

其二，生一个孩子会不会引起智商的下降。座谈会上，卫生部的一位领导同志在发言中列举民间的一种说法：第一个孩子比较憨厚，俗话叫老大憨；第二个孩子比较聪明；但是最聪明的是老三，俗话讲"猴仁儿"嘛！我们要提倡生一个孩子，"猴仁儿"可没了，会不会导致我们民族智商下降呢？此话一出，语惊四座。一些同志交头接耳议论开来：是不是这样？如果真的是这样，就不能提倡生育一个，老二、老三都不可少。否则人口智商下降，谁能负得起这个责任？会议主持者赶紧组织力量查阅资料，进行分析和论证。经过一番努力，最后拿出两点结论性意见。

第一，生育孩子次序同聪明不聪明没有必然的联系。无论是"老大憨"还是"老二聪明""猴仁儿"等说法，都拿不出有力的科学依据，最多只是有些地区群众中有这样的一些说法而已。群众的说法，同过去多生多育有很大的关系。因为生育的子女多，第一个孩子（老大）率先长大，自然担负着协助父母照料比其小的弟弟、妹妹的义务，往往表现出宽容大度，带有一些憨厚的劲头儿；后来出生的弟弟、妹妹常常围着大哥、大姐转，显得要更调皮、活泼一些，给人以"老二聪明"和"猴仁"更聪明的印象。当时有的同志还列举美国飞行员的材料，美国空军飞行员中约有 40% 为第一个孩子（老大）。众所周知，空军飞行员对身体素质、科学教育素质以及反应能力要求很高，"老大"所占比例高达 40%，说明"老大憨"不能成立。

第二，要放到商品经济中去分析。随着商品经济的发展，婚姻和生育观念将要随着发生某些改变。可以预料的是，诸如婚前性行为、未婚先孕、离婚率升高以及买卖婚姻增多等，发生的可能性将增加。婚姻和生育行为的这种变化，会改变怀孕和实际生育的孩次。作为留下来的"老大"，并不一定都是所怀的第一个孩子，聪明的老二甚至是"猴仁儿"所占的比例会增多。今天看来，当时这样的估计并不过分，实际情况有过之而无不及。

其三，会不会引起人口老龄化。座谈会的回答是肯定的：生育率和出生率的持续下降，必然带来人口年龄结构老龄化。电视剧《宰相刘罗锅》主题歌里唱天地之间有杆秤，对于人口来说，生育率就是定盘星，生育率下来了，少年人口比例下来了，老年板块这一头就上去了，这是必然要发生的。1980 年 9 月发表的中共中央《关于控制我国人口增长问题致全体共产党员、共青团员的公开信》，也将"人口的平均年龄老化"列为"有些同志担心"的问题之一，做出必然发生但是可以调控和不用担心的诠释。

座谈会曾经具体地讨论了人口老龄化趋势和问题。关于老龄化发展趋势，当时提了三种预测方案，对老龄化水平估计最高的一种方案是：从 1980 年起生育率大幅度下降，1985 年一对夫妇平均生育一个孩子并继续保持下去，2000 年 65 岁以上老年人口比例为 8.9%，2020 年为 19.0%，2030 年为 29.6%。回过头来看，实际情况要比这一预测低许多。这说明，当时中央对人口年龄结构老龄化的估计预测，是留了一定余地的。

问题是我们怎么对待老龄化。《报告》和《汇报提纲》指出，一方面在 20 世纪余下的 20 年时间里不存在老龄化问题，21 世纪头 20 年也不严重；另一方面老龄化可能带来的主要问题，一是会不会发生劳动力供给不足问题。这个问题下面专门分析，这里不多赘述。二是会不会发生社会和家庭老年负担过重问题。对于这个问题，主要提出两项应对的策略和措施：一是通过对生育率的调整，将老年人口负担系数控制在一个合理水平；二是有计划地实行社会保险，建立可靠的养老保障制度。

其四，会不会引起劳动力短缺。座谈会对这个问题也很重视，但与会者并没有太多的不同意见。也许是当时每年安排新劳动力就业压力太大的缘故，劳动年龄人口减少一点儿，是大家巴不得的事情。

《报告》和《汇报提纲》在分析劳动年龄人口变动趋势，会不会出现劳动力短缺时，提出："与此同时，老年人口虽然增长比较快一些，但未成年人口减少也比较快，两项相抵，抚养指数（每个劳动力负担的抚养人口数）在 1998 年以前一直是下降的，1999 年以后开始上升，但要回到目前的水平，需要到 2035 年。所以，在本世纪余下的 20 年时间里，不存在老龄化和劳动力、兵源不足，抚养指数增大等问题。"这里已经将提倡一对夫妇生育一个孩子和出生率下降以后，将经历较长一段时间劳动年龄人口比例大幅度上升、老少被抚养人口比例大幅度下降，即后来称为人口年龄结构变动的"黄金时代"或"人口视窗""人口红利""人口盈利"等提了出来。这是一件很有现实意义的事情。当时改革开放刚刚起步，大家都在寻找机遇，提出这样或那样的多种机遇。然而立足于我国人口变动实际，即将到来的人口年龄结构变动的"黄金时代"则是已成定局，是"机不可失，失不再来"的一次机遇。

其五，会不会形成家庭"四二一"年龄代际结构。座谈会上，有一位领导同志提出：如果一对夫妇生育一个孩子，等到孩子结婚后再生育一个孩子，这个家庭不就成了老年人为四、成年人为二、少年人口为一的"四二一"家庭结构了吗？！一时间，他的话引来热议：有的说，四个老人怎么养活？有的说，这一代独生子女的责任太重了，承担不起啊，等等。

在座谈会上，我们结合家庭规模的演变，对这个问题进行了澄清。首先，老年人口为四不可能普遍存在。按照年龄组别死亡率 U 形曲线分布，每年每个年龄组均要死亡一定数量人口，老年人口年龄组死亡率要更高一些，二三十岁为人父母者不可能全部活到 60 岁或 65 岁以上。那么"二一"呢？只有独生子女结婚后又生育一个孩子，才具备形成"二一"的条件；如果实行独生子女结婚可以生育两个孩子的政策，"二一"也就失去了产生的条件。因此，提倡一对夫妇生育一个孩子在某些家庭可能出现"四二一"代际结构，但不具有普遍性，整个社会是不可能形成"四二一"结构的。

如何评价"一对夫妇生育一个孩子"政策

1980年9月25日，中共中央发表致全体共产党员、共青团员的公开信，正式提出"提倡一对夫妇生育一个孩子"。1982年3月13日，新华社报道：中共中央、国务院最近发出《关于进一步做好计划生育工作的指示》，要求国家干部和职工、城镇居民，除特殊情况经过批准外，一对夫妇生育一个孩子；农村普遍提倡一对夫妇生育一个孩子，某些群众确有实际困难要求生育两胎的，经过审批可以有计划地安排。同年9月，党的十二大把实行计划生育确定为基本国策，随后写入新修改的《宪法》。此后，"一对夫妇生育一个孩子"的政策，在全国城乡普遍推行。经过近30年的努力，中国妇女的总和生育率已从1982年的2.86，下降到2008年的1.70左右，即降低1.16，降低的幅度很大。

30年之后回过头来看，提倡一对夫妇生育一个孩子的政策对不对呢？有赞成者，有反对者，有不置可否者。我是赞成者。我认为，"一对夫妇生育一个孩子"的政策反映了上自中央领导、下至黎民百姓的愿望，集中了包括专家学者在内的各方面的智慧，是符合实际和切实可行的。为什么？从根本上说，一个国家、一个民族人口多寡并不是目的，目的是让这个国家、这个民族发展得更好，全体居民生活得更好。中国封建社会庶众人口观和形形色色的众民主义，都把人口多寡作为目的本身，而将人口的生存和发展列为其次，这就难免本末倒置。从这一见地出发，一是20世纪80年代伊始中国人口问题确实已经相当严重，不采取果断的政策措施加以解决，人口盲目增长下去，就要妨碍现代化建设事业的顺利推进，影响人口再生产健康的发展。二是中国漫长封建社会滋长起来的多子多福观念，是传统文化中一个相当顽固的"堡垒"，没有一个大的震动和持之以恒的艰苦努力，是难以撼动和改变的。

但是，我向来不赞成"生育一个孩子就是好"的说法。20 世纪 90 年代初，本人应邀到某省给省直机关作人口发展战略学术报告。上午讲完后，下午到省城附近一个村庄做了一点儿调查。我对自愿生育一个孩子的五户独女户，逐一进行了访问。令我奇怪的是，她们对为什么要生育一个孩子的回答几乎一样，都说"生育一个孩子好"；问她们好在哪里，却说不上来，只是说"就是好"，"好就是好呗"！吃晚饭时，主管人口和计生工作的副省长问我，今天下去怎么样，有收获没有？我介绍了调查的情况，特别是详说了五户独女户回答的情况，接着说："这使我想起'文化大革命'时期有一首歌，叫做'文化大革命就是好'。这首歌从头至尾就这一句话，唱到最后，再用这句话喊上一句口号结束。"同桌吃饭的人都笑了，省人口计生委主任则有点儿不好意思，他"不打自招"地说事先打了招呼。那位副省长打趣地说："好啊，你们搞攻守同盟，哄骗我们的大教授！"真相大白后，晚上即请这五户人家来开了一个小型座谈会，讲明我不是政府官员，大家不必有顾虑，很想听到大家的真实想法，可以敞开思想谈一谈。于是她们谈到只生育一个女孩子，没有男孩子在劳动上遇到的困难，被个别人看不起、视为"绝户"被歧视，以及同"传宗接代"作斗争思想上承受的压力等。听了她们的发言，我很是感动。我接着她们的发言说："提倡一对夫妇生育一个孩子，对于家庭和个人来说，不是最好的办法，而是国家为了控制人口增长没有办法的办法。因此，大家为了国家的利益而牺牲家庭和个人的利益，是牺牲小家顾大家的一种光荣的举动，国家才给予一定的补偿。"这样实事求是地讲了以后，农民群众心里服气，受到安慰和鼓舞，对政策也有了更深一层的理解。

"后人口政策"任重道远

近 30 年的实践证明，当时对人口变动和发展趋势的判断是正确的，制定的政策是成功的。这样说，并不意味着中国的人口政策已经尽善尽美了，包括人口政策在内的任何政策，总是要不断发展和完善的。特别是 20 世纪 90 年代中期中国进入低生育水平阶段后，人口的变动又走到十字路口，人口政策面临新的抉择。

2009年12月，我在《人民日报》上发表署名文章《新中国人口政策回顾与展望》，提出人口政策也应"与时俱进地进行调整"，并给出了三种不同的调整方案：第一，全国不分城乡，夫妇双方均为独生子女者，一律允许生育两个孩子；第二，夫妇一方为独生子女者，允许生育两个孩子，农村现在可以实施，城镇可从"十二五"时期开始实施；第三，在有效制止三孩以上多孩生育的条件下，农村可普遍允许生育两个孩子。

令人意想不到的是，我的文章引起了很大的社会反响，赞成者、反对者均有之。甚至有人猜测，这是不是政府改变人口政策放出的一个信号。我在这里想说的是，这只是我作为学者个人提出的建议，而且也不是什么新的想法，实际上是希望履行1980年中央座谈会提出的政策承诺，因为当初主要出发点就是控制一代人的生育率。1980年中央人口座谈会上领导同志在审阅给中央书记处的《报告》时，提出让我以个人名义写两个"附件"。"附件"之一就是《提倡一对夫妇生育一个孩子多长时间为宜》。我的基本的观点是：提倡一对夫妇生育一个孩子主要是要控制住一代人的生育率，因为控制住一代人的生育率，也就自然地控制了下一代做父母的人口数量，因而可以起到有效控制人口增长的作用。为什么不能搞两代人、三代人？如果实行两代人生育一个孩子的政策，人口年龄结构就会向着"倒金字塔"方向转化，必然导致劳动力供给不足、社会负担过重等问题，是不能开此先例的。因此，提倡一对夫妇生育一个孩子是既非权宜之计也非永久之计，而是一段时间，具体说是未来二三十年特别是20世纪内的事情。

1980年上半年中央人口座谈会向中央书记处的《报告》、9月25号中共中央《公开信》，都阐明了提倡一对夫妇生育一个孩子主要是控制一代人的生育率，因而是接下来的二三十年特别是20世纪内的事情。《公开信》向社会公开宣布："到30年以后，目前特别紧张的人口增长问题就可以缓解，也就可以采取不同的人口政策了。"

人口变化的特点是缓慢、累进，但是它的势能很强。我主张瞻前顾后，统揽全局，科学把握。如果不未雨绸缪，适当调整政策，对当代人来讲可能影响不是很大，长远来讲恐怕会有一些不好的后果，纠正起来也会很难。[32]

我以为，对于既不了解中国生育政策的性质，又不熟悉其历史脉络的读者来说，通读田雪原的文章，完全被他的个人魅力所征服，一点也不奇怪。但是，如果我们知道所谓政策从来都是指政党或国家为实现一定任务而根据特定路线制订的具体行动准则，那任何一位读者都会明白中国生育政策的历史应该是党和政府的历史，在田雪原那里，始终没有党和国家以一贯之的理论，没有领袖人物如毛泽东、周恩来、邓小平等领导人的身影，更没有从中央到地方的党和政府以及主管部门如何执行党的政策，相反，通篇文章只有田雪原自己从1960 年上大学就萌生为马寅初翻案开始的在中国生育政策中越来越重要，越来越需要重笔书写的事迹，特别是田雪原在"一对夫妇生育一个孩子"的由来和展望中塑造出的田雪原最终成为贯穿共和国 60 年生育政策演变的一条红线，我不知道读者心里究竟会产生怎样一个想法？[33]

32　田雪原口述：《"一对夫妇生育一个孩子"政策的由来与展望》，《百年潮》2010 年第 10 期。

33　1978 年以前，仅有北京经济学院（首都经贸大学的前身）设立了一个人口理论研究室。除此以外，全国都很少有人从事人口和计划生育研究工作。1979 年年中，田雪原由教育部调到中国社会科学院经济研究所。中国社会科学院系两年前由中国科学院哲学社会科学部撤部建院，马寅初曾经是中国科学院哲学社会科学部学部委员（相当于现在的科学院院士）。马寅初是一位身份极高的大人物，虽然担任北京大学校长，但他还拥有远比北京大学校长级别更高的中华人民共和国中央人民政府委员会委员和全国人大常委会委员等职务，实际是中共中央和国务院直接管理的国家领导。1979 年6 月 21 日，陈云、胡耀邦分别批示给马寅初平反后，中组部和中央统战部组织相关单位抽调人员组成马寅初平反小组从事平反工作，其中也包括了中国社会科学院。当年的马寅初获得哲学社会科学部学部委员，源自于其经济学家的身份和资历。所以，中国社会科学院将抽调参与马寅初平反人员的任务下达到经济研究所。田雪原刚刚报到，尚没有相对确定的经济学科的研究方向，就临时指派参加了为马寅初平反的工作，这也是田雪原切

三、是历史，还是谎言？

毫无疑问，田雪原的所谓"中央人口座谈会"就是 1980 年 4 月中央办公厅召开的人口问题座谈会。这本是中央办公厅一次普通的工作会议，但是，因为田雪原参加了，30 年后，它就变成了一次不朽的历史性会议。田雪原原以为参加那次会议的绝大多数人都以故去，特别是会议少有的资料肯定散失殆尽，便可以信口雌黄，编织出弥天的谎话。不想，法网恢恢，疏而不漏。30 年前的会议资料除了他拥有以外，竟然还有幸存于世者。

1. 是"中央人口座谈会"，还是中央办公厅人口问题座谈会？

从 2008 年初开始，田雪原先是通过一些媒体披露他的"中央人

入人口学领域的机缘。

20　多年以后，田雪原将自己打扮成自 1959 年进入北京大学就立志为马寅初平反的英雄和从事人口研究的资深人口学家。为此，我曾经在一些文章里点名这一个 1979 年从事人口学研究的人所共知的事实。田雪原从不正面回应，但总是迂回地继续重复伪造的历史。那么，我们再来看新华社记者杨建业当年是怎么说的。当年陈云批示应当为马寅初平反，是写在新华社的一篇题为《马寅初的家属希望尽快为马落实政策》的文章上。这篇刊登在新华社报送中央领导的《国内动态清样》上的文章的作者，就是杨建业。也就是从这篇文章开始，直至 1982 年马寅初逝世，凡是中央层面的有关马寅初的活动，新华社派出的记者往往都是他。杨建业说：

"当中央领导同志对马寅初的平反问题，有了明确指示以后，中国社会科学院经济研究所的田雪原同志就立即着手搜集、整理马寅初的关于人口问题的文章、讲话和手稿。"

上面这一段文字刊载于杨建业著《马寅初传》（中国青年出版社，1985年）第 241 页。但是，田雪原在《中国人口政策 60 年》（社会科学文献出版社，2009 年）第 122 页上，是这么说的：

"1959 年笔者作为初入北大的一名学子，一踏进校门便赶上第二次批判马寅初新人口理论。当时知少识浅，课余时间找来马老的几篇文章和批判他的文章对照着读，感到马老讲得颇有道理，那些批判文章大都千篇一律，空喊政治口号，由此心中有些愤愤不平。后来马老无名'蒸发'，笔者心中的不平又平添几分；再看马老誓死为真理而战，铮铮铁骨掷地有声，便有意搜集一些相关资料，并且一直保存下来。还时不时地想到这桩公案，难道事情就这样结束了吗？甚至想到会有翻案的一天的到来……"

口座谈会"。[34] 紧接着，他便在一些学界的会议上娓娓道来。不过，直接见诸于他的文字，特别是明确地提出"中央人口座谈会"这一个概念，是 2009 年以后的一系列论著。最初，田雪原还不那么大胆，为这个概念的提出做了许多的铺垫。他在最初的文章中说：

1980 年，中国人口政策走到历史的关键时刻。这一年 3 月下旬至 5 月上旬，中共中央书记处委托中共中央办公厅，连续召开 5 次人口座谈会。[35]

在紧接的两篇文章中，中央办公厅召开的会议与中央会议有意并行使用。

"1980 年 3-5 月，中央书记处委托中央办公厅召开人口座谈会……。""1980 年中央召开人口座谈会……"[36]

贼越偷越大胆。谎话说过多遍自己也就把它当作真理了。

1980 年上半年中央人口座谈会向中央书记处的《报告》……[37]
1980 年 3－5 月，中央连续召开 5 次人口座谈会。[38]
1980 年 3-5 月中央 5 次人口座谈会……[39]

明明是中央办公厅召开的人口问题座谈会，如何就成了中央人

34　据我的考证，田雪原最早转述这次会议的媒体是《新京报》2008 年 3 月 13 日发表该报记者相丽丽的文章《改革开放 30 年的计划生育制度变迁》，但是，这篇文章仅有他关于"中央人口座谈会"的思想，还没有提出这个概念。

35　田雪原：《中国人口政策 60 年》，社会科学文献出版社，2009 年，第 131 页；

36　田雪原：《中国人口政策：艰难困苦的合理选择》，中国社会科学院老专家协会编《我在现场——亲历改革开放 30 年》，社会科学文献出版社，2009 年，第 312 页；田雪原：《中国人口政策 60 年》，程恩富主编《激辩"新人口策论"》，中国社会科学出版社，2010 年，第 38、39 页。

37　田雪原：《中国走向"后人口政策"》，社会科学报，2009 年 10 月 22 日，第二版。

38　田雪原：《新中国人口政策回顾与展望》，人民日报，2009 年 12 月 4 日，第 7 版。

39　田雪原：《人口生育政策又到十字路口》，社会科学报，2010 年 5 月 13 日，第二版。

口座谈会了呢？何为中央，何为中央会议？中央和中央办公厅是一回事吗，中央会议和中央办公厅的会议，可以相提并论吗？

我们这里所说的中央，当然是指中国共产党中央委员会，是中国共产党代表大会闭幕期间主持党的日常事务中央机关。中央委员会全体会议闭幕期间，中央日常事务由它所选举的中央政治局及其常务委员会主持。中央会议当是中央委员会或者中央政治局、政治局常委会召开的会议。按照中国共产党的章程，中央会议都有极为严格和规范的程序。因为中国共产党在我国所具有的政治地位，中央会议在党内具有的合法性和权威性自不必说，其重要性和权威性对于全国也都是不容置疑的。所以，中央会议当然无比重要了。而中央办公厅，则是中共中央的办事机构。中共中央还设置了一些职能部门，譬如纪律监察委员会、政法委员会，以及组织部、宣传部、统战部等等。中央办公厅则属于中共中央的办事机构。30 多年来的机构变化，办公厅似乎有了较多的综合职能，但在 30 多年前主要是一个承办会议、承担起草文件和记录的文秘工作、管理机要、负责领导的生活起居、保卫和勤务等具体事务。杨尚昆是 1926 年加入中国共产党、同年赴苏联莫斯科大学学习的老一辈革命家，因各种原因晚年失去毛泽东的信任，但他在中共中央办公厅主任位置上 20 年，不能说未曾得到毛泽东的信任。可直到他离开中央办公厅，才有一个中央书记处候补书记的职务。为什么？因为中共中央办公厅就只是一个具体的办事机构，可见中央办公厅在党的全局中的地位。1980 年 2 月党的十一届四中全会设立的中央书记处，也只是中央政治局和政治局常委领导下的负责中央日常工作的领导机构。中央办公厅在中央书记处领导下，只是承担一些具体的事务。可能人们不太注意，按照党的章程，即使是中央书记处的会议也不可以称之为中央会议。中央办公厅召开的会议，如何就可以称之为中央会议？

2. 是中央书记处的指示，还是委托？

田雪原在不得不说中央办公厅的时候，就要加上一个"委托"，说"中共中央书记处委托中共中央办公厅召开人口座谈会"。[40] 怎么是委托？"关于人口座谈会情况的报告"第一稿说得十分清楚，"根据书记处指示，最近，中央办公厅主持召开了人口问题座谈会"。[41] 哪里有"委托"二字！什么叫指示、什么叫委托？《新华词典》对指示这一词条解释说："党政领导人或上级机关、组织为指导工作而发出的口头或书面意见。"而委托则是"把事情托付别人或别的机构去办理。"可见，比较二者的区别，指示是发生在上下级之间，委托则是发生的平等的关系人或机构之间。中央办公厅是中央书记处领导下的办事机构，向它交办事务是指示。特别重要的是，因为委托是托付别人承办本应该自己办理的事物，其中就有一个授权问题，即本来无权处理的事情因为授权而具有了相应的职权或权利。所以，田雪原用"委托"，寓意中央办公厅在做中央书记处所作的事情。但是，我们在会议资料中并找不到中央书记处委托授权中央办公厅的文字和内容。

3. 是 1980 年 4 月召开的会议，还是 3—5 月？

一次正规的会议，自然有始有终，何时开始，何时结束，应该是明确的。特别是发生在和平年代的高规格的重要会议，哪天开始、哪天结束，都相当清楚。但是，田雪原总是不给人们一个准确的时间概念，绝大多数情况下说 1980 年 3-5 月，[42] 有的时候则说"3 月下旬 5 月上旬"。[43] 为何如此模糊？是会议特殊，起始和终止的时间不好界定吗？当然不是。根据人口座谈会秘书组的简报，"4 月 7 日下午

---

40 《中国人口政策 60 年》，第 131 页；《我在现场——亲历改革开放 30 年》，第 312 页；《激辩"新人口策论"》，第 38 页；《百年潮》2010 年第 10 期，第 15 页。

41 梁中堂自存档案资料，1980040703，《关于人口座谈会情况的报告》（讨论一稿），第 1 页。

42 《中国人口政策 60 年》，第 131 页；《我在现场—— 亲历改革开放 30 年》，第 312 页；《激辩"新人口策论"》，第 38 页；《百年潮》2010 年第 10 期，第 15 页。

43 《中国人口政策 60 年》，第 131 页；《百年潮》2010 年第 10 期，第 15 页。

举行第一次会议"。[44] 那就是说，座谈会于 4 月 7 日召开。何时结束？根据第 4 期也是我手头上的最后一期简报，"4 月 30 日上午在人民大会堂召开全体会议"，这该是最后一次会议。即使因为这期简报不像第一期说得那么明确，但根据简报内容和后来的报告产生情况，也能够做出这一结论。首先，4 月 30 日会议的"中心议题是，就以草拟的《关于人口问题的报告》征求各方面的意见"。已经就报告征求意见了，当然是会议的尾声了。其次，这天会议的开法，先由座谈会的主持者、中办副主任冯文彬讲话，接着大会发言，最后出到会级别最高的全国政协副主席王首道讲话，也是会议结束才可能的程序。另外，那天会议的主持者，国务院计划生育领导小组副组长、国务院计划生育办公室主任栗秀珍曾要求与会者于 5 月 5 日将报告修改稿退回到国务院计划生育办公室。[45] 最后，以国务院计划生育办公室名义完成的《关于人口问题的报告》，签署时间 1980 年 5 月 12 日。[46] 按照会议参加者 5 月 5 日退回各自的修改稿，起草者再用一周时间参考大家的意见完成修改并经主管领导审批上报，也表明 4 月 30 日是最后一次会议。就是说，中央办公厅人口问题座谈会召开的第一次会议是 4 月 7 日，最后一次会议是 4 月 30。如果简单表述，就是 1980 年 4 月。田雪原为什么要说 3-5 月？这也是我要读者阅读他那篇文章全文的理由。田雪原要给造成人一种印象，把"中央书记处委托中央办公厅"召开这次会议的起因来自于 1980 年 2 月 13 日新华社报道他和宋健的人口测算，把 1980 年 9 月 25 日中共中央发布"公开信"来自于这次座谈会。所以，他就要把会议起始的时间向前移，把会议结束的时间往后推。

　　顺便指出，把故事发生的时间搞模糊，是田雪原玩弄的一贯手

44　梁中堂自存档案资料，1980040705，人口座谈会秘书组：《人口问题座谈会情况简报》（一），第 1 页。

45　梁中堂自存档案资料，1980040708，人口座谈会秘书组：《人口问题座谈会情况简报》（四），第 1、4 页。

46　梁中堂自存档案资料，1980040709，《关于人口问题的报告》（讨论三稿）。

法。1979 年 12 月 8 日至 14 日在成都召开的全国第二次人口科学讨论会上，田雪原和宋健手下的李广元第一次见面，1980 年 2 月 13 日就发布了宋健田雪原李广元于景元的合作成果的"百年测算"。因为怕人们怀疑他们仅用几个礼拜天的时间就可以搞出重大"合作研究"，田雪原就说"1979 年下半年至 1980 年初"。[47]

4. 座谈会究竟是在哪里开的？

因为会议在哪里召开，标志着参加会议人地位和会议级别档次，所以，田雪原在这方面也煞费苦心。他按照他的说法，"第一、二次会议在中南海西楼会议室举行"，"4 月，座谈会转到人民大会堂安徽厅和广西厅"，"第四次讨论回到中南海第二会议室"，"最后一次会议在中南海勤政殿举行"。能到中南海和人民大会堂，本来就够雷人的了。但是，这还不够。田雪原又增加了一句："根据这次在书记处办公室讨论提出的意见……"[48] 够厉害的了吧？在中共中央书记处会议室征求意见，那还不够牛，而是在"书记处办公室"，那才是决定党和国家大政方针的地方！

我们先跟着田雪原分析一下他的两个噱头。一个是"中南海第二会议室"。中南海是什么地方？是你田雪原出生的小村庄，还是哪个县委或者县政府的办公所在地？可以径直编排出第一、第二或者第几会议室来。那是中共中央和国务院办公的地方。无论中共中央还是国务院，又各有许多个下属机构也都在中南海里面办公。这些隶属中共中央或者国务院的机构，往往都是大单位，也不只有 1、2 个会议室。所以，在中南海里，如果会议室按照 1、2、3……来排列，会有

---

47 《我在现场——亲历改革开放 30 年》，第 312 页；《激辩"新人口策论"》，第 38 页。

48 《中国人口政策 60 年》，第 131、132 页；《百年潮》2010 年第 10 期，第 15 页。《百年潮》上最后一句话是："我对《报告》做了最后一次修改"。此外，清点田雪原的会议地点，即使按照他的说法"五次座谈会"，但会议地点是 7 个。有点像中国共产党第一次代表大会，因为安全问题需要不断改变和转移会议地点。

许多个"第二会议室"，但不会有"中南海第二会议室"。"中南海第二会议室"？中共中央的，还是国务院的？如果是中共中央的，那又要问是中共中央哪个部门的？如果是国务院的，那又要问是国务院的哪个单位的？你来个"中南海第二会议室"，那不是唬老百姓吗！还有，"中央书记处办公室"，按照前后文来分析，就是中南海勤政殿了。看来，中南海勤政殿，现在又改叫"中央书记处办公室"了？

从田雪原的罗列，我们分别得到中南海西楼会议室、人民大会堂安徽厅和广西厅、中南海第二会议室、中南海勤政殿、中央书记处办公室等 6 个会议地点。但根据会议简报提供的情况却没有那么令人眼花缭乱。除了第一次会议没有说明开会的地点以外，后面 3 次会议，其中"4 月 9 日下午在人大会堂分组讨论"[49] "人口问题座谈会 4 月 12 日下午在人民大会堂继续分组讨论"[50] "人口问题座谈会于 4 月 30 日上午在人民大会堂召开全体会议"。[51] 分组讨论的地方说得更分具体一些，第一组广西厅，第二组陕西厅。[52]

5. 是一次人口问题座谈会，还是五次？

1980 年 4 月，中央办公厅根据书记处的指示，召开了一次人口座谈会，倾听科学家对"提倡一对夫妇只生一个孩子"的意见。但是，按照田雪原的说法，座谈会不是一次，而是五次。[53]

49　梁中堂自存档案资料，1980040706，人口座谈会秘书组：《人口问题座谈会情况简报》（二）。

50　梁中堂自存档案资料，1980040707，人口座谈会秘书组：《人口问题座谈会情况简报》（三）。

51　《人口问题座谈会情况简报》（四）。

52　梁中堂自存档案资料，1980040701，《1980 年 4 月中央办公厅召开人口问题座谈会分组名单》。

53　"1980 年 3—5 月，中央连续召开 5 次人口座谈会"，人民日报，2009 年 12 月 4 日，第 7 版；"1980 年 3-5 月中央 5 次人口座谈会……" 社会科学报，2010 年 5 月 13 日，第二版；"连续召开 5 次人口座谈会"，《中国人口政策 60 年》，第 131 页；"对人口问题进行了五次规模不等的讨论……" 《我在现场——亲历改革开放 30 年》，第 312 页；《激辩"新人口策论"》，第 38—39 页。

究竟是一次还是五次？根据 1980 年 4 月中央办公厅人口问题座谈会秘书组的会议简报，4 月 7 日下午，中共中央办公厅副主任冯文彬主持召开第一次会议，4 月 9 日下午、12 日下午连续两次分组讨论，4 月 30 日上午大会，共计 4 次会议。按照最后一次会议上的要求，与会者于 5 月 5 日前把报告修改意见退回到国务院计划生育办公室，5 月 12 日签署上报中央书记处的《关于人口问题的报告》。任何一个不想把问题搅浑的人都知道这是一次完整的座谈会，同一个主持和召集者，同一个会议主题，同一批与会人员和一个完整的会议报告。哪来的 5 次座谈会呢？一次会议期间有过几次活动就可以称之为几次会议吗？1942 年 5 月的延安文艺座谈会期间，作家和文艺工作者围绕毛泽东 1942 年 5 月 2 日发表的"引言"讲话，还又开过许多次会议座谈，难道可以说历史上有许多次的延安文艺座谈会吗？即使退一步讲，田雪原是想表述这次座谈会期间的每次活动，那也是 4 次，也不是 5 次，为什么总要多说呢？

6. 会议越开人越多了，还是越少了？

在《中国人口政策 60 年》一书中，田雪原说：

4 月，座谈会转到人民大会堂安徽厅和广西厅，参加会议人员有所减少，社会科学界仅剩下几位同志、自然科学界也减少了一小半的样子。中央和国务院有关政府部门负责同志没有多大变化……

第四次讨论回到中南海第二会议室，人员减少到 20 来人……

最后一次会议在中南海勤政殿举行，中央和国务院有关部委领导同志 20 多人出席……[54]

在《"一对夫妇生育一个孩子"的由来与展望》中，他说：

4 月，座谈会转到人民大会堂安徽厅和广西厅，参加人员，中央有关部委负责同志没有变动，社会科学界仅剩下几位同志，自然科学

---

54 《中国人口政策 60 年》，第 132 页。

界也减少了……

第四次讨论回到中南海第二会议室，人员减少到 20 来人……

最后一次会议在中南海勤政殿举行。中央和国务院有关部委领导同志 20 多人出席……[55]

我们不知道田雪原说中央人口座谈会越开人越少是要向人们传达一个什么样的信息，是中央的权威不够，连一个这样的会议也组织不起来，虎头蛇尾的；拟或是，人们对这个问题提不起兴趣，所以不去了；也许，是要突出他"临危受命"的使命感。不过，遗憾的是，他说的不是事实，所以上述无论哪种情况都不能成立。因为从每次会议名单来分析，座谈会越开人越多了，而不是越少了。

我们没有 1980 年 4 月 7 日座谈会第一次会议的名单，但根据会议秘书组反映第一次会议简报，"参加会议的有自然科学、医学科学工作者 19 人，研究人口问题的社会科学工作者 19 人，中央、国务院有关部委负责人 25 人"，[56] 合计 63 人。在后面提供的 2 个名单中，我们发现有国务院计划生育办公室主任、副主任以下干部，其中前一个名单中有 7 人，后一个为 8 人。这差不多是当时国务院计划生育办公室除了勤杂人员以外的全部在编干部了。因为我们不清楚第一次会议中的"中央、国务院有关部委负责人 25 人"是否包括国务院计划生育办公室的中下层干部，所以使得后面的计算有点麻烦。即使这样，对照第一次会议和后面两个会议名单提供的人数，也是参加会议的人越来越多了。因为第一次会议 63 人中，如果还包括国务院计划生育办公室的一般干部，那显得后面参加会议的人更多。根据分组名单计数，如果不计算国务院计划生育办公室处（局）以下干部，参加 4 月 9 日、12 日小组会议的人员是 66 人；如果加上国务院计划生育办公室处（局）以下干部 7 人，则是 73 人。参加 4 月 30 日最后一次会议的人数，如果不计算国务院计划生育办公室处（局）以

55　《百年潮》2010 年第 10 期，第 15 页。
56　《人口问题座谈会情况简报》（一）。

下干部，是 73 人；如果计算了，则 81 人。会议越开人越多了。

按照田雪原的说法，会议越开人越少，但"中央有关部委负责同志没有变"，是自然科学界和社会科学界的研究人员减少了。我经过对比发现，事实恰恰相反。比照分组名单和最后一次会议的参会的人员和单位，民政部、教育部后来缺席了；国家民委、民政部、国家农委、教育部和文化部的几位副部长（副主任），以及公安部、卫生部、全国总会等部门的司局长们，在后来的会议中或者换了一般的干部，或者根本不参加会议了。但自然科学和社会科学的专家们，除一人在后来缺席外，其他 37 人自始至终参加了会议。所以，田雪原说"参加会议人员有所减少，社会科学界仅剩下几位同志、自然科学界也减少了一小半的样子。中央和国务院有关政府部门负责同志没有多大变化"，纯粹是闭着眼睛说瞎话

7. 陈慕华参加座谈会了吗？

陈慕华时任中共中央政治局候补委员、国务院副总理兼国务院计划生育领导小组组长，是当时计划生育方面的最高领导。把陈慕华拉上，才够级别。所以，田雪原写到：

（第四次讨论会）散会前，陈慕华同志就如何向中央书记处报告，谈了她的想法……《报告》初稿写出后，陈慕华同志又召集了两次小型会议，讨论和修改报告稿。

……5 月初，陈慕华同志办公室将准备 5 月 12 日向中央书记处汇报的《人口问题汇报提纲》……[57]

陈慕华参加这次座谈会了吗？首先从会议名单、简报来看，答案是否定的。分析这次会议的参会人员，除了王首道和钱信忠以外，所谓有关部委负责人的最高职务就是 7、8 位副部长或者副主任。王首道在会议名单上注明的是全国政协副主席，但它参加这个会议显然是因为 1978 年国务院调整计划生育领导小组成员时担任领导小组第

57　《中国人口政策 60 年》，第 132 页；《百年潮》2010 年第 10 期，第 15 页。

一副组长。[58] 卫生部部长钱信忠参加会议，是因为卫生部历来都是国务院计划生育领导组的成员单位。因为节制生育本来就是医疗卫生部门的事情，卫生部部长也就是国务院计划生育领导小组当然的副组长。我对照了一下后来由国务院批准的国家计划生育委员会的兼职单位，基本上都是这里的"中央、国务院有关部委"。所以，参加这次座谈会的国家部委，实际上都是那时的国务院计划生育领导小组的组成单位。所以，就参加会议人员的规格来说，陈慕华没有参加这个会议。反过来说，如果陈慕华参加会议了，作为国务院计划生育领导小组组成单位的各部委既不可能随意缺席，也不会仅指派个一般干部顶替应该由部长参加的会议。

其次，就工作关系来说，陈慕华也不会参加这个会议。1980 年4 月人口问题座谈会，是由中共中央办公厅"根据书记处的指示"召开的。[59] 中共中央书记处是根据 1980 年 2 月召开的十一届五中全会的决定设立的，按照职能划分，它是中央政治局和常务委员会领导下的经常工作机构。[60] 中共中央办公厅是中共中央和中央书记处领导下的具体办事机构，办公厅副主任主持的会议邀请政治局候补委员参加，关系不顺。相反，如果陈慕华参加会议，势必出现陈慕华喧宾夺主和主导会议的结果。您看，在田雪原的笔下，这个座谈会开着、开着，就转到陈慕华的领导之下了。这不，不仅陈慕华谈了她的给书记处报告的想法，而且又亲自召集和出席了两次小型会，甚至参与讨论和修改报告了。

再其次，就会议的起因来说，也不该陈慕华来参加。冯文彬在 4月 7 日第一次会议上说："在贯彻这个方针（即提倡和鼓励一对夫妇只生一个孩子）的过程中，干部群众议论较多。……中央书记处在讨论这个问题的时候建议召开一个座谈会，征求各个方面科学家的意

58　彭珮云主编：《中国计划生育全书》，中国人口出版社，1997 年，第 437 页。

59　《关于人口问题座谈会情况的报告》（讨论一稿），第 1 页。

60　中共中央文献研究室编：《邓小平年谱》，中央文献出版社，2004 年，第 606页。

见。今天请各方面的专家来，就是要讨论这个问题……"[61] 所以，座谈会是倾听各个方面的科学家的意见的，陈慕华没有必要参加。

最后，从座谈会形成的报告来分析，陈慕华没有参加座谈会。座谈会以后，给中央书记处的《关于人口问题的报告》，署名是国务院计划生育办公室，而不是国务院计划生育领导小组。[62] 国务院计划生育办公室主任是栗秀珍，国务院计划生育领导小组组长是陈慕华，前者是后者的办事机构。根据田雪原的说法，是陈慕华在会议上张罗给书记处的报告的。那么，按照陈慕华的"想法"和意见"讨论和修改"的报告，署名的应该是国务院计划生育领导小组，而不是它的下设机构——国务院计划生育办公室。《关于人口问题的报告》是国务院计划生育办公室给中央书记处呈送报告，说明陈慕华没有参加会议。

中央办公厅召开的人口问题座谈会，当然是一次很正规的会议，会议简报和有关文件对于参加会议的主要人员，特别是高级别的领导人，必须予以反映。您看，中央办公厅副主任冯文彬主持会议、出席会议，政协副主席王首道出席会议和讲话，几份文件都予以刊载。[63]相反，政治局候补委员、国务院副总理陈慕华参加了座谈会并在会议上起主导作用而会议文件却未做任何反映。正常吗？

田雪原所以要拉扯陈慕华，因为陈慕华是中央政治局候补委员、国务院副总理、国务院计划生育领导小组组长。有了陈慕华，似乎就好说"中央人口座谈会"了。其实是徒劳的。按照共产党的章程，中央会议必须由中央委员会或者中央政治局及其常务委员会来召开。陈慕华是政治局候补委员，在政治局会议上只有列席而没有表决权。虽然说中央委员会、中央政治局及其常务委员会都是集体领导，但是，通常会议的召集人和主持者都只能是由担任总书记的常委实施

61　《人口问题座谈会简报》（一）。

62　梁中堂自存档案资料，1980040709，国务院计划生育办公室；《关于人口问题座谈会的报告》。

63　《关于人口问题座谈会情况的报告》（讨论二稿），《人口问题座谈会情况简报》（一），《人口问题座谈会情况简报》（四）。

的。所以，不要说陈慕华没有参加这次座谈会，即使有一个陈慕华、或者陈慕华主持领导了这个座谈会，她也不敢言称"中央"。也不知道田雪原是真的不懂，还是故意糊弄老百姓？

8. 是座谈会，还是讨论会？

田雪原说：

> 1980 年 3-5 月，中央书记处委托中央办公厅召开人口座谈会，对人口问题进行了 5 次规模不等的讨论，最后在中南海勤政殿形成座谈会向书记处的《报告》，以及致共产党员、共青团员的《公开信》。人口座谈会讨论了方方面面的人口问题……[64]

按照田雪原叙述说，"中央人口座谈会"讨论了诸如要不要提倡一对夫妇只生一个孩子、生一个孩子会不会引起智商下降、会不会引起人口老化、会不会引起劳动力短缺、会不会形成家庭"四二一"结构，等等。田雪原说："……可以说，今天提出的问题当时差不多全都考虑到了，对政策的必要性、可能遇到的问题、如何应对等，均作了当时能够做到的最大限度的民主讨论，尽可能科学的分析。"[65] 这就是说，4 个半天的座谈会曾经讨论了那么多的问题。那究竟是座谈，还是讨论，座谈会和讨论会一样吗？讨论，《新华词典》解释是"就某一问题交换意见或进行辩论"。而座谈，则是"不拘形式地漫谈讨论"。冯文彬在第一次会议上向大家明确交代说："中央书记处在讨论这个问题时建议召开一个座谈会，征求各方面科学家的意见。今天请各方面的专家来，就是要讨论这个问题，如何既能达到控制人口增长的目标，又能避免或妥善解决由此而造成的某些不良社会后果。"[66]怎么座谈会就开成了讨论会了呢？

当然，从另外一个方面来讲，虽然说会议一开始是要开座谈会

---

64 《中国人口政策 60 年》，第 132 页；《激辩"新人口策论"》，第 39 页；《我在现场——亲历改革开放 30 年》，第 312 页。

65 《百年潮》2010 年第 10 期，第 13 页。

66 《人口问题座谈会情况简报》（一）。

的，但会议没有掌握好或者根据形势发展将座谈会开成了讨论会、论证会，也是可能的。问题是，我们所讨论的这个座谈会的确就是座谈会，而没有发生像田雪原所说的讨论会。根据会议简报，除了第一个问题即"要不要提倡一对夫妇只生一个孩子"显然是前一年提出这一方针政策的栗秀珍和现在积极为之论证的田雪、宋健抢先在第一次大会发言涉及到以外，他这里所列出的其他问题在反映会议情况的简报上几乎都看不到。相反，我们在简报上所见到的，的确如冯文彬所希望的那样，各方面的专家分别从专业角度谈如何做好计划生育工作，涉及的方面可说五花八门，并没有集中讨论什么专门的人口问题。譬如根据会议秘书组第 1 期简报，在 4 月 7 日下午大会发言的，有包括栗秀珍、田雪原、宋健在内的 8 个人，发言主要内容，（1）由于过去相当长的一段时间内人口增长过快，给我国社会主义建设带来不少困难，党和政府迫不得已采取果断措施，提倡和鼓励一对夫妇只生一个孩子。这是当前为实现四个现代化，控制人口增长速度的有效措施之一。待到一定历史阶段，根据需要对人口的出生可再作适当调整。（2）加强计划生育宣传教育。目前社会上许多人担忧的一些问题，有些是误解。建议把某些科研成果，经过验证的数据，采取适当的方式公布于众，解除干部、群众的疑虑。（3）加强人口领域的社科和自然科学研究。由于我国计划生育工作的开展，人口出生率在数年内急剧下降，这种特殊的人口年龄构成，给今后造成的特殊社会后果，应予以研究。（4）建议成立人口委员会。等等。

第 2 期简报说，4 月 9 日分组会议上，杨学通、何康、叶恭绍、吴雯、陈学诗、罗会元、李天林、林富德、王胜泉等 9 人就我国的人口问题及给各方面带来的巨大压力，优生学、青春期教育、独生子女教育等方面问题发表了意见。

第 3 期简报说，4 月 12 日分组会议上，医学和各方面负责人继续就计划生育政策问题、经费问题、妇女保健及社会保险等问题发表意见。（1）发言的多数同志认为解放以来我国人口迅速增长，造成庞大的人口基数，人口构成年轻加之两个人口出生高峰，使未来几十年内我国人口指标继续猛增，有计划地控制人口增长成为十分艰巨的历史使命。李重民列举我国劳动力过剩的状况：1966 年后全国平均新增长劳动力为 1780 万，比 1966 年以前每年多增加 500 至 600 万，形成巨大压力，人满为患。农村耕地面积不断减少，已出现轮流出工和无地农民。工业劳动生产率很低，平均劳动生产率低于世界各国劳动率水平的几倍、十几倍，甚至几十倍，成为四个现代化建设的严重障碍。实行一对夫妇只生一个孩子是解决未来劳动就业问题的唯一途径。

许多同志表示，坚决支持一个历史时期内实行一对夫妇只生一个孩子的政策。在执行过程中，在一段时间里可能会出现一些问题。由于我国国民经济基础比较薄弱，许多生产、生活中现实问题不能得以妥善解决，群众对终身只生一个孩子尚有相当大的顾虑，加之工作方法和作风上的粗疏，有的地方出现强迫命令。因此对社会上的议论要加以分析，对出现的问题要认真研究解决。

顾秀莲提出：各部门要统一思想，紧密配合，都来支持中央下决心，坚决搞好只生一胎的工作。

对一对夫妇只生一个孩子的问题，也有人持不同意见。全国妇联鲍侃认为在我国目前的条件下，要求一对夫妇只生一个孩子不切实际，也难以实现。因此，她建议在当前应是"提倡一个，最好两个，消灭三个"，立法时要留有余地。吴旻提出，只生一个孩子的问题相当复杂，在世界上无此先例，如搞法律规定，是否得人心？

（2）要制定明确的计生政策，解决经费问题，保证政策的严肃性，稳定性。陆雨林认为目前计划生育工作中使用的各种提法如"一胎化""最好生一个""提倡生一个"等，意义不明确，建议统一采用"实行一对夫妇只生一个孩子"的口号。李仙等提出，在提倡一胎杜绝三胎的情况下，二胎怎么办？二胎的比例不少，不能采取不承认主义，要制定明确的政策界限。目前各地实行的奖励政策也不一致。

（3）加强妇幼保健工作是实行一对夫妇只生一个孩子的必要前提。目前我国农村小儿破伤风，肺炎死亡率仍很高，儿童健康条件较差，不能保证养一个壮一个。因此，严仁英、薛沁冰、鲍侃等认为目前情况下，育龄夫妇生一胎后可采取多种节育方法，不宜做绝育手术。

（4）解决社会保险是实行一对夫妇只生一个孩子的必要条件。李仙在发言中强调要解决老有所养的问题。指出，全国有一亿职工年老退休，计划生育无后顾之忧，工作好做；八亿农民年老无生活保障，养老防老是实际问题。建议国家考虑解决农民的社会保险问题。

第 4 期简报，4 月 30 日大会上除了冯文彬、王首道等领导讲话以外，李仙发言中列举某地机械局规定女工生育一胎后必须绝育，否则停工、停资，致使下属工厂人心惶惶，影响生产，造成不安定的情况。他建议认真研究政策界限，不要强迫命令一律作绝育手术。同时认为在女工集中的工厂，应根据实际情况自下而上制定生育指标，使计划生育变成人们自觉的行动。

吴旻在发言中指出，计划生育势在必行，但如搞得不好也要影响安定团结。上边压指标，下边搞强迫命令，各种问题都会发生。"一胎化"口号值得研究。要加强宣传教育，教育青年如何避孕。应该研究世界人口史、中国人口史，研究西方国家为什么害怕人口下降，以及造成人口下降的经济、文化原因。要考虑民族的传统和群众的经济文化水平，加强调查研究，不要匆匆忙忙制定计划生育法。有许多的问题是法律解决不了的。

薛沁冰认为，计生是一个社会问题，应大力发展避孕工具，避孕套和子宫帽是避孕效果最好的。她呼吁中央及各方面对儿童保健给以应有的重视。

叶恭绍在会上重点讲了做好计划生育宣传工作的重要意义。她说，我国中学应设立遗传及性知识教育课。在谈到非婚生育与结婚年龄的关系时认为不能因为非婚生育多了，就降低结婚年龄。

王新法认为只生一个孩子使老人对社会的依赖越来越大，会大大加重社会负担，占人口 80%的农村人口的老有所养的问题不能解决，搞一对夫妇只生一个孩子，就有很大的问题。提出，应研究中国人口控制在何种程度为适量，按客观规律对人口进行调节，在未来的几十年内应避免人口死亡率急剧上升。

重新罗列会议简报反映的各次会议上与会者的发言，就在于揭露田雪原的谎言。按照他的说法，座谈会曾经讨论了提倡一对夫妇之生一个孩子可能带来的几乎所问题。即使不详细罗列会议简报的内容，仅就 4 个半天的座谈会，如何就能将这一重大政策带来的后果问题都做过深入讨论呢？不错，田雪原所说的那几个问题在国务院计划生育办公室最后给书记处的《关于人口问题的报告》中都得到了反映。但是，那不是这次座谈会上各方面专家的讨论和论证，那是国务院计划生育办公室给新设立的中央书记处所做的安慰和论证。因为刚走到一线的国务院和中央书记处的主要领导对于"只生一个"表现出一定程度的忧虑，国务院计划生育领导小组及其办公室担心正在推行的政策得不到支持，不仅不愿意会议上出现发表"只生一个"政策负面的意见，而且急于要给书记处上课，以维护自己的底线。

9. 是座谈会，还是决策会？

按照田雪原的说法，这次座谈会还是一次决策会。差不多在每一篇文章里，他都强调说：

1980 年 3-5 月由中共中央办公厅主持召开的人口座谈会，经过与会领导、专家学者的反复讨论，定下"提倡一对夫妇生一个孩子"大计，起到为控制人口增长和加强计划生育一锤定音的作用，这对后来人口政策的形成和发展至关重要。[67]

1980 年 3-5 月中央 5 次人口座谈会，做出提倡一对夫妇生育一个孩子的决策。[68]

这五次人口座谈会定下了二十世纪八十年代以来中国人口发展的战略、方针和政策。[69]

67　《中国人口政策 60 年》，第 132-133 页。
68　社会科学报，2010 年 5 月 13 日，第二版。
69　《百年潮》2010 年第 10 期，第 13 页。

本人参加这样的座谈会深受感动，也很受教育，这是一次充分发扬民主、科学决策的会议。[70]

什么是决策？《新华词典》上解释说，是"决定战略或策略"。看来，田雪原是查找过新华词典的，他感觉打这个条目还不充分，他要这次会议决定"中国人口发展的战略、方针和政策"。所以，这当然是一次决策的会议了。但是，作为国家的公共政策，难道是随意什么人都可以决定的？田雪原如此聪明，岂能不懂得这个？当然不是，他在编织"中央人口座谈会"的那本书中就说：

政策是一定历史时期国家或政党为了实现一定的目标，推行既定的路线而制定的行动准则。人口政策作为我国的基本政策之一，不言而喻，要由党中央、国务院制定，并应经全国人民代表大会或全国人民代表大会常务委员会审议批准。[71]

那么，中央办公厅召开的人口问题座谈会是党中央的会议，还是国务院的会议？或者，它是全国人民代表大会或全国人民代表大会常务委员会？竟然可以制定"中国人口发展的战略、方针和政策"。田雪原懂得国家决策需要党中央、国务院和全国人大才可以决定的道理，却因为自己的需要，说中国人口发展战略、方针和政策是由他参加的那次座谈会的"与会领导、专家"讨论决定的！谁是与会领导？就一位政协副主席、一位部长和 9 位国家机关的副部级（其中有 4 位缺席后来的会议），就可以决策了？其实，即使这样，田雪原也是有意歪曲。冯文彬在一开始就向与会者交代：

中央书记处在讨论这个问题时建议召开一个座谈会，征求各方面科学家的意见。今天请各方面的专家来，就是要讨论这个问题，如何既能达到控制人口增长的目标，又能避免或妥善解决由此而造成

---

70 《激辩"新人口策论"》，第 39 页；《我在现场——亲历改革开放 30 年》，第 312 页。
71 《中国人口政策 60 年》，第 213 页。

的某些不良社会后果。[72]

尽管会议上有了一些国家机关的个别副部长也发了言，但是，中央书记处的目的是听取科学家的意见。也就是说，这是一次征求各方面专家意见的座谈会，而不是决策会。

四、是历史，还是谎言？（续）

10. 冯文彬说过为制定今后人口政策召开座谈会了吗？

为了达到田雪原把座谈会改变为讨论会、论证会和决策会的目的，田雪原也篡改了冯文彬给与会人员传达的中央书记处指示召开座谈会的意图。田雪原说：

他（冯文彬）开宗明义，说明中央准备研究人口问题，中共中央书记处委托中共中央办公厅召开有各方面专家和负责同志参加的座谈会，广泛征求大家的意见，讨论今后20年和更长远一些时间的人口政策。他简要地回顾了人口和计划生育走过来的历程，政策上经历了"晚、稀、少"，"一个不少、两个正好、三个多了"，以及"最好一个，最多两个"等发展阶段，现在则提出"提倡一对夫妇生育一个孩子"。到底我们应该制定什么样的人口政策，特别是"提倡一对夫妇只生一个孩子"怎么样，可能遇到哪些问题，如何应对等，请大家畅所欲言，敞开发表意见。[73]

我们再重新回顾一下，会议简报是如何反映冯文彬讲话的。

会议开始，冯文彬同志首先指出：为了解决我国人口问题，提倡和鼓励一对夫妇只生一个孩子，这个大方针是定下来了。在贯彻这个方针的过程中，干部群众中议论较多。有人说两对夫妇各生一个孩子，将来结婚后生育一个孩子，这样两个劳动力就要抚养4个老人，

---

72 《人口问题座谈会情况简报》（一）。
73 《中国人口政策60年》，第131-132页。

一个孩子。还有人说青少年犯罪中独生子女比例高，独生子女中低能儿的比例也较高，独生子女中女多男少，有的人还担心今后的兵源问题等。计划生育工作中也存在有宣传不够深入，有的地方搞强迫命令，医疗技术没有完全过关等方面的问题。中央书记处在讨论这个问题时建议召开一个座谈会，征求各方面科学家的意见。今天请各方面的专家来，就是要讨论这个问题，如何既能达到控制人口增长的目标，又能避免或妥善解决由此而造成的某些不良社会后果。[74]

对比两个版本的冯文彬动员讲话，田雪原给了冯文彬许多无法承受之重。首先，冯文彬说，中央书记处在讨论我国人口、计划生育、提倡和鼓励一对夫妇只生一个孩子这个大方针的时候，建议开个座谈会。田雪原把其改变为"中央准备研究人口问题"。冯文彬的话至少传达出新设立的中央书记处已经讨论和研究过这个问题，表明中央书记处对我国人口和计划生育工作的重视，经田雪原改变后至少没有这方面的内容。其次，冯文彬的话传达中央书记处十分明确的指示是，"建议召开一个座谈会，征求各方面科学家的意见"，田雪原改变为"召开有各方面专家和负责同志参加的座谈会，广泛征求大家的意见"。征求科学家的意见变成各方面专家和各方面负责同志了，它无法体现1980年新设立的中央书记处重视科学家意见的理念，相反，反映出改革开放30年来官僚主义和官本位的社会趋势。第三，冯文彬说："提倡和鼓励一对夫妇只生一个孩子，这个大方针是定下来了"。田雪原说，"中央准备研究人口问题，中共中央书记处委托中共中央办公厅召开有各方面专家和负责同志参加的座谈会，广泛征求大家的意见，讨论今后20年和更长远一些时间的人口政策"，"到底我们应该制定什么样的人口政策，特别是'提倡一对夫妇只生一个孩子'怎么样……"。经过这样一改，"只生一个"的政策还没有出台。第四，冯文彬说"中央书记处在讨论这个问题时建议召开一个座谈会"，在《关于人口座谈会情况的报告》的初稿中是说（田雪原说是

---

74 《人口问题座谈会简报》（一）。

由他起草的），"根据书记处的指示，最近，中央办公厅主持召开了人口问题座谈会"。但是，田雪原在这里却让冯文彬说"中共中央书记处委托中共中央办公厅"。中央办公厅是中央书记处下设的办事机构，冯文彬是办公厅副主任，他不说书记处指示他们召开座谈会，而是"委托"。一方面是冯文彬目无领导和组织，另一方面是中央书记处的软弱和无能。第五，田雪原将一大段计划生育部门和人口研究者到 2000 年前后才总结出来的所谓人口政策发展历史，送给 1980 年对计划生育领域并不熟悉的冯文彬。需要说明的是，计划生育部门这样总结的历史其实是不正确的，似乎国家很早就已经在全国有了后来"只生一个"那样性质的人口政策了。在"最好一个最多两个"以前的那些提法并没有得到党和国家最高领导的认可。另外，1979 年以前，国家也没有用经济的、行政的和法律的方式保证实现它。所以，笼统地这样排列，是错误的。总之，按田雪原笔下的冯文彬，莫要说没资格担任中央办公厅这样的国家枢纽机构的要职，实际上是不适合在国家机关工作的。

11. 卫生部领导提出独生子女智力问题了吗？

关于独生子女智商是田雪原重点渲染的问题之一，每次必谈。不过有时说这是"讨论中提出的第一个问题"，[75] 有时又说这是会议讨论的第二个问题。[76] 我们暂且不去计较这些枝节问题（虽说是枝节问题，却并非意味着不重要，它往往反映出作者忠实于历史分析还是在臆造），先看田雪原是如何叙述的。他说：

座谈会上，卫生部的一位领导同志在发言中列举民间的一种说法，叫做老大憨、老二聪明，但是最聪明、最机灵的要数老三，俗话说"猴仁儿""猴仁儿"的。那么，提倡一对夫妇生育一个孩子只留下老大，老二、老三都没有了，会不会引起儿童以至整个人口的智商

---

75 《我在现场——亲历改革开放 30 年》，第 312 页；《激辩"新人口策论"》，第 39 页。

76 《百年潮》2010 年第 10 期，第 16 页。

下降呢？此话一出，语惊四座，一些同志交头接耳议论开来：是不是这样？如果真的是这样，就不能提倡生育一个，老二、老三都不可少。否则人口智商下降，谁能负得起这来：任！于是会议主持者赶紧组织力量查阅资料，进行分析和论证。经过一番努力，最后拿出两点结论性意见。

第一，生育孩子次序同聪明不聪明没有必然的联系，无论是"老大憨"还是"老二聪明""猴仁儿"等说法，都拿不出有力的科学依据，最多只是有些地区群众中有这样的一些说法而已。群众的说法，同过去多生多育有很大的关系。因为生育的子女多，第一个孩子（老大）率先长大，自然担负着协助父母照料比其小的弟弟、妹妹的义务，往往表现出宽容大度，带有一些憨厚的劲头儿；后来出生的弟弟、妹妹常常围着大哥、大姐转，显得要更调皮、活泼一些，给人以"老二聪明"和"猴仁"更聪明的印象。记得当时有的同志列举美国飞行员的材料，美国空军飞行员中约有 40%为第一个孩子（老大）。众所周知，空军飞行员对身体素质、科学教育素质以及反应能力要求很高，而所占比例高达 40%的"老大"都能适应，说明"老大憨"不能成立。 座谈会还举出其他一些例子，证明生育胎次同智商不存在必然的联系。

第二，要放到商品经济中去分析。虽然 1980 年改革开放处在"摸着石头过河"的初期，但是经济学界已有一个共识，过去高度集中统一的计划经济再也不能继续下去了，要走发展商品经济的路子。而要发展商品经济，交换价值升值势必冲击人们的传统观念，婚姻和生育观念将要随着发生某些改变。可以预料的是，诸如婚前性行为、未婚先孕、离婚率升高以及买卖婚姻增多等，发生的可能性将增加。婚姻和生育行为的这种变化，会改变怀孕和实际生育的孩次。作为留下来的"老大"，并不一定都是所怀的第一个孩子，聪明的老二甚至是"猴仁儿"所占的比例会增多。今天看来，当时这样的估计并不过分，实际情况有过之而无不及。一些调查表明，婚前性行为和未婚先孕、先育，远比人们估计的要严重得多。

综合以上两点认识，得出提倡一对夫妇生育一个孩子不会降低人口智商的结论，有力地支持了这一决策的出台。[77]

笔者本来把本文的基点设置在以对比的方式揭露田雪原严重脱离中央办公厅人口问题座谈会而肆意伪造历史的无耻伎俩方面，不准备对其观点做过多的评论和批判。但是，再次引述上面这段话的时候，不禁为这位曾经从中国社会科学院经济研究所出来的既没有经济知识又没有历史观念的中国社会科学院学部委员脸红和害臊。谁能帮我们解释一下"交换价值升值"是什么意思？我想，除了田雪原以外，中国社会科学院的经济学家恐怕没有一个人会说出这样热昏的胡话。发展商品经济，就意味着"交换价值升值"？"交换价值升值"就必然冲击传统观念？这都是中国社会科学院的院士们才可以推导出来的逻辑！

还有，1980 年初春，经济学界就已经在改革计划经济体制方面取得"共识"了？1980 年虽然已经是党的十一届三中全会以后，可那毕竟距离"文化大革命"还不很远，"极左"的意识形态还禁锢着人们思想的时代。那时的人们是感觉到了经济方面有问题，但并不认为计划经济有问题。计划经济是基本经济制度，是社会主义本质特征，人们还未曾怀疑过。那时的人们只是要在计划经济以外再增加一小块市场，而不是认为"高度集中统一的计划经济再也不能继续下去了"。相反，在反思计划经济体制以前，人们恰恰是不断地强调和要求计划必须实行"高度集中统一"。有计划、按比例发展，不仅是那时国民经济的灵魂，而且也是实践上党和国家领导人常抓不懈的大事。看来，田雪原对于改革历史一点都不清楚，我们还是给他来次启蒙吧。

1979 年 3 月，以陈云为首提出"调整、改革、整顿、提高"的方针，其依据还是国民经济要有计划、按比例发展。

<ol start="77"><li>《中国人口政策 60 年》，第 138-139 页；《我在现场——亲历改革开放 30 年》，第 312—313 页；《激辩"新人口策论"》，第 39 页；《百年潮》2010 年第 10 期，第 16—17 页。本文引自《中国人口政策 60 年》，后 3 篇文章与最初的文字有所不同。</li></ol>

1980－1982 年，陈云思考计划与市场的关系，提出"以计划经济为主、市场调节为辅"的原则，但特别强调国家计划。不要说计划体制内的计划原则不容置疑，在谈到计划与农村改革时，陈云还说：

"不能让农民自由选择只对他们自己一时有利的办法。""不这样做，八亿农民的所谓自由，就会冲垮国家计划。说到底，农民只能在国家计划的范围内活动。"

邓小平在这一时期也很赞赏陈云的观点，在一次谈话中说：

最重要的，还是陈云同志说的，公有制基础上的计划经济，计划经济为主、市场调节为辅，全国一盘棋，主要经济活动要纳入国家计划轨道。

也就在这一时期，陈云提出有名的"鸟笼子"经济，核心还是不能动摇计划体制。[78] 所以，1982 年 9 月党的十二大提出"计划经济为主、市场调节为辅"，不仅没有市场经济、商品经济的概念（那个时代里，市场经济和商品经济的提法是有区别的。似乎市场经济更资本主义），还特别强调社会主义计划经济这一基本原则。

1984 年 10 月，党的十二届三中全会前后，党和国家在计划经济和商品经济上才有了一点新认识，这就是不把坚持社会主义计划经济和一定的商品经济当作完全对立的认识，不再把这样的认识当作"异端"。[79] 党的这次全会通过的《中共中央关于经济体制改革的决定》，提出的"社会主义的有计划的商品经济"的时候，特别告诫全党："同时还必须看到，即使社会主义的商品经济，它的广泛发展也会产生某种盲目性，必须有计划的指导、调节和行政的管理……"[80] 仍然重申和强调高度的计划统一。

78　中央文献研究室：《陈云传》，中央文献出版社，2005 年，第 1635、1639、1646 页。

79　《邓小平年谱》（1975-1997），中共中央文献出版社，2004 年，第 1008 页。

80　《中共中央关于经济体制改革的决定》，《十一届三中全会以来重要文献选读》（上册），第 776-777 页。

1985 年 10 月 23 日，邓小平对外宾的谈话，提出"靠过去的经济体制不能解决问题"，才标志着党和国家开始反思计划经济制度了。邓小平说：

社会主义和市场经济之间不存在根本矛盾。问题是用什么方法才能更有力地发展社会生产力。我们过去一直搞计划经济，但多年的实践证明，在某种意义上说，只搞计划经济会束缚生产力的发展。把计划经济和市场经济结合起来，就更能解放生产力，加速经济发展。

……三中全会以来，我们一直强调坚持四项基本原则，其中最重要的一条是坚持社会主义制度。而要坚持社会主义制度，最根本的是要发展社会生产力，这个问题长期以来我们并没有解决好。社会主义优越性最终要体现在生产力能够更好地发展上。多年的经验表明，要发展生产力，靠过去的经济体制不能解决问题。[81]

邓小平一句"多年的经验表明，要发展生产力，靠过去的经济体制不能解决问题"，似乎才可以勉强达到田雪原所说"过去高度集中统一的计划经济再也不能继续下去了"的认识。即使这样，要说对计划经济的认识，还是相当初步的。1987 年 2 月，邓小平在同赵紫阳等中央领导同志谈十三大筹备工作和十三大报告的起草工作的时候提出，以后不要再讲计划经济为主了。他说：

为什么一谈市场就说是资本主义，只有计划才是社会主义呢？计划和市场都是方法嘛。只要对发展生产力有好处，就可以利用。它为社会主义服务，就是社会主义的；为资本主义服务，就是资本主义的。好像一谈计划就是社会主义，这也是不对的，日本就有一个企划厅嘛，美国也有计划嘛。我们以前是学苏联的，搞计划经济。后来又讲计划经济为主，现在不要再讲这个了。[82]

以后不要再讲计划经济为主了，这是认识上的一次飞跃，但还远

81　邓小平：《社会主义和市场经济不存在根本矛盾》，《邓小平文选》第 3 卷，人民出版社，第 148-149 页。

82　《邓小平年谱》（1975-1997），第 1168 页。

谈不上根本性的认识。根本性认识是许多年以后，大约 1992 年邓小平"南巡"讲话和党的十四届三中全会关于建立社会主义市场经济的改革决定。所以，田雪原说 1980 年人们就对计划经济有了多么清晰的认识，那是他用魔法把人们移植到 30 年以后的社会背景下杜撰出来的。

至于说 1980 年人们就预料到婚前性行为、未婚先孕、离婚率升高以及买卖婚姻增多等，那更是胡扯。不要说上世纪 8、90 年代，就是现在的人们都一直把这类现象当作资本主义社会腐朽的表现予以批判和抨击，谁能在 30 年前就想到社会主义的中国也会这样呢！

我们还是回到主题吧。田雪原说这是"讨论中提出的第一个问题"，[83] 而且是由"卫生部的一位领导同志在发言中"提出来的。从参会名单上知道，卫生部部长钱信忠、副部长胡昭衡两人参加了会议。但是，这两位部长都没有在会议上发言。特别是 4 月 7 日第一次会议上，除了冯文彬首先交代会议意图以外，大会共有 8 位同志发言，并没有卫生部的领导。我们倒是在第一天会议的简报上发现，冯文彬向会议讲述座谈会的意图和主旨时说，在贯彻一对夫妇只生一个孩子的过程中，干部群众有各种议论，提到"独生子女中低能儿的比例也较高"。即使这样，冯文彬也没有讲过"猴三儿"那类的话语。[84] 看来，为了他的剧中角色的需要，田雪原不仅让冯文彬暂时担任卫生部的领导，而且根据剧情需要还设计了几句有渲染性的台词。

12. 座谈会讨论"只生一个孩子"应该持续多长时间了吗？

按照田雪原的叙述，座谈会上讨论的第一个问题是关于智商，第二个问题就是"提倡一对夫妇生一个孩子持续多长时间为宜"。他说：

二是提倡一对夫妇生育一个孩子以多长时间为宜。会上气氛热

---

83 《激辩"新人口策论"》，第 39 页。
84 《人口问题座谈会情况简报》（一），第 1 页。

烈，有的主张搞长一些时间，列举苏联、加拿大土地面积比我国大，人口比我国少得多；美国与我国国土面积差不多，人口只有我国的四分之一。我国人口过剩严重，应当尽快实现零增长和负增长，生育一个孩子搞上半个世纪、一个世纪也不为过。有的不赞成这样的意见，认为生育一个孩子时间长了，会带来劳动力短缺、老龄化过于严重、社会负担过重等多种社会问题，不能只顾及控制人口数量一个方面。我在会上力陈并在向书记处的报告中阐述，提倡一对夫妇生育一个孩子主要是要控制一代人的生育率，因为控制住一代人的生育率也就自然地控制了下一代做父母的人口数量，因为主要是未来二三十年特别是20世纪的事情。故提倡一对夫妇生育一个孩子既非永久之计，半个世纪甚至一个世纪的搞下去不行；也非权宜之计，搞上三年五载就收兵不搞了也难以奏效，随着时间的推移其作用也就自然的消减了。提倡一对夫妇生育一个孩子主要着眼于控制一代人的生育率，这是权衡利弊之后的科学选择，得到与会多数同志的赞同。[85]

但是，在另外一个场合，田雪原却在介绍座谈会讨论的主要问题中删去了这个问题，几乎相同的文字又全变成了他的意见。

1980年中央人口座谈会上领导同志在审阅给中央书记处的《报告》时，提出让我以个人名义写两个"附件"。"附件"之一就是《提倡一对夫妇生育一个孩子多长时间为宜》。我的基本的观点是：提倡一对夫妇生育一个孩子主要是要控制住一代人的生育率，因为控制住一代人的生育率，也就自然地控制了下一代做父母的人口数量，因而可以起到有效控制人口增长的作用。为什么不能搞两代人、三代人？如果实行两代人生育一个孩子的政策，人口年龄结构就会向着"倒金字塔"方向转化，必然导致劳动力供给不足转化，负担过重等问题，是不能开此先例的。因此，提倡一对夫妇生育一个孩子是既非权宜之计也非永久之计，而是一段时间，具体说是未来二三十年特别

---

85 《我在现场——亲历改革开放30年》，第313页；《激辩"新人口策论"》，第39—40页。

是 20 世纪内的事情。[86]

首先，我们核对《关于人口问题的报告》后的 4 个附件，其中附件一是《目前我国存在的人口问题》，附件二是《关于一对夫妇只生一个孩子方案的建议》，附件三为"计划生育法（讨论五稿）"，附件四是有关菲律宾、泰国、马来西亚和新加坡的人口机构的设置，并没有田雪原所说领导让他写的《提倡一对夫妇生育一个孩子多长时间为宜》这篇文章。其次，我们检索会议简报，只有 4 月 7 日的会议上有人稍有提及。

由于过去相当长的一段时间内人口增长过快，给我国社会主义建设带来不少困难，党和政府迫不得已采取果断措施，提倡和鼓励一对夫妇只生一个孩子。这是当前为实现四个现代化，控制人口增长速度的有效措施之一。待到一定历史阶段，根据需要对人口的出生可再作适当调整。[87]

可见，会议发言中只是有人提及，但不是田雪原所说的那么轰轰烈烈的辩论和讨论。其次，因为仅只是个别人提出话头，会议没有列为专题讨论，所以就没有田雪原说得那么神乎。

13. 座谈会讨论"四二一"结构问题了吗？

田雪原有时说"四二一"是座谈会讨论的第三个问题，[88]有时又说是讨论的第五个问题。[89]其中最早是这样说的：

座谈会上，有一位领导同志提出：如果一对夫妇生育一个孩子，等到孩子结婚后再生育一个孩子，这个家庭不就成了老年人为四成年人为二、少年人口为一的"四二一"家庭结构了吗？！一时间，他

---

86 《中国生育政策 60 年》，第 144 页；《百年潮》2010 年第 10 期，第 19 页。
87 《人口问题座谈会情况简报》（一）。
88 《我在现场——亲历改革开放 30 年》，第 313 页；《激辩"新人口策论"》，第 40 页。
89 《中国生育政策 60 年》，第 147-153 页；《百年潮》2010 年第 10 期，第 17-18 页。

的话引来一股热议：有的说，四个老人怎么养活？有的说，这一代独生子女的责任太重了，承担不起啊，等等。看来，这个问题也必须澄清，要结合家庭规模的演变予以澄清。[90]

在另外的两篇文章中，田雪原是这样说的：

三是所谓"四二一"结构问题。即提倡一对夫妇生育一个孩子，会不会造成老年人口为四、成年人口为二、少年人口为一的"四二一"年龄结构。经过论证，提倡一对夫妇生育一个孩子，如果两代人都是这样的"单传"，某些家庭可能出现这种"四二一"结构；就整个社会范围而言，只有双方都是独生子女并且结婚后全部只生育一个孩子，才具备形成"二一"的条件。因此，只要允许独生子女结婚可以生育两个孩子，总体上就不存在"二一"结构；事实上，从这一政策诞生的第一天起，各省、自治区、直辖市都实行了双方均为独生子女者结婚，可以生育两个子女。而整个社会老年人口的"四"，是不可能形成的。众所周知，老年人口的年龄别死亡率较高，处于结婚生育年龄的育龄人口在其后成长到老年的三四十年中，实际上因为不断死亡其数量在逐步减少，老年人口的"四"是没有办法保持下来的，可能变成"三二一"（假定二一成立），甚至是"二二一"（假定二一成立）。所以，无论是四个老人全部健在，还是双方都是独生子女结婚还要生育一个孩子，都是与现行生育政策相违背的，所谓"四二一"结构乃是认识上的一个误区。[91]

看来，"四二一"问题不仅引起会议的"热议"，而且得到会议的"论证"。特别是为了制造噱头，能够让会议"热议"，田雪原还把"四二一"说成是这个会议上刚刚提出的。这是故弄玄虚。我们且看 1979 年 12 月全国第二次人口科学讨论会反映 12 月 8 日第一次大会发言

90　《中国人口政策 60 年》，第 147 页。在《百年潮》的文章中，田雪原还说："在座谈会上，我们结合家庭规模的演变，对这个问题进行了澄清。"《百年潮》2010 年第 10 期，第 17 页。

91　《我在现场——亲历改革开放 30 年》，第 313 页；《激辩"新人口策论"》，第 40 页。

的第二期简报：

有的代表在发言中还设想了人口增长为零，一胎化长期保持下去可能造成新的人口问题。……（3）经济年令（龄）结构特殊，将出现 4:2:1 的畸形年令（龄）金字塔，即两个劳动力抚养四个老人和一个孩子。[92]

田雪原参加了这次会议，当然知道这个命题是早就提出来的。1980 年 3 月 18 日，田雪原在人民日报上还发表文章进行了反驳：

有人认为，推行"一胎化"方案会出现老年人为四、劳动力为二、未成年人为一的局面。实际上，这是不可能的。[93]

到了 4 月中央办公厅的座谈会上，不仅成为新提出来的问题，而且被"热议"了。但是，我们检索反映会议情况的简报，这个问题并没有被议过，它也是冯文彬在一开始向会议交代座谈会的起因提到的："有人说两对夫妇各生一个孩子，将来结婚后生育一个孩子，这样两个劳动力就要抚养 4 个老人，一个孩子。"[94]田雪原为了自己的需要，不仅随意剪裁，而且肆意渲染会议。

14. 座谈会讨论人口老龄化了吗?

同样都是叙述这一次人口座谈会，在《我在现场——亲历改革开放 30 年》和《激辩"新人口策论"》两篇主要文章中都没有提到曾经讨论过老龄化问题，但是，这不影响田雪原在其他地方说它也是"座谈会热议的焦点之一"。

大力控制人口增长、切实加强计划生育，特别是提倡一对夫妇生一个孩子以后，会不会引起人口老龄化、老龄化进程怎样、可能带来

92　梁中堂政策档案资料，1979120702，会议秘书组：《第二次全国人口理论科学讨论会简报》第二期，1979 年 12 月 8 日。

93　田雪原：《关于人口"老龄化"问题》，人民日报，1080 年 3 月 18 日，第五版。

94　《人口问题座谈会情况简报》（一）。

哪些问题，如何解决等，成为座谈会热议的焦点之一。[95]

这又是田雪原的信口雌黄。因为人口老化这个概念在那个时期还不为社会所认识，包括绝大多数从事人口学研究的人在内，中国人基本上还没有这个意识。所以，我们不仅从简报上找不到一个人就此做过发言，就连冯文彬动员列举的问题中也未曾提到"只生一个"会引起人口老龄化。压根未曾讨论的问题，也可以成为30年后田雪原笔下所说"座谈会热议的焦点之一"。这才叫田雪原！

15. 座谈会讨论将来劳动力短缺问题了吗？

按照田雪原的说法，"只生一个"会不会引起劳动力供应不足，也是这次座谈会讨论的问题之一。他说："其四，会不会引起劳动力短缺，座谈会对这个问题也很重视"。[96] "然而，在1980年人口座谈会上，与会者对这个问题却是没有太多的意见……"[97] 没有太多的意见，那如何讨论呀？田雪原没有说，他还是自顾自地在那里把将近30多年来形成的观点一股脑儿都写到那次会议上，说那都是座谈会上的"讨论"。

还有，田雪原为了把这次座谈会转变成讨论会，他设计了我们以上编号从10到14共计5个问题，然后把他现在对这5个问题的理解，包括把国务院计划生育办公室5月12日给中央书记处《关于人口问题的报告》中的相关的观点和叙述，都嫁接到会议上，称之为会议"热议""焦点"或者"重视"的问题，然后又总结说："可以说，今天提出的问题当时差不多全都考虑到了，对政策的必要性、可能遇到的问题、如何应对等，均作了当时能够做到的最大限度的民主讨论，尽可能科学的分析"。[98] 但是，我们不仅在当年会议秘书组提供的会议简报上找不到会议曾经讨论过这些问题，而且田雪原也没有

---

95 《中国人口政策60年》，第141页；《百年潮》2010年第10期，第17页。
96 《百年潮》2010年第10期，第17页。
97 《中国人口政策60年》，第145页。
98 《百年潮》2010年第10期，第13页。

像通常学者的文章或训练有素的记者之笔交代的那么具体，他的所有文章除了他自己以外，一概没有给读者说明哪个问题是在哪次会议上由谁提出的，参加会议的各位科学家具体都提出了什么意见或建议，以及既然他说讨论而那么多重要的问题，那就该向我们说明这些问题是由会议的主持者组织的专题讨论还是会议自发产生的、在每一个问题中参加辩论的科学家和与会人员是如何讨论、甚至怎样交锋和辩论的？等等。我们在田雪原的所有文章中，一概找不到必然涉及到的人和事的具体情节。

16. "提倡一对夫妇只生一个孩子"是由这次座谈会确定的吗？

按照田雪原的说法，这次座谈会确定了了"一对夫妇只生一个孩子"的政策。他说：

1980 年 3-5 月中央 5 次人口座谈会，做出提倡一对夫妇生育一个孩子的决策。[99]

这五次人口座谈会定下了二十世纪八十年代以来中国人口发展的战略、方针和政策。[100]

1980 年 3-5 月有中央办公厅主持召开的人口座谈会，经过与会领导、专家学者的反复讨论，定下"提倡一对夫妇生育一个孩子"大计……[101]

在《百年潮》的文章里，他说得更为明确。

1980 年 9 月 25 日，中共中央发表致全体共产党员、共青团员的公开信，正式提出"提倡一对夫妇生育一个孩子"。[102]

这就是说，"只生一个"是在这次座谈会上确定的，通过"公开

99　《人口生育政策又到十字路口》。

100　《百年潮》2010 年第 10 期，第 13 页。

101　《中国人口政策 60 年》，第 132-133 页。

102　《百年潮》2010 年第 10 期，第 18 页。

信"正式发布的。

田雪原1979年年中由教育部行政单位调入中国社会科学院经济研究所后，被领导分配参加马寅初的平凡工作。[103] 1980年年初，与同样对人口和计划生育情况并不熟悉的所谓宋健小组合作，4月份又被拽到会上。他可能真的对当时的计划生育背景不了解。所以，我们需要为他启蒙。

提倡一对夫妇只生一个孩子作为一项方针政策，是由国务院计划生育领导小组提出并得到党中央和国务院的赞同而在全国实行的。当中央办公厅1980年4月召开人口问题座谈会的时候，它已经有了一年多的形成和发展的过程。

仅从文字上来说，"一对夫妇只生一个孩子"最早可以追朔到1978年10月26日以中共中央中发〔1978〕69号文件批转的《关于国务院计划生育领导小组第一次会议的报告》。关于生育政策，国务院计划生育领导小组的报告说："提倡一对夫妇生育子女数最好一个最多两个，生育间隔在三年以上"。[104]"最好一个"，这是提出一个方法只生一个孩子的最早表述，也是党中央文件中第一次对国民的生育数量限制予以规定。

因为已经有了"只生一个"的目标，作为方针政策形成的过程就简单了。

1979年1月17日，陈慕华在全国计划生育办公室主任会议上讲话说："要心中有数，要做工作，要把多胎控制住，鼓励生一胎，把人口降下来。""对只生育一个的要给予奖励，对生三胎的要加以限制。"[105]

---

103 马寅初作为经济学家，曾经是中国科学院哲学社会科学部委员即现在所说的科学院院士，哲学社会学部后来独立划分成立中国社会科学院。1979年中央为马寅初平反，所涉及的一些单位如北京大学、中央统战部、《光明日报》、中国社科院等单位都参加了。

104 中共中央《关于国务院计划生育领导小组第一次会议的报告》中发〔1978〕69号，彭珮云《中国计划生育全书》，中国人口出版社，1997年，第14页。

105《国务院副总理、国务院计划生育领导小组组长陈慕华在全国计划生育办公

1月27日，反映这次计划生育工作会议的社论说："我们提倡一对夫妇生育子女最好一个，最多两个。各省、市、自治区，可以根据当地实际情况制定有利于计划生育的政策、措施。对于只生一胎，不再生第二胎的育龄夫妇，要给予表扬；对于生第三胎和三胎以上的，应从经济上加以必要的限制。"[106]

提倡和鼓励一对夫妇只生一个孩子已经明确提出来了。因为是党的中央机关报人民日报以社论的方式予以宣传的，它已经表明是党的政策了。下面，我们再集中来看党和国家领导人的态度。

3月，陈云对李先念说："……再强硬些，明确规定'只准一个'。准备人家骂断子绝孙。不这样，将来不得了。"[107]

4月5日，李先念代表党中央、国务院在中杨工作会议上讲话说："鼓励一对夫妇最好只生一个孩子。"[108]

6月18日，华国锋在五届人大二次会议的报告中说："……要订出切实可行的办法，奖励只生一个孩子的夫妇"。[109]

10月15日，邓小平接见外宾是说："现在，我们正在把计划生育、降低人口增长率作为一个战略任务。我们提倡一对夫妇生一个孩子。凡是保证只生一个孩子的，我们给予物质奖励。"[110]

这个时期，华国锋担任党中央主席、国务院总理和中央军委主席，邓小平担任党中央副主席、国务院副总理和中央军委副主席，李

室主任会议上的讲话》，《中国计划生育全书》，第302页。

106 人民日报社论：《必须高度重视计划生育工作》，人民日报，1979年1月27日，第一版。

107 中共中央文献研究室编：《陈云年谱》（下），中央文献出版社，2000年，第246页；《陈云传》（下），中央文献出版社，2005年，第1595页。这句话最早见诸于文字，是1979年6月1日陈云在上海给上海负责人谈话时转述的。考虑到陈云3月底离开北京到杭州疗养，他对李先念的话至少是3月底离开北京前说的。根据中央领导之间的关系，李先念也会及时向陈慕华转达陈云的话。

108 李先念：《在中央工作会议上的讲话》，《三中全会以来重要文献选编》（上），人民出版社，1982年，第133页。

109 华国锋：《政府工作报告》，人民日报，1979年6月26日，第一版。

110 《邓小平年谱》，中央文献出版社，2004年，第567-568页。

先念担任党中央副主席、国务院副总理，陈云担任党中央副主席、国务院副总理。所以，至迟在 1979 年 6 月五届人大二次会议前后，党中央、国务院已经确定将"提倡一对夫妇只生一个孩子"当作一项重大方针政策号召在全国实施。

提倡一对夫妇之生一个孩子作为一项重要政策，在得到党和国家最高层通过的同时，计划生育管理部门则以更为激进的方式在全国推行。

6 月 27 日，陈慕华给中央党校学员、工作人员及有关单位的同志大约 2500 多人报告的报告中，提出"在本世纪末做到人口自然增长率为零"。她说：

> 为了达到这个目标，我们设想分两个阶段来努力。第一个阶段，争取到一九八五年把人口自然增长率从现在的千分之十二降到千分之五左右。第二个阶段，争取在二〇〇〇年人口自然增长率降到零。

在这次报告中，陈慕华连续两次使用了"一胎化"。[111]要求与会的各地领导"立即行动起来，最好先写个信回去，把工作抓上去。"7 月 6 日《人民日报》报道"陈慕华同志在中央党校讲计划生育课"时，其黑体标题就是《把工作重点放在"最好生一个"上来》。文章转述陈慕华的话说，"计划生育工作要把重点转移到最好生一个上来"。[112]

8 月 11 日，人民日报发表陈慕华 6 月 27 日在中央党校报告基础上形成的长篇文章《实现四个现代化，必须有计划地控制人口增长》。文章中说："为了实现第一阶段的目标，……我们应该减少以至消灭多胎现象，降低多胎率，提倡一对夫妇只生一个孩子。""必须大力提倡和推广一对夫妇只生一个孩子，这是使人口自然增长率降低到零

---

111 梁中堂自存档案资料，1979062700，《必须有计划地控制我国人口的增长——陈慕华同志一九七九年六月二十七日在中共中央党校的报告》（记录稿），第 10、11、12 页。

112 人民日报：《把工作重点放在"最好生一个"上来》，人民日报，1979 年 7 月 6 日，第一版。

的主要办法，……只要我们下大力气，花大功夫，做好工作，一胎化的比例是可以越来越高的。"[113] "一胎化"由主管计划生育工作的中央政治局候补委员、国务院副总理、国务院计划生育领导小组组长陈慕华发表在人民日报的文章中正式提出。至此，不仅是"提倡一对夫妇之生一个孩子"，而是作为"一胎化"不分城乡地在全国轰轰烈烈地开展起来。

12 月 18 日，陈慕华在全国计划生育办公室主任会议上讲话指出："一对夫妇最好生一个孩子，这是从今年以来开展计划生育工作的实践中，总结出来的控制人口增长的好经验。""把计划生育工作的重点，转移到一对夫妇最好生育一个孩子上来，是解决我国人口问题的战略任务。""牢固树立有计划地控制人口增长的战略思想，保证计划生育工作重点转移"。[114]

12 月 23 日，人民日报刊登前一天新华社报道这次计划生育工作会议的长篇新闻稿的题目就是"提倡一对夫妇最好生一个孩子"。文章特别突出报道陈慕华副总理在会议上的话："把计划生育工作的重点，转移到一对夫妇最好生一个孩子上来，是解决我国人口问题的战略任务。"[115]

1980 年 1 月 4 日，中共中央、国务院以中发[1980]1 号文件批转国家计委《关于一九八零年国民经济计划安排情况的报告》和李先念《在全国计划会议上的讲话》。国家计委报告中说："计划生育要采取立法的、行政的、经济的措施，鼓励只生一胎。"[116]

在宣传上是说"提倡"和"鼓励"只生一个，但是，在实践上是按照"一胎化"的目标前进的。1 月 9 日，陈慕华在军事科学院作《谈谈人口问题》报告中说："我们现在的要求就是'最好一个'……从

---

113 陈慕华：《实现四个现代化，必须有计划地控制人口增长》，人民日报，1979 年 8 月 11 日，第二版。

114 新华社：《提倡一对夫妇最好生一个孩子》，1979 年 12 月 23 日，人民日报。

115 新华社：《提倡一对夫妇最好生一个孩子》，人民日报，1979 年 12 月 23 日，第一版。

116 《中国计划生育全书》，第 1412 页。

现在做起，按农村百分之八十，城市百分之九十夫妇一个孩子，到二〇〇〇年，还要增加两亿人。如果做不到这一点，两亿还打不住。只有这样，才能把人口控制住。"[117]

2月2日，国务院计划生育领导小组等中央单位联合在人民大会堂召开的婚姻、家庭、计划生育新风尚座谈会，新华社报道会议的题目就是[118]《提倡一对夫妇生一个孩子》。座谈会强调指出，把计划生育工作重点放到抓一对夫妇最好生一个孩子上，是解决我国人口问题的一项战略任务。

2月11日，人民日报发表《一定要有计划地控制人口增长》的社论，指出："为了确保这一战略任务的实现，当务之急，是尽快地把计划生育工作的重点放到提倡一对夫妇生一个孩子的工作上来。……我们从现在起就必须大力提倡一对夫妇生一个孩子。这是降低人口出生率、缓解人口出生高峰的唯一的最好的办法，也是保证二〇〇〇年时我国人口不增加的根本措施。"短短 1800 多个字符的文章，"提倡一对夫妇生一个孩子""只生一个""独生子女"等词语就出现 9 次。[119]

我们以上只是引用了中央和中央主管部门的信息，实际上，全国各地已经积极响应中央的要求，把计划生育工作的重点转移到的一对夫妇只生一个孩子上来。据新华社的报道，1979 年，全国自愿报名并已领取独生子女证的育龄夫妇已达 500 多万对，占已有一个孩子的育龄夫妇的 29%左右。

当我把资料引述到以胡耀邦为总书记的中共中央书记处产生前夕的时候，忽然意识到这对于田雪原来说都是不必要的。1980 年 2、

---

117 梁中堂自存档案资料，19800201，《谈谈人口问题——陈慕华同志在军事学院的报告》，中共甘肃省委党校教务处选编《教学参考》1980 年 2 月 1 日，第 68 期，第 18 页。

118 新华社：《提倡一对夫妇生一个孩子　国务院计划生育领导小组等单位召开婚姻家庭计划生育新风尚座谈会》，人民日报，1980 年 2 月 3 日，第一版。

119 人民日报社论：《一定要有计划地控制人口增长》，人民日报，1980 年 2 月 11 日，第一版。

3 月份，宋健田雪原们就在为当时的"一胎化"做论证，[120] 不可能完全不了解这一历史。只是历史过去 2、30 年的时候，田雪原故意要把水搅浑。即使他真的淡忘了，但在写作这段历史的时候，他手上拿的会议简报第 1 期上不就有冯文彬的话吗？冯文彬说："为了解决我国人口问题，提倡和鼓励一对夫妇只生一个孩子，这个大方针是定下来了。在贯彻这个方针的过程中……" [121] 提倡一对夫妇之生一个孩子大政方针"定下来了"，只是群众有意见，现在再听听科学家的意见。简单的、明确的、已定的"大方针"，田雪原"捣糨糊"，要把它说成是有他参加的会议上才确定的政策。

17. 中共中央致共产党员的"公开信"是由这次座谈会确定的吗？

按照田雪原的说法，1980 年 9 月 25 日中共中央给全体党员的"公开信"也是这次座谈会决定的。他说：

1980 年 3-5 月，中央书记处委托中央办公厅召开人口座谈会，对人口问题进行了五次规模不等的讨论，最后形成报告上报中央书记处，以及撰写了致全体共产党员、共青团员的公开信。[122]

同时，宋健同志做了许多重要的工作，但笔者知之有限，只知道他在起草《中共中央关于控制我国人口增长问题致全体共产党员共青团员的公开信》等工作。至此，由中共中央办公厅主持召开的 1980 年人口座谈会，以及座谈会后产生的《报告》和《汇报提纲》全部完

---

120 除了 1980 年 2 月 13 日新华社关于宋健田雪原李广元于景元的百年预测，论证只有实现"一胎化"才能有效控制人口以外，1980 年 3 月 7 日又发表 4 人署名文章《关于我国人口发展目标问题》、3 月 18 日田雪原发表《关于人口"老龄化"问题》，鼓吹"全部问题的关键在于一九八五年以前把平均生育率降低到一，实现一对夫妇只生一个孩子"，"向着人口自然增长率为零的战略目标前进"。

121 《人口问题座谈会情况简报》（一），第 1 页。

122 《我在现场——亲历改革开放 30 年》，第 312 页；《激辩"新人口策论"》，第 38-39 页

成。《公开信》则迟一些，于 1980 年 9 月 25 日正式发表。[123]

1980 年 3-5 月中央书记处委托中央办公厅召开人口座谈会，对人口问题进行了 5 次规模不等的讨论，最后在中南海勤政殿形成座谈会向书记处的《报告》，以及致全体共产党员、共青团员的《公开信》。[124]

5 个月以后由中共中央颁发的"公开信"，竟然也是田雪原曾经做出巨大贡献的这次座谈会上就议定并开始起草的！2010 年笔者在撰写《论"公开信"》的系列文章时，仅根据国家计划生育委员会整理的 1980 年 6 月 26 日《中共中央书记处听取陈慕华关于人口和计划生育的汇报》简短的 89 个字符，[125] 认为这次汇报会没有很多的内容，也没有明确发布《公开信》的决定。[126] 去年在发现 1980 年 4 月中央办公厅人口问题座谈会资料的同时，还有 80 年代一些有关文件。其中一份《一九八〇年六月二十六日书记处会议》，16K 横线条稿纸共 4 页，由钢笔手写。我保留的为复印件。第一段话：

一九八〇年六月二十六日书记处会议，由胡耀邦同志主持，讨论人口和计划生育问题。首先，陈慕华同志汇报人口和计划生育问题。之后，列席同志发言（来自各方面人士），最后胡耀邦和万里同志系统发言。书记处认为……[127]

在有关会议决定事项中，我们发现：

一、关于计划生育问题发表一个中共中央委员会告全体党员、青年团员和全体干部书，在这个文件内，把计划生育的意义和道理讲清

---

123 《中国人口政策 60 年》，第 132 页。

124 《我在现场——亲历改革开放 30 年》，第 312 页；《激辩"新人口策论"》，第 38-39 页。

125 《中共中央书记处听取陈慕华关于人口和计划生育的汇报》，《中国计划生育全书》，第 472 页。

126 梁中堂自印本：《论"公开信"》。

127 梁中堂自存档案资料，1980062600，《一九八〇年六月二十六日书记处会议》，第 1 页。

楚，说明这是一项移风易俗的思想革命，是为子孙后代着想，是为子孙后代造福，是关系到四个现代化的大事，是关系到中华民族前途和命运的重要问题。要在全国范围内开展计划生育问题的讨论，动员全体党员、团员、干部积极响应党中央的号召，起模范带头作用。[128]

很显然，《中共中央关于我国人口增长问题致全体共产党员共青团员的公开信》是 1980 年 6 月 26 日中共中央书记处会议的决定。1981 年 9 月 10 日，胡耀邦还在中共中央书记处 122 次会议上进一步解释了他当时为什么要决定发布"公开信"。他说：

公开信是我提出来的，当时一方面看到思想不通，一方面看到强迫命令很厉害。[129]

显然，中共中央致全体共产党员的"公开信"是由中共中央总书记胡耀邦在 6 月 26 日的书记处会议上提出来的，不是 2 个月以前田雪原参加的会议上就已经决定和起草的。

18. 田雪原"受命起草了"向中央书记处的报告了吗？

田雪原说：

……散会前，陈慕华同志就如何向书记处报告，谈了她的想法，与会同志也谈了一些意见，并把撰写座谈会向书记处的报告的任务，压到本人头上。报告初稿写出后，陈慕华同志又召集了两次小型会议，讨论和修改报告稿。

最后一次会议在中南海勤政殿举行，中央和国务院有关部委领

---

128 《一九八〇年六月二十六日书记处会议》，第 1—2 页。

129 梁中堂自存档案资料，1981091000，《赵紫阳、胡耀邦同志在中央书记处 122 次会议上关于计划生育问题的发言》，第 8 页。2010 年笔者撰写《论"公开信"》时认为，曾认为"公开信"不是胡耀邦的意见。档案资料证明张敏才的记忆是正确的，我的推论是不正确的。但是需要说明的是，这一认识的错误并不影响我的《论"公开信"》的中心思想，即《中共中央关于控制我国人口增长问题致全体共产党员共青团员的公开信》是我国计划生育政策由"一胎化"向现行的计划生育政策转变过程中的一个过渡、缓冲拐点和转向路标。

导同志 20 多人出席，讨论座谈会向书记处的报告稿，提出进一步修改的意见。根据这次在书记处办公室讨论提出的意见，笔者对《报告》作最后一次修改。5 月初……[130]

本人在受命起草向书记处的报告……[131]

根据上面引用田雪原的两段文字，我们可以知道，第一，陈慕华把向中央书记处报告的起草任务"压到"田雪原身上。第二，田雪原根据中央和国务院有关部委领导同志讨论座谈书记处报告稿的意见，做了最后一次修改，即田雪原起草的报告的定稿时间大约是 4 月末。然后，我们再来看会议资料是如何说的。

……4 月 30 日上午在人民大会堂召开全体会议。在此之前中央办公厅副主任冯文彬同志曾两次召集有关专家和有关部门负责同志研究我国人口问题的解决意见。并向中央书记处起草报告。4 月 30 日会议的中心议题是，就已草拟的《关于人口问题的报告》征求各方面的意见。会议由栗秀珍主持。……会议结束时，栗秀珍根据冯文彬的意见，要求所有与会者于 5 月 5 日将《关于人口问题的报告》修改稿退回国务院计划生育办公室，将据此修改。[132]

根据会议简报和最后形成报告分析，第一，主持向书记处报告工作的领导人是中央办公厅副主任冯文彬。第二，冯文彬"曾两次召集有关专家和有关部门负责同志研究我国人口问题的解决意见。并向中央书记处起草报告"。第三，4 月 30 日，召开全体会议"就已草拟的《关于人口问题的报告》征求各方面的意见"。第四，5 月 12 日国务院计划生育办公室给中央书记处的《关于人口问题的报告》是 5 月 5 日全体与会者的意见返回到国务院计划生育办公室以后，集合和参考大家的意见以后修改定稿的。第五，根据 4 月 30 日会议主持人栗

---

130 《中国人口政策 60 年》，第 132 页；《百年潮》2010 年第 10 期，第 15 页。
131 《我在现场——亲历改革开放 30 年》，第 313-314 页；《激辩"新人口策论"》，第 40—41 页。
132 《人口问题座谈会情况简报》（四）。

秀珍"根据冯文彬的意见，要求所有与会者于 5 月 5 日将《关于人口问题的报告》修改稿退回国务院计划生育办公室，将据此修改"，说明 5 月 12 日国务院计划生育办公室的《关于人口问题的报告》与此前冯文彬召集会议并向书记处起草报告是一回事。

对照会议提供的和田雪原的两个版本，首先，田雪原"受命"于陈慕华主持的会议，而不是中央办公厅副主任冯文彬。其次，田雪原起草的报告根据"中央和国务院有关部委领导同志二十多人"的意见修改定稿的，中央办公厅座谈会则是召集有关专家和有关部门负责同志的会议而没有召开过国家机关负责人参加的会议征求意见。第三，田雪原的报告是 4 月末就修改定稿了，中央办公厅座谈直到 5 月 5 号还在征求与会者的意见，截稿日期是 5 月 12 日。所有这些情况表明，也许田雪原在梦里受命于陈慕华而为其起草了报告，但肯定没有给中央办公厅人口问题座谈会起草过什么报告。

19. 田雪原起草过《汇报提纲》和陈慕华的报告稿吗？

按照田雪原的说法，他除了"受命"起草给书记处的报告以外，还起草了一份给中央书记处的《人口问题汇报提纲》和陈慕华准备向全国人大五届三次会议上的有关人口问题的报告。

最后一次会议在中南海勤政殿举行，中央和国务院有关部委领导同志 20 多人出席，讨论座谈会向书记处的报告稿，提出进一步修改的意见。根据这次在书记处办公室讨论提出的意见，笔者对《报告》作最后一次修改。5 月初，陈慕华同志办公室将准备 5 月 12 日向中央书记处汇报的《人口问题汇报提纲》（草稿，以下简称汇报提纲），通过内部交换寄给笔者，此后再没有做过其他改动。在向中央书记处提交的《报告》的基础上，又起草陈慕华副总理关于我国人口问题准备向五届人大三次会议的报告稿，精神与提交书记处的《报告》一致。[133]

---

133 《中国人口政策 60 年》，第 132 页；《百年潮》2010 年第 10 期，第 15 页。

如果说，在这个最初的文字中，人们还只能通过字里行间体会田雪原除了起草正式的报告以外，同时还起草了一个《汇报提纲》的草稿和陈慕华给人大会议的报告稿的话。那么，可能是贼越偷越大胆，后面就直接、明白了。在《百年潮》的文章中，田雪原明明白白地说："我又起草陈慕华副总理关于我国人口问题准备向五届人大三次会议的报告稿"。[134]

田雪原真的还为座谈会撰写了《关于人口问题汇报提纲》（草稿）和为陈慕华起草了人大会议的报告稿了吗？但是，我们在有关会议的文献中根本找不到座谈会竟然还有起草《汇报提纲》、陈慕华副总理决定向人大报告的任何信息。相反，我在同时反映决定颁发"公开信"的文献中，发现有与这两个信息相关的影子。1980 年 6 月 26 日，中央书记处决定：

二、制订计划生育法，争取在八月五届人大会议上通过婚姻法时通过计划生育法，会议期间要做一个关于计划生育的报告。[135]

如何认识上面所说"会议期间要做一个关于计划生育的报告"？我手头正好有参加座谈会的北京经济学院人口理论研究室王胜泉该年 8 月份给我的一封信，可作其注脚。其中说：

前天，栗主任召集开会，宣布人口问题已经"书"讨论完毕：搞一告党员书，修订"计法"，陈在人大作一长篇发言。[136]

信中"栗主任"是指国务院计划生育办公室主任栗秀珍。那时从事人口和计划生育专业的人员还很少，按照当时的体制，栗秀珍召集的人口学研究人员的会议，属于北京市大专院校的王胜泉参加了，那么，国家级单位的田雪原更有资格参加了。栗主任的会议传达说人口问题已经经过书记处讨论，决定颁发一个告共产党党员的"公开信"、

---

134 《百年潮》2010 年第 10 期，第 15 页。
135 《一九八〇年六月二十六日书记处会议》。
136 王胜泉致梁中堂的信，1980 年 8 月 5 日。

修订"计划生育法"、陈慕华在人大会议上做一个长篇发言。可见，"公开信"和陈慕华在人大会议上的"长篇发言"，都是 6 月 26 日中央书记处会议的决定，田雪原不仅在 4 月份中央办公厅召开的座谈会上就为中央书记处确定了，并且分工决定由他和他的领班宋健分别担纲撰写了！

那么，《汇报提纲》是怎么回事？6 月 26 日中央书记处会议材料中，关于会议决定。

四、对人口问题汇报提纲中提出需要解决的几个大问题……[137]

田雪原知道这次书记处会议上有一个"人口问题的汇报提纲"，所以，决定也由他来撰写。不同的是，因为不太清楚所谓"汇报提纲"究竟是什么，他说起来的口气就没有前面那么硬气。

20．田雪原特意为"报告"写了几个附件吗？

田雪原说：

座谈会领导在审阅《报告》时，提出让笔者以个人名义写两个"附件"，因为《报告》不可能很长，长了不便于领导审阅。以"附件"形式对某些重要问题做深入一些阐述，可以起到咨询和备用的作用，为领导进一步了解情况做准备。"附件"之一就是《提倡一对夫妇生育一个孩子多长时间为宜》。[138]

本人受命起草向书记处的《报告》时，还按照领导的要求，分别撰写以个人署名的几个《附件》，以示对这样的论证负责。[139]

1980 年中央人口座谈会上领导同志在审阅给中央书记处的《报告》时，提出让我以个人名义写两个"附件"。"附件"之一就是《提倡一对夫妇生育一个孩子多长时间为宜》。[140]

---

137 《一九八〇年六月二十六日书记处会议》。

138 《中国人口政策 60 年》，第 144 页。

139 《我在现场——亲历改革开放 30 年》，第 313-314 页；《激辩"新人口策论"》，第 40 页。

140 《百年潮》2010 年第 10 期，第 19 页。

　　这段文字包括 3 个要素，一是附件是在领导审阅报告之后提出来的，即起意要写附件至少已经有了报告初稿以后。二是根据领导的指示，田雪原以个人名义写出附件，三是他一共写了几个或者 2 个附件，就是说，至少应该有 2 个由他署名的附件。四是其中有一个附件的题目是《提倡一对夫妇生一个孩子多长时间为宜》。但是，这 4 个要素都不真实。第一，在国务院计划生育办公室 5 月 12 日向书记处汇报的《关于人口问题的报告》中的 4 个附件中，并没有《提倡一对夫妇生一个孩子多长时间为宜》为题的附件。第二，在 4 个附件中，仅只有一份附件二《关于一对夫妇只生一个孩子方案的建议》署名田雪原。第三，署名田雪原的附件二的完稿日期是"一九八〇年四月九日"。就是说，田雪原的这篇文章是 4 月 9 日完成的。中共中央办公厅人口问题座谈会的第一次会议是在 1980 年 4 月 7 日下午举行的，以附件二的形式出现的田雪原的文章是在 4 月 9 日完成的。按照田雪原的说法，座谈会领导在审阅给书记处的《报告》时，提出让他（田雪原）以个人名义写几个附件。我们公认田雪原的写作能力，领导给他布置任务后一转身旋即可以完成，那领导最早也是在 4 月 9 日审阅给书记处的《关于人口问题的报告》的。难道 4 月 7 日召开了一次会议，田雪原立即起草并完成了给书记处的报告、"领导"也迅速审阅了报告并于 9 日前决定和指示田雪原"以个人名义写两（几）个附件"、田雪原于 4 月 9 日至少就又完成了以《关于一对夫妇只生一个孩子方案的建议》为题的附二？这不都是胡扯吗！

　　真实的情况只能是，4 月 7 日下午的第一次会议上，共有 9 人发言。会务工作人员要求发言人把自己的发言整理成文字材料，准备在写简报和以后起草报告时参考。我们注意到，反映第一次会议的简报是 4 月 10 日，比会议晚了 3 天。为什么？可能是会议组织者决定，为准确反映发言专家的意见，要求发言人将自己的发言整理成文字交给会议。这就有了田雪原 4 月 9 日的这份文字材料。国务院计划生育办公室的《关于人口问题的报告》完成后，认为有必要将田雪原4 月 9 日写就的文章也作为附件上报，这也就是附件二的由来。天才人物和那些不凡之辈就在于能从常人看似平常、简单的事情中，演变出一系列丰富和壮阔的"重大历史事件"。田雪原就是由这个 30 年前署有自己名字的附件开始，扩大到"领导同志"（当然是中央的领导同志）提出由他写了两个和几个附件，再扩大到政治局候补委员、国务院副总理、国务院计划生育领导小组组长陈慕华指令把撰写向书记处报告的任务压到他的头上。从田雪原"受命"起草给中央书记处的报告，再扩展到还为陈慕华撰写了向书记处汇报的《人口问题汇报提纲》、起草了陈慕华副总理准备向五届人大三次会议做的关于我国人口问题的报告稿。田雪原塑造这些情节，都是制造"中央人口座谈会"的重要组成部分。田雪原把"提倡一对夫妇生一个孩子"当作中国取得发展的重大社会政策之一，而这一政策是在"中央人口座谈会"上确定的。田雪原在"中央人口座谈会"上起到重要乃至主导作用。所以，田雪原实该永垂不朽！

五、结束语

1. 1980 年 4 月，中央办公厅根据书记处的指示召开人口问题座谈会。主持会议的办公厅副主任冯文彬向与会人员传达说，为了解决我国人口问题，提倡和鼓励一对夫妇只生一个孩子，这个大方针是定下来了。在贯彻这个方针的过程中，干部群众中议论较多。中央书记处在讨论这个问题时建议召开一个座谈会，征求各方面科学家的意见。请各方面的专家来，就是要讨论这个问题，如何既能达到控制人口增长的目标，又能避免和妥善解决由此而造成的某些不良社会后果。

4 月 7 日、9 日、12 日、30 日，人口问题座谈会分别召开了两次全体会议和两次分组会议。会议期间，冯文彬曾两次召集有关专家和有关部门负责同志研究我国人口问题的解决意见，并向中央书记处起草"关于人口座谈会情况的报告"。5 月 12 日，最终形成了国务院计划生育办公室给中央书记处的《关于人口问题的报告》。

2. 田雪原就是把中央办公厅 1980 年 4 月召开的人口问题座谈会，称之为"中央人口座谈会"。按照中国共产党章程的规定，中央会议是由中央委员会或者中央政治局及其常务委员会召开的会议，而中央职能部门和办事机构召开的会议，既不具有中央会议的权威性，也不具有合法性。中央办公厅仅仅是中央的一个办事机构，田雪原却将中央办公厅召开的会议称之为中央人口座谈会。

3. 为了提高中央办公厅人口问题座谈会的规格和等级，田雪原把这次座谈会说成是中共中央书记处"委托"中央办公厅召开的。委托是托付承办某件事情，其中还可能包含着一定的授权。但是，中央办公厅是中央书记处的办事机构，后者向前者交办事务叫指示，前者办理后者交代的事物是完成任务。特别重要的是，《关于人口座谈会的情况报告》（讨论一稿）的第一句话就说："根据书记处的指示，最近，中央办公厅主持召开了人口问题座谈会。"据田雪原说，他曾"受命"起草了该报告，却有意把报告中的指示说成是"委托"。

4. 田雪原故意要将会议的时间、地点、会议次数搞错，通过提高参加会议领导人来拔高会议级别。本来是 1980 年 4 月中央办公厅人口问题座谈会，田雪原要称其为 1980 年 3—5 月中央人口座谈会；把在人民大会堂召开的会议说成等等；一个分别有 2 次大会 2 次小组会议共 4 次活动的座谈会，田雪原要表述为"中央五次人口座谈会"。此外，田雪原还有意捏造陈慕华参加了座谈会。

5. 冯文彬在第一次会议上就向与会人员说，为了控制我国人口问题，提倡一对夫妇只生一个孩子"这个大方针是定下来了"。但是，在田雪原的文章中，冯文彬却说中央要讨论人口问题，征求专家和负责人意见，"讨论今后 20 年和更长远一些时间的人口政策"。把一个已定的方针政策，改变为即将准备制订的政策。

6. 田雪原将这次人口座谈会说成讨论会、决策会。田雪原说会议讨论了要不要提倡一对夫妇生一个孩子、人口老化、"只生一个"是否会造成智商下降、劳动力供应、人口结构四二一比例等一些问题，这些问题并不是会议上讨论的，而是国务院计划生育办公室给中央书记处呈送的报告《关于人口问题的报告》中提到的。田雪原说这次座谈会是"决策会"，而决策必须具有与所决策的内容相关的权力。提倡一对夫妇只生一个孩子是我国的重要人口政策，对它的决策当然是党和国家最高领导人的权力和事务，而不可能是专家座谈会。

7. 提倡一对夫妇之生一个孩子是 1978 年新一届国务院计划生育领导小组在 1979 年正式提出，被党中央和国务院认可已经在全国实行了一年多的人口政策，田雪原却要将其说成是 1980 年 3—5 月的座谈会决定的；1980 年 6 月 26 日的中央书记处会议上，由胡耀邦提议以"公开信"的形式倡导党团员带头实行一对夫妇只生一个孩子，田雪原却说在座谈会期间宋健已经在起草"公开信"了。

8. 国务院计划生育办公室《关于人口问题的报告》以附件的形式收录了田雪原在座谈会上的发言，田雪原就说他为会议起草了给书记处的报告及其几个附件，为陈慕华撰写了《汇报提纲》和准备在人大会议上的报告稿。

9. 1979 年年中，田雪原刚从教育部机关调到中国社会科学院经济研究所，被组织安排参加为马寅初平反工作并由此切入人口研究，从而开始了由行政干部向研究人员的转变。1980 年 2 月 13 日，人民日报就发表了由宋健田雪原等"自然科学工作者和社会科学工作者"合作做出的"百年预测"，论证只有实现当时正在全国推行的"一胎化"政策才能解决好我国人口问题。1980 年 4 月，中央办公厅召开人口问题座谈会。田雪原就是在这样的背景下，向人们述说他是"一对夫妇只生一个孩子"这一重大国策的提出者和制定者。

——2013 年 7 月 12 日

附录一:

1980 年 4 月中央办公厅召开人口问题座谈会分组名单

第一组　地点　广西厅

胡昭衡	卫生部副部长
陈　道	社会科学院规划联络局局长
严仁英	北京医学院教授（妇产科）
王首道	全国政协副主席
李　昌	中国科学院副院长
田雪原	社会科学院经济研究所（人口学）
邬沧萍	中国人民大学人口理论研究所（人口学）
林富德	北京经济学院人口理论研究室讲师（人口统计）
李广元	七机部二院工程师（统计）
江　伟	中国人民大学法律系讲师（人口法律）
张纯元	北京大学经济系讲师（人口学）
孙敬之	北京经济学院人口室教授（人口地理）
陆雨林	中共中央毛著编委会编辑
刘国振	首都医院副教授（泌尿科）
林巧稚	首都医院教授（妇产科）
王传文	北京医学院副教授（妇产科）
陈文珍	北京市妇产科医院副院长
吴　旻	中国医学科学院副教授（遗传医学）
蒋跃青	中国科学院遗传所讲师（遗传医学）
肖碧莲	中国医学科学院基础医学研究所副教授 （女性生殖　内分泌）

薛社普　　中国医学科学院基础医学研究所教授（组织形态学）
薛沁冰　　中国医学科学院儿科研究所副所长（儿童保健）
陈学诗　　中华医学会神经科杂志副总编（神经精神科）
江　平　　国家民委副主任
林森木　　国家建委基本建设经济研究所综合室副主任
　　　　　（城市人口）
张邦英　　民政部副部长
王程远　　财政部文教财务司司长
余海宇　　公安部三局副局长
许　云　　全国妇联国内部副部长
王京治　　共青团中央机关党委副书记
财生嘎　　卫生部医政局副局长
张宗福　　保险公司副总经理
李天林　　北京医学院统计学教研组
栗秀真　　国务院计划生育办公室副主任
朱云谦　　解放军总政治部副主任
苏　群　　国务院计划生育办公室处长
肖振禹　　国务院计划生育办公室干部
张法瑛　　国务院计划生育办公室干部

第二组　地点　陕西厅

吴阶平　　中国医学科学院副院长、教授
朱云谦　　解放军总政治部副主任
张乐群　　社会科学院教授
刘　铮　　中国人民大学人口理论研究所负责人
杨学通　　中国人民大学人口理论研究所教授
于景元　　七机部二院工程师
王德一　　北京大学法律系民法教研室讲师
徐雪寒　　经济研究编辑部
王胜泉　　北京经济学院人口理论研究室讲师

冯立天　　　北京经济学院工程系计划教研室主任

蒋应光　　　人民日报理论部编辑

张莅芬　　　医科院基础医学研究所教授

罗会元　　　医科院基础医学研究所副教授

郎景和　　　首都医院主治医师

张致一　　　中国科学院动物研究所教授

雷海鹏　　　医学科学院药物研究所副研究员

钟惠澜　　　北京市友谊医院教授

钱信忠　　　卫生部部长

顾秀莲　　　国家计委副主任

何　康　　　国家农委副主任

李重民　　　国家劳动总局副局长

李益三　　　国家科委四局局长

曾得林　　　教育部副部长

刘复之　　　文化部副部长

梁竹航　　　粮食部市镇供应局局长

严家裕　　　卫生部妇幼卫生局处长

王子青　　　解放军计划生育办公室副主任

贺务宜　　　化工部橡胶司副处长

李　化　　　全国总工会保险部部长

赵济年　　　保险公司副处长

陈育德　　　北京医院统计学教研室

林佳楣　　　国务院计划生育办公室副主任

王连城　　　国务院计划生育办公室副处长

刘廿栗　　　国务院计划生育办公室干部

高志荣　　　国务院计划生育办公室干部

于菁华　　　国务院计划生育办公室干部

附录二：4 月 30 日会议名单

李　昌	男	中国科学院
张汝光	男	全军
王子青	女	全军
朱云千	女	全军
王首道	男	全国政协
陈育德	男	北京医学院
李天林	男	北京医学院
吴阶平	男	中国医学科学院
刘国振	男	首都医院
林巧稚	女	首都医院
严仁英	女	北京医学院
张苣芬	女	中国医科院基础所
王传文	女	北京医学院
陈文珍	女	北京妇产医院
吴　旻	男	中国医科院日坛医院
罗会元	男	中国医科院基础所
郎景和	男	首都医院
蒋跃青	女	中国科学院遗传所
张致一	男	中国科学院动物所
肖碧莲	女	中国医科院基础所
薛社普	男	中国医科院基础所
雷海鹏	男	中国医科院药物所
钟惠澜	男	北京市友谊医院
叶恭绍	女	北京医学院
薛沁冰	女	中国医科院儿科研究所

陈学诗	男	中华医学会
陈　道	男	中国社科院
张乐群	男	中国社科院
田雪原	男	中国社科院
刘　铮	男	中国人民大学
邬沧萍	男	中国人民大学
杨学通	男	中国人民大学
林富德	男	北京经济学院
孙敬之	男	北京经济学院
王胜泉	男	北京经济学院
王德一	女	北京大学
张纯元	男	北京大学
徐雪寒	男	经济研究杂志
冯立天	男	北京经济学院
陆雨林	男	中央毛著编委会
江　伟	男	中国人民大学
李广元	男	七机部二院
宋　健	男	七机部二院
王乃荣	男	中国人民大学
白　筠	女	人民日报
姚　堤	女	人民日报
王体强	男	新华社半月谈
余振鹏	男	新华社半月谈
蒋应光	男	人民日报
许涤新	男	中国社科院
顾秀莲	女	国家计委
林森木		国家建委
朱则民	男	国家农委
黄光学	男	国家民委
李成瑞	男	国家统计局

李重民	女	国家劳动总局
李益三	男	国家科委
王程远	男	财政部
		教育部
王新法	男	公安部
		民政部
尹则增	男	文化部
梁竹航	男	粮食部
贺务宜	男	化工部
钱信忠	男	卫生部
张　侃	男	卫生部
李　慎	女	卫生部
胡昭衡	男	国家医药总局
李　仙	男	全国总工会
王京治	男	团中央
鲍　侃	女	全国妇联
张崇福	男	保险公司
赵济年	男	保险公司
栗秀真	女	国务院计划生育办公室
于　旺	男	国务院计划生育办公室
刘庆山	男	国务院计划生育办公室
苏　群	女	国务院计划生育办公室
王连城	男	国务院计划生育办公室
肖振禹	男	国务院计划生育办公室
张法瑛	女	国务院计划生育办公室
于菁华	女	国务院计划生育办公室
高志荣	女	国务院计划生育办公室
刘甘栗	女	国务院计划生育办公室

附录三：关于人口问题的报告

中共中央书记处：

年初，根据中央指示，我们制定了一九〇年十年人口规划。

最近，由中央办公厅副主任冯文彬同志主持，召开了人口问题座谈会，就提倡一对夫妇只生一个孩子等问题听取了有关部门和各方面专家的意见。现将我们对入口问题的长远设想和这次座谈讨论中提出的意见，综合报告如下：

（一）

人口问题，是全党和全国人民十分关心的一个问题。这个问题解决得好，对于国家的富强，民族的兴旺，将起重要作用；这个问题解决得不好，就要拖四个现代化的后腿，不利于国家和整个民族的健康发展。

建国之初，一九四九年全国人口为五亿四千万，是世界上人口最多的国家。解放三十年人口自然增长率年平均高达千分之二十，比旧中国千分之十的自然增长率一倍，比一九七九年世界发达国家千分之七的自然增长率高一点九倍，一九七九年全国人口达到九亿七千万（不包括现役军人和台湾省，下同）占世界总八口四十三亿四千万（一九七九年中数）的百分之二十二以上。三十年中，出生了六亿多人口，净增四亿三千万。

我国人口增长过快的原因是，一方面随着生产的发展人民生活普遍得到改善，医疗卫生广泛普及，人口死亡率大幅度下降（由一九四九年的千分之二十，下降到目前的千分之六点三）；另一方面是在一个相当长的时期，我们对人口与经济发展之间的客观规律缺乏足够的认识，没有采取有效的措施控制人口增长。特别是林彪、"四人帮"极左路线干扰破坏，无政府主义泛滥，一九六六年到一九七一年六年间人口净增了一亿二千多万，平均每年增加人口二千万以上。

我国人口的高速度发展，同国民经济发展形成尖锐的矛盾。表现在，一是人口同生活资料的增长不相适应，使积累和人民生活水平的提高受到限制，二是劳动适龄人口同生产资料的增长不相适应，大量待业人员的存在已经是一种不安定因素；三是人口发展同科学、教育、卫生、住宅、交通等公共事业的发展不相适应，存在着比较严重的人口问题。而且，随着社会主义现代化建设的发展，随着科学技术水平和劳动生产率的大幅度提高，直接从事物质资料生产的劳动力数量呈现相对减少甚至绝对减少的趋势，而对科学技术水平、身体健康等人口质量方面的要求却不断提高。因此，制定我国人口政策的基本出发点，第一要切实控制人口的数量，争取在本世纪末把总人口控制在十二亿以内，第二是要努力提高人口质量，提高全体人民特别是青少年的健康和科学文化水平，提高民族素质。控制人口数量和提高人口质量，有利于增加积累，加快社会主义建设的步伐；有利于充分就业，迅速提高劳动生产率，有利于提高人民的物质和文化生活水平；有利于国家，有利于集体，也有利于个人和家庭；是直接关系到四化成败和人民幸福的一件大事，是摆在全党和全国人民面前的一项紧迫的战略任务，是需要长期坚持的利国福民的一项积极方针。

（二）

进入七十年代以来，在毛泽东、周恩来、华国锋等中央领导同志的直接领导下，在各级党委和广大群众的积极努力下，我国计划生育工作取得很大成绩，初步刹住了人口继续猛增的势头，人口自然增长率逐年下降。一九七〇年人口自然增长率为千分之二十五点九五，一九七九年下降为千分之十一点七，十年中降低了一半以上。一九七〇年全国出生人口达二千七百万人，而一九七九年只出生了一千七百万人，仅这两年相比，便少出生人口一千万。目前，全国有八个省、市的人口自然增长率降低到千分之十以内，其中以上海、四川最为突出。一九七九年，虽然处于再次人口出生高峰期，但有十八个省、市的人口自然增长率仍有不同程度的下降。从一九七一年至一九七九年的九年中，全国共少出生人口五千多万，为国家节约支出二百七十多亿元，少消费粮食一千二百多亿斤，为加速四个现代化的建设作出了贡献。

但是由于我国长期以来增长速度很快，形成了庞大的人口基数，今后出生率和自然增长率即使降低许多，每年出生和净增人口的绝对数也将维持在一个相当大的数目。加之我国人口年龄构成轻，一九七八年十四岁以下为成年人口为三亿四千三百万，占总人口的百分之三十五点八；二十九岁以下人口占总人口的百分之六十三点四，属于增加型人口再生产模式。在未来二十一年内将有四亿八千万（约二亿四千万对）青年男女陆续进入婚姻生育年龄；新婚姻法的公布使未来数年内将有五千万青年提前进入婚期；从一九八六年开始又将进入生育高峰期，将加剧我国人口增长的趋势。如不采取严格的控制人口增长的措施，仍按目前较高的千分之十二左右的自然增长率增长，到本世纪末我国入口将突破十三亿，形成更为巨大的人口压力。要实现中央提出的在本世纪末每人平均国民收入为一千美元的"小康之家"的生活水平，把全国总人口控制在十二亿以内，则国民生产总值每年要增加百分之八点六以上，这需要做出相当大的努力才有可能达到。加速四个现代化建设的步伐，全面地解决我国人口问题，除了需要大力发展经济，制订合理的劳动就业政策、教育政策、移民政策、社会福利政策等以外，当务之急，是要积极控制人口的数量，大力提倡一对夫妇只生一个孩子，在经济政策上采取奖一罚三，努力提高一胎率。

人口发展具有长期、累进和稳定变化的特点，控制人口数量和提高人口质量，需要有关部门互相支持，通力合作，制订出全面的人口规划。

关于提高人口质量方面的规划，属于提高医疗保健和健康水平的，提请卫生、体育等有关部门来制订；属于提高人民科学文化水平的，提请科学、教育、文化等部门来制订。鉴于目前我国科学技术水平比较落后，人民文化水平比较低，在国家财力许可的条件下，多拿出一些钱来办科学、办教育、办卫生，适当增加人口投资，以保证人口质量的不断提高是十分必要的。

关于控制人口数量方面的规划，我们设想，今后两、三年内基本刹住三胎（包括三胎以上的），并运用教育的、行政的、立法的、经济的等各种手段大力提倡只生一胎，逐年提高一胎率，把平均生育率控制在一点五以内，总人口控制在十二亿以内。这样，有一半左右育龄妇女生二胎，一半生一胎，群众可能比较容易接受，矛盾可能缓和一些，阻力可能小一些，工作可能好做一些。根据逐步提高一胎率的设想，一九八〇年至一九九〇年人口增长规划如下：

年　份	年末总人口（万人）	自然增长率（‰）
1979 年	97,092	11.7
1980 年	98,270	11
1981 年	99,942	10
1982 年	100,580	9
1983 年	101,142	8
1984 年	102,935	7
1985 年	104,000	6
1990 年	110,000	6
2000 年	120,000	4

实现上述规划，要求一九八五年城市育龄妇女百分之七十生一胎，农村百分之三十生一胎，一九九〇年达到农村百分之五十生育一胎，并保持不再回升。目前一胎占只有一个孩子夫妇的百分之四十，而仅占育龄妇女总数的百分之六。

（三）

大力提倡一对夫妇只生一个孩子，可能会产生什么社会问题？人口问题座谈会就这些问题作了讨论，主要意见是：

一、关于劳动力和抚养人口问题。

提倡一对夫妇只生一个孩子，有人担心将来因人口"老龄化"会出现劳动力和兵源不足，被抚养人口增多，甚至出现两个劳动力养活四个老人和一个孩子，即所谓四、二、一比例关系问题。

从事人口研究的同志用测算数字作了说明：劳动适龄人口在未来二十四年内一直是增长的，二〇〇五年以后开始下降，但要到二〇三〇年才能降到目前的水平。就是说，即使做到一对夫妇只生一个孩子，未来半个世纪内劳动力总数不会少于目前的数量。同时，老年人口虽然增长比较多，但未成年人口下降也比较多，两项相抵，抚养指数（每个劳动力负担的抚养人口数）在未来二十五年内是下降的，二〇〇六年以后开始上升，但直到二〇三四年才能回升到目前一个劳动力抚养零点九一人左右的水平。所以，在本世纪余下的二十年时间内，不存在人口"老龄化"，不存在劳动力、兵源不足和抚养人口增多等问题。在二十一世纪的头二十年时间里，这些问题也不严重，四、二、一的比例关系在整个社会范围内是根本不可能出现的。

但是，人口规划和人口政策要从长计议，防患于未然。人口预报表明：如果一九八五年实现一对夫妇只生一个孩子，二〇二〇年以后，上述问题将比较严重，应当避免二〇三五年以后可能出现的后果。为此，有的同志建议：一对夫妇只生一个孩子只能搞到二〇一〇年左右。以后要根据当时情况对人口政策做适当调整。

二、关于举办老年人社会保险问题。

办好社会保险，这是一对夫妇只生一个孩子迫切需要解决的问题。目前，全民所有制职工实行退休制度，绝大多数集体所有制职工和农村人民公社社员还没有实行这一制度，老无所养，只好靠养儿防老。同时，提倡只生一个孩子以后，势必有一方老人经常无人照顾，在这种情况下，不仅退休金问题要解决，而且在住宅建设、生活服务设施、看病住院等方面，各有关部门都要认真研究，有计划地加以解决。只有妥善地解决这些问题，从根本上解除群众的后顾之忧，只生一个孩子才有现实基础。

三、关子独生子女的教育问题。

独生子女是家里的"掌上明珠"，父母溺爱，容易娇生惯养。据上海一些单位的调查，独生子女中挑吃、挑穿、任性、不尊敬师长、不爱惜东西、独立生活能力差等占比例比较大，值得引起重视，这些问题需要通过加强社会教育和家庭教育得到解决。应大力加强婴儿、幼儿、学龄前儿童、少年、青年各个时期的教育，以培养独生子女优良的道德品质和健康的体魄，并成长为优秀的社会主义建设人才。

四、关于男女性别的比例问题。

无论从我国还是从世界一些国家来看，人口组成一般为男百分之五十二左右，女百分之四十八左右。北京医学院第一附属医院调查了一九七五年至一九七八年四千三百四十八个头胎婴儿，男女性比例为五十二点九比四十七点一，也比较相近。但一对夫妇只生一个孩子以后，会不会出现人为的性比例失调？如一些人由于受子嗣思想影响，重男径女，以致溺女婴、弃女婴，值得重视，并应在法律上加以禁止。

（四）

搞好计划生育工作，是解决我国人口问题的关键。目前，各级党委普遍加强了对计划生育工作的领导，建立了办事机构，人民群众对控制人口增长的战略意义有了进一步的认识，先进典型层出不穷，节育手术质量有所提高，避孕方法和药具也有不少改进。

计划生育战线形势很好，同时也存在不少问题。在当前人口自然增长率已经降到比较低，控制人口增长面临更大困难的条件下，更需要正视这些问题，研究这些问题，并拿出实际措施来解决这些问题。

一、认识问题。

目前，总的说对计划生育工作的认识是提高了，但是否真的都从战略的高度，把它同四个现代化，同实现新时期的总任务联系起来，还是一个很大的问题。有的同志谈到我国人口近十亿时觉得太多了，可是动员他只生一个孩子就嫌太少了，理论和实践相矛盾。一些单位的领导同志，口头上也喊"两种生产一齐抓"，但实际做起来，计划生育并没有真正列入议事日程。实践证明，哪里的党委重视，主要领导亲自抓，哪里的人口增长就控制的好。反之，就控制不好。因此，有必要进一步提高各级领导同志对控制人口增长重要意义的认识，坚持党委第一书记亲自抓，主管书记具体抓，领导"一班人"共同抓，一级抓一级，一环扣一环的成功经验，把计划生育工作抓早、抓细、抓实。

二、宣传教育问题。

我国是社会主义国家，做好宣传教育工作在控制人口方面占有特殊重要的地位。我们要大力控制人口数量、提高人口质量，不仅需要加强控制人口增长重要战略意义的宣传，加强党在现阶段关于人口政策的宣传，大造一对夫妇只生一个孩子的舆论，而且还要大大加强遗传学、优生学、环境生态学等的宣传，做到家喻户晓。

为此，建议中央宣传部门把这项工作认真抓起来，建议《人民日报》《光明日报》等报刊开辟人口理论、计划生育园地，定期组织稿件，发表有一定水平的文章；建议中国社会科学院、重点高等院校加强人口问题的研究，大学经济系增设人口理论课，开设人口学专业；建议中学开设生理卫生，性知识教育课；建议国务院计划生育办公室充实政策研究人员，加强调查研究，更好地掌握宣传工作的科学性。

三、加强计划生育的科学研究工作。

加强计划生育的科研工作是提高计划生有工作水平的根本保证。计划生育主要是避孕，尽量减少人工流产和中期引产。为此，应加强计划生育的基础理论、临床及避孕药具的科学研究工作。通过科研和临床证明是行之有效的外用避孕药具应由有关单位加速推广。

四、指标问题。

有些地区反映，由于目前处于再次人口出生高峰期，现在下达的人口出生率和自然增长率指标偏高。一些单位为了完成指标，工作方法不当，往往发生强迫命令、脱离群众。如有的地区强迫育龄妇女一律结扎，搞一刀切；有的地区不区别情况，一律收回已下达的生育指标，造成计划内的孕妇大月份引产；有的地区搞计划生育小分队进驻工作对象家中吃住，侵犯群众的利益等。这个问题应引起各级党组织的高度重视。个别地方曾经发生过人命案，搞得不好，可能成为一种不安定的因素。

最近，人大常委讨论过的婚姻法草案，规定男子结婚年龄为二十二岁，女子为二十岁，即比目前提倡的晚婚年龄降低了三至四岁，几年内进入结婚年龄的妇女将因此增加二千四百万左右，出生率和自然增长率将面临大幅度回升趋势，使一九八五年自然增长率降低到千分之五的目标更加难以完成。有鉴于此，我们建议在人民群众中仍继续坚持宣传晚婚，提倡晚育（要求妇女二十三岁以后开始生育）是否可行，请中央酌定。

五、关于颁布计划生育法问题。

目前，除内蒙古自治区以外，二十八个省、市、区都制订了自己的计划生育暂行办法（新疆是讨论稿）。但规定的结婚年龄、独生子女奖励额和奖励年限、征收多子女费的多少等口径不一。在执行过程中，矛盾很多，当一些条款同其他方面的一些规定发生抵触时，往往被说成"土政策"，贯彻不下去，不利于制止多胎生育，妨碍着计划生育政策的落买。现在，从省、市领导到基层计划生育干部，迫切要求国家计划生育法能够早一点颁布，以便工作起来有法可循。

六、少数民族计划生育问题。

全国少数民族有五千多万。少数民族人口多少悬殊很大，人口在一百万以下的有十三个，共四千八百多万人，百万以下，十万以上的有十二个，五百多万人，十万以下的有三十一个，二百多万人。少数民族地区一般地广人稀，生产发展缓慢，妇女生育子女多，但婴幼儿死亡率也高，边疆有些少数民族跨国居住，邻国同一民族一般不实行计划生育。鉴于上述情况，对少数民族实行计划生育应不同于汉族，各少数民族也应分别情况区别对待。对人口较少的少数民族和人口稀少的少数民族地区，可采取发展人口的政策，做好妇幼保健工作，宣传计划生育科学知识，生育子女最多三至四个为好；对居住在城市和人口稠密地区的少数民族，原则上应同汉族一样实行计划生育，政策可以灵活一点，奖励一个，可生两个。执行这个政策到本世纪末，我国少数民族总入口将达到一亿左右，如果不加以调整，到二千零八十年，少数民族总人口将增长到八亿多。

七、社会保险问题。

鼓励一对夫妇只生一个孩子，从现在起就要着手解决老年人的社会保险问题。在没有实行退休制度的集体所有制单位，可以考虑从个人和集体收入中按月提取少量（一元或二元）保险基金，待这些人年老退休时，这笔钱和国家再拿出一定的补贴加到一起作为养老金，按期发给退休老人。在生活设施方面，应统一规划，为无子女照顾老年人的晚年生活提供各种方便。

八、教育和保健问题。

提倡一对夫妇只生一个孩子，必须认真做好妇女保健和儿童教育工作。卫生部门应加强做好妇女怀孕期和围产期的保健，普及新法接生，加强新生儿喂养等方面的卫生指导，真正做到生得好、生得少、养得好。科学和教育部门要加强心理学、教育学方面的研究，针对独生子女容易产生的问题进行教育，使他们健康成长，为国家输送高质量的合格人才。

九、优生问题。

为逐步提高我国人口质量，凡有条件的地区（可先从京、津、沪开始）实行婚前体检。如有严重遗传性疾病应进行教育，结婚后不得生育。

十、经费问题。

目前实行的独生子女奖励费，职工从福利金项目中开支，农村人民公社由公益金中拨出一定数量的工分。执行情况基本是好的，但已有部分企业、事业、行政单位奖金发放不出去，城市无业居民、农村困难社队更不好解决。为此建议国家能够拿出一笔钱来，解决独生子女的奖励费用。按逐步提高一胎的比例匡算一下，大体上一九八〇年需四亿一千万元，一九八一年需五亿九千万元，一九八二年需七亿九千万元，一九八三年需九亿七千万元，一九八四年需十一亿四千万元，一九八五年需十三亿三千万元。

十一、机构问题。

目前，各级计划生育领导小组办公室还带有一定临时性质，而且限于计划生育一个方面。然而，我国是一个拥有十亿人口的大国，人口问题涉及面又非常广泛，还有不少国际交往，这些任务没有一个适当的机构通盘管起来。为了有效地把有关人口方面的各项工作协调起来，避免政出多门，互相抵消，贯彻统一的人口政策，推动人口科学为发展，完成控制人口数量和提高入口质量的伟大战略任务，有必要成立全国人口委员会，直接隶属中央或国务院。

另外，联合国人口基金会对我国有关计划生育的宣传教育，干部培训和围产期保健，提供援款一千四百多万美元，分别在北京、上海、南京、成都建立宣传培训基地。建设好这四个基地需要国内投资配套，地方已投资七百五十万元，开始筹建。尚差五百万元，地方已无力投资。建议中央在明年基建投资中予以安排。

国务院计划生育办公室

一九八〇年五月十二日

附录四：关于一对夫妇只生一个孩子方案的建议

一、提倡一对夫妇只生一个孩子势在必行

为了有效地解决我国当前存在的人口问题，使人口发展同四个现代化建设相适应，国家规定了一九八五年把人口自然增长率降低到千分之五，二○○○年降低到○的战略目标。提出这一战略目标是有科学根据的，把人口自然增长率降低到○使我国的社会主义建设取得更多的主动权。测算结果表明：只有从现在起把人口出生率大幅度降下来，逐步做到一九八五年实现一对夫妇只生一个孩子，并且保持一段比较长的时间，才能完成这个战略任务。如果平均生育率（每个育龄妇女平均生育子女数）为二，即"一对夫妇生二个孩子"，一九八五年的人口自然增长率为千分之十点一，二○○○年为千分之九点八，需要到二○五二年才能降到○，届时总人口为十五亿四千九百万；如果平均生育率为一点五，即一半育龄妇女生一胎，另一半育龄妇女生二胎，一九八五年的自然增长率为千分之六点一，二○○○年的自然增长率也为千分之六点一，二○二七年才能降到○，总人口从现在起还要再增长四十七年的时间，届时可达十一亿七千八百万。如果一九八五年实现"一对夫妇只生一个孩子"，二○○○年的人口自然增长率可以接近○，总人口为十亿五千万，看来是解决目前人口问题比较理想的方案。

二、"一对夫妇只生一个孩子"的方案可以搞到二○一○年左右

"一对夫妇只生一个孩子"势在必行，但"一对夫妇只生一个孩子"的方案搞多长时间为宜？这是人们普遍关心的一个问题。当前，

人们对"一对夫妇只生一个孩子"的某些疑虑，有的纯属由于误解造成的，以为"一对夫妇只生一个孩子"要永远搞下去，会产生这样或那样的不堪设想的后果。因此，有必要清楚地告诉人民："一对夫妇只生一个孩子"不是永久之计，它是一段时间，我认为可以从一九八五年实现"一对夫妇只生一个孩子"算起，大体经过一个人口再生产周期，即到二〇一〇年左右的一个方针政策。

为什么"一对夫妇只生一个孩子"要搞到二〇一〇年左右？主要有以下几方面的原因：（1）自然增长率在二十一世纪初降到〇以后，虽然总人口（1）降，但仍稍高于目前的水平，二〇一〇年总人口为十亿四千四百万。

（2）劳动适龄人口（男十八至六十四岁，女十八至五十九岁）在未来二十四年内是一直上升的，二〇〇五年以后有所下降，但二〇一〇年仍为七亿四千八百万，比目前多二亿四千五百万人。要降到目前的水平，需二〇三〇年以后（详见附表）。

（3）每个劳动力抚养的未成年人口和老年人口，即抚养指数，在未来二十五年内是一直下降的。二〇〇六年以后开始上升，但直到二〇三四年才能回升到目前零点九一的水平（详见附表）。

（4）六十五岁以上老人占全部人口的比重，二〇一〇年为百分之十一点八，即相当于欧洲现在的平均水平，距目前所占比重最高的东德等国家百分之十六的水平，相差甚远。

看来，为了扎扎实实地解决我国人口问题，"一对夫妇只生一个孩子"搞到二〇一〇年是完全必要的。那时，总人口、劳动适龄人口、抚养指数、"老龄化"等都不会出现什么大的问题。

三、二〇一〇年以后平均生育率应作适当调整

二〇一〇年总人口和劳动适龄人口高于现在水平，抚养指数也低于现在水平，似乎"一对夫妇只生一个孩子"方案可以继续搞下去。可是，人口再生产和物质资料再生产有很大不同，人口再生产周期长，具有长期、累进和稳定增长的特点。因此，一种人口政策的实

施，起码要顾及到二十五年以后的结果，再长一点时间更好。按照"一对夫妇只生一个孩子"方案，二〇一〇年以后将出现下列情况：

（1）虽然总人口高于现在的水平，但下降的趋势比较快：二〇二〇年的自然增长率为负千分之四点六四，二〇三〇年为负千分之五点八七，二〇三五年为负千分之七点四六，当年总人口要减少六百八十五万。

（2）虽然劳动适龄人口也高于目前水平，但下降的速度更快，二〇三五年可降至四亿五千万左右，比二〇一〇年的七亿四千八百万减少二亿九千八百万人。特别应注意到劳动适龄人口的"老龄化"趋势，从而使青年劳动力所占比重大大减少。

（3）虽然抚养指数长期低于现在的水平，但被抚养对象则发生了根本的变化：目前的老龄化指数（老年人口与未成年人口之比）为零点一五，二〇一〇年上升到零点八九，二〇三〇年上升到三点五二，二〇三五年上升到五点〇二。未成年人口将从目前的四亿一千万，减少到二〇一〇年的一亿七千万，二〇三五年的八千三百万；而老年人口将从目前的六千一百万，增加到二〇一〇年的一亿五千二百万，二〇三五年增长六点六倍，比二〇一〇年增长二点六倍。六十五岁以上老人占全部人口的比重，将由现在的百分之四点八上升到二〇三〇年的百分之二十九点五，二〇三五年的百分之三十六点一。

因此，为了避免和减轻上述情况的出现，"一对夫妇只生一个孩子"方案从一九八五年算起，只能实行到二〇一〇年左右，最多坚持到二〇一五年。此后，平均生育率应少许提高，做到既不使上述问题趋于严重，又能把人口总数相对稳定在一个比较理想的水平之上，譬如七亿左右。这一点，只要国家把标定下来，是可以用科学的方法测算出来的。以上意见如有不妥之处，请领导、专家和同志们给予批评指正。

田雪原

一九八〇年四月九日

（2013 年 9 月 24 日至 12 月 10 日分 9 次刊发）

给一位希望"单独生二"女士的信：

当前的矛盾不是"单独生二"就足以解决的

——致一诺女士

一诺女士：

您好。首先我必须告诉您，生育政策的调整与否以及如何调整，并不在乎人口学家或者老百姓怎样说。我们的政治制度所决定的决策机制并不是听了什么人口学家的意见才产生或者发生改变的，所以，您不该把政策未曾变动的原因归结到有的人口学家说了什么。人口学家发表自己的看法，甚至于一般的老百姓发表自己的看法，都该是他们的权利。您也可以发表您的意见，如同政府没有接受您的意见一样，也未接受他们的意见。实际上，我们的政府历来出台的政策，都是他们自己认为应该出台的政策，并不是听取了谁的意见。我过去也曾天真地以为胡耀邦赵紫阳接受了我的普遍生育二胎的意见，其实不是这样，他们在我给他们写建议以前就有希望农民普遍生育二胎的方案，是我的建议符合他们的观点，这才有了对我的建议的积极态度。所以，您切莫把焦躁的情绪发泄到人口学家身上。他们和您一样，在我国政策决策的天平上并没有位置。

另外，我也不同意您的观点，仅仅把要求改变政策的目标放到所谓的"单独"方面，认为"动总比不动好"。不是这样。您必须明白，生育政策给我们带来的危害不仅仅是"单独"这部分人，它与社会的矛盾实际上是所有的人。即使对于只愿生一个甚至于不准备生育的人来说，并不是没有矛盾。现行的生育制度是剥夺了所有人的自由生育权，包括不愿意生育的人。对于不愿生育的人来说，只是您不生育了，并不是您作为例外具有一个人本来就应该享有的权利。在现行的生育制度下，任何人，其实都不具有作为一个人应该具有的自由权利的。所以，我们必须看到的是现行的生育政策和所有人的矛盾，和所有按照自己的实际生活条件而决定自己生育行为的人们之间的冲突。您有幸出生在"单独"的家庭，您可以等来准许再生一个的机会，如果您的发小很不幸，没有出生在"单独"的家庭，她就活该继续经受煎熬？如同以前有"双独生二"的政策，可您是"单独"，难道您这些年经受的煎熬和苦难就活该？这都是什么逻辑！"双独""单独"或者多子女家庭，是谁的功劳或罪过？是当事人自己可以决定的吗？"文化大革命"以来的一个进步是逐步废除了"唯成分论"，不讲究家庭出身了，而"双独""单独"这样奇奇怪怪的名堂，难道不是新的"出身论"和"唯成分论"？以父母亲的生育行为决定下一代人的生育权利，这是进步的表现还是一种社会的倒退？所以，我们不该主张"单独生二"，我们应该要求社会的进步，要求回归人民的民主权利。

您认为政策一步到位，放开限制，"根本不可能"。有什么不可能？如果我们的政府是"全心全意为人民服务"的，它就会直面自己的错误，收回不得人心得政策，归还人民的自由生育权；如果我们的人民不全都是"事不关己，高高挂起"，都在那里取一种"自扫门前雪"的态度，对在生育问题上受到伤害的兄弟姐妹抱有真诚的同情心，伸出友爱之手，对荒唐的政策千夫所指，目前的状况都不是不能改变的。看一看联合国200多个国家和地区，比我们发达的有，比我们落后也有；有比我们资源多的国家，更多的是比我们资源贫乏的国家；有的国家比我们的人口密度小，更多的国家比我们的密度大，除了我们国家实行管制国民的生育政策以外，其他任何国家的公民都可以享受自由的生育权利，我们为什么就不能？天行大道，我们有什么不行！

和您的看法不同，我倒是能够充分理解那些不同意仅仅放开"单独"而是要求全面取消限制生育制度的同志。现行生育政策的要害是侵犯公民的民主权利，我们现实中的所有冲突都是国民天生合理的生育行为和现行制度的矛盾引起的，并不仅是"单独""双独"的问题。所以，如果仅仅实行"单独生二"的政策，说明政府对于这一问题的矛盾性质还没有起码的认识，即使不说有人耍弄放宽一小步以缓冲社会矛盾的小伎俩，那也会给政府造成一个错觉，以为放开"单独"后所有的社会矛盾都得到了解决，这下长久地维持下去，使得更多人经受更为长久的折磨。想一想"一胎化"出台后，制订者为了堵住人的口，把它和 2000 年的 12 亿人口目标联系在一起。2000 年早过去了，这样的政策却只在"双独""单独"这一小部分人身上搞名堂。谁能保证放开"单独"以后，政府很快就要解决其他人的问题？我们国家的制度可不是能够保证政策连接的啊！

一诺女士，我很能理解您的急迫心情，年龄所至，时不我待呀！但是，您是有知识的现代女性，总该是有宽大胸怀的人，还不止于仅仅想到自己一个人，想一想所有想生孩子的人，哪位不是有她（他）的实际情况，哪位不都是值得我们同情呢？30 多年来，哪一年、哪一月、哪一天不都是有千百万像您现在这样时不我待地在煎熬状态下生活，时不我待地错过了生育年龄从而纠结终生！现行的计划生育制度的本质是错误地剥夺了所有人的根本不可以剥夺的自由权利，我们需要改变的是所有人的问题，而不是一个人或者一部分人的问题。您以为不可能。怎么不可能？一定能！我就不相信，世界上所有的国家都不肯去做的事、我们国家从来也没有这样做的事，它就能永远实行下去！

致以热忱地问候。

梁中堂 2013 年 10 月 31 日

（刊发于 2013 年 10 月 31 日）

遵嘱转贴一位"单独"女士的两封信

按语

博客上的前篇文章纯粹是因为我给一诺女士回复的文字稍微长了点，无论怎样都放不到回复栏内，所以才移到那个位置。原来以为同在一个页面上，一诺女士的留言自然对照起来可以看到，所以也没有将她的文字一块移过来。谁知事情不是那个样子，无论是直接点击我的博客，还是因为网站管理人员将其置顶以后单独点击，一诺的文字都与我的文章不发生互动。这样，阅读我的回复，可能就难以理解我为什么说那些话。特别是看了我的文字以后，一诺还有话说，又给我写了一段文字，并要求我将她的两次留言都放到我的博客里。我的博客仅仅粘贴我的文字，一般不转述别人的文章。但我同意的她的意见，转贴她的文章。因为这样做也有好处，即先读了她的文章，再读我的回复，就容易了解来龙去脉了。特别是她又写了读我的文章后的反馈，对于了解她也有帮助，以防仅仅阅读我的文章对她产生误解。生育是人的天性。一诺是 70 后极向往再生育一个孩子的妇女，读她几个时期的文字，常常让我感受到她在煎熬中生活和挣扎，有时都能觉得她的神经都被压迫接近到临界点。一项政策把公民逼迫到如此的程度，无论她的认识或者行为如何，我都报以同情和理解。

由于像一诺女士这样的女孩子的神经已经脆弱到极点，她们已经不起政策调整前各种信息的反复轰击，所以，我想谈一些我对当前政策走势的分析，至少令一诺稍稍宽心一些。根据我的判断，10 月 29 日《第一财经》有关"单独生二"的政策走向是可能的。

这不是我的观点或主张，这是决定政策的政府的做法。我认为当前计划生育的问题已经充分表明现行的计划生育制度和人民群众自由生育权利的矛盾，而不仅仅是"单独"家庭这一小部分人同现行政策的矛盾。仅仅放开"单独"或者放开二胎，都解决不了根本问题。

它是老百姓的生育究竟由自己做主还是应该由政府决定和批准的问题，而不是允许生一个、生两个或者生几个的问题。即使规定允许生8个，也无法解决这一制度和群众之间的矛盾。因为允许您生8个，那都是政府的决定，表明是政府允许您可以生那么多，而不是您自己有权利选择自己的生育行为。如同现在许多人未到生育年龄，许多人超过生育年龄，许多人不生育，他们都未表现出与生育制度有矛盾，但这并不表明他们具有自由生育权和他们的自由生育权没有被剥夺。在现行的计划生育制度下，有许许多多的人并不生育，但制度还是要管您；有许多人的生育符合政策规定，但制度照样要管您。譬如即使您生育第一个孩子也需要准生证，有了准生证生育的孩子上户还需要已上节育环或者已结扎的证明，育龄妇女外出打工要带已落实节育措施的证明，离开户籍所在地之后无论在哪里都必须过一定时间回来照一照节育环，政策允许您再生一个但必须经过许多个管理部门同意敲盖几十个公章甚至于房屋邻居出具的证明信，不少地方的妇女20多岁、30多岁不结扎还可以但接近40岁必须结扎，某地58岁的农民还需要结扎，等等，这都与现行的计划生育制度相关而与制订允许生育几个的政策无关。如果我们也像其他所有的国家那样，没有这样的制度，老百姓至少会获得更多一些的自由、宽松、闲适和安逸的生活。更毋庸说对于那些生育意愿和生育行为都与现行的政策直接抵牾者，有没有这个制度那简直是天上地下之分。所以，当前的矛盾和问题是政府管理、管制老百姓的生育制度造成的，而不单是允许生几个或者仅仅是不允许什么人生二胎造成的。只是放宽某些人生二胎的限制以满足个别人再生育的意愿，我们照样还生活在一个生育领域被管制的状态里。

——梁中堂 2013 年 11 月 2 日

（一）2013 年 10 月 31 日

　　梁先生，您好！单独二胎如果能放开总比一点不动的强吧，可是，如今只要媒体一释放出这样的信息，有些专家就出来反对。我理解他们是好意，想让政策一步到位，放开限制，但这根本不可能。这样讨论拉锯的结果只能是再拖上若干年，即便两三年之后全面放开了，我们这些 70 后的第一批独生子女也将失去生育的机会，将是两代独生的悲剧。我们真是等不起了。今年年末是我们最后的机会。

（二）2013 年 11 月 1 日

梁先生，您好！非常感谢您回复给我的长信。但是，有些话我还想再说明一下。首先，我绝非一个只为自己私利，不顾他人的人。我不反对全面二胎，也不反对放开限制。我只是觉得凡事要一步步来，先扶危济困。举个不是很恰当的例子，有一个人已经渴了三天了，奄奄一息，另外一些人渴了一天，还可以支撑，现在只有一杯水，不过马上会有水源源不断送来，那么，是不是应该先救这个现状危急的渴了三天的人呢？我们第一批独生子女的单独家庭，跟那些并非独生子女的家庭比起来，所受的煎熬是不一样的，他们最多是从生了第一个孩子之后开始盼，而我们是从知道自己是独生子女的那天起开始盼，盼了二十多年了。多少回"美梦醒来一场空，空余枕边两行泪"；真正是"长路漫漫心彷徨，可怜未老头先白"。我们的现在的情形是：相比于双独，单独目前仍没有生育二胎的权利，面临着独二代的教育难和高风险；相比于非独，单独这方没有手足兄弟，承担着自己双亲的沉重的养老压力。非独想要全面二胎，那是在追求甘蔗两头甜，锦上添花，我们单独现在可是两头都不甜啊，全是苦啊！我们哪里有幸了？能为我们设身处地的想想吗？

所以，国家如果能考虑到我们的现状和困难，要扶危济困，我们当然要欢迎。就比如解决住房问题，总要先让没有房子的人住上房子，先让贫困线上挣扎的人吃饱吧。而且我估计，单独二胎后，全面二胎就是水到渠成，会很快。放开限制也可期待。所以我恳求各位专家，学者，帮助单独二胎尽快顺产，而不是再阻挠它，让它难产。我们的党现在走的是群众路线，我相信，普通民众的话和专家的意见都会听取，都会参考。所以，我也愿意您能把我的话复制到您的博客中去，借您的一方宝地各抒己见。谢谢您一直以来对我们的关怀！衷心的祝您身体康健，心情舒畅！　　　（刊发于 2013 年 11 月 2 日）

计划生育：一个被毛泽东放弃了的想法

按语

今年 12 月 26 日，是毛泽东 120 周年诞辰。谨以此文作为对毛泽东的纪念。

——2013 年 12 月 20 日

从现在拥有的文献来看，最早说出计划生育这个词的是周恩来。1956 年 4 月 20 日，周恩来在国务院常务会议上说："别的都有计划了，为什么生育不能有计划呢？……计划生育也是保健的一种。"不过，根据 50 年代毛泽东和以他为首的领导集体的工作关系，这样重大的问题，如果不是毛泽东的主张，周恩来是不会首先讲出来的。1949 年 8 月 1 日，美国政府在"白皮书"中预言，中国人口众多，共产党可以取得政权，却无法解决人民的吃饭问题。毛泽东把其当作唯心历史观给予了有力地批判。此后几年，人民日报等新中国的主要媒体，都曾经把宣传节育的主张，当作"美帝国主义杀人"。所以，当时的主旋律是不赞成节制生育的。

但是，共和国建立的经济政治制度，一度改变了毛泽东的认识。新中国之初，中央政府为了打击奸商的投机倒把和稳定物价，保证城市供应，先是利用政权干预市场，接着实行统购统销，垄断流通渠道。本来，这些政策都该是特殊情况下出台的临时性措施，但刚诞生的共产党政权却把这些颇有成效的做法当作长期政策并和学习苏联的计划体制捆绑在一起，建立起极为僵化的经济制度，使得生产和供应越来越紧张、越来越艰难。1953 年 12 月 1 日，北京市贯彻政务院命令，对大米和粗粮实行计划供应。1954 年 3 月 16 日，北京市政府决定取消政府以外的食油市场，对食油实行统销。对居民所需食油，采取限量登记出售。7 月 1 日起，实行凭票购买。经济困难展示给人们的印象就是人口太多了。所以，从 1953 年开始，党和政府转变态度，开始支持节制生育。

两年以后，一种向好的经济形势又助长了毛泽东的乐观情绪。从 1955 年前后开始，苏联支持下的几百项工业建设项目逐渐投产使用。中国人民享受着从未有过现代工业的喜悦，并把一个初步工业化体系的形成，当作是社会主义计划经济的伟大成就。所以，具有诗人气质的毛泽东兴奋之余，认为既然计划经济可以很快解决经济落后问题，为什么不可以让生育计划解决人口问题？

现在不少的人是在节制生育意义上理解计划生育的，但是，毛泽东最初提出这一词汇时，是说政府的生产计划所决定的生育计划。1956 年 10 月 12 日，这是我们目前所看到的毛泽东最早谈到计划生育的文献。他在接见南斯拉夫妇女代表团时，突然发问："在南斯拉夫是否实行计划生育？"要知道，此前并没有计划生育这个概念，所以，毛泽东能够如此脱口而出，说明对于他来说，这不该是第一次。毛泽东还对客人说：

过去有些人批评我们提倡节育，但是现在赞成的人多起来了。夫妇之间应该订出一个家庭计划，规定一辈子生多少孩子。这种计划应该同国家的五年计划配合起来。目前中国的人口每年净增一千二百万到一千五百万。社会的生产已经计划化了，而人类本身的生产还是处在一种无政府和无计划的状态中。我们为什么不可以对人类本身的生产也实行计划化呢？我想是可以的。

计划生育这个词汇开始在中国大地上行走，是毛泽东 1957 年 2 月 27 日在最高国务会议上讲话以后。说是最高国务会议，实际是中央特意为毛泽东组织安排的一场活动。与会者有党和国家的高级干部、各民主党派领导人和民主人士，共计 1800 多人，在中南海怀仁堂聆听毛泽东"如何处理人民内部的矛盾"的讲话。毛泽东一共讲了 12 个问题。在讲到"统筹兼顾、适当安排"时，他说：

> 我们这个国家有这么多的人，这是世界上各国都没有的。要提倡节育，要有计划地生育。我看人类是最不会管理自己了。工厂生产布匹、桌椅板凳、钢铁有计划，而人类对于生产人类自己就没有计划了，这是无政府主义，无组织无纪律。这样下去，我看人类是要提前毁掉的。中国六亿人口，增加十倍是多少？六十亿，那时候就快要接近灭亡了。……关于这个问题，政府可能要设一个部门，或者设一个节育委员会，作为政府的机关。

毛泽东不仅主张计划生育，而且提出要像管理生产一样设置一个政府机关管理生育。这次会议以后，计划生育就成了人民日报等各大媒体经常出现的词汇。

毛泽东将如何处理社会主义时期人民内部的矛盾，当作是自己对国际共产主义运动的重要经验总结。所以，他十分重视这次讲演的内容。3 月 1 日，中央就组织了一次大会发言，请民主党派领导人和各界人士畅谈聆听毛泽东讲话后的感受。毛泽东在听取了 16 位代表发言后，又做了一个"结束语"，实际上是对发言者的回应和自己"讲话"的补充。在"结束语"中，毛泽东回应马寅初先生，又讲了一大段计划生育的话。此后，毛泽东的"讲话"录音或记录稿，在全国省会城市广为传达。期间，毛泽东还组织了许多次座谈会，听取社会各界代表的意见。4 月 19 日，毛泽东以中央的名义写了《中央关于检查对正确处理人民内部矛盾问题的讨论和执行情况的指示》，要求各中央局、省、市、区委，党的中央一级的国家机关党组，将学习和讨论情况，报告中央。从 4 月 24 日开始，只要没有重大活动，毛泽东就精心修改他的讲话稿。截至 6 月 16 日，人民日报和苏联《真理报》同一天公开发表《关于正确处理人民内部的矛盾问题》，毛泽东先后产生了 4 个"自修稿"和 10 个"征求意见稿"。仔细分析修改过程，毛泽东对自己提出的计划生育思想可谓颇费斟酌。5 月 8 日，毛泽东在"自修稿第二次稿"中，将讲话记录稿中原来那段在讲演中为追求讲演效果而天马行空、无遮无拦、生动活泼的有关计划生育的话，改为：

在这里，我想提一下我国的人口问题。我国人口增加很快，每年大约要增加一千二百万至一千五百万，这也是一个重要的问题，近来社会上谈这个问题的人多起来了。对于这个问题，似乎可以研究有计划地生育的办法。如果这个办法可行的话，也只能在人口稠密的地方研究实行，并且要得到人民的完全合作。

在这里，毛泽东已经在"计划生育"之前增加了"我想提一下""这也是一个重要问题""似乎可以研究""如果这个办法可行的话""也只能在人口稠密的地方研究实行""并且要得到人民的完全合作"这样许多重的限制词。即使这样，5 月 10 日，毛泽东在"自修稿第四稿"中，又完全删去了这段已经增加了许多限制词的话。5 月 24 日，毛泽东在修改稿中，又添上了这段话。但是，6 月 19 日公开发表的文章中，有关计划生育的话全部都删去了。特别重要的是，自 1958 年以后，毛泽东不仅再也没有在计划经济和生产计划的意义上提到过计划生育，而且至 1976 年逝世，期间长达 19 年，既不准许发表他的有关计划生育的论述，也没有设置管理生育的政府机关。

分析毛泽东在公开发表的文章中放弃计划生育的内容，可能是在字斟句酌地修改过程中，发现如果按照自己的想法实行政府管制的计划生育，那么，它就陷进了自己曾经批判过的马尔萨斯主义人口论的泥潭，是与自己在战争年代获取的马克思的唯物主义历史观直接冲突的。1949 年 9 月 16 日，毛泽东在《六评"白皮书"》中直面中国人口众多的现实，以铿锵有力的语言向人们说：

世间一切事物中，人是第一可宝贵的。在共产党领导下，只要有了人，什么人间奇迹也可以造出来。我们是艾奇逊反革命理论的驳斥者，我们相信革命能改变一切，一个人口众多、物产丰盛、生活优裕、文化昌盛的新中国，不要很久就可以到来，一切悲观论调是完全没有根据的。

仅仅过去了 7、8 年，自己怎么也感到中国人口成为发展的包袱了呢？一方面，毛泽东不可能动摇自己的历史观。另一方面，由于体制的原因，毛泽东从苏联得到的几乎完全正面的信息，也不可能怀疑正在建立的经济制度有什么问题。但是，物资困乏，儿童和青年升学困难、就业困难，这一系列社会问题又都是至他去世也未能理解和解决的重大现实问题。所以，毛泽东只是在公开发表的文章里默默地勾销掉了计划生育的内容。而在实践上，毛泽东不仅没有提出纠正和放弃他的计划生育设想，并且总是默许刘少奇、周恩来那些处在党和政府一线工作的领导人，按照他们所理解的毛泽东的计划生育思想不断地把这项工作推向前进。

当然，至少在毛泽东的时代，计划生育还没有发展到他所设想的与经济计划相匹配的阶段。因为对于一直推动中国计划生育发展的周恩来来说，始终都是反对强制的。譬如，1965 年 3 月 16 日，周恩来批评一些地方规定生第三胎要经过群众讨论，说这是强迫命令。同年 11 月 1 日，周恩来在一次会议上又批评说：

现在发现了一个纺织厂，那个地方计划生育强迫命令可凶了，如果你不晚婚要早婚大家就斗你，怀了孕也斗你，那情绪怎么能好，下一代怎么会好？胡闹嘛！怀孕五、六个月要她做人工流产，不做就扣工资，模范的名字也去掉了，这是欺侮人。女同志怀孕也不是一个人的事情，斗争女同志，不怪她丈夫？就是这样不平等。还要把奖励金取消，闹得哭哭啼啼，这对妇女健康和胎儿都不好。计划生育绝对不能强迫命令，一定要自觉自愿。

这样的计划生育，尽管是政府的推动，但本质上还是节制生育。

（刊发于 2013 年 12 月 20 日）

计划生育是毛泽东的又一个乌托邦

——中国日报记者张周项访谈

（2013 年 12 月 19 日）

1. 毛泽东最早如何提出人口思想？

梁中堂：所谓人口思想，是对人口问题的认识和看法。这和一个人对社会问题的认识相关，所以，从总体上来说，它是一个隶属于历史观的哲学问题。远古时期只有人口和自然的关系，没有人口问题。人类出现人口问题和产生对这一问题的认识，是近代资本主义以后才出现的。围绕人口问题的产生原因社会分为两大派，一派认为人类自身的生殖造成一系列的社会问题，一派认为人口自身不会带来问题，而是经济社会的制度和政策造成人口问题。前一派以马尔萨斯的学说为代表，被称之为人口决定论。后一派以马克思为代表，被称之为经济决定论。毛泽东从哲学世界观上划分，将马尔萨斯主义归结为唯心历史观，将马克思的人口思想归结到唯物历史观方面。就历史观来说，毛泽东没有特别的人口思想，他在战争年代通过革命实践获得了马克思的历史唯物主义世界观，也就拥有了马克思主义人口思想。所以，毛泽东相信人口问题是由社会制度和社会政策决定的，解决人口问题的途径就是"革命加生产"，认为中国通过革命办法实现社会变革，发展生产力，就可以解决自己的人口问题。

但是，毛泽东在新中国执政后没有几年就一度动摇了他的这一认识。因为共产党获取的历史唯物主义并不把人口自身的问题当作发展的动力或障碍，所以，共和国建立初期，主流的意识形态是排斥节制生育的。不过，这种情况并没有持续多少年。一个原因是，为了治理因为战争给城乡经济带来的破坏，特别是为了打击各大城市奸商哄抬物价和各种投机活动，运用国家政权限制和控制市场，这为新

337

生政权赚到了很高的声誉。但是，党和政府把这种临时性的措施当作基本执政经验，加上这一时期学习苏联计划经济制度，排斥民营经济，进一步加强了政府取代市场的趋势。政府严厉排斥甚至取缔民间经济活动和严重干预经济生活导致居民生活困难，表现出来的社会现象就是人口压力。另一个原因，党和政府正在宣传人民翻身做主人，特别是通过贯彻刚刚颁布的新婚姻法，在城乡进行人民民主权利教育。许多城市青年对卫生部门在避孕和节制生育方面的管理、限制，都表现出极大的不满。这都促使新生政权重新认识避孕和节育问题。1953 年，毛泽东等五大书记和经常以政务院副总理身份参加毛泽东召集的会议的邓小平等领导人，改变态度，要求卫生部纠正过去限制人工流产、禁止避孕药具生产和流通的做法，积极做好避孕和节制生育的宣传及服务工作。1956 年以卫生部名义颁发的一份文件就说："避孕是人民的民主权利，应由人民自由使用"。我根据这个文件的口气，推测这样的语句是出自毛泽东的手笔。总之，毛泽东初期执政实践所经历的困难，改变了共和国最初几年意识形态坚决反对节制生育的态度，除了把避孕和节育当作人民民主权利的认识以外，也是想通过节制生育减轻政府的压力。

如果说经济困难促成政府在避孕和节制生育方面发生变化的话，那么，工业发展的成就让毛泽东有了计划生育的念头。从 1954 年开始，苏联及东欧国家帮助新中国建设的几百个工业项目陆续投产。特别是 1956 年，建成投产的项目越来越多。这本来是市场经济条件下，很平常的投资建设问题。——因为都属于引进的现成的生产设备，在市场条件下，只要有资本金就能做到的。——但是，在生产落后的中国，基本上没有现代工业，特别是共产党的领导人和它的高级干部从来都未从事过这样的工作。几百项工业，尤其是钢铁、机器制造、化工等重工业在贫穷落后的中国出现，激励起人们极大的自信心和荣誉感。党和政府都把它当作社会主义计划经济的优越性的体现。既然政府的经济计划可以产生如此的奇迹，具有诗人气质的毛泽东进而产生了通过政府的生育计划改变经济和人口关系的想法。计划生育，即与政府生产计划"相匹配"的生育计划，在毛泽东的脑海里逐渐形成。要说毛泽东的人口思想，计划生育才是他所特有的。

2. 他的人口思想与后来的计划生育实践有何区别？

梁中堂：应该说，毛泽东的计划生育仅仅是一个很模糊的设想，如他所说，"我想是可以的"。但是，这个计划生育并不像计划经济。对于计划经济来说，无论好、赖，也且不论这样的名称是否科学和贴切，苏联总归有一个成型的东西在那里摆着，说这就是计划经济。毛泽东提出的这个计划生育就只是一个设想、想法，并没有具体的设计。现在我们已经认识到，所谓计划经济，也就不过是政府垄断和代替市场，是一种管制经济。应该说，人类目前还无法确切地认识经济社会的各个方面的关系，更无法量化各个方面的关系。所以，无论我过还是苏联，并不是真的实行了一种体现经济结构，反映各种经济比例关系，遵循客观规律的计划经济制度。至少在人类发展的现阶段，这种所谓的计划是不可能的。不要说毛泽东仅仅是一个短时期内的设想，即使按照他所说的制订出与生产计划"相匹配"的生育计划，那也不过是一个乌托邦。想一想，人口生产的周期很长，人作为消费者和生产劳动者又是一个很难把握的经济因素，社会连近期1、2年的生产计划都制订不出来，又如何能制订出 20 多年以后才可以成长为正常劳动力人口计划呢？

特别重要的是，毛泽东可能已经意识到了如果实行政府的生育计划，将与国民的基本权利发生冲突，所以，他在修改"如何处理人内部矛盾"讲话稿的过程中，又写了一段有许多限制词的话。如果按照这段话来做的话，实际上已经否定了他初期的计划生育思想。因为在那个时代里，计划具有法律效力，是由国家政权保障必须实现的指令性指标。您看他说的，"如果这个办法可行的话，也只能在人口稠密的地方研究实行，并且要得到人民的完全合作"。最后的"人民的完全合作"是什么意思？如果群众不同意这样节育，你也没办法。这还不是自觉自愿的原则？所以，毛泽东最后还是放弃了他的想法，又回到了避孕和节制生育的意义上。从结局上来说，后来由政府管制的即由政府发放生育指标的计划生育，并不是毛泽东所想要的。

3．为什么毛泽东要放弃计划生育的想法？

梁中堂：我觉得毛泽东在修改"如何处理人民内部矛盾"的讲话稿的过程中，已经发现自己的计划生育的设想至少有两个不可调和的矛盾。首先，计划生育概念的深处还是"人口决定论"，这和一个革命者、革命党的信仰是有冲突的。共产党原来以马克思的历史唯物主义指导，相信人民创造历史，才有了政权。现在自己掌了权，却把一系列经济和社会困难归结到人口太多的方面，那不是也堕落到马尔萨斯主义一边去了吗？其次，如果产生国家的生育计划，这势必与人民的民主权利发生冲突。发现这两个问题后，毛泽东决定在自己的著作中放弃计划生育。

但是，在毛泽东还相信他所从事的社会主义是最先进的制度，计划经济是社会主义的最高原则。但是，无比优越的社会主义怎么还长期存在包括吃不饱饭这一类生存问题在内的许多社会问题，这是他直到逝世都未能弄明白的问题。所以，在默默地放弃计划生育以后，他还是主张政府加强避孕和节制生育的宣传的。

4．毛的人口思想对当时中国影响如何？

梁中堂：对于中国来说，那是一个具有宗教狂热的时代。毛泽东在人民的心目中具有极大的魅力，大家都把他当作神一样地崇拜和迷信。所以，毛泽东提出的计划生育，一下子就被人们接受了。虽然毛泽东在 1957 年 6 月默默地放弃了他的计划生育，但是，他言简意赅地把生育计划和生产计划联系起来的思想观点，却已经深入到社会的上层。特别重要的是，毛泽东还有一个从亲身经历所总结出来的政治经验，那就是他在"如何处理人民内部矛盾"的讲演中提出的"统筹兼顾，适当安排"。1945 年日本投降以后，国共两党的矛盾尖锐起来。一些第三方力量对共产党提出"不另起炉灶"。毛泽东回答说，不另起炉灶，南京政府就必须管饭。政府不管饭，别人难免要另起炉灶。现在，毛泽东要建立起完全由政府包养所有人的制度。1956年所谓的社会主义改造基本结束以后，建立的就是一个囊括所有人的制度。从党和国家领导人到一般的老百姓，大家都在一个经济体内，如同一个家庭一样。但锅里的饭是有限的，人口越少，平均每个碗里得饭越多。站在这个体制内，越思考，毛泽东的计划生育思想越有道理。所以，如果现在回过头来看，共产党掌握政权以后，包括计划生育在内的毛泽东的大多数观点和想法都是脱离实际的、空想的，但在特定的环境下确又都是能打动人和征服人的。

5. 对后世的影响又如何？

梁中堂：毛泽东计划生育思想的影响，可以分为以下 3 个阶段。

第一个阶段，大约从 1953 年到 1962 年，这是毛泽东的计划生育思想形成，以及在社会上层得到传播和政府初步推行节制生育的时期。请注意，这里有微妙的区别，即毛泽东的计划生育思想是在 1953 年党和政府推行节制生育的基础上产生的。它也是一种节制生育，但又不同于一般意义的节制生育。从本质上来说，它是一种由政府推动的节制生育活动。毛泽东虽然在 1957 年 6 月默默地放弃了，但是，一方面，节制生育意义上的计划生育他还坚持着。另一方面，包括刘少奇周恩来都没有注意到他放弃了，却继续在他所设想和阐述的方向上走。所以，节制生育和计划生育的工作一直都在进行。（在这一时期的对外宣传和党内文件上，节制生育和计划生育这两个词汇常常是同时并列出现的）计划生育部门曾经宣传说，1958 年以后毛泽东反悔了，不抓计划生育（节制生育）了。不对。毛泽东放弃了与生产相联系的计划生育，只是我在前几年的研究中发现的。除此之外，就连刘少周恩来邓小平、陈云等等他身边的人也没有意识到。因为在党和政府的工作实践上，毛泽东一直是支持节制生育工作的。所以，直到现在都普遍认为，计划生育是毛泽东倡导的。

第二阶段，是从 1962 年 12 月中共中央国务院颁布《关于提倡计划生育的指示》，到 1976 年，这是计划生育大发展的时期。特别是文化大革命，计划生育有了飞速的发展。有 3 个重要的标志。首先，计划生育思想的宣传。如果说文化大革命以前，毛泽东的计划生育观点仅仅是高级干部了解的话，文化大革命的无政府主义对于广泛宣传包括计划生育思想在内的毛泽东思想，是一次绝无仅有的机会。毛泽东对于出版自己的论著有着很严格的限制，他有 10 多段有关计划生育的论述，都是没有公开发表的。所以，一般群众并不知道。文化大革命初期，造反派把所有可以得到的毛泽东的讲话和文章，都自行印制。计划生育方面的造反派就把毛泽东这方面的文字整理翻印，作为"最高指示"广为传播。在那个时代，毛泽东可是神啊！毛泽东的计划生育思想在文化大革命中得到广泛的宣传，这为计划生育的深入开展奠定了相当重要的社会基础。

其次，农村实行计划生育。文化大革命以前的计划生育主要针对城市，虽然也提到人口稠密的农村，但是，无论开展的比例还是程度都微乎其微。根据中央 1966 年 1 月批转的钱信忠的报告，当时农村人口是城市人口的 6 倍，但农村开展计划生育的仅只有 400 个县，全国五分之四的县还没有动。1967 年 1 月，上海市的造反派夺权以后，发现上海郊区的生育率上升，从大批判开路，大抓农村的计划生育工作，1969 年的生育率就有了明显的下降。卫生部军管会在全国推广上海市的经验，农村的计划生育工作很快就开展起来了。

第三，妇女生育率的变化。因为农村有效地开展了计划生育，这标志着计划生育成为一项全国性的工作。很快，这个工作的效果也在其最主要的指标方面显现出来了。1970 年，全国妇女生育率还高达 5.8，1971 年就下降到 5.4，1972 年到 5.0，1973 年 4.5，1974 年 4.2，1975 年 3.6，1976 年 3.2。中国妇女生育率这样的变化，在人类历史上是绝无仅有的。

所以，文化大革命是我国计划生育事业的大发展时期。计划生育部门和主流的人口学家一直说，文化大革命时期因为"四人帮"的破坏和干扰，计划生育受到很大损失。这是闭着眼说瞎话。事实上，文化大革命才是计划生育的黄金时代。

第三个阶段，是 1976 年以后。历史往往产生一些有趣的现象，毛泽东逝世以后，反而是实现毛泽东最初提出的计划生育思想的时期。毛泽东有关计划生育的设想，就是在计划经济条件下产生的。但是，文化大革命以前反而很少讲计划经济决定计划生育。1976 年以后，党和政府的文件、人民日报社论、党和国家领导人，到处讲这个道理。譬如，政治局候补委员、国务院副总理兼国务院计划生育领导小组组长陈慕华1979 年 6 月 27 日在中央党校讲课时就说：

有一点是肯定无疑的：在生产资料公有制的基础上，我们的国民经济的发展，必须遵循有计划按比例的规律。这个规律不仅要求有计划地发展物质资料的生产，也要求有计划地发展人类自身的生产。因此，有计划地控制我国人口的增长，不是主观随意性的产物，而是由社会主义生产方式决定和要求的。

在前 2 个阶段上，因为反对强迫命令，计划生育从总体上来说，还能尊重当事人的基本权利。毛泽东逝世以后，党和政府不仅不强调自觉自愿的原则了，反而在以法治国的氛围下，制订法规，用经济的、行政的和法律的手段强制实行计划生育。所以，到了这个阶段，才算实现了毛泽东的计划生育。也许，当初毛泽东不会想到是这样。但是，如果实行他的计划生育，其结果就是这样。以计划经济名义建立的计划生育，就只能是现行的计划生育制度。

周恩来在 1970 年说过一段话：

计划生育属于国家计划范围，不是卫生问题，而是计划问题。你连人口增加都计划不了，还搞什么国家计划！

问题就在这里。计划经济不过是一个乌托邦，一种空想。建立在计划经济基础上的计划生育也只能是乌托邦。周恩来的这段话，是他在他的那个时代的认识。如果现在要说的话，那就是：计划经济都不搞了，计划生育却还要继续着；你连生产的计划都搞不了，还搞什么生育计划！

（刊发于 2013 年 12 月 29 日）

"人口控制"是联合国禁用了 40 年的一个概念

2010 年一次课堂讨论时，2009 级博士王永华給大家提供了世界银行在 2007 年出版的一本书的电子版，书名为 "The Global Family Planning Revolution"。当学生把书目和前言给我翻译出来后，我即鼓励同学们组织翻译小组将它译出来，同时联系版权和出版社，尽快将它介绍给中国的读者。经过 3 年多的辛勤工作，现在已经到了杀青出版的阶段。前几天，同学门将翻译的电子版发给我。随意翻检浏览时，一个脚注引起我的注意。

曾广泛用于媒体或其他运动的"人口控制"这一术语在 1974 年布加勒斯特第一次世界人口与发展会议后被禁止使用。许多发展中国家把这一术语看作是新殖民主义的化身。

1974 年的联合国人发大会，是我上个世纪 70 年代后期踏入人口和计划生育领域就很了解的一次会议，我怎么一点也不知道"人口控制"竟然在这次会议上就被禁止使用了？太江湖了。所以，我在 2014 年 1 月 3 日上午给易富贤先生发了一份邮件，委托他查找一下有关情况。

易老师，昨天读一篇文章，有一条信息，说 1974 年在布加勒斯特召开的世界人口与发展大会上，由于发展中国家的反对，联合国相关文件已经禁止使用"人口控制"这样的词汇。请您翻检有关文件资料，看这是怎么一回事情。

下午，易富贤先生回复说：

梁老：您好！

我认为这种说法并不可信。因为联合国在此后（直到现在）一直宣传"控制人口"，联合人口基金专门宣传、游说各国控制人口。

布加勒斯特大会对全球人口问题、各国的经验和评价、未来的展望、人口对策和方案，以及联合国秘书处和人口活动基金会的作用等问题进行了广泛的讨论。特别就人口与经济之间的关系、发展中国家人口增长和经济发展之间不相协调的原因，以及如何有效地控制人口等问题展开了激烈的争论。部分代表认为发展中国家必须控制人口增长，才能取得经济的发展。而发展中国家的代表则强烈要求调整国际间的经济关系，改变世界财富分配的不公平状况，缓和贫穷，才能有效地控制人口。会议最后作出了广泛涉及人口问题的 21 项决议和 4 项建议，并以协商方式通过了《世界人口行动计划》。这是一项有关世界人口发展的政府性文件，目的在于协调世界人口发展趋势和经济、社会发展的前景，敦促各国政府在人口增长问题上采取适当措施，推动人口和经济、社会更为平衡合理地发展。

《世界人口行动计划》对生育权作了定义："所有夫妇和个人享有自由负责地决定其子女数量和间隔以及为此目的而获得信息、教育与方法的基本权利；夫妇和个人在行使这种权利的责任时，应考虑他们现在子女和未来子女的需要以及他们对社会的责任。"

这个定义其实是来自 1968 年的世界人权大会（副主席后面成了联合国人口基金主任）和美国 1974 年的《国家安全备忘录第 200 号》。避免在控制人口时遭到人权组织的指责。

1974 年是全球人口增长很快的时期，又经历世界石油危机，当时在"控制人口上"是有高度共识的，只是对于方式有争议。布加勒斯特大会只是没有采纳美国等国提出的针对发展中国家的那些带有强制性指标的建议，而是蒙上一层"人权"的蜂蜜，给人的感觉是各国自行控制人口，是家庭自行控制人口。而如何影响各国制定人口政策是联合国人口基金的重要任务（隐秘的，不那么赤裸裸）。

就像碳排放，很大程度是针对中国和印度这两个煤炭大国、潜在的经济大国，虽然不可能赤裸裸地征收呼吸税，但是还是通过各种渠道宣传碳排放理论、让各国制定相关政策。

我知道易富贤先生一直对联合国人口基金和洛克菲勒耿耿于

怀，是不相信这一回事的。但是，我凭直觉这是个事实。所以，我向他提供了更为具体的信息。

易老师，谢谢您。我说的这段话是 Steven W. Sinding 在世界银行出版的《全球家庭计划》第一章的一个脚注里。我想这样的书籍该不会是瞎说的。网上有电子版，请您寻找看一看，究竟是怎么回事。

1月4日，他回复的第一封邮件还不相信这是事实。

梁老：您好！

我看到他的这一段：

The term population control, still in widespread use by the media and others outside the movement itself, has been effectively banned from use within the movement since around the time of the first World Population Conference in Bucharest in 1974. Many developing countries saw in the term the shadow of neocolonialism. I use it here because it was still in vogue during the period under discussion.

他这一章是回顾"全球家庭计划运动"的起源：桑格 1916 年的计划生育门诊和 1952 年的国际计划生育联合会和洛克菲勒三世 1952 年发起人口理事会。早期他们的运动广泛使用"population control"这一术语，也就是"人口控制运动"。但是 1974 年布加勒斯特大会上被发展中国家指责为新殖民主义，他们就放弃使用"人口控制"作为运动的名称。也就是他们自己改名了，内容并没有变。媒体和其他机构仍然将他们的运动称之为"人口控制运动"。也并不是联合国禁止使用"人口控制"这样的词汇。

比如 1994 年 9 月，第三次国际人口与发展大会在开罗举行。会议通过的《1994 年人口与发展开罗文件》即《关于国际人口与发展行动纲领》确定了未来 20 年世界人口发展的战略目标，呼吁各国加强在人口与发展领域的合作，为控制世界人口的增长、刺激经济发展而共同努力。联合国的网站介绍了该次会议，里面就有"population control"[1]：

1　参见 http://www.un.org/popin/icpd/conference/offeng/poa.html

尼加拉瓜的代表说：

Second, we accept the concepts of "family planning" "sexual health" "reproductive health" "reproductive rights" and "sexual rights" expressing an explicit reservation on these terms and any others when they include "abortion" or "termination of pregnancy" as a component. Abortion and termination of pregnancy can under no circumstances be regarded as a method of regulating fertility or a means of population control.

1 月 4 日给我的第二封邮件就有所改变：

在联合国的 1999 年的网站中有这么一段[2]：

Population Issues- 1999 Population Programmers:

Challenges for the 21st Century the International Conference on Population and Development (ICPD) helped place population concerns at the heart of sustainable development. Rapid population growth and high fertility hold back development and help to perpetuate poverty. The Cairo conference also put an end to the concept of "population control", recognizing that smaller families and slower population growth depend not on "control" but on free choice.

1994 年开罗人口大会将持续发展置于人口问题的核心。快速的人口增长和高生育率阻碍发展，延续了贫穷。开罗会议还终止了"人口控制"的概念，认识到小的家庭和减缓人口增长速度不取决于"控制"，而是取决于自由选择。

看来联合国在政策角度的对外宣传上确实是不再用"人口控制"，而是用自由选择。

在 2009 年的文章中说[3]：

It articulates clearly how the International Conference on Population and Development, held in Cairo in 1994, has freed family planning from the stigma of "population control" and positioned it strongly in the discourse of human rights.

1994 年开罗会议，已经将"家庭计划"从"人口控制"的耻辱

2　http://www.unfpa.org/6billion/populationissues/program.htm
3　http://www.unfpa.org/public/News/pid/4557

中解放出来，而在人权上有很强的话语权了。

在联合国 2013 年的文章中也说[4]：

Many countries responded by embarking on programmes to control population growth. The landmark 1994 International Conference on Population and Development (ICPD), attended by 179 governments, shifted the discourse on "population control" to people-centred development.

许多国家制定控制人口的项目。由 179 政府参加的 1994 年国际人口与发展的开罗会议，里程碑的事件就是关于"人口控制"，从话语上转变为以人为本的发展。

就是说，桑格和洛克菲勒三世这两个人口控制运动组织大约在 1974 年之后就放弃了"人口控制"。但是联合国在政策层面是在 1994 年开罗会议才放弃"人口控制"，而转向于"以人为本"。

但是从技术层面的"population control"这个词仍然在联合国的文件中继续使用[5]：

在 1 月 4 日第三封邮件里，事情已变得非常清楚了。

2002 年联合国人口基金主任欧拜德说[6]：

UNFPA is strongly opposed to population control. UNFPA does NOT support the Chinese Government's one-child policy and does not take part in managing the Government's programme. UNFPA works to ensure that women and couples have the information and means to make informed and voluntary decisions about pregnancy and family planning. In addition to its insistence on the removal of birth quotas and acceptor targets, UNFPA continues to press China to make progress by removing economic incentives and disincentives used to encourage small or discourage large family size. Partly due to the Fund's strong advocacy, the Government has officially recognized HIV/AIDS as one of the most serious problems that

---

4　http://www.unfpa.org/public/home/news/pid/15052

5　http://www.unfpa.org/webdav/site/global/users/schensul/public/CCPD/papers /Martine%20Paper.pdf

6　https://www.unfpa.org/public/News/pid/3674

will affect China in the coming years.

联合国人口基金强烈反对人口控制。联合国人口基金不支持中国政府的独生子女政策，不参与中国政府的管理。联合国人口基金是让妇女和夫妇获得信息和方法从而自愿地决定怀孕和家庭计划。此外，联合国人口基金坚持要求取消生育限额，并施压中国政府取消经济奖罚政策（少生奖、多生罚）。部分由于联合国人口基金的呼吁，中国政府已经认识到艾滋病是一个严重的问题。

1 月 7 日，易富贤先生又给我两封邮件。

梁老：您好！

1994 年联合国开罗会议还提出"关爱女孩"，这也被中国计生委采纳。

开罗会议是联合国的一个里程碑的会议，将人口控制披上了人权的外衣。会议通过的《1994 年人口与发展开罗文件》即《关于国际人口与发展行动纲领》。但是这份这么重要的会议却没有中文版，而是有英语、法语、西班牙语、俄语、阿拉伯语等五种语言的版本。这份文件压根就不想让中国知道。[7]

在第二封邮件里，他说：

联合国有 6 种官方语言：英语、中文、法语、西班牙语、俄语、阿拉伯语。1999 年联合国世界人口大会是有这六种语言的版本（我没有核实中文版是否完整）[8]

唯独 1994 年转折性的大会却没有中文版。

这是一个历史。现在我们弄清楚的仅仅是"人口控制"作为一种具有新殖民主义色彩和对全人类具有侮辱性的语言，因为广泛受到发展中国家的反对，在国际社会已经被取消了 40 年。

——2014 年 1 月 7 日　（刊发于 2014 年 1 月 7 日）

7　http://www.unfpa.org/public/home/publications/pid/1973
　　http://www.unfpa.org/public/home/sitemap/icpd/International-Conference-on-Population-and-Development/ICPD-Summary
8　http://www.un.org/popin/unpopcom/32ndsess/gass.htm

我对"单独生二"的认识

夫妻双方中有一方为独生子女者即可再生一个的政策（本文简称"单独生二"），先经党的十八届三中全会通过的改革决议提出，后经全国人大常委会审议国务院的有关议案并做出"同意启动"的决议。日前，中共中央国务院颁布《关于调整完善生育政策的意见》，又对其做了具体的部署。对于这样一项"尘埃落定"的政策、法律和法规，我对其评价却是负面的。

（一）

计划生育是在我国计划经济体制下，按照计划经济的逻辑推导出来的一项错误政策。在政府长期不懈地推动下，它已经形成一种管制国民生育行为和日常生活的现行重要制度。30 多年改革开放的历史已经否定了计划经济存在的合理性，我国经济制度离开计划体制越来越远。但是，计划生育却一直被坚守着。"单独生二"的政策出台，表明政府对现行的计划生育制度的认识和理解，远远落后于我国经济社会发展的实践。

计划生育是毛泽东从计划经济理念出发提出的一个概念，现行的计划生育制度是在上个世纪 70 年代中后期强化经济计划的背景下产生的。计划经济要求计划生育，这是党和政府在那个时代里的一个具有指导性的思想认识，充斥于那时几乎所有相关的文件和报刊。譬如，1978 年 7 月 9 日，人民日报社论《书记挂帅，全党动手，进一步搞好计划生育》中说："我国是一个社会主义国家，国民经济是有计划按比例发展，人口也应纳入国家计划，有计划地增长。"

在 1978 年 10 月中央下发的 69 号文件中说："计划生育是毛主席倡导多年的一项伟大事业。计划生育工作搞得好不好，直接关系到国民经济十年规划纲要和四个现代化的实现，关系到中国民族的健康、科学文化水平的提高和国家的繁荣富强。全党同志应充分认识这项工作的战略意义，增强抓好这项工作的自觉性。"

1979 年 1 月 27 日，人民日报社论《必须高度重视计划生育》说：

我国是社会主义国家，国民经济有计划按比例发展，要求人口也要有计划地增长。

1980 年 2 月 11 日，人民日报社论《一定要有计划地控制人口增长》中说：

有计划地控制我国人口的增长，使人口的增长速度同国民经济的发展相适应，是直接关系现代化建设速度和中华民族兴旺发达的一件大事。全党同志、全国人民要高度重视这件大事，为此做出新贡献。

在那个时期，从中央到地方也是这一思想指导下大抓计划生育工作的。1979 年 6 月 27 日，国务院副总理、国务院计划生育领导小组组长陈慕华在中央党校给党的高级干部讲计划生育课。一上来，她就说：

我们提出要有计划地控制人口的增长，决不是主观随意性的产物，而是社会主义制度决定和要求的。首先，物质资料的有计划生产，要求人口有计划地增长……

正是在这样的思想指导下，文化大革命以后，在那个曾经被称之为"洋跃进"的规划中，经济计划不断提出高指标，人口计划也不断加码。周恩来总理在 1965 年曾经说过，"本世纪末自然增长率能控制在 10‰就好了"。70 年代后期，这个目标被提前了 20 年，要求 1980 年把人口增长率控制在 10%，1985 年控制在 5%。按照那时的统计，我国的人口自增率还在 13%左右。所以，从 1977 年开始，由国务院通过的人口发展指标要求每年减少 1 个千分点。问题是，1978 年党的十一届三中全会以后纠正了"洋跃进"的经济社会发展指标，却继续保留了与"洋跃进"同时确定的人口和计划生育指标。在那个时代里，计划指标都是指令性的，需要保证超额完成的。特别是这些目标经过党中央主席、国务院总理和中央军委主席华国锋在全国人大的政府工作报告提出以后，那就是一个政治任务。所以，分管计划生育工作的陈慕华说：

> 我们认为，到一九八五年，把人口自然增长率控制在千分之五左右，完全可能做到。主要的办法是要求一对夫妇只生一个孩子……

"一胎化"的生育政策就是这样产生的。1980 年代，也是一个开始强调"以法治国"（请注意并不是依法治国，更不是法制建设）的时代。随着"一胎化"生育政策的产生，同时出台经济的、行政的和法律的手段，强制性的计划生育制度很快形成了。在现行的计划生育制度下，体制内工作人员违犯生育政策，从罚款到开除党籍、开除公职；农村则出现推墙、扒房、牵走耕牛，强制流产、堕胎，等等。

但是，也就是计划生育制度越来越严格的时候，党和政府开始反省计划经济制度。1987 年党的十三次代表大会前后，随着邓小平提出"以后不要再讲这个（计划经济）了"，计划经济这个词汇从此逐渐淡出。特别是 1992 年邓小平南巡和 1993 年党的十四届三中全会以后，计划经济实际上已经被放弃了。可是，在计划生育方面，我们却从来没有反省、没有止步，甚至沿着既定的方向一年比一年抓得更紧了。

特别重要的是，改革开放的历史再次证明了马克思唯物历史观的这一重要原理，即社会的进步和发展都是由制度和政策造成的，而与人口的多少、生育率的高低，没有直接的联系。30 多年前，我国总人口只有 8、9 亿，全国人民吃不饱饭。目前 13 亿多人口，早已不存在吃饭问题了。30 多年前的富裕生活标准，是吃饱饭，拥有手表、自行车、缝纫机、收音机。现在，普通人家都有了电视机、电冰箱、洗衣机，再富裕一点的家庭则拥有房产、小轿车。这一巨大变化的根本原因是什么？还不是因为政府稍稍松动了传统的计划经济制度，给人民以相对宽松的经济自由？所以，您说社会的发展与人口的多少有什么关系？在时代如此巨大进步的情况下，不是停止在计划经济体制的误区下产生的计划生育，却是继续沿着计划经济决定计划生育的思维出台"单独生二"的政策，这当然是对沸腾发展的历史现实的一种严重漠视。

（二）

自从 1979 年实行"一胎化"生育政策以来，在照顾"有实际困难的"家庭可以生育二胎的情况下，先后制订出不下 20 种条件可以生育二胎。这些有条件生育二胎的政策，历来都是在国家计划生育委员会和各省、市、自治区这个层面运作的。"单独生二"并没有丝毫创新性质，不过是又一种有条件生育二胎的具体政策，充其量只算作是现行的计划生育政策的一种扩大和延续，却被拿到中央层面来运作，显然是小题大做。

我国政府是从上个世纪 50 年代开始提倡计划生育的。但是，一直到 70 年代中期，至少在中央政府这个层面上，都一直是主张自觉自愿和反对强迫命令的。1979 年，有关部门在全国推行一个极为严厉的"一胎化"政策。1980 年 2 月，党的十一届四中全会以后，胡耀邦、赵紫阳分别担任中共中央总书记和国务院总理。虽说胡耀邦和赵紫阳也是基于计划经济而主张实行计划生育的，但是，他们又认为，在中国这么大一个国家里不分城乡、不论民族地实行"一刀切"的"一胎化"政策，是不现实的。所以，在 1980 年 9 月《中共中央关于控制我国人口增长问题致全体共产党员共青团员的公开信》中，提出"某些群众确实有符合政策规定的实际困难"则应允许再生一个。根据中央这一精神，个别省份规定了 3 种情况可以生育二胎：（1）第一个孩子有非遗传性残疾，不能成为正常劳动力的；（2）重新组合的家庭，一方原只有一个孩子，另一方系初婚的；（3）婚后多年不育，抱养一个孩子后又怀孕的。

1981 年 6 月，党的十一届六中全会解决了华国锋的问题以后，

9 月 10 日，胡耀邦、赵紫阳在中央书记处 122 次会议上提出在当时的计划生育体制下最为宽松的两种改革方案，认为较为合理的政策一是普遍允许农民生育两个孩子，二是农民家庭生了一个女孩的可以再生一个。在有关部门和中央的博弈中，最终形成了 1982 年中共中央 11 号文件即后来被称之为"现行的计划生育政策"，规定除了继续要求城镇人口一对夫妇只生育一个孩子以外，允许农民家庭是第一个女孩的可以再生一个，少数民族则可以有更为宽松的生育政策。但是，当时的主管部门不愿意执行"女儿户"政策。于是，赵紫阳提出一个妥协的方案，同意暂不实行"女儿户"政策，但应学习山东省"开小口，堵大口"的办法，即适当放宽生育二胎的条件，杜绝三胎和三胎以上的多胎生育。在这样的情况下，一些省、市、自治区对农村又新增加了一些可以再生的政策，主要有：（1）两代或三代单传的；（2）几兄弟只有一个有生育能力的；（3）男到独女户家结婚落户的；（4）独子独女结婚的；（5）残废军人；（6）夫妇均系归国华侨的；（7）边远山区和沿海渔区的特殊困难户。据国家计划生育委员会的估计，以上这 10 几条可以再生育的二孩，仅只占到当年一胎生育的 5% 左右。

为了缓和基层政府和群众之间、干部和群众之间的关系，国家计划生育委员会 1985 年向中央提出，准备再增加一些条件，以期把可以照顾生育二胎的面扩大到 10%。此后，一些地方又陆续增加了一些允许生育二胎的条件。在这些新增加的条件中，甚至一些地方将生育二胎当作鼓励养猪、养牛和种植大户的手段。一方面，由于生育政策条件的明文制订都在地方政府，以上所列各种条件在全国并不统一。30 多年来，各地相互参照兄弟省市的政策不断放宽生育二胎的条件。另一方面，所有地方的政策调整，包括前几年在联合国等国际组织的建议下取消生育间隔的限制在内，都是在国家计划生育委员会和省、市、自治区这个层面进行的。所谓"单独生二"，不过是在原来"一胎化"政策基础上进一步放宽部分人的可生育二胎的条件，相当于在过去所开的大约 20 个"口子"的基础上又扩大了一个新的小口子，这都属于在旧体制下的一次适当放宽政策，是“开小口，堵大口”办法的延续。过去，这类事情都是在主管部门指导下由地方自行操作的。这次，在国内外有诸多大事当头的情况下却将一项具体些微的工作提高到中央层面来运作，与许多应该急迫要做的经济政治改革大计放在一起比较，不是喧宾夺主，也是虚张声势和小题大做。

（三）

既然把“单独生二”上升到中央层面来操作，那么，它就成了一项公共政策。但是，无论是用 30 多年以来我们在改革开放的过程中所获得的现代国家理念，还是就一个正在走向民主与法制国家的我国建设的实践来说，它都是一次严重的倒退。

首先，“单独生二”的政策是违背现代国家国民生而自由、平等的常识的。我们对“单独生二”的政策给予负面的评价，并不是说“单独”不可以生二。“单独”家庭当然可以再生。但是，既然“单独”可以，为什么现行政策不允许的其他“非独”家庭不可以呢？是“独生子女”的父母没有再生，现在赋予他们子女这一权力？还是因为“独生子女”这一代没有享受过兄弟姐妹的亲情，现在要给他们的子女以补偿？难道现代国家的法律中还有上一代的民主权利未能行使者，可以如财产、如基因般遗传给子女；如果上一代享受过这样的权利了，那就要剥夺他们的孩子？黑格尔说“国家是道德观的体现”，而现在的“单独生二”却将父母陷于不义：父母如果再生，儿女则失去了再生的权利；父母享受了兄弟姐妹的亲情，儿女则失去了这个机会。现代国家的法律是建立在每一个人都生而自由、平等基础之上的，“单独生二”的政策显然违反了这一法理，所以才会产生这样荒谬的悖论。

其次，“单独生二”的政策有违于现代国家法律的公平和正义原则。如果做具体的分析，“单独”家庭和“非独”家庭各自也都有不同的情况。所谓的“非独”中，也有双方都是出自自觉实行计划生育政策的家庭。他们虽然不是“独生子女”，但也都是符合现行的生育政策而出生的，他们的父母也都是遵守生育政策的模范。"单独"家庭中"独生子女"一方是符合政府鼓励和提倡的，但另一方则有可能来自于违反生育政策的有关条件。毛泽东说，没有区别就没有政策。既然"单独生二"是过去政策的一种延续，那就应该对此有所区别。事实上，制订"独生子女"家庭可以再生一个的政策的出发点，就是对他们执行生育政策的一种奖励。国家立法必须体现公平正义这一永恒法律思想，以及确保其能够始终如一和以一贯之。既然以执行现行的计划生育政策划线，却只考虑"单独"家庭中"独生子女"一方的条件而对另一方不加任何区别，特别是将所有"非独"家庭"一锅煮"的做法，都不是现代国家立法时应取的做法。

还有，用"单独"或者"非独"划线确定再生育的权利，是新形势下的一种家庭出身论和"唯成分论"。一个人是不是"独生子女"，并非是自己的选择。制订"单独生二"的政策，事实上是在两代人之间嵌入了一个势不两立的楔子。一个人如果选择生育了第二个孩子，那明显是剥夺了他们孩子生育二孩的权利。一个人的权利不是出自于自然和自己的行为，而是取决于家庭出身，这哪里有现代国家法律的气味？真不知道"单独生二"是由什么样的天才人物如何从其古怪的天才头脑里灵光闪现出来的一个古怪的念头！更荒唐的是，这个本来就是既不合理又无科学可言的事情，中央决议以后，有关部门还要煞费苦心、咬字嚼舌地在那里"科学定义"其为"单独二孩"，说这个政策不是一般地允许"单独家庭"就可以生育第二胎，而是"单独家庭"可以生 2 个孩子，如果第一胎已经是双胞胎或者三胞胎了，就不能再生了。既然是"单独家庭"只准许生两个孩子，那你给的第二孩指标他却生了 2 个、3 个甚至 4 个、5 个、7 个、8 个以上的孩子而不照样不符合您的"单独二孩"的定义？他多生出来的孩子算不算违法？请读者莫要以为笔者在这里胡搅蛮缠，现实中真的有 5 胞胎（《沧州五胞胎今年十岁了》[1]）、6 胞胎（《纽约六

1　http://www.tianjinwe.com/tianjin/tjcj/201208/t20120822_6264852.html

胞胎妈妈生子全程纪实》[2]），甚至 8 胞胎的（《纳迪娅·苏尔曼》[3]）。可见，国家法律要强行进入生育领域，规制人类的自然生理行为，能有什么科学性可言？"单独生二"不过像抽彩一样，随意性给出一个条件，从全体人群中划分出一组人口，然后赋予他们一个特别的再生权利。如此这般，白皮肤、长头发、大眼睛、高鼻子、长下巴、圆脸蛋……，是都可以抽取出一群人来的。这哪里是在制订现代国家的公共政策，它分明是在模仿上帝。上帝说"要有光"，就有了光；上帝说"要有人"，就有了人。现在，人间的上帝说"要'单独'生二"，"单独"家庭就可以合法地生育第二个孩子了。如此而已，岂有他哉？

也许有人会说，"单独"是从"双独"引申过来的，30 年前我们不就有了"双独"可以再生一个的政策吗，为什么现在不能再制订一个"单独生二"的政策呢？问题就在这里。1980 年制订"双独"可以再生一个的政策，但那时满足条件的夫妻至少该是 1957 年以前出生的人口。在那个时代里，能达到这个条件的在相同年龄组中连万分之一的概率都达不到。所以，表面上有可以再生育的条件，实际上还是在坚持"一胎化"。这是那个时代的主管部门应付胡耀邦赵紫阳的一种良苦用心。特别是那个时代离开文化大革命还不很远，我们还处在一个没有法制的时代和"无法无天"的社会里。包括胡耀邦赵紫阳等中央领导在内，不懂得现代国家法律以国民平等权为基础和必须体现公开、公平、公正等正义原则的道理。实际上，在我们这个无论什么都强调一致性的共和国里，已经通行了 30 多年的现行的计划生育政策的基本特征就是不平等、不公正。您看：根据现行的计划生育政策，不同的民族有不同的生育权利，城市和乡村具有不同的生育权利，不同的地区、不同的职业、不同的家庭出身都有着不同的生育权利。更为荒唐的是，甚至第一胎是否是双胞胎、是男是

2　http://v.ku6.com/show/Bqy-P0CpSYwzfy8GEzGx6A...html?hpsrc=1_42_1_3_0
3　http://baike.baidu.com/link?url=6oLXl8M6TWsPT2MuRZ13HEqroVrIsg NFz
　　QazM3dPPBNWxSgKpJlFk1xDOfJAHbINSHOoB87WZRCLnYrXoBpH__

女，以及是不是遗传性疾病，都可以决定你是否具有再生育的权利。但是，那是历史，是发生在文化大革命结束不久的时代，是在改革开放的初期阶段，是在国门尚未完全打开的封闭状态下的产物。在那个时代里，人和人之间本来就是不平等的。工人、农民、知识分子，分别处在不同的体制中，当然是不平等的。就是在同一个体制中，因为家庭成分不同，不仅事实上不平等，并且常常还要强调和提醒家庭出身的不同而不平等。地、富、反、坏，以及右派分子家庭出身的青年在上学、就业，以及提职晋升等等人生诸多机遇面前，总是不平等的。"老子英雄儿好汉""龙生龙、凤生凤，老鼠生儿会打洞"，都是那个时代很盛行的话语，曾大行其道。因为那还是一个离开荒谬时代不很远的阶段，从而"双独"等等的现行的计划生育政策具有相当的荒诞性也就毫不足怪。奇怪的是，30多年了，我们已经打开国门，走向世界了，还要沿袭30年前的思维扩展30年前的政策，显然不是进步而是倒退了。

也许有的读者会说，"单独生二"颁布以后，已经得到中外不少人的拥护。这似乎是事实。但是，必须分析这一现象背后究竟的是什么。计划生育作为一种管制人们生育行为的政策，是极为荒唐的。但是，就是这样一项极为荒唐的政策不仅长期坚持着，而且至今连反思的念头都没有。一方面，"单独生二"出台后，几乎所有否定计划生育和主张普遍放开二胎政策得人都把它当作走向光明的起点，那是善良的老百姓的一种良好的向往。另一方面，在社会得不到合理解决的情况下，极为严紧的政策得到一定程度的放宽，那当然会得到人们的欢迎。就这方面来说，并不在乎"单独"还是"非独"。如上所述，即使以白皮肤、黑头发、圆脸蛋等等的特征划线，也同样会令人高兴起来。如果像对待文化大革命那样，立即终止计划生育，那才是人们无条件的欢迎和欢呼呢。

（四）

自上个世纪60年代发展中国家实行家庭计划运动以来，国际社会同时强调生育权属于基本人权，是因为生育行为既是人类的实际社会生活，又是一种自然生理行为。所以，只有政府保护人民群众的自由生育权，国民之间对于各自的生育行为相互予以默认和尊重，这才得以构成现代国家法制和秩序的基础。我国现行的计划生育制度对人民生育行为予以管制和干涉，不仅违背自古以来人类社会的共同准则，而且有违自然法理。现行的计划生育制度人为地制造大量社会摩擦，严重影响了国民的正常生活。无数事实说明，当前的问题是人民群众的自由生育权和现行的计划生育制度之间的矛盾。在新的历史条件下，一方面是随着经济社会的发展，人民群众的现代意识不断地觉醒。另一方面，政府事实上已经无法继续使用传统范式管理社会。在多元化的媒体和多渠道的现代信息社会里，一些过去习以为常的计划生育事件就极有可能形成恶性事件甚至转化为社会危机，而这些问题都是不可能通过颁布"单独生二"得以解决的。

1979 年"一胎化"政策产生以来，国际社会不断对我们的做法进行批评，而我们却用冷战思维将其一概归结到"阴谋论"上，说它是国际"反华"势力别有用心的攻击。事实并非如此。

自由生育即由当事人自行决定生育孩子的数量和间隔，是人类社会的一个基本准则，也是保障了人类世代繁衍和生生不息基本制度。所以，自古以来，人们都把残害孕妇和婴儿当作最为残忍的行为予以谴责的。上个世纪 50、60 年代，发达国家针对发展中国家迅速增长的人口态势，在发展中国家开展了节制生育运动。虽然这一做法隐含了发达国家对发展中国家人口在世界总人口比例上升的某种担忧，但是，国际社会仍然坚守了生育自主权的基本理念。1965 年，世界卫生组织在积极推进家庭计划的同时，提出"一个家庭中人口的多少应该由每个家庭自由决定"的原则。1968 年，联合国人权会议专门通过《家庭计划的人权方面》决议，明确提出生育权是基本人权。该决议说："父母具有自由而负责任地决定他们子女的人数和生育间隔的基本人权以及在这方面获得教育和信息的权利。"自此以后，一系列的国际公约譬如 1974 年的世界人口会议、1979 年联合国大会通过的《消除对妇女一切形式歧视的公约》，等等，都不断强调和重申这一生育权是基本人权的理念。显然，从上个世纪 70 年代末开始的我国计划生育是违背了在此之前的有关国际公约，而不是国际敌对势力有意制造出一个有关生育问题的人权理论攻击我国的计划生育政策。

问题是 30 多年的经济社会快速发展，我国民众的思想意识已经有了很大的提高，人民群众有关公平、公正和平等观念增强了，尊严和权利的意识浓厚了。有人把我国民众获得的这一现代理念简单地归结为西方价值观的输入，是极为片面和居心叵测的。社会存在决定社会意识，是马克思主义的一条基本原理。任何思想意识和价值观念都是一定社会经济条件的产物。包括西方较为成熟的现代价值理念在内的一系列现代价值观，都是现代经济、社会、文化的发展结果。如果简单把平等和正义、尊严和人权等等价值观念归结为西方固有的，那么，西方的价值观又是如何产生的？东西、南北的方位都只是相对存在的范畴，难道还有天生的西方或者东方的社会意识形态和价值观念？自由和平等意识本来就是人类的一种天性，只不过在自然经济状态和专制集权体制下，人们被限制在一个极为狭窄的生活空间，极为落后的生产力压迫和限制了人类平等和人权等价值理念的天性。当经济社会的发展突破了这一狭窄的自然经济关系以后，极大地扩大了人际间的交往和经济联系，特别是统一的市场体系排斥特权，呼唤一种社会同一的自由平等权利。所有人的平等权即人权，就自然地产生了。所以，人权观念从本质上讲，乃是一种人性的觉醒。自从人们具有了权利意识以后，也自然会用来捍卫自己的权利。平等、公平、公正和人权，就都成了国民维权的有力武器。

另一方面，建立在传统社会结构和未能充分发展的经济条件基础之上的传统制度和旧的政策，也必然在较多的方面违背新时代的一系列原则和价值观。当人们已经获得新的理念以后，甚至原来一些习惯常用的做法就都变得不可容忍了。比如，过去用小四轮拉上妇女集体到乡镇卫生院上环、结扎、流产和引产，由县医院外科大夫组织的巡回小组每天在一个简易手术床上连续做 10 多例、数 10 例手术的现象，现在就知道已经不是符合不符合医学科学的问题，而是首先有损人的尊严和很不人道的。还有，那种将全村育龄妇女孕情、月经来潮、所采取的避孕方法都具体登记造册的管理，都是侵犯老百姓的隐私权的。所以，传统的政府管理已到了必须改革和改变的时候了。

在这样的情况下，我们必须认识到，计划生育方面的问题性质绝不是允许生一个、生两个，或者生几个的问题，而是现行的计划生育制度和人民的自由生育权的矛盾和冲突，是有违于现代国家的一系列的理念的。一方面，生育行为不完全是一个社会问题，它还是一个自然生理问题。有许多妇女的怀孕都是在浑然不知的情况下发生的。另外，并不是所有妇女的身心条件都具备实施人工流产的办法。仅这两个方面的问题就足以说明，生育是不能实行社会管理的，更不可能用法律规范它。法律只可以解决和规范社会行为，对于自然和生理问题它是无能为力的。另一方面，妊娠和生育都是发生在人的身上的，它首先都是当事人的事情。一个现代国家不可能不顾及当事人的感受，用冰冷的法律条文和国家暴力对待国民身心上的问题。生育问题几乎是每一个国民都会遇到的实际的社会生活，仅仅用放宽生育条件的办法并不能解决在计划经济思维下产生的一种几乎与所有人都发生矛盾和冲突的社会制度。

许多人都以为，计划生育是按照具体生育政策规制的生育制度。这个认识是片面的。即使您只生一个孩子，并不意味着您什么时候想生就可以合法地生育；政策允许您生第二个孩子，也不是您可以自由地决定生育第二胎；那怕您尚未生育过，也不表明您至少可以生育一个孩子。如同计划经济是按照政府计划生产的一种经济制度一样，计划生育是必须经过政府批准的一种生育制度。计划生育不是一项或者几项生育政策，而是一种制度，是一种必须经过政府批准才可以生育的制度。所以，它远不是符合生育政策的条件就可以生育的制度，而是一种必须经过政府审批才可以生的生育制度；它也远不是您不生育了就与您无关了，而是一项与每一个人都终生相关的社会制度。

因为它是一种制度，这才有即使怀的是第一胎，但因为没有准生证而必须实施人工流产；否则，生育了，就是"超生"。您虽然反复声明，说不再生了，它却要求您要么带环，要么结扎。北京市允许"双独生二"，但要敲盖 40 多枚图章才可以发放准生证。云南省发生过 59 岁农民仍需结扎的事例，陕西安康农妇第一个是女孩照例可以再生第二个却被强制性流产，北京的"井居者"的第一、二个都是女孩符合"女儿户"政策但第二个女孩上高中却仍须交罚款……。还有，不管您是否有生育的意愿，农村育龄妇女离开户籍所在地外出打工，必须携带节育证明书；超过半年以上，无论在哪里都必须回到原籍检查您带的节育环是否还在。如此等等，不一而举。

其实，为了证明这是一种制度而不仅是一项政策，我们何须说那么多的话？这次中共中央和国务院的"意见"，仍要"严格落实计划生育工作一票否决制"。一个单位，如果计划生育目标没有完成，倘有一个计划外生育，不只是不可以当先进单位，全体员工就无法得到应发的奖金，不可以领取本该打入每月基本工资中的第 13 个月的工资。要说，一个人超生与同单位同地区的其他成百上千、甚至成千上万的人有何关系？但是，它就是要把所有的人连结在一起、息息相关。这就是现行的计划生育制度。所以，它不是允许生一个、二个，或者生几个的一项具体的政策，甚至也不是生与不生的问题，而是一个由直接管制人们生育行为发展到影响以至妨碍人民群众正常生活的基本社会制度。计划生育是与人民群众的矛盾，是对人民自由生育权的侵犯。解决这一问题的根本出路也只有通过停止计划生育，归还人民的自由生育权来解决，它远不是一个简单的"单独生二"能够担当的。

——2014 年 1 月 20 日

（刊发于 2014 年 1 月 20 日）

艰难的历程：从"一胎化"到"女儿户"

序言

  上个世纪 80 年代的计划生育，历来都是备受争议的话题。有人把它归结为政策的强制，可 70 年代末至 80 年代初实行"一胎化"的时候，甚至于现在的计划生育的强制，一点也都不比那个时候少，为什么就没有那种争议？有人说那时缺少中央的指导，可明摆的一个事实是，80 年代最为广泛的争议就是在 1984 年中共中央 7 号文件下发以后产生的。还有的人认为，那时的政策脱离实际。但特别令人瞩目的是，1982 年中办发 37 号文件和 1984 年中央 7 号文件都是强调我国地域辽阔，各地情况差异很大，反对"一刀切"，而要求各地根据中央下达的人口目标制定适合本地实际的政策，并且叮嘱要经过试点，取得成功经验以后，才逐步推广的。至于还有人指责说，80 年代缺少一个统一的生育政策。我是到了 90 年代末才知道，从 1990 年才唱响的"女儿户"政策其实是在 80 年代初就被提出来了。而且，中共中央国务院为此还在 1982 年下发过一份后来被称之为现行生育政策的文件。但是，这个政策一直到 80 年代末才在全国推行。中央明明有一个统一的政策，为什么国家计划生育委员会不愿意实行？再说，难道中央不知道全国没有实行中央的既定政策？如果知道了，为什么又能同意国家计划生育委员会自行其是？一项党的重大政策从提出到得以在全国大多数地方推行，竟历经了 10 多年的时间，在共和国的历史上可以说绝无仅有。所以，研究 80 年代的计划生育这一课题，不只是因为它极富有历史的魅力，而且还在于有时代的挑战性。

　　我是 1978 年进入人口与计划生育的研究领域的。我几乎一直是在研究生育政策。我曾经积极参与了 80 年代的计划生育工作，也十分注意生育政策的变化。1985 年以后，一度和国家计划生育委员会的交往还比较多、比较密切。但是，我在 80 年代并不知道 1982 年还下发过一份承载"女儿户"政策的中央 11 号文件。所以，我对整个 80 年代的问题也百思不得其解。2006 年开始，我比较系统地研究计划生育历史，其中 80 年代是我研究的重点。不过，一直到 2010 年写出初稿，2012 年又做过较长时间的研究，总还是拿不出令人满意的解释。所以，这个稿子在 2013 年印制《我国计划生育史论》的时候，曾经将资料部分放置在该书里面，主要是想给人们提供一份材料，让较多的人来研究它。最近，我又将其重新修改，自觉在一些基本的问题上有了一些说得过去的认识，所以呈现给读者，还是期望较多的人们关注和研究它。

　　是为序。

梁中堂 2014 年 2 月 17 日
（刊发于 2014 年 2 月 18 日）

"单独生二"不能承受之重

按语

笔者在《我对"单独生二"的认识》[1]一文中，曾经说道："计划生育是与人民群众的矛盾，是对人民自由生育权的侵犯。解决这一问题的根本出路也只有通过停止计划生育，归还人民的自由生育权来解决，它远不是一个简单的'单独生二'能够担当的。"最近翻检资料，发现国家计划生育委员会 1989 年 12 月份给国务院报告的一份文件中，附送的这篇文章。30 多年来，我很少使用官方以外的资料作为自己研究的支撑点。即使这样，读者也不难透过这篇文章发现计划生育与人民群众的尖锐矛盾。特别重要的是，虽然它所反映的都是 20 多年前的故事，但我相信这些问题直到现在仍然存在着。它们远不是生一个生两个的事情，更不仅仅是与"独生子女"之间的矛盾。30 多年来，虽然这一类的矛盾很少浮出水平面，但它实际却在大量发生着。这些大量存在的问题首先伤害着人民群众，同时也是在损耗着执政党的宝贵资源。所以，如果希望通过"单独生二"来缓解社会矛盾，那不过是杯水车薪。

——梁中堂 2014 年 3 月 8 日

因计划生育引起的恶性事件已成为干扰工作和社会不安定的因素

（国家计划生育委员会　一九八九年十二月七日）

由于现行的计划生育政策与农民的生育意愿还存在一定的距

离，一些基层干部为完成人口计划采取的方法较简单，因此在一些地方党群关系、干群关系相当紧张，有时表现得十分尖锐。基层干部犹如坐在"火山口上"做工作，他们及其家属受侮辱，被殴打，财产被毁坏，甚至被杀害的事件时有发生。

据湖南省不完全统计，自一九八六年，以来因计划生育而发生的恶性事件972起，2100余人被打伤，其中3人被杀害。今年以来发生了110起，145人被打伤，2人被杀害，仅隆回县就发生了14起。湖北省近几年来被伤害者达2000多人次。贵州省今年发生569起，其中基层干部被杀害的恶性事件4起，爆炸事件5起，挖祖坟2起，4人死亡，5人残废。浙江省建德、苍南、安吉三个山区县一九八八年发生105起，250余人被打。就连全国计划生育工作开展最早、最好的上海市，今年也出现了前所未有的伤害基层干部的事件。

这些恶性事件惊心触目，如云南省昭通地区镇雄县社员曾庆忠已有7男1女，一九八五年以来超生二胎，乡、村干部对他做了许多工作，他还是拒绝做绝育手术和按规定交纳超生费。曾一九八七年因打伤计划生育工作队的干部而受到罚款处理，因此怀恨在心，经常随身带着凶器。今年八月计划生育工作组再次上门动员曾做结扎，曾闻讯躲避。鉴于曾态度顽固，影响恶劣，工作组决定拉走他家的一匹马，抵作超生罚款，在途中遭到曾的拦截。曾一边破口大骂，一边用铜拐杖打工作组的干部，并用匕首将计划生育宣传员朱恒仕刺死。

贵州省六盘水市大成县农民叶荣喜（苗族、文盲）已有三个女孩。今年五月，区计划生育工作组动员叶作结扎并交纳超生罚款，叶闻讯后躲避。工作组拉走他家的牛作为抵押，叶知道后气急败坏地与其弟弟前往抢牛，未遂，便扬言要与工作组同归于尽。几天后叶在乡政府点燃两个自制的炸药包，乡党委书记当场被炸死，区武装部长被炸成重伤。

湖南省临乡县长安村村民李再举已有5个女孩，其妻又怀第六胎。乡计划生育工作队动员其妻做人工流产。李思想不通，携带2.6公斤炸药，在点燃引爆时被乡党委书记发现并及时制止，工作组才免遭灾难。

四川自贡市联络乡徐永明之妻超计划怀了二胎。今年四月，计划生育宣传组动员其做人工流产，徐夫妇外逃。宣传组要求徐父交300元押金，找回人就还钱。徐父与兄外出只借到六角钱，宣传组不依，便拆徐家的堂屋，并拿走堆在堂屋里徐兄的木材。徐兄愤怒地用篾刀连砍五人，其中四人重伤。

浙江省丽水地区云和县梅源乡团委副书记兰瑞龙等四人因动员怀第四胎的村民兰金玉做人工流产。遭到兰家夫妇、亲属及村民的谩骂殴打，用粪便泼他们，一些人还将兰瑞龙按入粪缸，往口中灌粪。兰瑞龙还遭到七、八人拳打脚踢，并扬言要割掉其生殖器。兰瑞龙身心受到极度摧残，精神已失常。

今年八月安徽章杜乡一农民计划外怀孕，干部动员女方作了手术，男方思想不通，服农药死亡。一百多名围观群众对乡党委书记和计生干部大打出手，并让他俩跪在死者身旁烧纸，还当众剥光女干部的外衣，让她用内衣给死者擦身。乡党委书记被打伤，女干部伤势严重，精神受到严重打击。

广西壮族自治区来宾县巩桥乡一九八七年四月招聘的计生干部谭玉才，自参加计生工作以来，他家先后两次被人烧掉柴草510捆，稻田里的水常常被人偷偷放干，青苗被人糟蹋，夜里数次被人用石块砸坏瓦片和房屋。一头水牛被人活活毒死。家里的围墙和门楼也曾被人放火烧毁。他曾在半路被人拦截辱骂和殴打。他的妻子和小孩也常常受到歧视和辱骂，不敢出门。

一些基层干部家属的生命也受到威胁。如成都市金堂县村民王金芳超计划怀了第三胎，经村长卿烈富（男、33岁）动员做了人工流产，一直心怀不满。一天他乘卿家无人，将卿5岁的独生儿子骗到家中掐死，扔进粪池里。辽宁省营口市腰中村妇女主任候亚凤（曾多次被评为先进工作者）的丈夫被该村唯一的超生二胎户曹洪喜打死。

有的人对计划生育干部有刻骨仇恨，甚至死了也不放过。去年重庆市大足县发生了一起刨坟剁尸案。死者肖梓南生前是全国计划生育先进工作者，区计生办主任，于一九八六年四月病逝，土葬于该区。他的尸体被人偷偷折断手臂，还剁下头部放在大腿之间。

在一些地方还出现了聚众闹事、集体围攻、伤害基层干部的事件。如今年四月，湖南隆回县计划生育工作队到该县大观乡开展工作。村民邱正友不但拒绝交纳罚款，还纠集数百人围攻工作队达十小时之久，打伤 2 人。当晚发展为该乡 8 个村 2000 余人围攻、殴打驻村的工作队干部，哄抢罚没物资，致使工作队 33 人被打伤，其中 5 人重伤。这些人还将公路挖断，企图阻止伤员运 6 治疗。由于县政法部门干涉，才平息了这一事件。

许多基层干部说，计划生育工作是天下第一难事。上面压，下面项，我们是在夹缝中过日子。不仅担风险，丢选票，得不到社会的理解与支持，生命安全也没有保障。因此许多基层干部不愿沾计划生育工作；许多基层计划三育专职干部改了行；不少干部采取消极应付态度，致使一些地方的计划生育工作处于失控或半失控状态。

（刊发于 2014 年 3 月 19 日）

不可轻视计划生育对民众的伤害

按语

最近阅读《开放杂志》刊登专题讨论"统计与政治"的文章，很有启发。参加该杂志发起讨论的团队，囊括了中共中央党校、北京大学、南开大学、复旦大学、上海交通大学、华东师大、中山大学、香港中文大学以及台湾等地的大学教授和著名学者。与会者探讨的焦点问题逐渐集中到争执已久的斯大林时期的前苏联和我国"三年困难时期"的死亡人口。可是，由于体制的局限，这些东西当年并没有统计，当它们已经成为历史的时候，您即使再争论1000年，也还是难以得到一致结论。所以，重要的是对那个社会制度或者政府运作的机制有所认识，有所反省。否则，即使非正常死亡几百万、几千万，那都是白白地死亡了，人类连一点应从中汲取得到的经验教训都没有。

根据苏共 20 大以后逐步得到的资料，不算十月革命后不久因"征集余粮"而杀害的农民，第一个五年计划期间，大约有 500 万富农及其家属被消灭。"大清洗"时期究竟死了多少人，不同的调查材料和不同的书都有不同的数据。1956 年苏共二十大之前不久成立的调查小组认为，1937-1938 年就有 150 多万人被指控从事反苏活动而逮捕，68 万多人被枪决。80 年代以后，根据苏联国家安全委员会的统计，1930 年到 1953 年，有 377 万多人被逮捕，78 万多人被枪杀。根据这次参加讨论会的中央党校左凤荣教授所引用一本书的数据，苏维埃时期因为政治原因被杀害或者死于监狱和劳改营的人数，达到 2000 万到 2500 万。但是，这个数据也有疑问，因为仅俄罗斯联邦自己的统计，说从 1923-1953 年被判刑的就有 4100 万。此外，苏联时期曾发生过两次大饥荒，其中 1932-1933 年的一个说法是死了 500 万人，但也有材料说，仅乌克兰这次就死了 1000 万，说明 500 万之说也不可靠。因为数据不可考，一些严肃的数学著作就很少在这类数据问题上做文章。我读《新编剑桥世界史》，就很少有这一类问题的数据。但这样的历史著作讲述一个国家的历史又不可能不讲到人口，所以，它只是在总结十月革命到第二次世界大战这 22 年时才触及到人口数，说"1939 年前，苏联领土上的人口从一亿四千万增加到一亿七千万"，然后用括号加注说"据推测，如果没有内战、政治迫害、人为的饥荒以及这一时期频繁发生的其他灾难，人口还会增加大约一千万到两千万"。

　　史学著作做这样的处理，也是属于没有法子的事情。这类的数据，又不像辛德勒名单、志愿军烈士陵园那样都有一个一个人的姓名，在当时根本不可能进行统计，过后许多年再作核计，也就难以准确。倒是一些具体的事件，其数据还相对确切一些。譬如参加 1934 年 1 月召开的联共（布）十七大的代表一共有 1961 人，因为选举时斯大林得到了 300 张反对票，代表遭到逮捕的就多达 1108 人，其中有 848 人被枪决。1980 年，邓小平所作的《党和国家领导制度的改革》报告中就说过："斯大林严重破坏社会主义法制，毛泽东同志就说过，这样的事件在英、法、美这样的西方国家不可能发生。"

　　问题还在于，这样的制度下，发生这么严重的问题，不仅国外看不到，就连生活在当时苏联国家的绝大多数民众自己也觉察不到。有个别的相关人员即使知道一些，也仅只是知道一些身边发生的个别事件，对于全局性的情况当然是无法了解的。即使身边的情况，绝大多数也是按照官方给出的解释，以为死得其所。几乎世界上所有的人所看到的就是一个日益强大的社会主义苏联，有几个人知道这一类事情的真相呢？

　　但是，俗话说，天不可欺。80 年代以后，不断有万人坑被发现。1988 年 10 月，在白俄罗斯的明斯克附近发现 10.2 万具尸体；基辅郊外发现 20-30 万个墓地；1989 年 10 月 2 日，在乌拉尔地区的车里雅宾斯克和斯维尔德洛夫斯克附件发现约 30 多万具尸体。尼古拉•梁赞诺夫斯基在他的第七版《俄罗斯史》中就很有见地认为，这些万人坑对政府和体制造成极大的破坏力。

讲这些情况，仍然与我们关心的计划生育问题相关。我在上一篇文章的按语里说过，现行的计划生育制度"首先伤害着人民群众，同时也是在损耗着执政党的宝贵资源"。同样因为体制的原因，如果说我们能够看到和直接接触到计划生育伤害群众的事例毕竟有限的话，因为站在体制内的立场上，感觉和感受就更很有限。上个世纪 80 年代中期，我接受会议的传达，对国家计划生育委员会主任王伟讲话中说"有的地方出现过用野蛮的办法，抄家、封门、砸锅、扒房子、毁坏庄稼、牵走牲畜，破坏群众的基本生产资料和生活资料，甚至围村突击，拉人游街、变相监禁群众、株连亲属、乡邻等"，等等，就很没有感觉，直到读了新华社的这篇内部参考以后，才知道问题的严重性。为了给那些至今仍然轻视计划生育给我们造成危害的人以警觉，兹将其粘贴以后（略）。

——2014 年 3 月 19 日

（刊发于 2014 年 3 月 9 日）

《计划生育对民众的伤害从未间断》一文的按语

从事计划生育的人都知道，几十年来有关计划生育负面的事情都不允许媒体报道。所以，这方面的情况很少有浮出水面的。即使个别有所例外，因为很难调查和采访，也无法保证事情的真实。所以，我坚持使用官方的资料做研究。这样做并不是说官方的文章就都客观和真实，只是因为这样做一方面要把自己的结论建立在最低限度的事实基础之上，另一方面也是为了言而有据。这样，往往所筛选材料的时间跨度就会大一些。笔者连续转发国家计划生育委员会 1989 年的《因计划生育引起的恶性事件已成为干扰工作和社会不安定的因素》[1]和新华社记徐金平、白海星 2000 年的报道《利辛县孙庙乡计生办私设"土牢"关押农民》[2]两篇文章以后，有人说这样的事情只是在上个世纪 80 年代存在过，"放眼今天，有多少人反对计划生育？！几个反计蠢驴放几个屁，已经改变不了[计划生育]深入人心的事实，而非政府强迫！"所以，我再次粘贴两篇由官方和政府媒体所写的文章（第二篇文章还有照片，读者可以按照我提供的中国网网址点击阅读），说明计划生育与民众的社会摩擦从未中断。"庆父不死，鲁难未已"。这该是很浅显而平淡的道理。

今天阅读华中师范大学教授章开沅先生一段话，很受感动。老先生年近90，早年被教育部评聘为"资深教授"，与"两院院士""长江学者"待遇相当，可享终身不退休的荣誉。但他却毅然提出辞呈，述其个中缘由，就是因为认识到现行的体制是座金字塔，爬到塔尖就有享不尽的福。但"那也是少数人的享福，青年教职工被压榨，用各种东西来管制他们"，逼他们出成果。他继续说，人生活在这里，如

1　参见 http://liangzhongtang.blog.163.com/blog/static/10942650820142872932445/

2　参见 http://liangzhongtang.blog.163.com/blog/static/109426508201421904619826/

果不瞎不聋、还有点意识、有点良知的话，是很不舒服的。因内心不安，希望改变这个体制。

计划生育体制是我国计划经济的产物。所以，体制内受益者也为数众多。但我也希望那些虽在体制内而良知却未曾泯灭的人也都能够学习张开沅先生，自己虽然是体制的既得利益者，却终因认识到计划生育是残害老百姓的，所以要改变这个体制。

——2014 年 3 月 30 日

博白县群众围堵乡镇政府群体性事件已得到控制

（2007 年 5 月 24 日　人民网[3]）

人民网广西视窗 5 月 24 日电　今天上午，玉林市人民政府新闻办公室在玉林举行新闻发布会，市政府秘书长、市政府新闻发言人郭成球就博白县"5·17"事件作了情况通报。以下是通报的内容：

5 月 17 日至 19 日，博白县部分乡镇发生了群众围堵乡镇政府机关的群体性事件（简称 5·17 事件）。事件发生后，经区、市、县以及所在乡镇党委政府妥善处置，目前事态已得到控制。

5 月 17 日上午 10 时 30 分，按照国家计划生育政策法规的规定，博白县顿谷镇计划生育行政执法工作组到顿谷镇一超生户李某家中做计生思想工作，动员其依法缴交社会抚养费。但该超生户不予配合，拒不缴交。工作组暂扣押其部分经营商品，并请李某到镇政府进一步做思想工作，至下午 4 时经过思想工作，李某表示愿意配合即离开政府。当天傍晚 7 时左右，受不法分子唆使，约数百名不明真相的群众围堵该镇政府机关。18 日、19 日永安镇和沙陂镇在幕后策划者的煽动下，也出现不明真相的群众围堵冲击镇政府机关现象，并出现了不法分子打、砸、抢、烧等违法行为，围观群众最多时达到 2000人左右；另有水鸣、大垌、那卜、英桥 4 个乡镇先后发生类似围堵事

3　参见 http://gx.people.com.cn/GB/channel2/200705/24/1332065.html

件，部分镇政府机关或计生服务所的门窗、交通工具、办公用品被烧毁、损坏。

5月19日至20日，浪平、江宁、菱角等9个乡镇均有部分群众在赶圩时聚集乡镇政府，询问有关计生政策。经各级干部面对面做解释工作，宣传法律政策，这些群众自觉散去，均没有过激行为。

事件发生后，自治区、玉林市、博白县党委政府迅速组织工作组分赴博白县各乡镇，进村入户做群众思想工作，开展政策宣传，并派出公安干警到当地维持秩序。国家计生委也派出工作人员赶到博白县了解和指导工作。在事件中工作人员和公安干警始终坚持说服教育，耐心疏导，深入细致做群众工作，没有与群众发生冲突，没有群众受伤，在整个事件中有21个工作人员和民警被不法分子用石块砸伤，其中一名民警受伤住院无生命危险，事件没有造成人员死亡。事件共刑拘犯罪嫌疑人28人，其中变更为监视居住强制措施的23人。从5月21日到现在，没有出现围堵政府机关的事件，事态已经平稳，生产生活秩序正常，社会保持稳定。特别值得提醒的是，最近境外一些媒体把博白5•17事件描述为"警察用高压水枪冲散群众，有多名学生被踩死，事件有5人死亡"，并指博白县"为了完成计生任务，把60多岁的老妪和中学少女都拉去结扎……"这些报道是完全不符合事实的，是没有根据的。

在这次事件中，出现了不法分子借机串联煽动、制造谣言、挑拨群众参与闹事，也出现了伪造假文件蒙蔽群众以及搞打、砸、抢、烧等不法行为，严重影响了有关乡镇机关正常的工作秩序，在社会上造成了很坏影响，同时也暴露了一些基层干部在具体工作方式方法上存在某些方面的问题。我们将从这次事件中，认真总结，检查反思，狠抓整改，切实转变作风，改进工作方法，更好地推进各项工作健康有序开展。

当前我们正在抓好善后相关工作：

一是加强对维护稳定和有关法律法规的宣传，做好舆论引导，使广大群众理解党和国家的各项政策，做知法守法的公民。

二是加大服务基层服务群众工作力度。组织干部深入基层，进村入户，倾听群众意见，反映群众呼声，切实帮助群众解决当前生产生活中的实际困难和问题，多为群众办实事好事，理顺情绪，化解矛盾，维护社会稳定。

三是对于受蒙蔽不明真相的群众，要加强法制教育，使其认清参与围堵活动的危害性，增强辨别是非的能力。

四是对做群众工作尤其是计生工作，方法简单粗暴的工作人员要严肃批评，涉及违纪违法的要严肃处理。

五是对极少数带头闹事、搞打砸抢烧、伪造假文件蒙蔽群众，尤其是幕后组织策划的违法分子，要依法惩处。

六是继续坚持贯彻计生基本国策不动摇，依法依规做好计生工作，做到依法行政，文明执法，有效促进计生工作顺利开展。

七是坚持"两手抓"。在全力维护社会稳定的基础上，坚持以经济建设为中心，抓住机遇、加快发展，努力保持全市经济社会又好又快发展的良好势头。（完）

广东普宁："二孩夫妇"亲属被关小屋逼迫结扎

（2010 年 04 月 15 日中国网[4]）

2010 年 4 月 7 日，广东省普宁市启动了"二孩结扎专项行动"，随后几日，各乡镇、街道为完成任务，动员外出务工的"二孩夫妇"回乡结扎，并动用了"超常规措施"——派出计生工作人员下乡入户，带走"外出二孩户"的亲属（绝大部分为留守老人），置留于各乡镇、街道办公所在地。

4 月 11 日、12 日，记者暗访普宁市洪阳、大坝、燎原、池尾四镇街，证实这些镇街办公地点内确有节育对象或其亲属。

对于群众所说的"关人"，普宁市计生局称之为"办班学习"。截至 12 日上午 8 点，普宁市正在"学习"的节育对象有 1377 人。

4　参见 http://news.xinhuanet.com/legal/2010-04/15/c_1235267.htm

"办班学习"

记者离开洪阳镇，前往大坝、燎原、池尾暗访，证实了黄锐丰"关人的不止洪阳镇一家"的说法

10 日晚，记者来到普宁市洪阳镇后，借口看亲戚，混进了该镇计划生育服务中心旁一座二层住宅。当地居民告诉记者，这看似平静的建筑里置留了很多群众，大多是老实巴交的农民，他们被困于此是因为其外出务工的亲属生育二孩后没回乡结扎。

当晚，记者进行暗访，证实了上述说法。被三名看管人员放进去后，记者看到：约 200 平米的房间置留了近百名群众，男女老幼混杂在一起，多为老人；房间里很潮湿，因为人多，空气有些污浊；地上铺了几张凉席，但容不下所有人躺着睡觉，年轻点的就只好站着或蹲着；由于被褥也不够，很多人都蜷缩着避寒。

几分钟后，一名看管人员喝斥记者赶紧离开。临走前，记者偷拍了一些照片。

68 岁的黄再赐就在这间屋子里。10 日上午 8 点多，黄再赐在家中被洪阳镇计生工作人员带走，连累他的是其子黄锐丰。黄锐丰夫妻生育了三个女儿，一家人现定居深圳，经营农副产品。

黄锐丰说，几天前，村干部打电话通知他，让他或他爱人回洪阳结扎，否则镇计生办就要带走其父。黄锐丰不同意，他的理由是生意忙，而且乡镇计生服务中心的医生"水平比较低"，更重要的是，黄锐丰渴望老婆给他生个儿子。他决定与镇计生办周旋，拖延一下时间。

黄再赐被带走的翌日（11 日），黄锐丰趁夜色回到洪阳，走进了那座二层民房，给父亲送去干净的被褥。

12 日上午，记者离开洪阳镇，前往大坝、燎原、池尾暗访，证实了黄锐丰"关人的不止洪阳镇一家"的说法。

大坝镇政府院内，镇社会治安综合治理办公室旁的三间平房里，置留了 30 多名群众。在一间平房里，记者看到，一名母亲正在哄小孩，孩子看上去不足两岁；燎原镇计划生育服务中心的电教室同样置

留了 10 多名群众，电教室旁边就是结扎手术室；池尾街道办事处院内，办公大楼底层的两间房（男女各一间）也有近 20 名群众置留。

为什么要置留这些群众？

普宁市计生局是这样表述的："对不自觉落实节育措施的节育对象进行办班学习；对节育对象外出的，动员其亲属办班学习。"据透露，截至 12 日上午 8 点，普宁市参加"办班学习"的节育对象有 1377人。

12 日晚，普宁市分管计生的领导介绍，这次"二孩结扎专项行动"的难点是"如何做好那些外出务工二孩家庭的工作"，为此，政府动用了一系列"超常规措施"，具体包括"那些不回乡结扎的二孩户，我们会取消该户以及亲属的宅基地申请，取消他们的年终分红，不给他们的孩子上户口"。

上述市领导没有提到"办班学习"是否属于"超常规措施"，但记者从很多二孩户口中得知，取消宅基地申请或年终分红的威慑力有限，置留相关人员才是真正有效的措施。

"阶段性显著成效"

截至 12 日上午 8 点，短短五天，普宁市落实结扎例数约占总任务的一半

"办班学习"确实起到了作用。记者从普宁市计生局了解到，截至 12 日上午 8 点，短短五天，普宁市落实结扎例数约占总任务的一半。

广大镇镇长钟应裕介绍，截至 12 日傍晚，该镇二孩结扎专项工作进展顺利，13 日晚可全部完成。

各乡镇计生服务中心的工作量也能体现此次行动的成效。大坝镇计生服务中心的曾医生介绍，他们每天上午八点开始工作，一直忙到翌日凌晨四点，然后睡四、五个钟头，再投入工作。

对于普宁的"二孩结扎专项行动"，当地一份报纸近日用多篇新闻为其鼓劲，用"计生工作取得重大突破""计生工作取得阶段性显著成效""超常规措施，计生被动局面被迅速打开"等字眼，高度评

价普宁的专项行动。

"硬任务、死任务"

普宁必须要完成升级，不能拖揭阳乃至广东计生工作的后腿，这是最大的任务

普宁铁腕抓计生不是没有来由的。

作为被省计生工作会议点名批评的后进市，普宁必须在 2010 年内从一个三类县市升级为二类县市，这是"揭阳市委、市政府交给普宁的硬任务、死任务"。揭阳市委主要领导曾表示："若任务没有完成、局面没有扭转、目标没有落实的，不管其他工作做得如何、资历多高，该免职的坚决免职，该撤职的坚决撤职。"

普宁有 224 万人，是粤东五个计生后进县（市、区）之一。今年，广东省委、省政府提出"力争 2010 年全省人口计生工作基本达到全国先进水平"，因此，普宁必须要完成升级，不能拖揭阳乃至广东计生工作的后腿，这是最大的任务。

但普宁的确存在实际困难。

普宁市计生局局长洪宇梁介绍，普宁计生工作之所以落后，原因有几点：首先，普宁的人口基数大；其次，群众传统的生育观念根深蒂固，与计划生育的政策要求尚有一定距离，计生的思想动员工作难做；第三，群众没能深入理解"一孩半"的计生政策，不理解"首胎女孩，可生第二胎，首胎男孩，不可再生"的规定，一些群众见到其他家庭可生育二胎，容易跟风；第四，普宁外出务工人员多，育龄人口外出比例达到三成，这部分对象的节育政策如何落实是难题。

工作难做，但不得不做。

普宁的"二孩结扎专项行动"目的就是彻底扭转计生工作的被动局面，该行动要于 20 天内，即在本月 26 日前，完成 9559 例二孩结扎。上级领导对此高度重视，9 日晚至 10 日晚，揭阳市委书记陈弘平到普宁 28 个乡镇（街道、场），督促落实"二孩结扎专项行动"。也许是感受到了压力，一些乡镇主动将专项行动的期限由 20 天缩短到两周，作为先进典型的广太镇更是将期限缩短到一周。

不得不做，又该如何做？

当地的各级官员都强调了一点——就是采取"超常规措施"。

有些没落实"超常规措施"以致未能完成任务的基层干部，成了此次行动的问责对象。记者了解到，截至 4 月 12 日，普宁已处理干部 63 名，其中包括 1 名被停职的镇委书记。

12 日晚，记者在大坝镇政府内采访。期间，能清楚听到窗外大坝镇计生工作队集结的口令。当晚 10 点，黄锐丰告诉记者，洪阳镇的计生工作人员当晚又下乡带走了有关人员了。铁腕行动仍在继续！

（刊发于 2014 年 3 月 30 日）

计划生育对民众的伤害出乎想象

按语

去年 12 月，广州平等机会中心举办了一个"人口政策与公共参与"的会议。会议举办方给与会人员提交了一份参会文件，其中附录《计划生育受害者典型案例》，令人触目惊心。如果说笔者前面粘贴的 3 篇有关国家计划生育委员会和新华社等文章都来源于官方的话，那么，这一篇就该算是非官方的文章了。

说是"非官方"，但是，平机会的文章并非原创，他们不过是汇集或汇编。不难发现，有不少的材料都还是来源于新华网、人民网等官方的网站。所以，文章虽然来自非官方之手，但绝大多数材料还是来自于官方提供的渠道。

说是"触目惊心"，但因为文章的作者并非长期从事这方面报道的专业记者，我感觉还是有挂一漏万之嫌。譬如根据印象，笔者随意整理的还有几件很著名的事件：

1. 2000 年 12 月 19 日国务院新闻办公室新闻发布会上，国家计划生育委员会主任张维庆回答英国《泰晤士报》记者关于"黄陂事件"的提问，计生人员溺死活婴。读者可点击中国新闻网[1]；

2. 2005 年 01 月 26 日中国青年报文章《计生办强行为处女植节育环 将其与狗关一起 6 天》，南方网[2]和新浪网[3]都有转载；

3. 2005 年腾彪律师的《临沂计划生育调查手记（1-10）》[4]和李健律师的《蒙河边的抗争——关于山东省临沂市暴力计生事件的调

1　参见 http://www.china.com.cn/ch-xinwen/content/news39.htm

2　参见 http://www.southcn.com/news/community/fzzh/200501261095.htm

3　参见 http://news.sina.com.cn/s/2005-01-26/11294952682s.shtml

4　参见 http://www.douban.com/group/topic/2906598/

查报告》[5]，是更大层面反映计划生育对民众的伤害。临沂暴力执法问题不仅曾在国际上吵闹得纷纷扬扬，而且经国家计划生育委员会的回应，说明腾彪和李健两位律师的文章基本属实；

4.《财经》杂志 2007 年第 15 期（出版日期 2007 年 07 月 23 日）刊登《中国计划生育第一案》，2000 年，河北省昌黎县安山镇罗家营村 32 岁的农民杨忠臣和 20 岁的妻子结婚有过一个孩子，因为没有准生证而将 9 个月的胎儿强制引产，读者可登录财经网[6]；

5. 2009 年 8 月 14 日《现代金报》刊登文章《一本发黄病历牵出 10 年前一桩惊人秘密》，10 年前陈女士曾有一次怀上"死胎"的病史，自后 10 年遍地求医再也怀不上孩子了。因查看病例偶然发现 10 年前的那次"病史"，是因为没有准生证由有关部门坐镇将活产被当作"死胎"处理。读者可翻检大河论坛[7]，环球时报–环球网也有报道；

6. 2013 年 8 月 9 日网帖称《男子强制结扎路上死亡，官方称系敌敌畏中毒》，死者家属认为 59 岁的父亲是因为干部要带走强行结扎被迫自杀，官方虽不认可强制但也承认去死者家里做计划生育宣传。读者可翻检中国新闻网[8]。

7. 2014 年 1 月 8 日中国青年第 9 版文章《一个非婚妈妈的"被超生"之路》，将妇女初生当作"超生"，中国网[9]和新华网[10]都有转载；

8. 2014 年 2 月 26 日北京青年报的文章《超生女被计生部门抱走送养 23 年后再度寻亲》，中国新闻网[11]；

5 　参见 http://www.doc88.com/p-18065294591.html）

6 　参见 http://magazine.caijing.com.cn/2007-07-22/110064043.html

7 　参见 http://bbs.dahe.cn/read-htm-tid-1430991-fpage-530.htm

8 　参见 http://www.chinanews.com/sh/2013/08-09/5146788.shtml
　　和人民网 http://www.people.cn/403/403.html

9 　参见 http://zgsc.china.com.cn/rw/2014-01-08/57628.html

10 　参见 http://news.xinhuanet.com/edu/2014-01/08/c_125970779.htm

11 　参见 http://www.chinanews.com/sh/2014/02-26/5882376.shtml

9. 在国际上有很大知名度的"邵氏孤儿"案。据媒体调查称，多年来，邵阳市隆回县有近 20 名婴儿被计生部门强行抱走送入福利院"收养"，以收取社会抚养费，其中有部分孩子被以每名 3000 美元价格外销海外，中证网[12]；

如此等等，不一而举。由于体制的原因，计划生育方面的问题历来是不允许报道的。所以，我们能够知道的事例，不过是实际发生的冰山一角。计划生育实际对人民的伤害远比我们听到、见到、感受到和想象到的严重得多。

30 年前，中共中央政治局委员、国务院副总理万里在一次全国计划生育委员会主任会议上批评说："……扒人家的房子，逼得妇女去逃难，搞得不能生活，这太过分了，太脱离群众了。即使是个别现象，也不能不引起重视。现在农民有了生产责任制，生活改善了，如果在过去饿着肚子的时候发生这样的事，他们非造反不可。"那个时期以来，我们都把计划生育中的这些问题当作工作作风问题。但是，30 多年了，这一类的问题有增未减，再不能把它看作是作风问题了。

人民总是一个国家的基础。对人民的伤害，总是对国家和社会的伤害。对于一个体制内或者体制外的人来说，如果您真的热爱这个国家和您受惠于其中的这个体制，您还要让现行的计划生育制度继续运行下去吗？

计划生育受害者典型案例

（广州）平等机会中心

【强制引产】

1. 大月份强制引产致精神分裂

新华网《组图：湖南孕妇怀胎 7 月被强制引产后精神分裂》2013 年 08 月 06 日

12　参见 http://www.cs.com.cn/xwzx/15/2011051003180010/

2011 年 11 月 1 日 17 时，怀胎已超 7 个月的龚起凤，在湖南省涟源市中医院被注射了引产针，剧烈疼痛 30 多个小时后，她和丈夫吴勇元见到了已经死亡的孩子，后者被护士装在一个白色塑料袋里。吴勇元回忆，被强制引产一个多月后，妻子出现咬人、不敢出门等异常表现。2013 年 6 月 14 日，龚起凤被鉴定为处于幻觉妄想状态。邵阳市脑科医院则诊断龚起凤患精神分裂症。一年多来，吴勇元一直在上访。他告诉记者，妻子的精神状态为强制引产所致，希望当地政府给个说法。2013 年 7 月，他得到涟源市信访办的回复：无法证明精神疾病与被引产的因果关系。图为精神已经失常的龚起凤。[13]

2. 大月份强制引产

腾讯新闻网《女子怀孕 8 月遭强制引产　计生办称准生证过期》2012-08-04

7 月 30 日，网友"闻玉溪"在金碧坊论坛发帖称，2005 年她被强制引产，当时已怀孕 8 个月。近日，记者在玉溪找到了当事人唐乐琼，她称网上所发布的信息都是事实。但时任计生干部的方红萍却表示，按照当时的法规，唐乐琼不能生二胎，让其引产是依法所为。[14]

3. 怀孕 9 月被强制引产，一尸两命

人民网强国社区《山东冠县怀孕 9 月被"强制引产"，官员逍遥法外》2012-06-15

2009 年 9 月 19 号，山东省冠县一位怀孕 9 个月的农妇，被当地 20 多位村干部和计生委"强制引产"，导致母子双亡，并引发报复杀人惨案，肇事官员至今仍逍遥法外。[15]

4. 大月份强制引产

摇篮网《安康怀孕 7 个月孕妇遭强制引产》2012-06-14

6 月 3 日，记者接到冯建梅的小姑子报料称，她嫂子第一胎生的

13　参见 http://news.qq.com/a/20130806/007071.htm#p=1

14　参见 http://news.qq.com/a/20120804/001200.htm

15　参见 http://bbs1.people.com.cn/post/2/0/1/119773033.html

是女儿，今年已经 5 岁半，按照国家政策，间隔 5 年是可以生二胎的，家人正在补办准生手续的过程中，现在已怀有七个月身孕的嫂子，却被镇政府的干部，用衣服蒙住头，强行送镇坪县医院做引产手术。[16]

5．大月份引产，一尸两命

河青论坛《山东利津县一孕妇遭计生办强制引产当场死亡》2011-10-17

山东东营利津县，怀胎 6 个月的孕妇 10 月 12 号被街道计生办宋树峰李新民等 10 多人强行摘下氧气罩被强行按手印、做引产手术，下午 4 点进手术室，10 点当家属终于进入手术室后，内无任何医护者，只有马继红冰冷地躺在手术台上没有了呼吸，睁着眼睛。山东利津县一孕妇遭计生办强制引产当场死亡。[17]

6．强制引产致死

腾讯历史《强制节育三十年　害苦多少中国人》

2009 年 2 月 26 日湖南浏阳市的少女刘丹被镇计生办拉到市计生服务站强制注射引产针，第二天下午流血不止，抢救无效死亡。[18]

7．强制药物流产

黑龙江新闻网《强制药物流产案：谁之过？》2004-2-1

2002 年元月 31 日，郑州市居民王海霞与男友张放入住河南封丘县委招待所。当天晚上，封丘县公安局法制室主任潘志强等人以"形迹可疑"为名，将两人带至公安局。盘问中，潘志强得知王海霞怀有身孕。第二天凌晨，有人强行将王海霞带到封丘县城关乡计划生育指导所，强迫其做了药物流产。王海霞认为县公安局强行将其带至计生部门进行药物流产违法，而县公安局否认直接参与对王海霞的强制药物流产。[19]

16　参见 http://www.yaolan.com/news/201206141048759.shtml

17　参见 http://www.hbqnb.com/bbs/forum.php?mod=viewthread&tid=12780&page=

18　参见 http://view.news.qq.com/zt2012/jzlc/bak.htm

19　参见 http://www.hljnews.cn/fou_sh/2004-02/01/content_929479.htm

8. 暴力计生、强制引产

百度贴吧《搞计划生育总要让她穿个裤头吧？》2006-03-20

2004年3月15日晚，河南省宜阳县某乡的农民刘纪刚刚躺下没多久，20多个人直接翻墙而入。刘纪被就地按倒，连踢带打，10多个人直接将刘的妻子王锋光着身子从被窝中拽了出来，有的抓胳膊有的抓腿，抬出去塞进桑塔纳轿车拉走。刘纪后来才知道，妻子被抓到了县计划生育服务站强制作了引产手术。就在同一天晚上3点多，和刘纪同乡的乔欣家也被人卸掉大门，进屋将乔妻光着身子拖出来，要送去作引产，当时被这些人反锁在屋里的乔欣的父母因不知情况，大喊："土匪抢人了。"最后，两位70多岁的老人撞开房门，拼死拦住这些人，乔妻才借着黑夜逃出了家门，光着身子一直躲在外面。[20]

【强制上环】

1. 强制结扎致死

《湖北通山一妇女"结扎致死"官方100万买断"追责权利"》2013/4/9

在去年湖北省计生工作年度考核中，通山县排在全省倒数第一，县计生局局长吉世贵被免职。传闻称，为此，该县发动大量干部下乡搜捕超生妇女前去结扎。3月19日，湖北省通山县42岁妇女沈红霞在结扎手术后死亡。"当时医生说过不能结扎"，但程世雄说，妻子还是"被迫"做了手术。[21]

2. 强制上环

天涯社区《红安县高桥计生办："强制上环"有何据？　　实名检举红安县高桥计生办》2013-04-01

致电高桥计生办之前，我事先声明并实施电话录音。接听电话的

20　参见 http://tieba.baidu.com/p/89413351

21　参见 http://news.ynxxb.com/content/2013-4/9/N10313790889.aspx

一个女性工作人员拒不告知其姓名职务，电话里一位声称"有法规规定头胎是男孩子必须强制上环，而且不上环小孩子户口也办不到……"。至于我多次提出叫其出示相关法律法规文件，其最终挂电话断线。[22]

3．随迁妇女强制上环

深圳论坛《强制随迁妇女上环的计划生育证明》2011-9-19

深圳随迁妇女，要想随迁要有计划生育证明，就要上环，不上环就不能开具。[23]

4．未婚女被强制安装节育环

中国青年报《一个寡廉鲜耻的标记》2005-01-26

2004 年 4 月，一位年仅 24 岁的未婚女青年霍秋丽，被强行安上节育环，随后和狗一起关了 6 天。半年后，三名被告被认定犯有"非法拘禁罪"，但却免于追究刑事责任。至今，霍秋丽没有得到任何经济和精神赔偿，更没有人理会那只留在她身体中的"环"。[24]

【计生畸变】

1．强制引产顶替他人指标

百度贴吧《搞计划生育总要让她穿个裤头吧？》2006-03-20

今年 3 月 16 日上午，韩丽和母亲、妹妹、女儿在宜阳县 B 镇大街上买东西，此时韩丽怀有身孕，被镇计生办的工作人员看到，计生办的 9 个人上前拉住她问："你有生育证没有，是第几胎？"韩答道："我是伊川人，怀二胎有证。"但是仍被强行拉到了 B 镇计生所。韩的母亲、妹妹急忙要回家拿证明，但是她已经被强行推上车，一直拉到宜阳计划生育服务站做了引产手术，顶替 B 镇的引产对象。[25]

22　参见 http://bbs.tianya.cn/post-free-3179171-1.shtml

23　参见 http://szbbs.sznews.com/forum.php?mod=viewthread&tid=1195818

24　参见 http://zqb.cyol.com/content/2005-01-26/content_1022937.htm

25　参见 http://tieba.baidu.com/p/89413351

2. 强制引产顶替他人指标

百度贴吧《搞计划生育总要让她穿个裤头吧？》2006-03-20

今年 3 月 19 日，宜阳县 L 镇的黄赫被强制做了一次非常冤枉的引产。当晚，从上海打工回家的黄赫到河东村姐姐家探亲，突然闯进两车人，不由分说将黄拉到县计划生育指导站做引产手术。黄已经有了一个十多岁的孩子，按照规定两胎之间间隔时间达到 10 年，可以生第二胎，而且 2003 年镇计生办就到她家里要走了 2000 元办二胎生育证。黄坚决不做引产手术，但是毫无效果。

出人意料的是，计生办工作人员强迫黄在引产手术的签字单上签下一个她从没听说过的名字"侯××"，并要求她在这个名字的旁边注明"丈夫叫王××"。[26]

3. 两度强制引产顶任务

百度贴吧《搞计划生育总要让她穿个裤头吧？》2006-03-20

宜阳县某乡的陈兴被迫做了两次引产。2002 年，乡计生办找到陈兴，要她交纳 1700 元办理第二胎的生育证，本已有一子的陈兴并不愿意，也没有足够的钱。但是计生人员几次三番上门，最后陈兴只得贷款 1700 元买证，却只拿到了收据。计生人员说，这个和正式的生育证一样管用。一年后，当陈兴怀第二胎时，乡计生人员要陈兴把孩子打掉，陈质问："你们亲口保证生育，为啥说话不算数？"计生人员说："这会儿形势紧，你这次做掉先顶顶任务，全当给我们帮忙。"[27]

4. 计生部门要求购买生育指标，违背"协定"强制引产

百度贴吧《搞计划生育总要让她穿个裤头吧？》2006-03-20

2004 年元月，宜阳县 B 镇计生办的工作人员来到农民周学文的家里，要他们交纳 1500 元办理二胎生育证，周学文表示实在没钱，计生办工作人员直截了当地对周说："俺们工资发不下来。你们先掏

26　参见 http://tieba.baidu.com/p/89413351

27　参见 http://tieba.baidu.com/p/89413351

1000 元，过罢年再弄 500 元。"最后周卖光家里所有粮食凑足了 1000 元送到计生办。两个月后，计生办来人强行将周的妻子带走作了引产。[28]

5. 计生部门要求购买生育指标，违背"协定"强制引产

百度贴吧《搞计划生育总要让她穿个裤头吧？》2006-03-20

2004 年 4 月 1 日，宜阳县某乡计生办 10 多个工作人员来到村民范海家，让女主人李蓉做结扎手术。李表示："乡计生所收我现金 1000 元，允许我生育第三胎。"并出示了乡计生办写的收款票据。没想到乡计生办的人说："这条子不管用！"踹开房门进屋就搬电视机等值钱的东西。带队的工作人员一挥手："打！"6 个人冲上来殴打李，并将其拖上车拉到乡政府司法所，揪下车后又是乱打。这时李已经满脸是血，衣服也变成了血衣。他们怕影响不好，将李拖入屋内，强行将其脸上的血迹洗掉。[29]

6. 先引产后逮捕

《计划生育依法行政及其案例分析》

张某因涉嫌盗窃被公安机关抓获。经查，张某曾多次与一有妇之夫发生关系，已经怀孕。某县公安机关认为我国《刑诉》第 60 条对正在怀孕的妇女一般不应逮捕的精神，只适用于政策内怀孕的妇女。遂通知人口计生部门给刘某强制人工流产，后报请人民检察院批捕。

【其他暴力行为】

1. 强征社会抚养费 被逼上吊

深圳晚报《河南西平被指强征 5 亿社会抚养费》2013-08-04

7 月的一个夜晚，河南驻马店市西平县，育有一儿一女 33 岁女子王茹萍上吊自杀，系因无力再缴纳 4 万多元社会抚养费。惨案背后是今年西平县小麦大幅减产，财政收入锐减，县里《关于开展党员

28　参见 http://tieba.baidu.com/p/89413351

29　参见 http://tieba.baidu.com/p/89413351

干部职工违法生育情况清理清查活动的意见》决定：再次征收 5 亿元计划生育社会抚养费。[30]

2. 非法"计生学习班"

网友发帖：《莒南县计生局关押产妇 5 夜 6 天只为逼供》2013-5-19

计生部门粗暴执法行为从未停止过，佳禾宾馆、三江宾馆、祥和宾馆也关押了许多计生户的亲属而举办的"学习班"，被抓人员每天被迫缴纳上千元钱，但他们不出任何手续，在关押期间还要受到计生人员的暴力摧残，如打耳光，拳打脚踢，伸直双臂与双腿坐在冰凉的地板上。他们的粗暴行为，我均有当事人的讲述录音及相关工作人员的讲述录音。相信这些也能充分证明他们对我实施的违法手段的真实性。[31]

3. 温州 13 个月大男婴被计生办公务车压死

新浪网《温州 13 个月大男婴被计生办公务车压死》2013-02-06

2013 年 2 月 4 日中午 12 时，温州瑞安马屿镇清祥社区干部一行11 人，驾车到该镇东山头村动员计生违法对象陈连弟夫妇依法缴纳社会抚养费，其间双方发生了小冲突，场面有些混乱，陈连弟 13 个月大的婴儿掉在地上，随后被车压过，送医后，该男婴因伤势过重抢救无效死亡。[32]

4. 福建南安计生干部非法关押老人与儿童

反堕胎网《福建南安计生干部涉嫌非法关押老人与儿童》2012-12-29

由于林铁生违反了计划生育政策，计生部门要找他们夫妇取证。包村干部三番五次上门，他父亲林金针总是推说不知道儿子儿媳在哪儿，也不知道电话号码。12 月 25 日，包村干部再次到林家介绍计

30　参见 http://guancha.gmw.cn/2013-08/04/content_8501509.htm

31　参见 http://club.kdnet.net/dispbbs.asp?id=9219037&boardid=1

32　参见 http://news.sina.com.cn/c/2013-02-06/051026216457.shtml

生政策，林金针"有情绪"，所以才把他"请到乡里的办公场所配合调查情况"。[33]

5. 新生婴儿因无准生证被当死胎处理

合肥热线《新生婴儿因无准生证被当死胎处理》2009-08-14

要不是那本发黄的旧病历，陈女士到现在都不会知道，自己在10年前曾经产下过一个男活婴。更让人心寒的是，那个男婴在出生两分钟后因为某种原因夭折，然而当时医生却告诉她生下的是一个"死胎"。然而，陈女士手中10年前的产科病历却记录：因无准生证，故未予清理呼吸道分泌物处理，2分钟后新生儿死亡。[34]

6. 暴力计生

百度贴吧《搞计划生育总要让她穿个裤头吧？》2006-03-20

2003年3月27日凌晨2点多，宜阳县某乡的乡干部带着十多个人翻墙进入村民王全家内欲牵走一头价值3000元的耕牛。结果，在争执中将王全的5根右腿踝关节筋腱打断。最后乡政府单方面写成调解书赔偿6000元让王全签字。这份盖着宜阳县公安局某乡派出所公章的调解书的案由如下："因王全大儿子王飞计划外怀孕违反了《河南省计划生育条例》第三十七条，乡计生办工作人员于20003年3月26日晚到××村王飞家处理此事，和王全发生争执。"[35]

【计生技术服务】

1. 计生技术服务

《计划生育依法行政及其案例分析》

原告蒋某某怀孕后先后分三次到被告县计划生育技术服务站处，对腹中胎儿的大脑、四肢等全身生长发育是否正常进行B超检查，被告未尽义务告知原告进行产前诊断，导致原告蒋某某所产新生

33　参见 http://www.savebaby.net/info/news/2013-01-07/168.html

34　参见 http://news.hefei.cc/2009/0814/001803160.shtml

35　参见 http://tieba.baidu.com/p/89413351

儿右前臂肘关节以下 4.5 厘米处缺失。

2. 绝育后怀孕

《计划生育依法行政及其案例分析》

2004 年 10 月，怀孕妇女张某在上海某医院生下一女儿后并做绝育手术。2005 年 11 月，张某发现自己意外怀孕，只得在其他医院作了人工流产手术。

3. 结扎手术后遗症

中国法院网《后遗症 18 年未治愈 患者获赔偿》2007-02-25

患者曾小红计生结扎术后留有后遗症，历经 18 年有余不能治愈。日前，江西省宁都县人民法院一审判决被告长胜中心卫生院赔偿原告曾小红各项损失 4 万余元。[36]

4. 结扎手术女子被割破肠

中国经济网《结扎手术女子被割破肠 被迫三次手术切除肠子》2005-11-28

2005 年 11 月 7 日，河南省南阳市宛城区人民法院依法审理了一起全国罕见的结扎手术中竟割破女子肠子导致感染，不得不三次动手术切除肠子，进行回肠吻合术而引发的民事赔偿案，南阳市宛城区计划生育宣传技术指导站共付原告医疗费等 19.5 万余元。[37]

【计生捆绑】

1. 户籍捆绑

新京报《未婚妈妈调查：非婚生子无准生证难获户口》 2013-07 08

北京 1 名未婚妈妈生子后因为没有准生证也无法提供生父信息及亲子鉴定证明，在给孩子办理户口时被拒绝，当地居委会跟街道、派出所协调多次未果。据媒体调查，这种情况在全国人数在增多，受

---

36 参见 http://old.chinacourt.org/public/detail.php?id=235779

37 参见 http://www.ce.cn/xwzx/shgj/gdxw/200511/28/t20051128_5344093.shtml

制于传统观念和计生政策，这些人的利益很难得到保障。[38]

2．户籍、住房捆绑

华商网-华商报《孕妇因是超生 22 年一直黑户 难办准生证被劝搬家》2013-05-17

90 后的小刘有两个姐姐，因为是"超生女"，她一直未报上户口。如今，22 岁的小刘结婚怀孕。两天前，在铜川家中待产的她，由于腹中的孩子没有准生证，租住房的单位计生办劝她搬离。[39]

3．户籍捆绑影响受教育权

新华网《没户口无法参加中考 女孩"黑户"16 载 自杀后才落户》

泸州叙永县赤水镇檬梓村 16 岁花季少女蔡艳琼因超生无户籍无法参加中考，2013 年 6 月 28 日，其喝下毒农药百草枯。随后，2013 年 7 月 25 日媒体报道，当地派出所已为蔡艳琼办好了户口，并称之前户口没法上是因为手续不齐。[40]

4．户籍捆绑影响受教育权

搜狐新闻《高三女生服毒自杀 无北京户口不能高考报名》

根据北京的政策，由于玲玲是非婚生育女孩，没有北京户口，高考无法报名。2008 年 1 月 4 日，玲玲在高考网上报名的当天服下自制亚硝酸盐胶囊轻生。[41]

5．户籍捆绑生存发展权

南方周末《像影子一样活着——超生"黑户"的 18 岁人生》

北京姑娘李雪因属超生而不能上户口，已经做了 18 年"黑户"了。18 年的"黑人"，导致她无法上学，不能出远门，也意味着将来她很难找到工作，无法结婚生子……她常常只能用姐姐的医疗本看

38　参见 http://news.163.com/13/0708/02/937RFQ2B00014AED.html
39　参见 http://news.qq.com/a/20130517/001144.htm
40　参见 http://politics.people.com.cn/n/2013/0725/c70731-22329727.html
41　参见 http://news.sohu.com/20080106/n254486504.shtml

病，用姐姐的借书证借书，她作为姐姐的影子活着。[42]

财讯网《裸身乞讨女童下落不明 儿童救助体制需反思》[43]

6．入学捆绑

《新莞人为子女申请积分入学，查环查孕证明成"拦路虎"》2013-05-18

2013 年 03 月 04 日，新莞人子女"积分入学"申请启动。新莞人家长必须提供现居住地计生服务所出具的所有查环查孕证明。从户籍地计生证明办理之日起，每半年不少于一次。次数不够的，要补齐才可为子女申请"积分入学"。从春节前，谢玲就开始着手办理各种手续。为了办理计划生育证明，她回了两次老家，总共花了 4000 多元。她的资料袋里装着身份证、户口本、流动人口计划生育证明和居住证等的原件和复印件，约有 2 斤重。[44]

7．山东苍山 5 万名超生儿升学就业难

中国石油大学新闻网《山东苍山 5 万名超生儿升学就业难》2012-11-24

到了现在，苍山县的计划生育工作从一个极端走向了另一个极端，计划生育政策在这里有被异化的味道。"只要交钱就可以生"。县里、市里、省里来检查，村干部提前通知："该躲的躲，该藏的藏。"村民说，这样既能罚到钱，又能收卖人心，村干部在选举时就能得到更多的选票。在那里，逾 5 万多名超生儿没有户口，成了"黑孩"。他们的升学、就业、结婚成了问题。[45]

8．入学捆绑

深圳宝安网《社会抚养费没缴清？孩子与公立学校失之交臂》2013-04-18

"明天小孩入学网上报名快结束了，计生证明还没办好，怎么办

42　参见 http://www.infzm.com/content/60477

43　参见 http://economy.caixun.com/wkp/20130708-CX03buf6.html

44　参见 http://news.sun0769.com/dg/sh/201303/t20130305_1789557.shtml

45　参见 http://news.upc.edu.cn/newsupc/news_gnxw_mtjj/20080429/100911.shtml

哪？！"眼下正是宝安小一学位网上入学申请时期，家住西乡径贝华侨村的赖先生十分焦急，他在为孩子上学办理计生证明时被告知缺少处罚决定书和三级证明材料，不能办理，"申请不了的话，孩子只能回老家去上学。[46]

9. 一票否决

福州日报《永泰一村主任因超生被当地计生部门查处丢"官"》2013-8-19

今年 5 月，永泰县人口计生局收到关于柯某多生育问题的举报信和上级查报件。该县人口计生局工作人员多次深入该村走访，掌握了相关证据。6 月，洑口乡人民政府依据《福建省人口和计划生育条例》第 52 条规定，将此事上报永泰县民政局，民政部门依据《中华人民共和国村民委员会组织法》第 12 条第 3 款规定，批复柯某自行终止祥峦村委会主任职务。[47]

10. 单位将查环查孕与奖金挂钩

金羊网《有单位将查环查孕与奖金挂钩　员工深受困扰》2013-02-16

中国石化广州分公司的张先生近日向记者透露，中石化广州分公司规定，男职工的配偶在机关事业单位或国企工作，每年查环查孕一次；不在公营机构上班，每年要查环查孕四次，不查就停发奖金。番禺区有的妈妈说被强制查环查孕烦死了，每年查四次不说，晚一点就有严重警告通知的信件塞进自家的信箱，每个季度都会遭到街道短信和电话提醒"轰炸"，"每次检查要请假半天，一次就 200 元，真是心痛"。"年终计生考核非常严厉，要经过省市区三级考核。"这位计生干部说，如果考核不达标，将被"一票否决"，街道的工资、奖金甚至领导的升迁全部没戏，"所以压力很大"。[48]

46　参见 http://esf.sz.soufun.com/newsecond/news/9932474.htm
47　参见 http://www.fj.xinhuanet.com/news/2013-08/19/c_116990843.htm
48　参见 http://news.ycwb.com/2013-02/16/content_4333167.htm

11. 违反计生条例公务员拒录

110 法律咨询网《王莹诉徐州市泉山区人口和计划生育局计划生育行政管理案》2010-12-01

原告王莹于 2009 年 2 月报名参加 2009 年江苏省公务员考试，报考职位为铜山县人民检察院检察人员，并通过了笔试、面试、体检、政审。在公示期间，铜山县人民检察院于 2009 年 7 月 23 日派员持介绍信到被告处对王莹是否有违反计划生育法律政策情况进行调查，当日，被告向铜山县人民检察院出具一份《婚育证明》，内容为：我区西苑办事处民乐社区 14-1-301 居民王莹、陆永 2009 年 2 月 19 日非婚生育一个孩子，陆安国（男），2009 年 5 月 7 日补领结婚证。该夫妇行为属非婚生育，违反了"《江苏省人口与计划生育条例》第二十一条：男女双方经依法登记结婚且均未生育过的，即可生育一个孩子"的规定。铜山县委组织部遂于 2009 年 7 月 31 日作出《关于 2009 年铜山县招录公务员政审的通知》，不予录取。现原告提起诉讼，要求确认被告于 2009 年 7 月 23 日作出的《婚育证明》违法。[49]

12. 超生人员就业等受限制

中心新海南网《海南省严抓计划生育 超生人员就业等将受限制》2010-05-12

2010 年 05 月 11 日记者从省人口和计划生育领导小组会议上获悉海南省计划生育综合治理工作力度逐年加大，超生人员、无婚育证人员在劳动就业、办理工商证照、租房等各种事项中都受到限制，以遏制超生等违反计生政策行为。[50]

【失独群体】

1. 计生官员躲避失独老人

49　参见 http://www.110.com/ziliao/article-190322.html

50　参见 http://www.hi.chinanews.com/hnnew/2010-05-12/75717.html

腾讯新闻网《中国失独老人调查》 2012 年 07 月 04 日

2012 年 6 月 5 日下午，80 多位失独者（失去独生子女的父母）聚集在中国国家人口和计划生育委员会人民来访办公室的小院内。他们想和计生委的领导见个面，谈一下自己的未来。但领导迟迟不肯露面，计生委的工作人员选择了另外一种解决问题的方法，他们在得知上访者所在的省市后打电话给各地计生办，让他们来"接人"。[51]

【其他】

1. 违法超生查封房产尤溪法院为社会抚养费征收护航

三明日报《违法超生查封房产尤溪法院为社会抚养费征收护航》

朱某夫妇在已生育一男的情况下，多生一女孩，违反了《省计生条例》。2002 年 9 月 11 日，新阳镇政府依法决定对朱某夫妇征收社会抚养费 20376 元。决定书生效后，新阳镇政府于 9 月 8 日向县法院申请强制执行。县法院依法查封了朱某夫妇所有房屋。目前此房产已进入拍卖程序，拍卖后将抵应征的社会抚养费。[52]

（刊发于 2014 年 4 月 13 日）

51　参见 http://cache.baiducontent.com/c?m=9f64fece763104a8001du&qid=&p1=2

52　参见 http://www.66163.com/Fujian_w/news/smrb/020918/1_43.html。

一部与人权原则相悖的法

——再论计划生育法是恶法

为了说明计划生育法与人权问题相悖，首先就必须廓清蒙在人权问题上的许多误解。

（一）人权是一个客观存在的社会范畴

人权，即是一切人都具有的权利。这似乎是一个极为简单的问题。但是，因为生活在漫长的传统社会中人们都没有权利，所以也就都没有权利意识。随着资本主义的发展，权利和权利意识都发展起来了。在现代国家，人权是一个客观存在的社会范畴。我国是一个发展中国家，包括人权在内的现代国家的法权关系和法权意识都发生的较为迟缓，在很长的一个时期内，诸如人性、自由、平等、博爱，以及人权等词语，都是被当作资产阶级的虚伪的意识形态直接予以否定而被批判的。再后来，大约到了上个世纪 90 年代初期，随着冷战的结束，它又一度被变成了敏感词，从而在绝大多数情况下被绝大多数人回避着。只是到了最近 1、2 年，中国政府加强了与国际社会人权组织的交流和对话，而且由国务院新闻办公室每年发布一个《中国人权事业的进展》报告，表明中国政府已经开始在这方面与世界接轨，承认人权是一个现代国家的客观存在。

至少从列宁、斯大林的时代就开始误读马克思，世俗的观念对马克思主义有很多的误解。其实，马克思的学说就是一个解构现时代的理论框架。因为人权是现代社会的一个重要范畴，所以，马克思和恩格斯在人权范畴发展的早期就对其有过深入的阐述。可惜的是，一方面可能是因为意识形态的偏见，对立的营垒不愿意承认马克思的理论。另一方面，因为历史的原因，即使对于绝大多数马克思主义者来说，也不知道人权概念曾经是一个被恩格斯和马克思充分肯定的历史范畴，指出它是一个从属于现代社会结构中平等关系的法权概念，不知道马克思和恩格斯的学说中还包含有一个人权理论。关于马克思和恩格斯的人权理论，首先是马克思在《资本论》中从资产阶级社会的经济条件导出并证明了平等这一重要社会范畴的，其次是恩格斯在《反杜林论》中，从历史唯物主义原理出发将其归结为平等权并指出人权是一个历史发展的客观范畴。马克思和恩格斯以后，又经过了 100 多年的发展，现代人权理论和实践都已经相当丰富了，西方学者从不同的角度对其阐发和说明从而形成了许多个并存的人权理论或学派。但是，惟只有马克思和恩格斯才将人权问题说清楚了。

首先，人权是一个从人的共同点出发产生的有关平等的社会范畴。恩格斯认为，一切人，作为人来说，都有某些共同点，在这些共同点所及的范围内，他们是平等的。这当然是一个基于自然产生的、非常古老的观念。但是现代的平等要求是与此完全不同的；这种平等要求更应该是，从人的这种共同性中，从人就他们是人而言的这种平等中，引申出这样的要求：一切人，至少是一个国家的一切公民，或一个社会的一切成员，都应当有平等的政治地位和社会地位。

其次，人权作为平等的一个社会范畴，是不断发展的。恩格斯认为，要从上述相对平等的原始观念中得出现代国家和社会中的平等权利的结论，要使这个结论甚至能够成为某种自然而然的、不言而喻的东西，那就必然要经过而且也确实经过了几千年的发展。大家知道，在古代自发产生的公社里，最多只可以谈上公社成员之间的平等权利，妇女、奴隶和共同体以外的人自然是不在此列的。在古希腊和古罗马，人们的不平等要比任何平等更要受到重视。在罗马帝国时代，也只是在自由民之间产生了平等，特别是因为罗马还存在着自由民和奴隶之间的对立，所以就谈不上现代社会从一般人的平等权所引出来的人权。

再其次，现代社会的平等权是从资产阶级社会的经济条件下产生的，是资本主义生产方式发展的要求和结果。当社会逐渐发展到这样的历史阶段，一方面，大规模的贸易，特别是国际贸易或者世界贸易越来越普遍的时候，资本即商品的所有者先是在国内市场接着在国际市场要求自由即资本自由转移的平等权。另一方面，劳动者也产生了逐渐要求摆脱行会约束和人身依附关系，从而成为了双重自由的人。当历史发展到这个所谓的自由阶段的时候，资本主义生产方式产生了。资本主义是一种商品生产，商品可交换的品质把所有人的劳动都归结为同一质的、也就是平等的，并且可以计量的仅仅是人的劳动。——当经济关系逐渐获得了自由和平等的时候，资产阶级一定会要求政治制度上的平等权利，并且经过或多或少的、或迟或早的、残酷的或者不甚残酷的斗争，实现较大规模的社会平等。恩格斯指出，这样从资产阶级社会的经济条件所导出来的现代平等观念，是首先由马克思在《资本论》中予以批判地证明了的。马克思在那里还特别提出，资本主义生产的一个前提就是当平等"已经成为国民的牢固的成见"的时候。

再其次，人权是社会逐渐摆脱封建桎梏和通过消除封建不平等而确立的，是一种大规模的、普遍的、超出个别国家范围的平等权。这是恩格斯最重要的人权观点。除此以外，他还认为，美国宪法是资产阶级人权的特殊代表，因为它最先承认了人权。1776 年，《美国独立宣言》中说：

我们认为这些真理是不言而喻的：人人生而平等，他们都从他们的"造物主"那边被赋予了某些不可转让的权利，其中包括生命权、自由权和追求幸福的权利。为了保障这些权利，所以才在人们中间成立政府。

美国开国元勋们一经将人的自然权利之说运用到国家宪法，就立即得到欧洲资产阶级革命的拥戴。1789 年，法国《人和公民的权利宣言》几乎原文照抄美国宪法。

人们生来并且始终是自由的，在权利上是平等的；……一切政治结合的目的都在于保存自然的、不可消灭的人权；这些权利是自由、财产权、安全和反抗压迫。

法国大革命进一步普及了现代人权的意识和观念，从而开创了人类历史的新纪元。

当然，恩格斯的人权学说是为他的无产阶级革命理论服务的。他认为，无产阶级应该接受包括资产阶级人权观念在内的平等理念，这对无产阶级具有双重的意义，第一，它是对极端的社会的不平等，对富人和穷人之间、主人和奴隶之间、骄奢淫逸和饥饿者之间的对立的自发反应。第二，它可以从资产阶级平等要求中吸取或多或少正确的、可以进一步发展的要求，成为用资本家本身的主张发动工人起来反对资本家的鼓动手段。

毫无疑问，马克思恩格斯也是将自由、平等、人权之类的概念当作资本主义的社会范畴，但是，他们却没有采取历史虚无主义的态度，而是用历史的和发展的眼光来看待它、充分地肯定它，要求无产阶级从资产阶级手上接受过来，为自己服务。恩格斯特别指出，无产阶级的平等观是和资产阶级平等本身共存亡的。因为无产阶级平等要求的实际内容都是消灭阶级的要求，所以，恩格斯总结说：

这样，平等的观念，无论以资产阶级的形式出现，还是以无产阶级的形式出现，本身都是一种历史的产物，这一观念的形成，需要一定的历史关系，而这种历史关系本身又以长期的以往的历史为前提。

总之，对于马克思恩格斯来说，人权是一个客观存在，是一个在现时代中不断发展的社会历史范畴。无产阶级应该承认它、接受它、运用它，让它成为自己在向资产阶级作斗争时的武器。至于无产阶级掌握了人权武器以后，人权的性质是否有所变化，因为对于马克思恩格斯都不是需要解答的现实问题，所以没有做过具体的论述，而只是笼统地说它们作为资产阶级法权会与国家共存亡。但是，人权作为一个资产阶级法权范畴，是一个关于资产阶级国家和无产阶级有没有国家，都是我们无论如何都绕不过的现实。所以，我们将随着问题的展开，在下一篇有关计划生育法的文章中进一步展开论述。

（二）人权是在社会生活中实现的，人权事业的发展标志着社会进步的水平

人是一种社会动物。作为单个的人，是无所谓人权的。一个人生活在一定的社会关系中，如果没有一定的、足以保障人权的社会环境，即使每大将人权念叨上一万遍，也是无济于事的。人权是一个社会范畴，是在社会生活中实现的。为说明这个道理，还需要澄清几个问题。

首先，既然人权是一个作为人就应该有的权利，那么，它首先就是一个普遍的、适用于一切国家和民族的社会范畴。关于普遍适用于一切国家和民族的价值标准，在我们国家一直有所争议。其实，这个问题有点类同于共和国早期主流的意识形态否定共同的人性一样，不承认人类具有一个共同的价值观体系。关于这个问题的回答构成人性论和反人性论两个营垒的论著，都可说汗牛充栋。所以，我不作正面的阐述了。我在这里只是指出否认普世价值的直接后果，那就是否定执政的共产党，——既是对执政的共产党的历史的否定，又是对它未来的否定，当然最要害的还是对它的现实的否定。因为，毫无疑问，在民主革命时期，党和毛泽东就是在《新民主主义论》中描绘出的自由、平等、民主的新中国，打动和动员了人民群众，团结了各民主党派，最终推翻了国民党政府的。所以，否定自由、平等、民主和人权等普世价值，就是否定党的过去，否定党的历史。说它否定党的未来，是因为"共产党的最高理想和最终目标是实现共产主义"。共产主义是什么？就是全世界的"大同"。马克思说："工人没有祖国。"一方面是说国家的本质，凡是国家，那都是资产阶级的国家，属于资产阶级，不属于工人阶级。另一方面是说，工人阶级争取奋斗的是一个世界性、消除了国家界线的、世界大同的共产主义制度。——那还不是全人类共同的、普世的？说它否定执政党的现实，是因为

它与党在现阶段的执政目标也是相悖的。难道党的最低纲领不是要领导中国走向世界，与世界接轨，融于国际社会，融于世界民族之林，建设一个高度发达的自由、民主、法制的社会？难道这还不是普世的？而且，中国走向世界之后无论怎样都避免不了一个结果，那就是世界大同。——不是我们与世界的大同，向世界上发达国家和一切民族学习，向国际社会的主流靠拢，与世界各民族融合，就是如某些理想主义者所幻想我们独自建立起"中国特色社会主义"从而为世界各国树立榜样让全世界学习和靠拢中国，那同样是世界大同的结局。——总之，普世价值是一种客观存在，普世性质是人权范畴的一个基本特点。

其次，因为人权是指仅仅作为人就享有的某些权利，它不仅突破了一个国家的社会阶级和阶层的界限，而且也如恩格斯所说突破了国家的界限。这样，因为社会的和国家的差别，人权也就成了最低限度的道德标准和基本的权利，包括诸如生命权、公平对待的公正权、获得帮助权、在不受专横干涉这一消极意义上的自由权、诚实对待权、礼貌权以及儿童受照顾权等等一些基本的权利。

再其次，如恩格斯所论述的，人权是一个发展的历史的社会范畴，是随着社会的发展而不断成长的、动态的概念。一方面，人权范畴和人权问题在一个国家内部会随着社会的发展而扩展和普及。譬如像恩格斯所指出的那样，《美国独立宣言》最早承认了人权，但它同时却默认"有色人种奴隶制"。200 多年来，美国的人权范畴从白人男子逐渐扩展到妇女和黑人。另一方面，随着社会的进步人权范畴本身也还会得到生长和扩展。在历史上，无论英美法还是大陆法系，都没有"隐私"这一说，婚外生育是受歧视的，同性恋现象在几乎所有国家的历史上都是严厉惩戒的对象。现在，隐私权、非婚生育和同性恋，已经被越来越多的国家所接受，成为越来越多的国家的法律所保护的人权。所以，从这一点上来说，也许一些发展中国家批评以美国为首的发达国家也不无道理，即发达国家也不要整天只盯着发展中国家，你们也有你们的人权问题。不过公正地来讲，因为历史的原因，一般地说来，发展中国家的人权状况相对落后于发达国家是一个不该争论的实际问题。

现在我们来说它的实现问题了。人是一种社会动物，一个独立于社会而只与大自然发生关系的人是不存在任何权利问题的；可是，一个只在宪法等法律文本上规定了很多权利的人如果遭到社会的忽视而不断地被侵犯，那也谈不上真的拥有权力。所以，法哲学上将人权归结为一定的道德标准。这里的道德，比我们通常所理解的伦理道德更为丰富一些，是一组由美德、原则和规则所组成的义务行为规范，即要求人们有义务培养美德并将其付诸实行，有义务依照原则行事，有义务遵守规则。同样，这里的义务也不仅是在无报酬的劳务意义上来说，而是把尊重别人的权利当作是一种法律、责任和道义上的义务而要求必须遵守。所以，从法哲学上来说，每种权利必须有相应的义务。——如果你有权做某事，那么，任何其他的人必定有义务不得阻止你行为、不得在你行为时进行干涉、并且不得使你行为后而陷于不利或遭受困扰。总之，任何人不得干涉他人所享有的法律下的行为自由。当尊重别人的权利，"已经成为国民的牢固的成见"的时候，这个民族才算是一个较为成熟的现代民族，普遍的人权才具备了普遍实现的社会环境和基本条件。

此外，保障人权在社会生活中实现还有一个至关重要条件，那就是政府。从本质上来说，人权是一种道德权利，不是政治权利。因为在没有正式的政治组织的情况下，人们也能生活，也相互认可和尊重共同体成员的基本权利（如果可以说是权利的话），例如上古时代就是如此。但是，人类毕竟已经发展到现代文明，几乎所有的人、所有的民族都生活在一定的政治结构中，都是以国家的形式存在着，委托政府保护自己并处理共同的与他们的福祉相关的事务。为此，所有人的生活不仅如国家的产生以前那样与其生活于其间的共同体其他成员相关，而且也都与他们委托的政府相关，与一定的政治相关。特别重要的是，与上古时代所不同的是人都生活在有利益冲突的社会环境里，人权保障不仅要得到国民之间相互承担不妨碍、阻止和侵犯权利人的义务，而且需要得到政府的保护，——首先是不会来自政府的侵犯，其次才是政府对国民人权的保护。特别是对于政府来说，首先不得侵犯自己的委托人也即权利人行使和实现自己的权利，否则，政府作为受托人则会陷入道德危机。其次，政府义不容辞地还负有保护权利人行使权利时不受来自社会各个方面的侵犯的义务，否则，因为政府有意或无意的不作为，也因为有损于政府作为受托人的责任而同样陷于道德危机。

总之，人权似乎是各个人的个人权利，但它却是在社会生活中实现的，这就要求国家整体上达到一定的发展水平，要求国家必须拥有一个能够保护人权的制度。所以，人权成了现代国家文明发展水平和进步程度的一项重要指标。一个国家的公民是否实际拥有基本人权，标志着一个国家的进步和文明的程度。从这个意义来讲，人们完全有理由说：一个保护人权的制度就是好制度，一个侵犯人权甚至不承认人权的制度便是坏制度。一个国家由没有人权保护的制度成长为保护人权的制度，那就是社会进步。

（三）我国误将人权归结为民主权利和人身权利的局限与不足

人权是一个与现代社会共生长的社会范畴。中国早先是一个传统的农业国家，其社会内部未能自然生长出资本主义生产关系，也无法自然生长出被称之为资产阶级法权的自由、平等、人权等现代社会范畴。所以，有关人权的范畴和理念都只有通过资本主义向我国的渗入而由传统向现代的发展过程中，随着社会的转型逐渐产生和形成。

应该说，几乎在资本主义生产方式传入我国的同时，资本主义的生产关系、社会范畴和资产阶级法权理念也都随之引进过来了。但是，上个世纪 60 年代以前，新中国之初的意识形态往往是跟着前苏联走的。可能是斯大林时代的许多社会政策和执政实践所形成的人权状况所遭致的国际社会的广泛批评，苏联政府及其主流的意识形态极为排斥人权以及与此相关的自由、平等之类的价值理念，以致1948 年联合国大会表决通过《世界人权宣言》的时候，苏联带领当时以东欧为主的 8 个社会主义国家和实行严格的种族歧视的南非投了弃权票。在这样的情况下，在民主革命时期，中国共产党曾经和其他民主党派本来都曾经把人权问题当作武器和旗帜，现在却将其当作"敏感词"丢掉了。

但是，因为人权首先是一个随着社会的成长而逐渐生成和成长的社会范畴，不使用人权词语不等于客观社会并不存在这一重要范畴。新中国的社会进步毕竟是我国历史上一个翻天覆地的重大变化。与旧中国相比较，中国人民的人权状况的巨大进步也是一个客观事实。在忌讳承认人权范畴的背景下，中国政府往往是把人权问题归结到民主权利的范畴的。比如，50 年代初期，中国历史上妇女从不具有的婚姻自主和自由是当作民主权利予以宣传的，人们的避孕和节制生育的自由也是被当作民主权利的范畴的。1956 年，中央人民政府卫生部的一个文件就说：

本部一九五四年七月曾发卫药字 579 号通知，确定避孕方法可由人民自由采用，但未交待明确，以至各级卫生人员对避孕工作缺乏正确认识，没有认真贯彻下去，因而人民由于生育过多过密，对家庭和个人均产生很大困难。要知道避孕是人民民主权利，应由人民自由使用，政府应准备一切条件，来指导并解决群众对避孕的需要……

顺便指出一点，根据毛泽东时代中央工作的特点和毛泽东的文风，我推断"要知道避孕是人民民主权利，应由人民自由使用"这句话应该是毛泽东的语言。但是，民主是一个政治的范畴，它是相对于专制和独裁米讲的，是指人民参与国是的政治权利。把人权列入到民主权利显然是不妥当的，将避孕和节育提高到与公民参政的民主制度的层面，也是很勉强的，或者是牵强附会的。另外，在 1979 年经过全国人民代表大会通过、1997 年又经全国人民代表大会修订，并经全国人大常委会 1999 年、2001 年、2002 年、2005 年、2006 年多次修订的《中华人民共和国刑法》，则又将人权的部分内容用"人身权利、民主权利"来表述。该法规定，对任意杀人、伤害和限制人身自由的刑事犯罪，根据情节严重程度处以从死刑到一定期限的徒刑或拘役、剥夺终身或一定时间的政治权利，以及罚没一定财产的处分。其实刑法上所表述的"人身权利和民主权利"，主体的内容还是国际社会认同的人权内容中有关生命权、自由权和儿童受照顾权等人权问题。

我国是一个发展中国家，即使没有受前苏联的影响所建立的政府结构的影响，人权事业的发展也必然是落后的。所以，我们没有必要忌讳人权范畴，也没有必要忌讳国际社会对我们的批评，发达国家也是从早期的没有人权保护制度的状态下走过来的。想一想，像美国那样的所谓现代国家在相当长的时期都是将其繁荣建立在奴隶劳动上。当一个社会被撕裂为极为对立的两个部分的时候，其中一个部分的人们曾被当作牲畜一样可以被买卖和肆意宰杀，另外的一个部分内部无论如何也不会有高层次的平等、尊严和人权。应该说，发达国家的历史上也都有过包括我们国家在内的发展中国家现在存在的几乎所有人权问题（除了我国的计划生育以外），譬如哪个发达国家没有侵略落后国家和任意残害被占领国家人民的记录？美国白人对印第安人的杀戮和把黑人当作奴隶的历史，以及极为严重种族歧视的历史才过去了几年？所以，用历史唯物主义的观点来看问题，我们实事求是地把人权问题当作一个历史和不断成长的发展问题，只要是现实存在着的，就该像生产领域一样不怕别人的批评，关键性的问题在于承认现实，努力改正。改正了，就是社会的进步，就是发展。

说到我国的人权问题，由于知识分子和党的领导干部自身的经历，社会仅只是检讨了以1957年反右斗争和文化大革命为代表的历次政治运动侵犯人权的现象。事实上，更严重的人权问题是在广大农村中的农民和城镇中底层的市民生活里，发生在我们国家包括法律法规在内的制度层面和政府工作人员对社会底层人们的人权的无视和侵犯。直到现在，县和乡镇的干部仍然可以用任意的理由把农民押送至乡镇政府"办班"，城镇执法人员可以以执法的名义将市民带走"谈话"。如城管维护城市秩序，但有什么权利罚没以致将商贩如夏俊峰们带到城管的机关？在这一类的事情上，无论老百姓还是政府工作人员，都不懂得包括城管这样的执法人员在内的任何人都没有权利没收或拿走商贩的财产，更没有权利强行（凡是发生类似的事件可以判断绝大多数都是强行）将商贩带到政府机关。必须认识到，首先是因为我国公民特别是政府工作人员没有应有的人权意识所导致的国民日常生活普遍缺乏人权保障，所以导致了特别的情况下和背景中才发生了像"反右""文化大革命"之类的政治运动中那些有一定社会地位的、有影响的知识分子和领导干部，甚至党和国家领导人也没有人权保障的历史悲剧。所以，只有大大方方地接受人权理念，改革和改变我国包括法律法规在内的一些与人权理念相悖的制度和上层建筑，拓展我国的人权事业，才是推动社会进步，避免像"反右"和"文化大革命"之类的历史悲剧再度发生的根本之路。

（四）人权理念是联合国的宗旨，也是发展现代国际新关系的基础和准则

上个世纪 40 年代中，当第二次世界大战的战火稍事停息，美、英、苏、中及法国等战胜国鉴于两次世界大战将人类陷于严重战祸的教训，明确以保护人权为宗旨，成立世界性的组织，以建立世界新秩序，维护世界持久的和平。1945 年联合国大会通过的《联合国宪章》，其序言一开始就开宗明义，"重申基本人权，人格尊严与价值，以及男女与大小各国平等权利之信念，创造适当环境，俾克正义"。1948 年，联合国"鉴于各联合国国家的人民已在联合国宪章中重申他们对基本人权、人格尊严和价值以及男女平等权利的信念，并决心促成较大自由中的社会进步和生活水平的改善"，再次制订《世界人权宣言》，重申"人人生而自由，在尊严和权利上一律平等"和"人人有资格享有本宣言所载的一切权利和自由"。该宣言说：

发布这一世界人权宣言，作为所有人民和所有国家努力实现的共同标准，以期每一个人和社会机构经常铭念本宣言，努力通过教诲和教育促进对权利和自由的尊重，并通过国家的和国际的渐进措施，使这些权利和自由在各会员国本身人民及在其管辖下领土的人民中得到普遍和有效的承认和遵行。

1966 年 12 月，联合国大会又通过了《公民权利和政治权利国际公约》和《经济、社会和文化权利国际公约》。国际社会普遍认为，《世界人权宣言》和国际人权的这两个公约共同构成了"国际人权宪章"，是联合国人权规划的支柱和基础。除此之外，联合国通过的《消除一切形式种族歧视国际公约》（1963 年）、《消除对妇女一切形式歧视公约》（1979 年）、《禁止酷刑公约》（1986 年）、《儿童权利公约》（1989 年）等，都是具有核心地位的重要国际公约。审视当今世界，其发展虽多有不如人意，但和 5、60 年前联合国诞生以前的状况相比较，世界秩序和国家关系则显然都有了可说天翻地覆的大变化。现在，人权理念已经越来越多地成为各个国家的共识。除了最低限度的人权理念的普及以外，现代人权理念的内涵也在不断地得到拓宽，特别是基于以下一些人权理念和社会经验，越来越多的国家废除死刑，可以算作是国际人权领域中最为前沿的发展问题之一。首先，生命权是与生具有的，不可剥夺的权利。第二，杀人并无法弥补已经造成的危害。第三，复仇和警示后人是制订死刑两个基本理由，但前者显然是情绪化的、非理性的，而无数经验都证明了死刑并无法达到威慑和以儆效尤的目的。北欧是废除死刑国家最集中的地区之一，2011 年 7 月，挪威发生死亡 91 人的袭击事件，凶手安德斯·贝林·布雷维克却只判处了 21 年监禁，现在关押在一个拥有 3 个房间组成的小套房里，早餐后可以看报纸、有跑步机可以健身，甚至还可以使用电脑。我国近些年多名贪官给国家造成数额巨大的经济损失，按照以往量刑标准该执行死刑，现在却都以死缓予以关押。社会舆论往往以为这是政府对贪官的宽恕，其实是为上述被称之为"民权公约"的《公民权利和政治权利国际公约》等国际公约所倡导，要求在未废除死刑的国家里也尽可能少地判处并执行死刑。根据国际公约的有关条款，经济类犯罪情节再严重也都属于不该杀之列。也许在我们国家目前状况下，政府这样作无论如何都难平民愤，但它却是人权事业发展的一项具体体现。

（五）生育行为属于基本人权是许多国际公约所明确的认识

上个世纪 70 年代末，我国政府制订法律法规约束国民的生育行为，计划生育由提倡转为强制。笔者在很长的时期内，也认为必要的强制是不可避免的。中国政府强制性的计划生育理所当然地受到国际社会的非议。但是，由于孤陋寡闻，笔者也一直相信国际社会的一些敌对势力害怕中国的强大，害怕中国的计划生育搞好了，特意制造了一个人权理论，说"中国计划生育违反人权"。一直到 90 年代中后期，逐渐拓宽视野，这才发现现代国家和国际组织早在我国实行强制性计划生育以前很久，就都十分明确地把生殖权利列为一项基本人权。试举几例。1966 年 12 月 17 日，联合国大会通过的第 2211（XXi）号决议：

……各国在行使制定和推行它们自己的人口政策的主权时［应当］充分考虑到家庭的大小应该由每个家庭自由地决定这一原则。

1968 年 5 月 13 日，在德黑兰召开的世界人权会议通过的《德黑兰宣言》第 16 条：

父母有自由负责地决定子女人数及其出生时距的基本人权。

1969 年 12 月 11 日联合国大会通过的《世界进步和发展宣言》：

父母有自由而负责地决定其子女的数目和出生间隔的专有权。

1974 年 8 月 19-30 日在布加勒斯特召开的联合国世界人口大会通过的《世界人口行动计划》第 14（f）段：

所有夫妻和个人都有自由而负责地决定其子女人数和生育间隔

以及获得这种决定所需的信息、教育和方法的基本权利……

1979 年 12 月 18 日联合国大会 34/180 号决议通过、1981 年 9 月 3 日生效的《消除对妇女一切形式歧视公约》第 16（1）、（e）条：

缔约国……应保障妇女在男女平等的基础上有相同的权利和自由负责地决定子女人数和生育间隔，并有机会获得行使这种权力的知识、教育和方法。

我国实行强制性的计划生育以后，国际社会对生育行为属于基本人权的认识并没有发生变化。1994 年 6 月联合国召开的国际人口与发展大会通过的《关于国际与人口发展行动纲领》：

这些权利的基础在于承认所有夫妇和个人均享有自由、负责地决定生育次数、生育间隔和时间、并获得这样做的信息和方法的基本权利，以及实现性和生殖健康方面最高标准的权利。

联合国人口基金《2005 世界人口状况：保障平等——性别平等，生殖健康与千年目标》：

生殖权利是人权，尤其是妇女人权的核心。生殖权利源自承认所有个人和夫妇的基本人权，即不受歧视、强迫或暴力作出关于生育的决定。这些包括最高标准的健康权利和决定孩子个数、生育时间和间隔的权利。它们还包括安全生育的权利，以及所有的人有保护自己不受艾滋病毒和其它性传播疾病感染的权利。

国际人权体系不断强调生殖权利的中心地位。生殖权利被认为不仅本身具有价值，而且对能否享有其他基本权利起到关键的作用。

我想，没有必要再把这个引述拉得更长，它已经说明国际社会把自由选择生育孩子的数量和时间看作是一项基本人权。

（六）结束语

计划生育法是一部与人权原则相悖的法。

——2014 年 5 月 6 日 （刊发于 2014 年 6 月 7 日）

1979—1991 年：艰难的历程

——从"一胎化"到"女儿户"

按语

今年 2 月底、3 月初，修改完《1979-1991 年：从"一胎化"到"女儿户"的艰难历程》以后，曾将其作为单行本印制约百册，分发学界同仁。6 月份刚刚出版的《开放时代》杂志第 3 期，以《艰难的历程：从"一胎化"到"女儿户"》为题，作为卷首文章将其隆重推出[1]。可能因为文章太长，该杂志发表时舍去了我的第 9 部分，另外也改动了个别文字。为此，兹将全文粘贴在后面，以飨同好。

——2014 年 6 月 20 日

上个世纪的 80 年代，是共和国从 50 年代初中期开展计划生育以后约 60 年历史中最具有争议性的一个时期，政策紊乱、基层干部无所适从，生育率起伏与波动，以至于当时就不断有所谓"人口失控"之说。但是，由于深受斯大林有关"我们党内没有个人的看法和个人的观点，有的是党的观点"的影响，研究这段历史，甚至是研究这段历史中的计划生育政策的变化，往往又不涉及党和国家领导人的变更和更替对其发展的影响，所以对许多历史情节的理解都来自于揣测和臆想。这是历史研究的最大弊端。历史是人创造的，离开了具体创造历史的个人，也就无法解释历史。譬如，如果离开了列宁，我们就无法理解俄共早期历史。离开了斯大林，就无法理解 20 年代到 50 年代期间 30 多年的苏联历史。同样，如果不了解毛泽东、华

1　参见 http://www.opentimes.cn/bencandy.php?fid=375&aid=1806

411 "

国锋和邓小平先后在党和国家领导位置上的作用，就无法理解整个 60 多年的中华人民共和国历史。上个世纪 70 年代末到 90 年代初，是我国计划生育由原来政府向群众宣传、号召和提倡，转向各个家庭按照政府指标生育的现行的计划生育制度的转变和形成的时期，也是计划生育由"一胎化"向以"女儿户"为核心的现行生育政策的转变和发展的时期。期间，计划生育从早期尊重人民的意愿迅速发展到极为严厉的"一胎化"，再到相对宽松的"女儿户"政策的变化。特别重要的是，从 80 年代初期制订和出台以"女儿户"为核心内容的现行生育政策到 90 年代初在全国大多数省份推行，前后经历了约 10 年的时间。一项由党中央明确提出的涉及全党和全国人民的重大政策，需要用 10 多年的时间才得以基本贯彻执行，不仅在 60 多年的中华人民共和国历史上，而且在中共 90 多年的历史上也都属于绝无仅有。但是，如果离开 70 年代末华国锋执政到 80 年代形成"邓小平－胡耀邦赵紫阳"领导组合的演变，分析上述历史则必然是云里雾里，不甚了了。

一、共和国第一个 30 年的计划生育

计划生育是由毛泽东在 1956 到 1957 年特别提出来的一个概念，其基本含义是与政府的生产计划相联系的生育计划。但是，因为一直到 70 年代末，政府都是在尊重群众意愿的基础上开展计划生育工作的，所以，那时与世界上绝大多数国家民间开展的家庭计划差别不大。

避孕和节制生育是工业现代化创造的一种符合人性的新的生活方式。随着我国上个世纪 50 年代初期开始的大规模的工业化建设，大批青年男女进城获得了与传统农业完全不同的新职业。城市的新生活和新职业都与传统的生育方式发生冲突，人们再也不愿意过那种早婚早育和生育过多孩子的传统生活了。年轻人，特别是知识青年，纷纷要求政府帮助他们避孕和节育。1955 年 3 月，以中共中央

对卫生部党组《关于节制生育问题向党中央的报告》的批示为起点，党和政府公开支持群众的避孕和节育要求。中央在批示中说：

> 节制生育是关系广大人民生活的一项重大政策性的问题。在当前的历史条件下，为了国家、家庭和新生一代的利益，我们党是赞成适当地节制生育的。各地党委应在干部和人民群众中（少数民族地区除外），适当地宣传党的这项政策，使人民群众对节制生育问题有一个正确的认识。

党和政府主张节制生育，除了刚建立的排斥其他经济成分和包揽一切的计划体制已经感受到沉重的包袱，希望通过人民少生孩子以减轻城市人口的吃饭、穿衣等生活负担以外，还有革命党人尊重人民的民主权利的成分。1956 年，卫生部的一份文件中说：

> 要知道避孕是人民民主权利，应由人民自由使用，政府应准备一切条件，来指导并解决群众对避孕的需要，以使广大群众能有计划的生育、调节生育密度，保证妇女和儿童的健康，并可减少人工流产手术，和因人工流产手术所招致的一切痛苦和危害……

笔者认为，"避孕是人民民主权利，应由人民自由使用"，是党和政府提倡计划生育的初衷之一。最近 30 多年来，计划生育工作不尊重民众的这一基本权利，研究者也往往忽视党和政府早期这一重要动机，都是不正确的。

50 年代，无论中央卫生部还是到县一级的政府部门，都在积极宣传避孕知识、培训节育技术骨干、安排节育药械的生产，放松避孕工具的流通环节，以利于群众方便地实行节育。一叶知秋。1958 年1 月，山西省临猗县政府发文通知，开展农村节制生育宣传，培训技术骨干。1958 年 3 月 28 日至 4 月 2 日，中央卫生部部长李德全在北京主持召开为期 6 天的节育工作汇报会，交流经验，规划今后的工作。会后，卫生部党组还给周恩来总理、毛泽东主席以及党中央写了《关于节育问题的报告》。1959 年 3 月 29 日，中央卫生部召开妇幼卫生座谈会，副部长徐运北出席会议并特别地讲了计划生育问题。

1962 年 12 月，"三年困难时期"所造成的经济问题稍有改善，党中央国务院就发出《关于认真提倡计划生育的指示》，提出"在城市和人口稠密的农村提倡节制生育，……是我国社会主义建设中既定的政策"。为了做好计划生育工作，不少的地方，如上海、云南等省、市党委还建立了以主管卫生工作的领导为组长的计划生育领导机构。1964 年 1 月，国务院成立了以国务院秘书长周荣鑫兼任主任的国务院计划生育委员会。由于中央主抓这项工作的一直是周恩来，所以，即使在文化大革命中，计划生育工作也没有停止。譬如，山西省革命委员会计划生育领导组办公室在 1972 年的一份文件中说：

山西省计划生育委员会曾于一九六五年下达了《关于提倡晚婚和计划生育的几个政策问题的意见》。这个意见是根据中共中央国务院《关于认真提倡计划生育的指示》，结合我省的实际情况制定的。六、七年来的实践证明，凡是认真宣传和落实了有关政策的地区和单位，计划生育工作就搞的比较好。

1972 年的文件称"六、七年来的实践"，说明计划生育工作在文化大革命中仍照常进行着。此外，根据笔者所见到的一些文件，譬如财政部、国务院计划生育办公室《关于追加一九六六年计划生育经费预算联合通知》，山西省革命委员会卫生局 1970 年《关于分发避孕药的通知》和《转发上海市革委会关于〈川沙县严桥公社开展计划生育工作的调查报告〉》，卫生部军管会 1970 年《关于一九七一年各省市区口服避孕药分配计划》等等，表明计划生育早已成为由财政支持的一项政府的制度性工作。

需要再次提醒读者注意的是，那时的政府会奖励和表彰响应号召的积极分子，但也不会处罚没有实行计划生育的人。另外，就一般情况来说，凡是政府推行的工作难免都会出现强迫命令。但是，一直到毛泽东逝世的时候为止，党中央和国务院是不允许下面实行强制的。1973 年 12 月 25 日，国务院业务组成员、计划生育领导小组组长华国锋在一次计划生育会议上说：

……我们要多从宣传教育着手，解决人的思想认识问题，不要订一些条条框框限制，不要强迫命令。有的地方规定，不按计划生的不报户口。这不行。人家生出来了嘛，在新社会还要叫他健康成长。

……各省、市要订出一个切实可行的规划，但也只能是大体上的规划，不是死的。没有一个规划不好，计划生育嘛！应有个奋斗目标，作为努力方向。经过宣传，发动群众，依靠群众自觉来实现，不要采取强迫命令的办法，不要简单靠规划来限制。特别在农村，你们写的（念文件），" 一般做法是：在提高群众觉悟的基础上，领导先摸底，按着'晚、稀、少'的要求，发动群众，自报公议，大队审查，公社平衡。规划制定后，向群众公布，互相监督，并反复抓规划落实。"互相监督好不好？要宣传，多做思想教育工作，不能搞强迫命令。有的地方生孩子发卡片，这样做不好。

1978 年 8 月 6 日，邓小平对外宾谈话时还说：

我们建国以后就提出了人口问题。现在，我们国务院、各级地方政府有专门的机构管这个事情，包括宣传。我们采取了一些具体措施，节制生育的药品、手术都是免费提供。这个事情我们搞了很多年了，所以现在有一点成绩，但还要努力，还要做很多工作，特别是说服工作，这个事情搞命令主义是不行的。

但是，华国锋和邓小平上述这样的讲话，自上个世纪 70 年代末以后，就再也听不到了。

二、1979 年："一胎化"政策和现行计划生育制度的产生

1976 年毛泽东逝世以后，以华国锋为首的党中央获得了党和国家的领导权。由于经济发展缓慢，新的领导集体急于通过经济的较大发展再得到政治上的合法性。为了保持政治统治的连续性，新的领导集体在继续把"本世纪末实现四个现代化"确定为奋斗目标的同时，还雄心勃勃地制订出一个宏伟的中长期发展计划。但是，这个中

长期计划不只是像毛泽东时代那样，仅只是通过计划期内生产多少万吨钢铁和粮食等主要产品目标所体现的，而且还提出了一个用货币衡量的新指标即"人均国民生产总值"。怎样在生产总量得到巨大成功的同时，把人均产值也搞上去？控制过快的人口增长，成为党和政府的一项与发展经济同等重要的任务。

经过 70 年代初期以来"计划经济要求计划生育"的理论宣传，人口计划已经逐步进入国民经济计划。1978 年 2 月 26 日，计划生育工作和人口目标第一次写进国务院总理的《政府工作报告》。华国锋在五届全国人大一次会议上说：

计划生育很重要。有计划地控制人口增长，有利于国民经济的有计划发展，有利于保护母亲和儿童的健康，有利于广大群众的生产、工作和学习。必须继续认真抓好，争取在三年内把我国人口自然增长率降到百分之一以下。

那还是一个以政治为中心的时代。党中央主席、国务院总理和中央军委主席华国锋在全国人大政府工作报告提出的计划指标，是党和政府领导全国人民必须实现的政治任务。所以，国务院新的计划生育领导小组第一次会议"着重研究了贯彻落实华主席提出的三年内把我国人口自然增长率降到百分之一以下的任务"。政治局候补委员、国务院副总理、国务院计划生育领导小组组长陈慕华在讲话中说："华主席在五届人大政府工作报告中提出了新时期计划生育工作的任务，并深刻阐明了计划生育工作的重要意义，我们要认真领会，坚决贯彻落实。"怎样领会和贯彻落实？陈慕华在《关于国务院计划生育领导小组第一次会议的报告》中，第一次对国民婚姻年龄和生育数量提出要求。"报告"具体规定说："晚婚年龄，农村提倡女23 周岁，男 25 周岁，城市略高于农村。提倡一对夫妇生育子女数最好一个最多两个，生育间隔在三年以上。"这已经不同于 5 年前华国锋担任国务院计划生育领导小组组长时强调"要多从宣传教育着手，解决人的思想认识问题，不要订一些条条框框限制，不要强迫命令"的情景了。

当然，事情起到实质性的变化还在于，计划生育再不限于一般性的宣传和提倡，而是从经济、行政和法律方面制订"条条框框"，从制度方面予以约束。大约从上个世纪 60 年代初期批判"苏联修正主义"开始，先是国有企业、政府机关和政府所属的事业单位，接着农村人民公社集体经济也都把物质奖励当作"物质刺激"，把经济处罚当作对工人农民的"关、卡、压"和对群众实行的"专政"，经过了 10 多年的批判。所以，1979 年以前的经济领域既没有物质奖励，也没有处罚。70 年代后期，党和政府因整顿经济秩序开始反省并恢复一些行之有效的规章制度。不过，令人意想不到的是，文化大革命以后，经济和行政处罚却不是首先出现在工农业生产方面，而是率先出现在国民的生育领域。生育领域成了中国建设法治社会的试验场。

1979 年 1 月召开的全国计划生育办公室主任会议，既是迈向"一胎化"生育政策的一次重要会议，又是标志中国进入所谓"法治时代"的重要标志。这次会议"认真讨论了进一步贯彻党中央批转的国务院计划生育领导小组第一次会议的报告精神，争取一九八〇年把我国人口自然增长率降到百分之一以下的具体措施，并且研究了有关计划生育的经济政策等问题"。何为具体措施？陈慕华在会议上说：

> ……全国人口增长率今年降到 10‰，明年降到 9‰，这应该是可能的。要心中有数，要做工作，要把多胎控制住，鼓励生一胎，把人口降下来。我算了一下：一年如果只生 700 万到 800 万人，比现在再少生 1000 万，扣去死亡 600 多万，一年净增 100 万至 200 万，事情就比较好办了。

为了实现华国锋提出的 1980 年的人口目标，较几个月前中央批转的"最好一个最多两个"又进了一步，"鼓励生一胎"的口号提出来了。这是一方面。另一方面，在这次会议上，国务院计划生育办公室还给会议提供了一份《计划生育工作条例》，计划生育开始用法律法规的形式支持政府用经济的、行政的手段限制国民的生育了。陈慕华在讲话中要求，在全国的"计划生育法"还未颁布的情况下，各个省、市、自治区先行制订地方的试行条例。陈慕华的这一工作部署也得到了邓小平等中央领导的支持。几乎同一时期，邓小平在一些内部批示和讲话中也主张"规定一些政策""应该立法，限制人口增长"。4月5日，李先念代表党中央国务院在中央工作会议上讲话，也要求用法律的、经济的办法，鼓励只生一个孩子。特别是5月份，听取各大区汇报，习仲勋汇报到计划生育时，邓小平插话说："力争人口降到千分之五，用行政的、经济的办法都可以，只要能降下来，就是最大胜利。"那还是一个没有法制的年代，也不讲究法律程序，经过党组织的讨论决定，一个党委或者政府的法规就出台了。再加上有国务院计划生育领导小组提供的范本作指导，1979年不到一年的时间，全国29个省、市、自治区中有27个都出台了本省的"计划生育暂行条例"，明确规定用经济的、行政的和法律的手段限制居民的生育。譬如，辽宁省革命委员会颁发的《关于计划生育工作若干问题的规定（试行）》，对于超计划生育者作如下处理决定：

1.一九七四年以来，职工因超计划生育造成生活、住房困难的，不能作为享受困难补助和扩大住房面积的条件；农村社员因超计划生育造成生活、住房困难的，不能作为国家或集体社会救济、增加住宅基地的条件。

2.从本规定颁发后，职工超计划生育的，产假休息期间不发工资。生育中的一切医疗费用自理。其超生的子女不得享受直系亲属劳保医疗待遇，保托费全部自理。农村调整自留地时，超生子女不给自留地。

3.本规定颁发六个月后超计划生育的，从其子女出生之日起到十四周岁止，职工，由夫妇双方所在单位每月分别从工资中征收百分之十的多子女费；农村社员，从夫妇双方全年工分中分别征收百分之十的多子女费，年终分配时，由生产队一次扣除。征收的多子女费，纳入本单位福利费、公益金。其子女，其周岁前，除布票、线票、棉花票外，不发各种商品、副食品供应证；十四周岁前，口粮：城镇按议价供应，农村按超购价收口粮款。

上个世纪 70 年代末，农村人口要以靠集体平均分配的口粮和工值很低的工分分红，才可以维持基本的生活。农民以外的人口，除了极少的国家高级干部，其他绝大多数国家职工和城镇集体工作人员的收入也都只能维持很低的生活。所以，以上所列的经济处罚和限制，无论对于国家职工或者人民公社的社员来说，都是极严格的限制。

除了对个人限制以外，最初的《计划生育条例》也都有了对单位的约束。譬如辽宁就规定：

人口生育计划必须纳入国民经济计划。各条战线要把计划生育作为评选先进单位和考核干部、职工的一项内容。对计划生育工作成绩优异的单位，授予计划生育红旗或先进单位称号，给予奖励。在计划生育工作中做出优异成绩的干部、医务人员、赤脚医生、大嫂子队长、宣传员、积极分子等，要给予奖励。完不成计划生育主要指标的单位，要追究领导责任。对盲目生育的，夫妇双方当年都不得评为先进工作（生产）者，一年内不参加评奖、不提薪、不提职，学徒工（包括使用干部）延长一年转正。对早婚和盲目生育的干部、共产党员、共青团员、职工，要严肃批评教育，个别影响很坏的，给予纪律处分。

山西省革命委员会的规定，已经十分接近后来的“计划生育一票否决制”。

计划生育要纳入国民经济计划，各条战线评选先进集体，应把计划生育作为一项。未完成上级下达的人口计划指标的单位，不得评为先进。

1979 年是计划生育大跃进的年代。1 月份全国计划生育办公室主任会议以后，各省、市、自治区党委根据“最好一个最多两个”的口径制订条例，抓紧工作，国务院计划生育领导小组却又将“最好一个最多两个”中的“最多两个”取掉，变成“最好一个”了。6 月 18

日，华国锋在全国人大会议上提出：

要订出切实可行的办法，奖励只生一个孩子的夫妇，……今年我们要力争使全国人口自然增长率降到 10‰左右，今后要继续努力使它逐年下降，1985 年要降到 5‰左右。

五届人大二次会议一结束，陈慕华据此就正式提出"一胎化"政策。6 月 27 日，陈慕华在给中央党校学员讲计划生育课时说：

我们认为，到一九八五年，把人口自然增长率控制在千分之五左右，完全可能做到。主要的办法是要求一对夫妇只生一个孩子，减少以消灭多胎现象，降低多胎率。

陈慕华在中央党校的讲课可谓之为动员令。《人民日报》报道这次讲课的黑体标题就是《把工作重点放在"最好生一个"上来》。文章转引陈慕华的话说，计划生育工作要把重点转移到最好生一个上来，今后计划生育工作的要求是"晚婚、晚育、少生"，一对夫妇只生一个孩子；坚决刹住三胎，到一九八五年把人口自然增长率降到千分之五。陈慕华还说，希望同志们立即行动起来，最好先写个信回去，把工作抓上去。在中央党校按照讲课记录稿刊发的文章上，陈慕华连续用了两个"一胎化"来表述新的生育政策。根据陈慕华的要求，山西、吉林、辽宁等许多省份都立即召开了全省计划生育工作会议，提出"普遍提倡一胎，严格控制二胎，坚决杜绝多胎"。

为什么要实行"一胎化"？陈慕华毫不讳言是为了实现华国锋提出的人口目标。什么是"一胎化"？陈慕华也都有明确的量化。1980 年 1 月 9 日，陈慕华在给军事院校所作报告中说：

我们现在的要求就是"最好一个"，这个口号是经过调查提出来的。如果我们不能做到这一点，那么，华总理提出的八五年降到千分之五的目标就实现不了，二〇〇〇年人口增长持平的目标就达不到。我们应该从现在开始刹车，这个刹车"距离"就是二亿人口。从现在做起，按农村百分之八十，城市百分之九十夫妇一个孩子，到二〇〇〇年，还要增加两亿人。如果做不到这一点，两亿还打不住。只有这样，才能把人口控制住。

仅仅过了一个月，不知道什么原因，陈慕华有意要撇清"一胎化"与华国锋的关系，不再说是为了实现华国锋提出的人口目标。但是，"一胎化"的标准还是提高了。她在一次座谈会上说："提倡一对夫妇最好生一个孩子的目的，就是为了使人口增长与物质资料的增长相适应。只有逐步做到城市百分之九十五、农村百分之九十的育龄夫妇只生一个孩子，到本世纪末，我国总人口才能够控制在十二亿左右。"城市 95%、农村 90% 的人都只生一个，这就是"一胎化"。

经过文化大革命的熏陶，各级党委已经适应了中央政治上的变化。1979 年上半年，大多数省、市、自治区党委或者革命委员会按照"最好一个最多两个"的政策口径出台了"计划生育暂行条例"。6 月五届人大二次会议以后，随着陈慕华提出的"一胎化"战略转移，国务院计划生育领导小组很快又拟定出鼓励每对夫妇只生一个孩子的《计划生育法》草案，[33] 各地又都纷纷按照新的口径修订刚刚颁布的"暂行条例"。譬如，1980 年 4 月 3 日，辽宁省又颁布并立即生效的"补充规定"，提出"未经批准生育第二胎者，按照省革命委员会《规定》中超计划生育的规定给予处分和经济制裁"。紧跟着计划生育工作的实践，"一胎化"生育政策作为法规也产生了。

1979 年，在国务院计划生育领导小组卓有成效的努力下，"一胎化"生育政策已经在全国普遍得到推行。12 月 18 日，陈慕华在全国计划生育办公室主任会议上总结说："一对夫妇最好生一个孩子，这是从今年以来开展计划生育工作的实践中，总结出来的控制人口增长的好经验。""把计划生育工作的重点，转移到一对夫妇最好生育一个孩子上来，是解决我国人口问题的战略任务。"要"牢固树立有计划地控制人口增长的战略思想，保证计划生育工作重点转移"。

1979 年，计划生育部门已经实现计划生育统计单列，计划生育指标也适应"一胎化"政策的变化进行了改革，报表特别列出与独生子女相关的 3 项指标。据统计，该年全国现有一个子女的夫妇1535.4 万，其中已经领取独生子女证的夫妇 610.1 万，领证率为39.7%。此外，从计划生育技术指标考察，1979 年也是具有突破性的一年。随着"一胎化"生育政策的推行，也带动了避孕和节育技术数量的提高，结束了自 1976 年以来节育手术徘徊不前的状态。据统计，该年放置宫内节育器由上一年 1096 万上升到 1347 万例，增加近 300万，提高了 23%；男性结扎由上一年 77 万上升到 167 万，上升了 90万例，提高了 117%；女性结扎由上一年 251 万上升到 529 万，增加278 万，提高了 111%；人工流产由上一年 539 万上升到 786 万，增加了 247 万例，提高了 46%。

笔者曾在《新中国人口的计划生育 60 年：两种含义，两个三十年》中，以 1979 年为界，将我国计划生育划分为两个 30 年。其主要标示就是在 1979 年以前，居民实行计划生育与否完全根据自己的情况由自己决定，而自从 1979 年出台"一胎化"之后，不按照政府批准的指标生育，就会得到处罚。自觉自愿还是强迫命令，是判别两种计划生育制度的基本标准。

现在，我们需要用一些较少的笔墨再探讨一个问题，即为什么1979 年能够以极快的速度形成新制度？首先，计划生育是一项由中央政府自上而下推动的工作，由政府的提倡转变为强制，本来就没有一个不可逾越的鸿沟，关键就在于中央政府对政策上的把握。第一阶段的计划生育也不是绝对没有发生过强迫命令，而是每当工作中出现强制的时候，一经发现，就被中央制止和纠正了。

其次，经过 20 多年的以政府为主导的节制生育活动，党和政府已经建立起了从中央到基层的计划生育管理机构，从中央到基层的居民点都有一支由政府领导的计划生育专职干部队伍，国家财政几乎承担了所有人的节育和计划生育活动的费用，等等，都是能够迅速完成转变的基本条件。

再其次，"一胎化"的政策在现行的计划生育制度产生过程中起着十分重要的作用。从 1979 年 1 月的全国计划生育主任会议结束以后，计划生育部门对一对夫妇只生一个孩子的要求越来越严紧，大约只经过半年的时间，就形成了一个完整的"一胎化"政策。该政策目标明确，要求极端，又容易理解，这都是能够得到迅速推行的重要原因。特别是在那个年代里，虽然当时从中央到地方、从干部到群众，人们都不懂什么是法制，却都急于用法治的手段结束文化大革命带来的混乱状态。国务院计划生育领导小组督促各个省、市、自治区党委或政府制订的《计划生育条例》，并不在乎由政府管制国民生育行为是否符合现代国家的法理和法律原则，他们只是要求基层干部动用一切手段来保障华国锋提出的目标。这样，"一胎化"政策就产生了。当中央支持各级政府不惜运用一切经济的、行政的和法律的手段保障"一胎化"贯彻执行的时候，一个以围绕"一胎化"政策为中心的计划生育制度也就诞生了。

历史往往产生于偶然之中。一个极端的政策得以形成，除了以上诸方面的原因以外，也许还有一个最为重要的因素，那就是 1979 年的中国政治。一方面，毫无疑问，计划生育只是党和政府的一项部门工作。但是，在 70 年代后期，特别是党的十一届三中全会以后，中央反复强调中国"十亿人口，八亿农民"的特殊国情，不断拔高人口和计划生育工作的重要性，以至人口目标从党和国家最高领导人华国锋口里讲出来，就具有了无比重要的政治意义，要求"书记挂帅，全党动手"，"各级党组织、各级政府和所有群众团体应该抓紧的一项重要工作"。另一方面，十一届三中全会刚刚结束，陈云增选为党中央副主席，明显加强了邓小平在中央的领导地位。邓小平、陈云虽然还未联手处理华国锋问题，但对汪东兴、纪登奎、吴德、陈锡联等一批和华国锋一样自文化大革命以来进入中央政治局的领导人的批评、批判和处理，难免有"清君侧"的味道，不能不引起华国锋的警觉。在这样的情况下，支持以陈慕华为组长的国务院计划生育工作，支持已经在全国轰轰烈烈开展的"一对夫妇只生一个孩子"的活动，可以赢得广大干部群众，在政治上得分。这也是陈慕华的"一胎化"能够得到暂时还处在最高领导人位置的华国锋和正在得到更大权力的邓小平两派政治领袖支持的重要原因。

1979 年，"一胎化"生育政策和现行的计划生育制度得以产生，乃恰逢其时。

三、1980 年"公开信"：解决华国锋问题期间的权宜之计

从影响中国改革开放历史进程的重要性来说，1980 年是继 1978 年 12 月份召开的党的十一届三中全会以后最为重要的一年。2 月 28 日，中共十一届五中全会闭幕。会议选举胡耀邦、赵紫阳为政治局常委。会议还决定设立中共中央书记处，作为中央政治局及其常务委员会领导下的经常工作机构，并选举胡耀邦为总书记。3 月 17 日，中共中央决定撤销一年前成立的以陈云、李先念为正、副组长的国务院财政经济委员会，成立以赵紫阳为组长的中央财经领导小组。4 月 17 日，人大常委会任命赵紫阳、万里为国务院副总理。4 月 25 日，华国锋主持召开国务院常务会议，决定赵紫阳协助华国锋主持国务院日常工作，事实上已经承担了国务院总理的职责。8 月 18 日，中共中央召开政治局扩大会议，会议决定向全国人大建议华国锋不再担任国务院总理职务，由赵紫阳接替。9 月 11 日，五届全国人大三次会议同意华国锋辞去国务院总理职务并决定赵紫阳为国务院总理。11 月 10 日至 12 月 5 日，中央政治局扩大会议，同意华国锋辞去党中央主席、中央军委主席的请求，决定暂由胡耀邦主持中央政治局和中央常委工作，由邓小平主持中央军委工作。这样，对我国历史发展具有决定性影响的上个世纪 80 年代以胡耀邦、赵紫阳为党和国家一线领导的"邓小平－胡耀邦赵紫阳"领导组合已经初步形成。

按照党在那个时代的工作惯例，国务院计划生育领导小组 1979 年成功地在全国推行"一胎化"生育政策以后，就要谋求中央下发一个"红头文件"用以代替 1978 年中共中央批转国务院计划生育领导小组报告中"最好一个最多两个"的政策。但是，新到达中共中央

和国务院一线工作的胡耀邦、赵紫阳，却对计划生育实行"一胎化"表现出明显的疑问。根据 1980 年初春接近陈慕华的宋健等一些人对人们说，那时胡耀邦怀疑"一胎化"的可行性，而赵紫阳则明确表示了反对。

另外，从陈慕华在中共中央书记处决定接受汇报前表现出极大的不安也说明，胡耀邦赵紫阳已经对"一胎化"有了不同的认识。6 月 13 日，陈慕华致信党中央副主席、国务院副总理陈云，咨询计划生育汇报提纲的起草稿引用陈云的一段话是否准确。14 日夜，陈云给陈慕华的回信中语气坚定地说："你引的我去年讲的话没有错。""我认为，提倡只生一个孩子是眼前第一位的工作，至于由此而产生的一些问题则属于第二位的问题。"这里涉及陈云的一段话，来自陈云 1979 年 6 月 1 日在上海对当地负责人的谈话。按照工作惯例，党的领导人在外地发表重要谈话都会经有关方面整理上报中央，然后由中央根据情况批转有关部门或发至全党。陈慕华引用陈云那天在上海的谈话中有关坚决实行"一胎化"的内容，说明一年前中央已经按照惯例批转给国务院计划生育领导小组了。否则，陈慕华如何能知道陈云在上海有一个关于计划生育的强硬的谈话呢？这样的问题本来就无需与陈云订正。在中央领导中，陈云是要求实行"一胎化"组成最坚决的。但是，陈云却不分管计划生育工作。按照党的工作原则，中央书记处接受国务院计划生育领导小组的汇报，陈慕华是以这样的方式向陈云报告并寻求支持和帮助的。陈云态度强硬的回复，表明陈慕华也得到了她所希望得到的东西。但是，陈慕华写信向陈云求证本身，也印证了另外两个重要问题。一是澄清了"一胎化"来源于陈云的传说。因为按照常识，如果 1979 年的"一胎化"是由陈云在中央提出来的重要政策，现在就不会发生陈慕华在准备向书记处汇报的时候再与陈云订正这样低级的问题。二是陈慕华的不自信反映了中央层面对"一胎化"有不同的认识，这与设立中共中央书记处和胡耀邦赵紫阳分别主持中央党政第一线工作以前的 1979 年的中央一致表态同意支持"一胎化"的形势，已经有了很大的改变。

特别重要的是，1980 年中共中央书记处听取陈慕华的工作汇报，却没有做出任何重要决定。这在那个把中国人口问题看得非常严重、将计划生育列为各项工作中的重中之重的时代，是不寻常的。下面是后来国家计划生育委员会根据会议整理的这次汇报会议的介绍：

1980 年 6 月 26 日，中共中央书记处召开会议，由中共中央政治局常委、中央总书记胡耀邦主持。会议听取并讨论了中共中央政治局候补委员、国务院副总理陈慕华关于人口和计划生育的汇报。

从官方做出的会议简介可以读出，中共中央书记处并没有就计划生育政策做出任何重大决定，甚至于都看不出 3 个月后发表的中共中央《关于控制我国人口增长问题致全体共产党员、共青团员的公开信》与这次会议有什么联系。这一情况说明，以胡耀邦为总书记的中央书记处对正在推行的"一胎化"政策是有保留的。

另外一个被过去人们普遍忽视的重要信号是，"公开信"一开始就以异乎寻常的口吻说，"为了争取在本世纪末把我国人口总数控制在 12 亿以内，国务院已经向全国人民发出号召，提倡一对夫妇只生育一个孩子"。中共中央明确提出"只生育一个孩子"是国务院的号召，固然是对这一号召的一种认可，同时也隐含着它还不是党中央制订并通过了的政策。

如果具体分析中央党政一线工作的胡耀邦和赵紫阳在这个时期的处境，可能会更深刻地理解在这个时刻他们需要为党和国家更长远的利益负责却暂时又不能做出重要决定的临时处境。中共中央书记处是在 1980 年 2 月份党的十一届五中全会上刚刚决定设立的，明确是"作为中央政治局及其常务委员会领导下的经常工作机构"，担任总书记的胡耀邦是刚刚增选的中央政治局常委，除了华国锋以外，政治局常委还有叶剑英、邓小平、李先念、陈云 4 位副主席。赵紫阳是和胡耀邦一起增选担任政治局常委的，虽然在 3 月份就开始主持了国务院的工作，但是，毕竟还不是国务院总理。一方面，与前一年政治局势不同的是，国家党政第一线领导的重担落在了胡耀邦赵紫阳的肩上，他们必需考虑长治久安的问题。如毛泽东所说：“一个革命政党的任何行动都是实行政策。不是实行正确的政策，就是实行错误的政策；不是自觉地，就是盲目地实行某种政策。”计划生育的重要性已经被强调到属于全党第一位的工作，“一胎化”虽然作为党的政策已经在全国推行了，但是，那时的胡耀邦赵紫阳不在其位，毋须为此负责。现在要经过他们制定一份以党中央国务院的名义下达的“红头文件”，那就需要实际出发评估这一政策的可行性。

但是，另一方面，邓小平解决华国锋的问题还未正式揭开和摊牌，华国锋还担任党中央主席、国务院总理和中央军委主席，政治局势尚不明朗。显然，这一个时期还不适宜发生任何与解决华国锋问题无关的大事件。此外，胡耀邦赵紫阳都是刚从地方或者部门性的工作岗位走到中央主要领导职位的，在计划生育这一涉及全局性的工作上，即使两位领导人不同意把“一胎化”确定为长久的政策，但究竟应该实行什么政策，可能也还没有形成比较成熟的意见。在这样的背景下，鉴于计划生育的重要性，先发表一个具有宣传和鼓动性的“公开信”，号召党团员带头只生一个，就成为一件顺理成章的事情了。

至于在那个特定的社会环境和语境下，有关部门和地方政府成功地利用“公开信”将“一胎化”的计划生育工作进一步推到了一个前所未有的高度，那也许是胡耀邦和赵紫阳始料不及的。但是，“公开信”确实没有一些人把它当作中央发布生育政策的载体那么重要。一方面，“公开信”不是红头文件。另一方面，也未见到当时的党中央和国务院的有关领导华国锋、邓小平、李先念、陈云、胡耀邦、赵紫阳等主要领导人在什么场合提到“公开信”。我们检索了整个80年代的人民日报，1982年中央11号文件颁布以后到1990年5月，“邓小平—胡耀邦赵紫阳”领导组合的存系期间，人民日报没有一次提到“公开信”。10年以后，即当邓小平、胡耀邦和赵紫阳都已经走到台下的时候，才出现了一个纪念“公开信”的热潮。30年后，“公开信”又被某些人描述为党中央制定“一胎化”生育政策的载体。但是，所有这些说法都与当时的邓小平、胡耀邦和赵紫阳等领导人基本上没有什么关系了。相反，如果按照这样的说法，既然刚上台的胡耀邦赵紫阳迫不及待地要以"公开信"的方式出台了"一胎化"的生育政策，那如何在几个月后就又有了重新制定政策的行动了呢？

四、1981—1982 年：各方博弈下的"女儿户"政策

早在 1981 年 4 月 11 日，即"公开信"发表约半年许，中央书记处书记胡乔木就给陈慕华打电话通知说：

> 自从农村实行联产计酬、包产到户的责任制以来，农村的计划生育工作出现了新情况，原来控制人口的一些办法不行了，农村人口出生率已是大幅度回升的趋势，这将给今后经济建设和社会发展带来不利的影响，其后果难以预料。建议国家农委和计划生育委员会在调查研究的基础上，提出控制人口增长的有力措施和政策，报国务院审定下发。

这一电话指示说明，至少在新的政治领导组合初步确定后不久，胡耀邦和赵紫阳就已经产生了改变当时正在推行的"一胎化"生育政策的想法。虽然我们还无法得到其中的一些相关细节的资料，但是按照常识推理，胡耀邦、赵紫阳之间应该就生育政策问题有过多次的沟通。否则，就不会出现中央书记处书记胡乔木出面通知陈慕华将调查研究后的材料报送国务院。相反，与国务院并没有交叉或垂直领导关系的胡乔木要求陈慕华将材料报国务院审定，表明胡耀邦和赵紫阳之间已经在改善和改变计划生育政策问题上取得了一定的共识。

1981 年 6 月 27 日至 29 日，党的十一届六中全会选举胡耀邦为党中央主席，选举赵紫阳、华国锋为党中央副主席，选举邓小平为中央军委主席。至此，终于完成了从党的十一届三中全会开始的党的领导中枢的人员变更，形成了上个世纪 80 年代以邓小平为核心、胡耀邦赵紫阳处于党政第一线领导位置的党和国家的领导组合。紧接着，胡耀邦、赵紫阳就开始启动程序，谋求改变"一胎化"的生育政策。

9 月 10 日，赵紫阳在中央书记处 122 次会议上提出了放宽农村计划生育政策的两个方案，一是提倡每对夫妇只生一胎，允许生两胎，杜绝三胎；二是一般提倡每对夫妇只生一胎，某些农民家庭生了一个女孩的，还可以再生第二胎。会议决定，请陈慕华根据书记处讨论的意见，走走群众路线，找有关的专家和基层同志讨论一下这个问题，10 月底拿出一个简明扼要的文件，先发给各省、市、自治区党委征求意见，然后在 11 月中央工作会议上，再征求各省、市、自治区党委书记的意见。

中央书记处研究计划生育政策的时候，国家计划生育委员会党组邀请各个省、市、自治区党委或政府分管计划生育工作的领导同志于 9 月 8 日，正在北京召开计划生育政策座谈会。根据中央书记处 10 日的会议决定，陈慕华向座谈会传达了中央会议精神。国家计划生育委员会召开的这次座谈会的情况，已经没有任何资料可以借鉴，会议传达中央书记处 122 次会议精神的具体情况也不得而知。但是，从赵紫阳 12 日给胡耀邦的一个便函我们能够扑捉到一点蛛丝马迹。赵紫阳写道：

看了计划生育会议快报，为了这个问题全党有一个统一的正确的认识，可否这次会议不作最后定案，由各省、市同志先回去在省委、市委传达讨论一次，然后再回来集中定案。如您同意，可批给慕华同志。

胡耀邦当即在赵紫阳的便函上批示说：

同意紫阳同志的意见，请慕华同志按此办理。

从赵紫阳的便函推测，参加计划生育座谈会的一些同志听取了陈慕华的传达后，表现了对中央要改变农村生育政策决定的强烈不满。赵紫阳当然熟悉我们的体制，关键在各级党委和党委的第一书记。所以，赵紫阳建议结束座谈会，让参加会议的同志先回去向党委汇报，听取各个省、市、自治区党委的意见。根据国家计划生育委员会党组给中央的报告，全国 29 个省、市、自治区中，有 26 个党委上报了具体意见。其中同意书记处第一方案的有山西、辽宁、浙江、河南、广西、云南等 6 个省及自治区；同意第二方案的有北京、天津、内蒙、江苏、安徽、福建、山东、湖北、湖南、广东、四川、贵州、陕西、甘肃、青海等 15 个省、市、自治区和全军计划生育领导小组；河北、吉林、黑龙江、上海、江西等 5 个省市则主张不改变"公开信"的政策口径，在具体掌握上可以松一些。

国家计划生育委员会党组向中央报告说，在 12 月份的省、市、自治区党委第一书记座谈会上，与会同志主要对二胎问题提出看法，总的希望严格控制，没有人主张放宽。黑龙江杨易辰、江苏许家屯、国家计委宋平等提出，中央"征求意见稿"对生第二胎的限额占已生一个孩子夫妇总数的 50% 定得太宽了，最多掌握在 40%，低限也以 10% 为好。天津市委第一书记胡启立提出，"必须严格控制二胎，对符合政策规定的，经过审批可以有计划地安排"。辽宁郭峰、湖北陈丕显、四川谭启龙等提出，不要在文件中规定生二胎的百分比，由各地内部掌握较好。其他省份的同志对"征求意见稿"没有提出不同意见。天津、吉林、四川的同志提出，中央文件要肯定基层计划生育干部的工作，并支持他们把工作做好。

根据国家计划生育委员会党组后来给中央的报告，"经过上下多次征求意见，大家对第二方案的意见比较一致"。所以，计划生育委员会党组建议实行第二方案。

1981 年 9 月 10 日，中央书记处 122 次会议提出改变政策的两种方案用以替代农村"一胎化"时提出的二个方案中，普遍允许农民家庭生育两个孩子是作为第一方案被赵紫阳提出来的。所以，可以认为，赵紫阳本来是希望以第一方案作为新的生育政策的基础。但是，一方面，因为是在国家计划生育委员会党组所主持下征求的意见。另一方面，按照舆论一律宣传的结果和社会对我国人口问题所达成的共识，绝大多数党委和党的负责人主张严格、严紧的生育政策。胡耀邦和赵紫阳希望把生育政策放宽松一些，而绝大多数地方党委和国家计划生育委员会党组则希望越严越好。这是理解整个 80 年代中央和地方、中央和主管的国家计划生育委员会在计划生育政策方面基本关系的主线。

中共中央国务院 1982 年 2 月以中央 11 号文件的形式颁布《关于进一步做好计划生育工作的指示》，有关政策部分的文字是这样表述的：

> 国家干部和职工、城镇居民，除特殊情况经批准者外，一对夫妇只生育一个孩子。农村普遍提倡一对夫妇只生育一个孩子，某些群众确有困难要求生二胎的，经过审批可以有计划地安排。不论那一种情况都不能生三胎。对于少数民族，也要提倡计划生育，在要求上，可适当放宽。具体规定由民族自治地方和有关省、自治区，根据当地实际情况制定，报上一级人大常委会或人民政府批准后执行。

以上文字所述，即是以"女儿户"为核心内容的现行的计划生育政策。文中"某些群众确有实际困难"是"女儿户"的特别表述方式，至于为何要采取这样的表述方式，后面有曲折的故事，还有具体交代。我们所说的"现行的计划生育政策"，则是 1984 年 4 月，中央给国家计划生育委员会党组的一份《中央会议决定事项通知》中所使用的语言。

五、1982 年：用一个新的"红头文件"替代"女儿户"政策

虽然"女儿户"是由国家计划生育委员会党组在中央书记处提出的必需二择其一的两个方案中所挑选出来的一个相对严紧而建议中央采纳的政策，但是，他们对此还是极端抵制的。早在 1982 年 1 月 11 日报送中央建议实行"女儿户"方案的报告中，国家计划生育委员会党组说：

> 对于中央文件中是否要写明"只有一个女孩的夫妇可以再生一个"，有两种不同的意见。一种认为，写明好，否则基层干部不好掌握；多数认为，中央政策要直接和群众见面，写明了会进一步助长重

男轻女思想。我们同意后一种意见。各地农村生第二胎的比例，本着从严掌握的精神，由各地根据具体情况安排，指示中就不要写生育二胎的比例数了。

这段话有两层含义，第一，建议将最关键性的词语"女儿户"政策，用"农村……某些群众确有困难要求生二胎的，经过审批可以有计划地安排"来表述。第二，各地农村生第二胎的比例，由各地根据具体情况安排，指示中就不要写了。因为实行"女儿户"就是农村大约 50%的家庭可以生二胎的比例，所以，所谓"农村生第二胎的比例"，其实就是指"女儿户"。不让在文件中写50%的可以生育二胎，由地方自行掌握，等于取消了"女儿户"政策。特别重要的是，文件中"女儿户"用"某些群众确有实际困难"来替代，按说是国家计划生育委员会党组和中央就这一根本性政策表达用语所取得的共识，不应该影响政策的实际执行。但是，这一必需与群众见面的政策，必需具有简单、明了和通俗易懂语言的特点，恰恰因为文字表达不清楚而导致了在实际工作中得不到执行。

不仅如此，国家计划生育委员会党组建议中央实行"女儿户"的同时，还提出在"国家计划生育法"未出台以前，各个省、市、自治区此前制订和出台的"计划生育暂行条例"应该继续执行。报告说：

由于我国各地情况差异很大，计划生育法一时难以制定。建议这次中央、国务院指示下达后，试行一个时期，同时责成有关部门研究立法。在此期间，各地权力机关通过的计划生育条例或办法，如与中央、国务院指示不抵触者，应继续有效。

请读者注意，国家计划生育委员会党组不是说等中央这次制订的政策下达以后，督促和指导各地按照新的政策口径修订计划生育条例或办法，而是请求各地继续执行自己的老政策。各地此前制订的计划生育条例或办法是什么？还不是"一胎化"？既然各地的条例和办法还有效，那又将中央制订的新政策放置于何处？总之，国家计划生育委员会党组在表面上同意以中央书记处提出的第二方案制订新政策的同时，就这样又用模糊语言和要求继续执行各地老政策的办法，取消了新政策。

还不止这样，国家计划生育委员会还要谋求一份正式的中央文件来改变 11 号文件。不过，这个工作不是由陈慕华来完成，而是经以钱信忠为主任的新一届计划生育委员会推动来完成的。

中共中央、国务院在 2 月份颁发《关于认真做好计划生育工作的指示》之后，陈慕华很快就不再兼任国家计划生育委员会主任了。1982 年 5 月 4 日，五届人大常委会第 22 次会议任命钱信忠为国家计划生育委员会主任。这多少有点临战易帅的味道。分析这次人事调整，对于陈慕华来说，有两种可能。一是陈慕华主动提出辞呈。陈慕华从 1978 年 2 月五届人大一次会议上当选国务院副总理，6 月份走马上任兼任的国务院计划生育领导小组组长，为贯彻落实华国锋在五届人大一次会议和二次会议上的人口目标，先是提出一个"最好一个最多两个"，进而实行"一胎化"的政策。中央书记处 122 次会议提出的两种方案并最终形成以"女儿户"为核心的现行生育政策，在一定程度上来说也是对陈慕华"一胎化"政策的一种纠正。所以，11 号文件颁布以后，陈慕华主动辞职有其合理的主观动机。二是鉴于制订现行的计划生育政策的过程中，赵紫阳明显地感受到了陈慕华对新政策有抵触情绪，如果再由她来执行新的政策会有一定的弊端，为有利于新的政策的贯彻落实，提出人事调整，也都顺理成章。

钱信忠是文化大革命以前的老卫生部部长，以抓计划生育工作著称。1964 年蹲点上海市搞计划生育的时候，钱信忠总结出"一胎上环二胎结扎"的经验，至今仍是计划生育部门的基本工作方法。1965 年 10 月，钱信忠曾经给中央写信建议将计划生育工作推向农村，后被中央批转到全国。1979 年 4 月，钱信忠重新担任卫生部部长。卫生部属于原国务院计划生育领导小组的主要组成单位，钱信忠刚上任就进入到计划生育领导小组应在的角色。6 月 18 日，华国锋在五届人大二次会议上提出"提倡和鼓励一对夫妇生一个孩子"和1985 年把人口增长率降到 5‰以后，钱信忠在会议上符合陈慕华说：

> 如果一九八五年把人口增长率降低到千分之五左右，当年净增的人口才能降到五百万左右。这就要求一对育龄夫妇只生一个孩子……

钱信忠在这次发言中还说，各级政府一定要重视这件大事。他特别强调说，现在是到了要像抓生产建设那样来抓计划生育、控制人口的时候了。1981 年 3 月，全国人大常委会决定撤销国务院计划生育领导小组组建国家计划生育委员会以后，陈慕华兼任主任，中央又任命卫生部部长钱信忠为国家计划生育委员会第一副主任。这就是说，钱信忠本来就是陈慕华旧班底的人，既是陈慕华制订"一胎化"政策的主要助手，又了解中共中央 1982 年 11 号文件制订的全过程。

按照党的人事制度和调整的程序，新任领导往往都是在人大常委会正式通过以前就已经到职的。钱信忠接替陈慕华担任国家计划生育委员会主任，至少应该在 1982 年 4 月份以前已经到任。根据党和国家领导机关的工作规则，大凡党中央有了重大决策，相关部门要立即召开本系统的全国性会议传达贯彻中央精神。中共中央国务院于 1982 年 2 月 9 日颁布《关于进一步做好计划生育工作的指示》，即使算钱信忠 4 月份到职，因为他本来就是陈慕华任主任时期的第一副主任，准备召开全国会议贯彻 11 号文件在技术层面也不是需要很多时间的。但是，全国会议延迟到 8 月中旬。对这一不寻常现象的唯一解释，是钱信忠寻求中央对他实际改变"女儿户"政策的同意与认可。我们之所以作这样的判断，是因为打着贯彻 11 号文件的幌子召开的全国计划生育工作会议，实际却开成一次明确改变中央生育政策的会议。读者请看下面一段文字，它取自于国家计划生育委员会党组会后给中央的报告《全国计划生育工作会议纪要》。

> 会议指出，为了争取在本世纪末把我国人口控制在 12 亿以内，必须普遍提倡一对夫妇只生育一个孩子，严格控制二胎，坚决杜绝多

胎。在实际工作中，要把实现长远的奋斗目标和照顾群众的实际困难结合起来，把政策建立在更加切合实际的基础上，使党的政策真正变成群众的自觉行动，从而更有成效地、持久地控制人口增长。

在《指示》下达之前，各省、市、自治区规定了三种情况可以生育二胎：（1）第一个孩子有非遗传性残疾，不能成为正常劳动力的；（2）重新组合的家庭，一方原只有一个孩子，另一方系初婚的；（3）婚后多年不育，抱养一个孩子后又怀孕的。在贯彻《指示》过程中，很多省、市、自治区在上述三种情况之外，对农村又新增加了四五种或六七种，主要有：（1）两代或三代单传的；（2）几兄弟只有一个有生育能力的；（3）男到独女家结婚落户的；（4）独子独女结婚的；（5）残废军人；（6）夫妇均系归国华侨的；（7）边远山区和沿海渔区的特殊困难户。

会议认为，我国地域辽阔，各地的情况差异很大，在具体政策掌握上，要分类指导，不能"一刀切"。各地已有的规定，在能够完成国家人口规划和本地区人口规划的前提下，要稳定下来，一般不要再作变动。同时，各级领导要调查研究，探索规律，争取两年左右的时间研究制定出既能有效地控制人口，又比较切合实际的条例或法律。少数民族地区要根据《指示》的精神，研究制定适合本地区情况的具体政策、办法。

读者可以看到，在这个贯彻以"女儿户"政策为核心的会议中，我们不仅根本就看不到如何贯彻执行"女儿户"的计划和安排，甚至连"女儿户"或者婉转的表达"某些群众确有实际困难"都找不到。相反，按照上面引述的这三段话，首先，国家计划生育委员会党组要给包括中央在内的所有人上课，为了实现 12 亿人口目标，还必须实行一对夫妇只生一个孩子的政策。其次，国家计划生育委员会党组开始装聋装傻，完全不理中央 11 号文件中"某些群众确有困难"就是他们建议所指只有一个女孩的农民家庭，真的开始在"某些群众确有困难"方面做文章，在过去一些地方提出的 3 个条件的基础上，又新增加了 7 条，算是照顾有困难的群众生育二胎。第三，钱信忠以我国地域辽阔、差异很大为由，继承陈慕华给中央关于制订政策的报告中的相关理由，为各地继续执行"一胎化"的原有条例和办法争取合法性。总之，在中央11号文件颁发整整半年之后由国家计划生育委员会召开的贯彻中央 11 号文件的全国计划生育工作会议上，钱信忠又偷偷地取消了中央11号文件中最为核心的"女儿户"政策。

除了全国计划生育工作会议迟迟不得召开表明国家计划生育委员会和中央之间存在歧义和博弈外，一周的全国会议既没有党中央也没有国务院的领导到会指导，以及国家计划生育委员会在 8 月 16 日会议结束当天就报送中央的"会议纪要"，一直到 10 月 20 日才以中共中央办公厅的名义批转，也都是期间钱信忠与中央讨价还价、谋求合法取消"女儿户"政策的间接证据。

不过，更为有趣的是，会议结束后，提出"女儿户"政策的赵紫阳于 18 日在中南海接见了部分会议代表，明确表态同意各地的办法可以暂时不动，并向代表建议实行山东省"开小口、堵大口"的经验。

10 月 20 日，中共中央办公厅向全国批转了国家计划生育委员会《关于全国计划生育工作会议纪要》。这是国家计划生育委员会直接谋求的一份文件。它也是从 1982 年到 1988 年中共中央政治局第 18 次常委会议以前，指导全国计划生育工作的纲领性文件。这份文件的产生，表明中央事实上是用一份级别较低的新的"红头文件"替代了 8 个月前刚刚下发的最高规格的"红头文件"。这也是为什么对现行的计划生育制度如此重要的中央 1982 年 11 号文件，却一直在计划生育系统籍籍无名的重要原因。

六、1983 年：大结扎

根据国家计划生育委员会后来的计算，按照 1982 年 8 月全国计划生育工作会议提出的照顾群众的 10 个条件生育二孩，总共也占不到当年生育中一孩夫妇的 5%。[68]但是，即使这样，钱信忠仍不愿意在实际工作中推行。1982 年 9 月，党的十二次代表大会结束后不久，钱信忠给赵紫阳写信，提出要解决多胎和减少人工流产问题，必须采取结扎和上环两个措施。

同年 10 月，钱信忠开始在一次会议上提出他的工作思路，即"对城乡已生一胎的人要提倡放环""对农村已生二胎的夫妇要积极开展结扎手术"。与此同时，他还强调："在目前情况下，人工流产和引产还不得不做"。根据钱信忠的统计和计算，全国农村尚待结扎的对象有 2100 多万人。

11 月，钱信忠在全国计划生育宣传工作会议上讲话说："为了降低人工流产和引产比例，我们提出这样一个意见，根据中央'无论哪种情况下都不允许生育三胎'的方针、政策，已经生育了两胎的夫妇一方，实行永久性的节育措施。"在计划生育部门中，"长期性节育措施"是指妇女上节育环，"永久性节育措施"就是男性结扎输精管或女性结扎输卵管。

1983 年 1 月，钱信忠在河北省视察工作时说：

中央提出计划生育要采取得力措施，所谓得力措施就是一胎上环，二胎绝育，这样搞它二三年就可能好一些。结扎问题，我也和中央的几位老同志商量过，薄一波同志很同意。我把结扎情况和前十八年、后十八年的算账情况向紫阳同志汇报，他基本上同意了。所以，我就通报各省，要开展搞结扎绝育手术。六十年代我在上海搞了四十万结扎手术，后来那里的工作一直很主动。四川省什邡县二胎以上结扎 100%，一胎也结扎 30%，那里的工作就非常主动。不结扎，光突击补救，县委书记忙死也不行。

"开展搞结扎绝育手术"，这就是钱信忠的工作重心。在国家计划生育委员会的指导下，从 1982 年年末开始，国家计划生育委员会已经不是以认真执行 10 月份中央批转国家计划生育委员会《全国计划生育工作会议纪要》中由钱信忠自己提出的政策，而是转变为以人结扎为中心的计划生育工作。1982 年和 1983 年，结扎、上环和人工流产都不断创新高。据统计，1982 年，全国累计男扎 11550476 人，女扎 30551704 人，其中农村男扎 10793673 人，女扎 26517343 人。1983 年，全国男扎 16064210 人，女扎 46626107 人，其中农村男扎 14495638 人，女扎 39447653 人。换算成 1983 年的成绩，全国全年男扎 451 多万人，其中农村 370 多万人；女扎 1607 万人，其中农村 1293 万人。男女合计，该年全国结扎 2058 万，其中农村 1663 万。另外，该年的人工流产也迅猛攀升，创下历史最高，以至从这一年开始，国家计划生育委员会的报表中已经不再敢显示这一个指标。1982 年 11 月初，钱信忠大张旗鼓地在全国开展一个"计划生育宣传月"活动。说是"宣传月"，其实开展了 50 多天，是从 11 月初到春节前的计划生育活动。本来，从 1979 年开始，每年的人工流产数已经结束了 70 年代以来每年大约提高 100 万左右的历史，开始以每年 200 万左右的速度攀升。由于 1982 年声势浩大的"计划生育宣传月"活动，该年的人工流产已经比前年多了将近 400 万，达到了 1200 多万例。 1983 年的人工流产数据一直保密，是迟至 27 年以后的 2010 年才由国家卫生部予以披露，达到 1437 万。1983 年的人工流产和男女结扎，都是截至目前手术最高的年份。

国家计划生育委员会以大结扎为中心的工作安排，进一步加剧了"一胎化"生育政策以来在计划生育领域的强迫命令和违法违纪现象，尤其在农村推行的大结扎和人工流产、引产，带来很严重的社会后果。"有的地方出现过用野蛮的办法，抄家、封门、砸锅、扒房子、毁坏庄稼、牵走牲畜，破坏群众的基本生产资料和生活资料，甚至围村突击，拉人游街、变相监禁群众、株连亲属、乡邻等。"有的地方甚至组织"夜袭队"，晚上去抓计划生育"超生户"或结扎对象。

计划生育工作严重脱离群众和侵犯群众利益的现象，严重影响了党群关系，也引起了中央书记处的重视。胡耀邦也在一份材料上批示说，计划生育"工作要做得合情合理，为广大群众同情才好"。联系计划生育工作的中央书记处候补书记郝建秀在一次讲话中说：

有一个乡去年十月份扒掉一家计划外怀孕户的房子时，还召开了现场会。……可是这个乡在召开了扒房现场会之后不久，又出现了三十八名计划外怀孕妇女。这不是越闹越僵持了吗？这个地方的干群关系搞得非常紧张，有人骂计划生育干部断子绝孙，有人装疯卖傻打干部，有人放火烧干部家里的东西，有人砸干部家的玻璃窗。中央领导同志接到这样的群众来信不少，也有不少人为此上访。有些地方矛盾激化，出了人命。

政治局委员、中央书记处书记、国务院常务副总理万里将一份反应河北省妇女因强迫结扎去五台山逃难的材料批转给钱信忠，“要他们赶快纠正一下，加强群众工作”。但是，钱信忠根本不重视，当作耳旁风，连个回信都没有。万里在全国计划生育主任会议上呼吁说：“强迫结扎，不能那么做。那个做法太脱离群众，是违犯党的政策的。”

1983 年 12 月，中央撤销了钱信忠国家计划生育委员会主任职务，任命原副主任王伟为国家计划生育委员会主任。

七、1984—1987 年：缓和渐变和 10% 的照顾生二胎

钱信忠的下台并没有换来“女儿户”政策的推行，计划生育工作继续在 1982 年《全国计划生育工作会议纪要》所定的方向上前行。1984 年 1 月 19 日，中共中央书记处召开 108 次会议听取国家计划生育委员会《关于计划生育工作情况的汇报》，研究计划生育工作。会议提出：“要把计划生育政策建立在合情合理、群众拥护、干部好做工作的基础上。根据我国当前的实际情况，要进一步完善计划生育工作的具体政策”。胡耀邦在会议上提出，要对农村适当放宽一点生二胎的小口子，坚决制止大口子，严惩徇私舞弊的歪口子，少数民族规定一个适当的口子。胡耀邦在会议上强调了两点，他说，一要不惜工本引进外国的好药械，二要不惜工本地培养技术力量，要下决心，这是关系到爱护人民的问题。　问题的要害是，会议并没有明确指示要

把执行中央 1982 年 11 号文件所规定的"女儿户"政策当作新一届的国家计划生育委员会的中心工作。

2 月 27 日到 3 月 7 日，全国计划生育主任会议传达书记处会议精神，统一思想，改进作风，推动工作。会议期间，万里、郝建秀都到会并讲了话。4 月 5 日，中央书记处召开办公会议讨论国家计划生育委员会修改后的"情况汇报"。中央在会后的通知中说：

我们关于计划生育的实质，就是要逐步做到，除城市、城市郊区外，在大部分农村地区，要逐步做到允许第一胎生女孩的再生第二胎。这一点，只在实际工作中掌握，不公开宣传，并要有一个缓和渐变的过程。从长远看，如果能切实做到杜绝多胎，则允许生二胎并没有多大危险。……因此，现行的计划生育政策，仍是一个历史阶段的政策。今后，随着我国经济、文化水平等方面的提高，还可以进一步完善。

从这个通知可以知道，第一，中央同意和认可"逐步做到允许第一胎女孩的再生第二胎"，而不是立即执行"女儿户"政策。第二，从"一胎化"到"女儿户"的转变要有一个缓和渐变的过程。"逐步做到"和"缓和渐变"，是中央迁就和认可国家计划生育委员会不断抵制"女儿户"政策而逐渐明确提出的一个方针和工作方法。正是在中央这样的指导下，国家计划生育委员会在《关于计划生育工作情况的汇报》中提出要继续在照顾"确有实际困难的群众"生二胎方面做文章。在被称之为 1984 年 7 号文件即中央批转的国家计划生育委员会的汇报中，有关政策部分说：

二胎和多胎。1982 年出生婴儿中二胎和多胎各占 24.2%。我们赞成"开小口子，堵大口子（指计划外二胎和多胎生育）"的意见。1982 年规定了农村有十种情况可以生二胎，据测算，根据这一规定生二胎的只占一孩夫妇数的 5%以下。我们考虑再增加几项，把二胎照顾面扩大到 10%左右。对这个问题，我们调查研究不够，没有认真去抓。百分之十是对全国农村的一般要求，各地要根据实际情况，加强思想引导，通过算人口发展细账，经过试点，取得经验，逐步推开。

以后随着多胎减少，照顾生二胎的口子可以继续开大一些。

有了中央缓和渐变的方针，国家计划生育委员会在实际工作中也开始公开抵制“女儿户”了。7 号文件下达一周后的一次讲话中，国家计划生育委员会主任王伟就批评那些把党的生育政策当作是“女儿户”的说法。他说：

有人说：“现在生一个女孩让再生一个”。中央文件可不是这样说的，不要把严肃的政策简单化了。第一讲了提倡生一个；第二要求大家要以顽强的精神做思想工作，劝他不生，实在不行，才按实际困难照顾的给予照顾嘛！

这样，“女儿户”已经不是现行的计划生育政策的核心政策，而是照顾有实际困难的群众生育二胎的许多种条件之一。1984 年 7 号文件下达以后，全国各地实行的政策极不统一。1985 年 11 月 15 日，王伟在中共中央党校所做的《关于计划生育工作问题》的报告中，把全国各地五花八门的政策做了一次梳理。他介绍说：

从一九七九年以来，我们提倡一对夫妇生育一个孩子。改善政策主要是在继续提倡一对夫妇生育一个孩子的基础上，逐步安排有困难的家庭生两个孩子的问题，城市掌握严一些，农村宽一些，少数民族基本上生两个，个别的三个。同时要堵住超计划生育的“大口子”，刹住“歪口子”。

在农村，大致有五种情况：第一种，规定若干条可以生两个。第二种，照顾只生育一个女孩的允许再生一个。山东省五分之二的地区、浙江南部的大部分地区，以及广东、广西都是这个办法。辽宁省委最近也作出决定，在全省范围内逐步推行这个办法。……第三种情况，适当延长生育间隔，普遍生两个。目前采取这种办法的主要是地处边远、边疆，同少数民族杂居，大山区，海岛捕鱼等有特殊情况的地区。如宁夏全区，广西龙胜县，山东长岛县等。山西翼城县今年开始试行晚婚晚育后间隔四、五年可以再生一个的办法。广东南海等一些县根据生育指标多少，在安排好新婚夫妇生育的前提下，轮流安排已有一个孩子的家庭生育第二个孩子。第四种，按照经济地理条件规定不同的生育政策，也就是区别对待，分类指导，的办法。……第五种，根据多胎率下降的程度扩大照顾生两个孩子的范围，甘肃省就是这样做的。

可见，在钱信忠之后的国家计划生育委员会看来，"女儿户"仍然不是全国计划生育工作的基本政策，他们的任务是要用不同的方法套"某些群众确有困难要求生二胎"。正是在中央和国家计划生育委员会这一思想指导下，不仅一个省的政策不一致，往往是一个县的政策也很不一致。譬如被国家计划生育委员会决定为"分类指导"典型县的陕西省勉县，在一个县域内还要划分出几个不同的政策类型。在一些地方，甚至把照顾生育二胎当作一种培养、刺激和奖励的手段，送给那些生产或者经营大户。

另外，需要指出的是，王伟这里归纳的执行"女儿户"和允许生育二胎的省份的情况也有不少与当时的实际也不相符合。11 号文件将"女儿户"政策表述为"某些群众有实际困难"，因为国家计划生育委员会的有关建议的文件只发至省军级，所以只有省军级以上的干部知道它是特指"女儿户"，而广大基层干部和群众也都是在有关部门的指导下按照 11 号文件的字面来理解，即使有些地方实施"女儿户"的试验，也都是把它当作其他照顾生二胎条件中的一种。特别是在从紧从严管理的主导思想支配下，政策严紧的地方，上级主管部门总是予以支持；照顾生两胎的比例超过 10%这一规定的地方，主管部门就会加以干预。所以，一直到 1988 年，"女儿户"在全国各种试验中都不占多数。至于生育二胎的地方，那是少之又少的。包括甘肃省在内实际远没有王伟的文字表述的范围那么大，当时甘肃省也仅仅只有酒泉地区和徽县有条件地允许生育二胎。

1985 年以后，一方面是 60 年代中后期至 70 年代初每年大约平均生育 2400 万人口的那一代人逐渐进入婚育年龄，另一方面，钱信忠 1982 至 1983 年在全国强制推行上坏、结扎和人流手术，人为地造成 1984 年至 1985 年的生育率低谷，开始出现补偿性生育。1986 年，妇女生育率明显高过前一年。有人借此批评生育政策离开了"一胎化”而导致生育率上升和“人口失控”，呼吁再次回到 1982 年以前的生育政策上。1986 年 12 月 2 日，赵紫阳在全国计划生育工作会议上讲话说：

这几年计划生育政策应当说更加完善了，更加符合实际了。我赞成稳定政策，稳定现在执行的政策，不要变来变去。计划生育工作本来很艰巨，政策老变来变去，下边不好办。在汉族地区，一对夫妇只生一个孩子仍然是主要的政策。首先是城镇仍不变动，不要松口子。但是农村，中央考虑，书记处考虑，我同耀邦同志、万里同志主张，农村不能完全一刀切。农村一对夫妇只生一个，不考虑任何特殊情况，执行起来难度很大。这样，反而助长了多生，多胎制止不了。因为它在群众中没有基础。所以，我们一直主张农村应该有个长期、稳定、得到多数农民支持的计划生育政策。除了过去规定的一些特殊情况可以生两个孩子以外，加一个独女户，只有一个女孩的，间隔几年允许生二胎。我认为严格按这个去办，不会因此而使中国人口爆炸，但是可以大大减少农村计划生育工作的难度，可以密切党和农民的关系，就不会发生那种大量外逃抢生的现象。

但是，因为中央 1984 年 7 号文件的“逐步做到”和缓和渐变的方针，国家计划生育委员会还是继续按照自己的工作部署，要求“照顾农村确有实际困难的夫妇生育二胎，一定要严格按照省、自治区、直辖市的规定执行，不准随意扩大”。“女儿户”政策仍旧举步维艰地走在曲折的山间小路上。

八、1988—1991 年：“女儿户”走到了前台

国家计划生育委员会开始明确认识到现行的生育政策的核心是“女儿户”的道理，是 1988 年新一届的计划生育委员会。1988 年 3 月的全国“两会”期间，一些人向人大代表和政协委员递送材料，批评 1982 年以来的生育政策是“长官意志”，造成最近几年的生育率回升和人口失控的恶果，呼吁政策再回到“一胎化”上来。此时，因 1986 年年底那次争取民主政治的学潮，胡耀邦已经去职。赵紫阳先

是代理总书记职务，接着，1987 年 10 月，党的第十三次代表大会以后当选为总书记。1988 年 3 月 31 日，全国"两会"期间，赵紫阳主持中央政治局常委会第 18 次会议，讨论并通过了国家计划生育委员会《计划生育工作汇报提纲》，强调农村应该有个长期、稳定、得到多数农民支持的计划生育政策，除了过去规定的一些特殊情况可以生两个孩子以外，"独女户"家庭要求生育第二胎的，间隔几年以后可允许生二胎。赵紫阳重申，在农村实行这样的政策的出发点是，既要坚定不移地把计划生育工作抓紧，又要从实际出发，使计划生育政策能够为多数农民所接受，得到他们的支持。只有这样，计划生育工作才能有更坚实的基础，才能长期稳定地坚持下去。

5 月 9 日至 12 日，国家计划生育委员会召开全国计划生育委员会主任会议传达中央政治局常务委员会举行第 18 次会议精神。会议强调必须统一思想，首先是各级领导干部的思想要统一到中央的方针政策上来，这是当前做好计划生育工作的前提。会议要求，各个省、市、自治区应该按照以"女儿户"为核心的现行的计划生育政策重新修订《计划生育条例》。"女儿户"政策正式在全国舞台上亮相，标志着此前这一个不敢理直气壮地表述的核心政策已经走到了计划生育工作的前台。

1989 年 2 月 23 日，由总书记赵紫阳主持召开的政治局第 58 次常委会议，讨论国家计划生育委员会《关于计划生育工作的几个问题的请示》。会议认为，计划生育是我国的基本国策，计划生育政策必须稳定，政策的波动会引起多生、抢生，因此既不能再放宽，也不宜再收紧。现在应当强调认真执行现行生育政策，而不是改变现行生育政策。会议提出，为了使计划生育工作逐步纳入法制轨道，应积极为制定《计划生育法》做准备。在制定《计划生育法》之前，可以先由国务院制定和颁布《计划生育暂行条例》。

但是，由于 1989 年发生的那场"政治动乱"和赵紫阳下台，涉及到胡耀邦赵紫阳主政期间制订的现行的计划生育政策的去留。1988 年 3 月中央政治局常委第 18 次会议以后，已经有 18 个省、市、自治区先后以《计划生育条例》的形式将以"女儿户"为核心的现行生育政策稳定下来，还有 9 个省、自治区、直辖市已经完成了地方计划生育条例的起草工作。全国的政策走向，何去何从，又到了关节点上。12 月 12 日，国务院总理李鹏主持总理办公会议，听取国家计划生育委员会主任彭珮云汇报并研究国家计划生育委员会《关于计划生育工作中几个重大问题的请示》。国家计生委员会在请示中说：

在"照顾独女户生二胎"的问题上，多年来一直存在着不同看法。近来，有人批评这是一个错误的、失败的政策，是赵紫阳同志在人口工作上的重大失误；有的人还把一九八四年以来完善农村生育政策的工作批评为"资产阶级自由化"。我们认为，现行计划生育政策是党中央决定的，不能认为这是赵紫阳同志个人的决策⋯⋯

我们认为，在新的生育高峰面前，必须稳定现行计划生育政策。计划生育政策是一个十分敏感的问题，不宜轻易变动。

国务院办公会议同意国家计划生育委员会的意见，计划生育政策要稳定。1990 年 8 月 31 日，鉴于国家行政诉讼法即将出台，为防止因计划生育没有相应法规的依据而出现"民告官"的问题，国务院召开 117 次办公会议，委托国家计划生育委员会向还没有制订地方计划生育法规的 6 个省、市、自治区打招呼，请他们力争在《中华人民共和国行政诉讼法法》正式施行前颁布地方的计划生育法规。这样，截至 1991 年，全国除西藏自治区之外的 30 个省、市、自治区，就都有了一个以"现行生育政策"为主要内容的地方法规。其中，除了北京、上海、天津等 3 个直辖市和江苏省，以及四川省的部分地区继续实行一对夫妇生育一个孩子的政策，广东省从 1986 年开始普遍允许农民间隔几年可以再生一个孩子以外，全国绝大多数地方基本上都实行了允许生了一个女孩的农民家庭再生育一个孩子的政策。2001 年 12 月 29 日，《中华人民共和国人口和计划生育法》在全国人大常委会获得通过，该法规定"国家稳定现行生育政策"。至此，有关部门终于使现行生育政策获得了国家法的形式，也标志着党的现行计划生育政策在国家法的层面得到了体现。

九、从 1979—1992 年生育率的变动看生育政策的效果

笔者曾把避孕和节制生育归结为资本主义工业革命创造的一种符合人性的生活方式。随着工业现代化的发展，由于人们的生活和工作由传统转向现代，越来越多的人会自发地选择这一新的生活方式，而这又必然地造成了妇女生育率的下降。所以，从本源上来分析，现代人口过程是经济社会发展的产物，其变化是不以包括政府的政策在内的人们的主观意志为转移的。读者从图 1 可以清楚地看到，我国妇女的总和生育率从 1966 年开始到 1992 年，一直处在一个持续下降的过程之中，特别是 70 年代末以前，我国从总体上还没有形成以强制性为特征的计划生育，但是，这一时期生育率的下降速度不仅迅速，而且没有发生过较大的波动。从 70 年代末开始，政府推行了以"一胎化"为基础的现行的计划生育政策，生育率的下降速度不仅明显慢了下来，而且还出现了几次大的波动。我们知道，1990 年人口普查以后，我国生育率很快越过 2.1-2.2 的替代生育率，至此就再也没有回头过。所以，如果没有以 1980 年和 1985 年为谷底的两次波动，70 年代末到 80 年代末的 10 年多的生育率也会像 70 年代、90 年代那样，是一条未经干扰的、几近直线的生育率下降曲线。

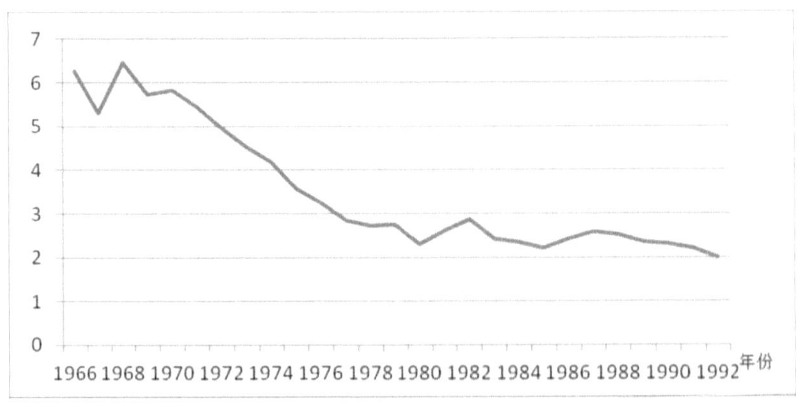

图 1 1966-1992 年全国妇女总和生育率变动曲线

资料来源：姚新武编：《中国生育资料数据集》表 1-1，中国人口出版社，1995 年，第 3 页

如果我们把 1979-1992 年特别抽取出来作具体分析（图 2），就不难发现，妇女生育率的变动表现得特别顽强性。所谓说顽强，是说政府政策可以临时扰乱和打断生育率下降的自发过程，但随后它很快就会以补偿性的活动恢复到原来应有的位置。就是说，政策等人为地干扰可以造成个别波动，但生育率变动的客观趋势并不以生育政策和政策执行的强度所改变。如果不计起点和终点两头的话，图 2 所显示的 10 年共出现过两个谷底和两个高峰，其中 1980 年是一个谷底，由于从妊娠到生育大约有接近 10 个月的滞后期，这个低谷应该是 1979 年大力推行"一胎化"生育政策造成的。但是，这个低谷很快就被 1981、1982 和 1983 年形成的小高峰弥合起来。1981-1983 年之间的高峰，应该是对 1980 年低生育的一次补偿。以 1985 年为谷底的又一次低谷，则应该是 1982 至 1983 年钱信忠在全国推行大规模结扎、流产（引产）活动的结果。这次低谷又被 1986、1987、1988乃至 1989 年持续 4 年的小高峰弥合起来。

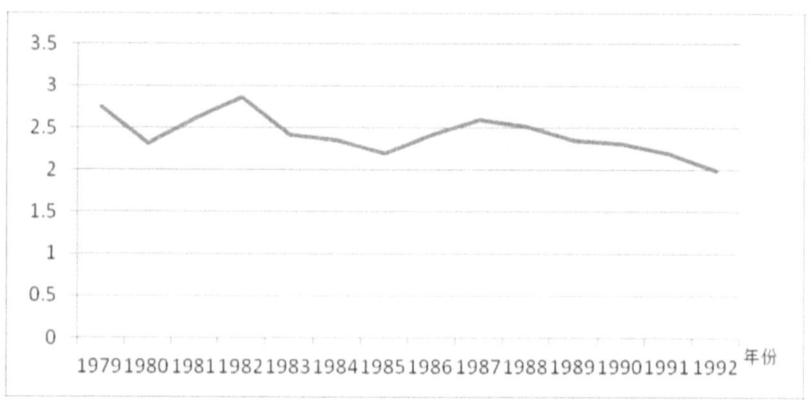

图 2 1979-1992 年全国妇女生育率变动曲线
资料来源，同图 1

如果再作进一步的分析，我们甚至于都可以分辨出两次低谷和两次补偿性生育的小高峰的不同表现形式以及造成这些不同表现的原因。前一个以 1980 年为谷底的波动表现出波动幅度较窄，如果具体解读就是来得快，恢复得也快。后一个以 1985 年为谷底表现出波动的幅度比较平缓，如果解读就是来得慢，恢复得也比较慢。之所以形成这样的差别，是因为造成低谷的原因有所不同。1978 至 1979 年进一步抓紧计划生育工作的时候，开始试行批准生育指标才可以生育，基层干部对于直接干预老百姓生孩子还不很适应，特别是强制性的、粗暴地人工流产手术相对还不是很多。大约从 1972 年开始到 1978 年，全国每年采取人工流产手术一直在 4、500 万例。1978 至 1979 年大跨越了一下，也只达到 786 万例。所以，1978 和 1979 两年来的计划生育造成的生育低谷，主要还是以较多的人实行推迟结婚和推迟生育实现的。数百万人决定推迟婚育，很快就是一个谷底；过 1 年半载，或者 1、2 年，达到或者接近政府规定的婚育年龄，被推迟的生育行为很快发生了，谷底也就被填补其来了。1985 年为谷底的那次波动则不同，它是靠 1982 年年底开始的人工流产实现的。1982 年由前一年人工流产 870 万例猛然上升到 1240 多万例，一年就增加了将近 400 万例。1983 年，人工流产又高达 1437 万例。所以，以 1985 年谷底为低谷的生育率波动是依靠此前几年 7、800 万的人工流产实现的，不仅发生的时间分布在较长的时间段里，而且经过流产后妇女的身体恢复还需要一定的时间，再怀孕就需要的时间更长一些。所以，以 1985 年为谷底的那次低谷的补偿性生育历经的时间较为漫长，曲线长而坡度平缓。总之，通过 1979 年到 1992 年生育率的变化表明，人口变动是一个客观、自发的过程，人为地干扰只会暂时破坏它的走势，引起一时的波动，但不会改变它的运动的总的趋势。

为什么出于改变生育行为的生育政策不一定能够起作用？这是因为，妇女生育率的下降也是有其规律性的。图 3 是我国妇女生育下降幅度最大的 1966-1978 年期间妇女胎次生育率变化曲线，读者可以发现，虽然在期间各孩次生育率都有所降低，但是，它主要是通过较高的孩次生育率即多孩率的下降实现的，孩次生育率越高，下降的速度越快。高孩次生育率的大幅度下降，是 70 年代我国妇女生育率大幅度下降的主要原因。或者说，妇女生育率的下降，主要是通过较高胎次生育率的降低实现的。

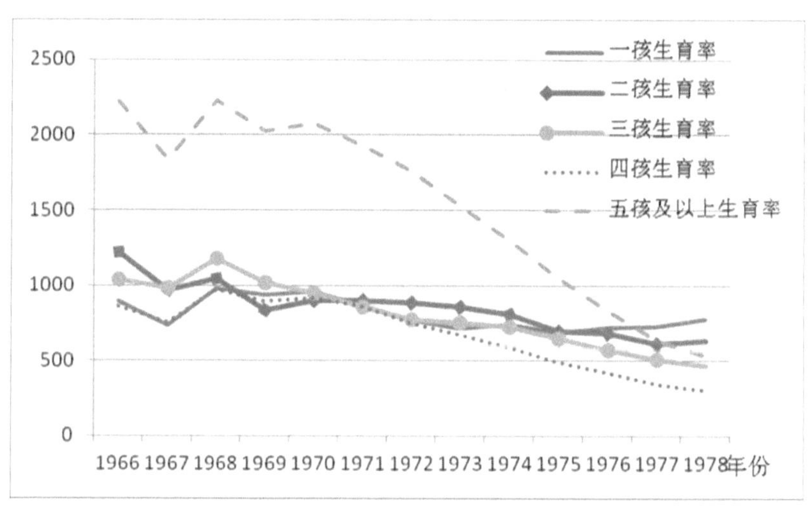

图 3 1966-1978 年我国妇女分孩次生育率变动曲线

资料来源：《中国生育资料数据集》表 3-4 至表 3-16，第 161-173 页

然后我们再来检查 80 年代生育政策的作用。从 1979 年 1 月全国计划生育办公室主任会议开始到 1982 年 2 月中央下达 11 号文件期间的 3 年多的时间里，全国不分城乡地推行"一胎化"政策。但是，根据 1982 年的普查资料，普查前一年生育的孩子中不仅有 25.60%属于第二胎，而且 3 胎和 3 胎以上还占到 27.15%。80 年代初中期，虽然中央 11 号文件提出的以"女儿户"为核心内容的现行计划生育政策没有得到贯彻执行，但即使有条件地允许生育二胎即根据各地先后开放了共计约 20 个不同情况可以生两个的"小口子"，毕竟也比 1981 年以前的"一胎化"相对宽松了。1988 年 3 月 31 日中央常委会第 18 次会议以后，中央和国家计划生育委员会在"女儿户"问题上取得了共识，生育政策更宽松了。根据 1990 年人口普查，1989 年生育的孩子中二孩占 31.29%，3 胎和 3 胎以上占 19.28%。对照 1982 年和 1990 年的两次人口普查资料，比较 1981 年和 1989 年生育胎次比例，普遍实行"女儿户"以后似乎并不直接要求"一胎化"了，但是，生育多胎的比例明显下降了。事情不仅如此，如果对照生育多胎的数量，1981 年生育 3 胎及 3 胎以上的多胎共计 5547645

人，1989 年则是 4598439 人，多胎的绝对数量也比"一胎化"时期明显地减少了。

不仅全国来说是这样，一个省份也是这样。譬如，江苏省和浙江省是上个世纪 70 年代以来，在我国经济社会发展过程中走在全国前列的两个东部省份。先是 70 年代江苏省乡镇企业的发展走在前列，80 年代后浙江民营企业拉动地方经济成为经济大省。用马克思的现代理论来解释，无论乡镇企业或者民营企业的发展，都是传统的农业经济向现代工业社会的转型。所以，它都在一定程度上推动两个省份的妇女生育率持续下降。但是，分析两个省在 1971-1990 年期间 20 年里的妇女总和生育率的变化（图 4），表明生育政策并不起多大的作用。

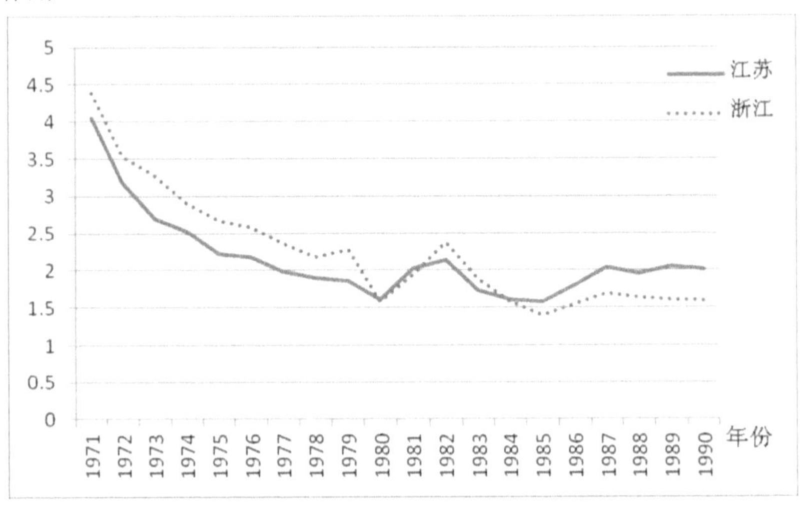

图 4 1971-1990 年江苏省和浙江省总和生育率变动曲线

资料来源：《中国生育资料数据集》表 1-2、表 1-3，第 4-7 页

在 80 年代初期以前，包括"一胎化"时期在内，两个省都实行相同的人口政策。但是，因为 70 年代江苏省的乡镇企业发展的好促进该省的经济发展走前一步，妇女生育率相对低一些。从 80 年代中期开始，浙江省在民营经济得到逐步发展的同时却没有固守"一胎化"的政策，而是从金华地区等地方开始扩展实行了"女儿户"政

策。比照两个省的妇女生育率变化，尽管江苏省一直到现在不分城乡地还在全省实行一对夫妇只生育一个孩子的政策，其生育率却明显地高于浙江省。

人口的实际变动和人们的感觉并不一致，即使一个县那样小的区域也会给人带来许多错觉。2011 年 4 月，新华社《瞭望东方周刊》同期刊发两篇讨论生育政策的长篇通讯，比较贴切地传达了社会各个阶层的人们对现行的计划生育政策调整和转变所持的态度，是近年来我国主流媒体相关题材中力度最大的一次报道。但是，从该刊刊发的一组文章中不难发现，无论基层干部还是国家计划生育委员会的领导、专家学者，从上个世纪 80 年代以来都一直乐道于一个基本的观点，即随着计划生育政策时紧时松，人口出生也按照政策起伏忽高忽低。换句话说，政策紧了，出生的人口就少了；政策松了，出生的人口就多了。文章比较多地列举湖北省长阳县的情况来说明这个道理：

各地就此纷纷"开小口"。当年 7 月湖北省提出"开小口、堵大口、杀歪口"的政策，9 月长阳对"开小口"做出具体规定，1985 年长阳土家族自治县成立后，更是将二孩的生育政策放宽到了县内全部城乡居民。

……如此，从 1985 年开始，一些地区的计划生育工作几乎停摆。"一开始，计生助理员送一种写着'可以生二孩'的纸条，催着赶快生，后来有没有纸条都可以生。"田文金回忆。截至 1986 年底，长阳全县出生人数由 1984 年的 6597 人上升到 11429 人。

在第二篇文章里，记者继续叙述说：

1985 年，随着全国计划生育政策的短暂松动，长阳县允许城乡居民普遍生育二胎。1987 年，国家计生委官员来该县检查工作时，认为民众抢怀抢生现象普遍，遂取消了其城镇地区的二孩生育政策。

长阳县的计划生育局的干部希望制订一个再婚后的家庭可以再生育一个孩子的政策，并且把申请提交到省里。

不久，湖北省开了一次计生研讨会。长阳计生局提出思路后，荆州的一名代表首先发言：我国人口膨胀太快，长阳虽是土家族自治县，一旦放开，会产生 80 年代的人口大膨胀。

"大膨胀是说 1984 年成立土家族自治县后，长阳在生育上对城镇、农村全部放开，结果两年时间，每年出生的人口相当多，比现在每年新增人口多出几倍。"田文金解释。

专家、学者纷纷担忧"大膨胀"，主管部门湖北省计生委的代表也强烈质疑……

根据这两篇文章，首先，包括专家学者在内对我国 80 年代的计划生育政策"时紧时松"的认识是错误的。1979 年全国实行不加任何区分的"一胎化"以后，1982 年中央 11 号文件开始各地放宽政策的尺度尽管相当有限，但毕竟相对于 1979 年的政策，80 年代是越来越为宽松了。特别应该肯定的是，11 号文件以后，虽然长期得不到执行，但毕竟没有走回头路。所以，从 1980 年前后的"一胎化"到 1990 年以后的"女儿户"，生育政策的走向是在其间越来越宽松，根本就不存在"时紧时松"。

其次，如果说政策上没有"时紧时松"的话，人口出生方面更没有一个"随着政策的宽松而多出生"的问题。根据 2000 年人口普查资料，我们并没有发现湖北长阳县因为 1984 年改为土家族民族自治县和政策放宽发生抢生和高出生的问题。特别有趣的是，对照长阳县 10-14 岁组（1986 至 1990 年出生）和 15-19 岁组（1981 至 1985 年出生）的人口，前一组男女合计 40829 人，每个年龄平均 8166 人。后一组男女合计 32145 人，每个年龄 6430 人，表明 1985 年以后每年比前一个年龄组平均多生 1736 人。这一情况说明，1985 年以后每年出生的人口虽然比 1984 年以前多，但绝对不会发生当地计划生育干部田文金所说"截至 1986 年底，长阳全县出生人数由 1984 年的 6597 人上升到 11429 人"那样恐怖的情况。

为了进一步验证长阳县的老百姓并没有因为设置民族自治县和生育政策的变动而发生抢生、多生，我还对比了与其北面相邻的秭归县和南面相邻的五峰县，其中五峰县与长阳县一样都是在 1984 年改为民族自治县的。秭归县 1985 年以前的 5 个年龄组平均每年仅出生 5780 人，而后 5 个年龄组每年出生 8803 人，平均每年多出生 3623 人。五峰县前 5 各年龄组平均每年出生 3146 人，后 5 年平均 4241 人，平均每年多出生 1095 人。长阳县前后 5 年比较，年平均增长 27%，秭归县则增长 63%，五峰县则增长 35%。比照 3 个县在 80 年代人口变动的结果，我们完全可以说，既不能把人口增长的原因归结到长阳县设立了民族自治县，也不能怪罪于他们自行放宽了生育政策。如果真的如记者所说，国家计生委的官员 1987 年在长阳县检查时，仅仅看到那里出生的孩子多了，就说那里的"民众抢怀、抢生现象普遍"，那该是荒唐透顶了。

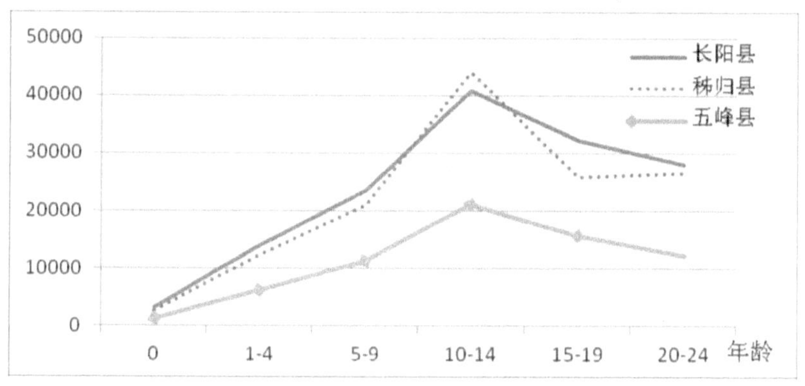

图 5 2000 年长阳县和秭归县、五峰县 0-24 岁人口曲线

资料来源：国务院人口普查办公室和国家统计局人口司编：《2000 年人口普查分县资料》表 2（续 26），中国统计出版社，2003 年，第 154-155 页

有意思的是，我们从图 5 不难发现，虽然 3 个县的人口总量不同，生育政策也有差异，但期间的人口出生变动的走势却几乎完全一致，说明长阳县当时的妇女生育率变化并没有明显与周围的秭归县、五峰县具有什么不同。这一情况说明，长阳县的人口走势是与自己的政策以及改设民族自治县等等来自于政府的各种特殊因素是没有直接的关系的，人口学家们和计划生育部门此前此后对长阳县 80 年代的计划生育政策和人口出生变动关系的解释也都是错误的。

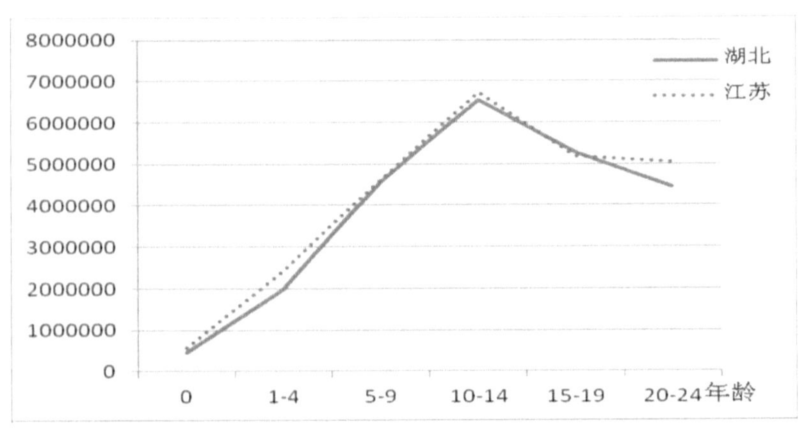

图 6 2000 年湖北省和江苏省 0-24 岁县人口曲线

资料来源：《2000 年人口普查分县资料》表 2（续 12、续 25），第 126-127、152-153 页

为了验证长阳县和秭归县、五峰县在 1985 年前后的生育情况属于正常，笔者还利用同一来源的资料描述了湖北省和当时所谓全国计划生育工作先进单位、执行"一胎化"生育政策不动摇的江苏省的 0-24 岁的各人口组的县人口曲线（图6），与三个县的曲线走势也基本一致。

还需要指出的是，2000 年人口普查时，湖北省的少数民族人口259.69 万人，占总人口 4.36%。[8]江苏省仅 25 万人，占总人口 0.17%。[9]从上个世纪 80 年代中期开始，少数民族实行可以生两个孩子或者更为宽松的政策。所以，除了其他相同条件以外，与江苏省不同的是，湖北省执行"女儿户"和比"女儿户"更宽松一些的少数民族的计划生育政策。如果我们把湖北省和江苏省的人口年龄结构看作近似地一致的话，1979 年到 2000 年期间（即年龄在 21-0 岁之间），一直实行"一胎化"生育政策的江苏省的妇女生育率并没有比 1982年以后逐步放宽生育政策、80 年代后期已经实行"女儿户"政策的湖北省更低。

结合生育率的变化分析生育政策的作用，说明政策在妇女的实际生育水平的约束方面并没有起到多大的作用，它只是把客观上一定会发生的人口现象人为地划分为"符合政政策"和"不符合政策"两大类，并将没有按照政策规定怀孕的当作"计划外怀孕"，将没有按照政策规定出生的孩子当作"计划外超生"，分别"执行政策"罢了。

十、结束语

（1）计划生育是由中央政府推动的旨在控制人口过快增长的一项政策。中国政府是从上个世纪 50 年代初中期开始推行计划生育工作的。不过，那时的计划生育是在鼓励个人和家庭采取避孕与节育的技术层面上进行的，这与 70 年代末发展起来的由政府管制国民生育行为的现行的计划生育制度还是有较大区别的。政府早期推行的计划生育工作，主要限于宣传生儿育女的生理卫生常识和实行避孕节育的好处，指导采取避孕和节育的方法，改变国家原来严格限制人工流产的制度，取消进口避孕药械和限制流通的规定，安排和组织避孕药械的生产，培训实行节育的医务技术人员，以方便民众的避孕和节育生活。在前一个阶段里，政府特别注意工作方法，强调自觉自愿，反对强迫命令。

但是，因为都是政府行为，尊重国民自觉实行节制生育意义上的计划生育和政府管制含义的计划生育之间，并没有一道不可逾越的鸿沟。从 50 年代到 70 年代的持续 20 多年里，国家财政对计划生育不计成本的投入，以及从中央到地方构建的越来越庞大以致延伸到农村每一个居民小组和城市的街道居民点，以及机关、工厂和学校等基层单位的专职管理机构和队伍，都为现行的计划生育制度的产生创造了充分的条件。

（2）1976 年毛泽东逝世以后，华国锋等中央领导取得党、政、军领导权。华国锋是毛泽东钦定的接班人，具有无可争议的正统性。那还是文化大革命时期，不仅社会秩序混乱，按照当时官方的说法，"国民经济已经达到崩溃的边沿"。所以，以华国锋为首的领导集体极力要通过发展生产以向人民证明执政的合法性。但是，在尚没有对计划经济进行反思和改革的情况下，发展经济仍只能在计划思维和计划体制下进行。在急于求成的思想支配下，1977 年到 1978 年，国民经济发展计划的中长期目标不断被拔高。与此同时，中国人口众多也被当作建设"四个现代化"的沉重包袱。所以，控制人口增长的计划目标，也在制订那个被称之为"洋跃进"的国民经济中长期发展计划的过程中，不断地被拔高。党的十一届三中全会以后，过高的经济目标被刚担任党的副主席的陈云所提出的调整方针压缩了，而过高的人口目标却要求用越来越强硬的计划生育政策维系着。

（3）把政府倡导的避孕和节育意义的计划生育迅速转变为政府管制下的计划生育制度，在很大程度上要归功于国务院计划生育领导小组在 70 年代末推行的"一胎化"政策。

"一胎化"即一对夫妇只生一个孩子的生育政策，是以陈慕华为组长的国务院计划生育领导小组在贯彻落实华国锋 1978 年和 1979 年的政府工作报告精神的基础上逐步产生的。与此同时，也是在文化大革命以后不久，极左思潮尚未得到清算，全社会仍然以政治为中心的年代产生的。1979 年，在国务院计划生育领导小组的指导和督促下，全国 29 个省、市、自治区中有 27 个（1980 年上半年上升到 28 个）都制订了《计划生育暂行条例》，从经济的、行政的和法律的方面限制国民的生育，保障了"一胎化"政策的贯彻和推行，从而标志着计划生育从自觉自愿向政府管制的现行的计划生育制度的转变。"一胎化"促成了自觉自愿的计划生育向以政府强制为特征的现行生育制度的转变。因为自后所有出现的计划生育政策不仅都没有否定"一胎化"，而且是在继续执行它的情况下产生和发展的。所以，"一胎化"构成了现行的计划生育政策和制度的基础。

此外，"一胎化"生育政策具有极端、严紧、简单、通俗和明了的特征，容易宣传和方便群众知晓，因"一刀切"而无需再给群众作耐心细致的工作，深得计划生育部门的欢迎，所以，很快就得以在全国普遍推行。"一胎化"政策开启了政府强制实行计划生育的时代。

没有"一胎化"，就没有今天完全由政府主导的计划生育工作。

（4）"一胎化"这样一个极端的政策能够很快在全国得到推行，也是和当时的政治经济制度分不开的。首先，经过 50 年代的社会主义改造，所有的中国人都变成了单位人。人们不是在国家机关或者所属的企业事业单位，就是在已经组织起来的农村人民公社或者城镇集体经济单位。单位既是接受劳动者就业的经济组织，又是其生活必需品的发放者和供应者。一个劳动者及其家庭如果离开具体的单位，或者失去生活来源，或者失去生活来源供给的渠道。总之，没有单位，就没有生存的条件。所有的人都融入到了单位，单位已经湮没了自我。在共和国，东西南北中，党是领导一切的。所有单位，都要接受党和党组织的领导。因为已经没有了个人，而所有的单位又都是全党的一个组成部分，党的领导和党的政策也就无需征求民众的意见。从计划经济制度建立的那个时代开始，国民经济发展计划和各项政策就都是政府的事情。即使从现在的观点来看生育纯粹是民众个人的事情，但如同消费品最终也是个人的事情一样，在那时的体制下它都该由政府做决定。所以，"一胎化"自上而下地推行也就不足为奇了。

另外，从当时的具体形势来分析，陈慕华的"一胎化"大行其道也恰逢其时。1979 年是党的十一届三中全会以后的第一年，邓小平解决华国锋的问题还没有来得及提出来。但是，邓小平陈云已经联手准备向华国锋出击。在这一特定时期下，无论华国锋还是邓小平，都没有过多的兴致和精力去深究"一胎化"的后果。一方面，计划生育部门实行"一胎化"是积极工作的表现。另一方面，"一胎化"政策已经不同程度地得到各个省、市、自治区党委和政府的积极响应。在即将展开的党内斗争中，两派势力都需要广大干部的支持。这也是"一胎化"能够得到从华国锋到邓小平、李先念、陈云等党和国家领导人共同支持的根本原因。

（5）如果不是因为 1989 年"六四"结束了"邓小平—胡耀邦赵紫阳"的领导组合以后，人口与计划生育部门的一些人给予了

1980年9月25日党中央给党团员的"公开信"以不能承受之重，历史完全可以忽略它曾经的存在。支持这一观点的有力证据，莫过于决定产生它的那次会议。1980年6月25日的中央书记处会议上，经胡耀邦提议，发表一个告全体党团员和干部的公开信，"把计划生育的意义和道理讲清楚"。但是，也就是在官方所做的这次会议的介绍和提要里，却压根忽略了该次会议决定发布"公开信"这件事。事实上，如果把它放置在历史所处的位置上，就不难发现，"公开信"仅仅是邓小平解决华国锋问题期间，已经走到中央党政领导第一线的胡耀邦赵紫阳的一个权宜之计或者过渡性的安排，是"一胎化"走向1982年产生的以"女儿户"为核心的现行的计划生育政策的一个拐点或者转向路标。

（6）华国锋的问题被彻底解决以后，胡耀邦和赵紫阳很快就着手制订新的人口政策。1981年9月10日，中央书记处122次会议上，赵紫阳提出，鉴于农村新实行的"联产承包责任制"，有两个方案可以替代正在农村推行的"一胎化"政策，一是允许农民普遍生育两个，一是农民家庭生了一个女孩的可以再生一个。经胡耀邦提议，委托陈慕华再征求地方党委的意见。在以陈慕华为主任的国家计划生育委员会党组主持征求意见并向中央建议后，最终形成了中央1982年11号文件中以"女儿户"为核心的现行的计划生育政策。

"女儿户"即生了一个女孩的农民家庭可以再生一个的政策，是"一胎化"生育政策在农村遇到强烈的反弹以后提出来的。因为"女儿户"可以满足50%左右的农民再生一个的愿望，这不仅对于"一胎化"是否能够在城镇人口和另外一半农民中执行得下去至关重要，而且对于整个国家的社会稳定也相当重要。所以，中央把"女儿户"政策当作是现行的计划生育政策的核心。但是，"女儿户"并不排斥和否定"一胎化"。"女儿户"是"一胎化"政策在农村实施和发展的结果，是比较松动的或者相对宽松与温和一点的"一胎化"。"女儿户"这一不彻底的性质和特征，是导致已经走上"一胎化"道路的计划生育部门在整个80年代对其实行抵制的根源。

以"女儿户"为核心的现行计划生育政策包括 3 个部分，除了农村人口在提倡一对夫妇只生一个孩子的基础上允许"独女户"家庭再生一个以外，还包括城镇人口基本上一对夫妇生育一个孩子，以及少数民族（不包括当时已超过 1000 万人口的壮族）一般可以生两个孩子、个别家庭允许生三个。因为除了少数民族以外，占我国总人口 95%以上的城镇和农村居民的生育政策中都包括"一对夫妇只生一个孩子"，所以，与其说现行的计划生育政策否定和排斥"一胎化"，毋宁说是在一定程度上对"一胎化"政策的肯定和发展。但是，因为作为核心政策的"女儿户"一下子可以满足一半左右的农民生育二胎的愿望，以及其中特别又给予了少数民族更为宽松的生育政策，所以，它又是对极为严厉的"一胎化"政策某种程度上的妥协和纠正。现行的计划生育政策以"一胎化"为基础，以及包含和容纳了"一胎化"政策的显著特征，都是 90 年代初期"女儿户"政策得以在全国绝大多数地方推行以后，现行的计划生育工作仍旧能够按照原有的方式在"一胎化"政策基础上产生的现行计划生育制度中继续运行的根本原因。

（7）但是，已经走到"一胎化"道路上的计划生育部门从一开始就是拒绝和排斥"女儿户"的。仅仅是因为中央书记处 122 次会议提出的是二者必取其一的方案，这才有了在国家计划生育委员会党组主持下选择"女儿户"的建议。所以，早在制订 1982 年 11 号文件的过程中，国家计划生育委员会已经在为事实上否定和取消"女儿户"埋下两个重要的伏笔。钱信忠是陈慕华班底的主要成员，不仅具有陈慕华一样的理念，而且熟稔陈慕华在制订 11 号文件中所伏设的推翻"女儿户"的策略。所以，钱信忠能够沿着陈慕华铺就的道路继续往前走，上任不久后驾轻就熟地采取两个具体步骤，很简单地就从实践上取消了"女儿户"。所谓两个步骤，一是装聋装傻地故意不理睬中央接受国家计划生育委员会的建议在 11 号文件中用"某些群众确有实际困难"是特指"女儿户"，却在实践上按照文字的含义，选择实际占人口比例极小的 7 种情况照葫芦画瓢地当作照顾困难群众允许再生一个。二是要求中央答应稳定政策，各地继续执行"各地已有的规定"。这两点都在中央批转的《全国计划生育工作会议纪要》中明确地提了出来，等于用一个新的"红头文件"取代了承载"女儿户"政策的中央 11 号文件。

尽管这是钱信忠亲自争取到的"红头文件"，但他却从未想要实行它。钱信忠有自己的老经验，那就是文化大革命以前在上海蹲点总结出来的"一胎上环、二胎结扎"和"辅之一定的人工流产和引产"。1982 年至 1983 年，钱信忠在全国轰轰烈烈地推行的大结扎和人工流产，严重破坏了十一届三中全会以后农村因经济改革获得的祥和气氛。没有群众观念和缺乏现代人权理念的"大结扎"与强制流产、引产，是导致钱信忠在年初领取联合国第一届人口奖而年末被罢免国家计划生育委员会主任职务的主要原因。

（8）如果将以"女儿户"为核心的现行的计划生育政策得不到贯彻的责任都归之于钱信忠，那也是不公平的。钱信忠下台以后的许多年，"女儿户"政策照样也没有得到执行。如果要刨根问底，最终都可以从 80 年代初中期的中央那里寻找到答案。除了 1982 年迁就钱信忠而批转《全国计划生育工作会议纪要》取代 11 号文件以外，1984 年 7 号文件，以及随后的"缓和渐变"和"逐步做到"的方针，中央一概都没有强调必须执行"女儿户"政策。中共中央制订并颁布了以"女儿户"为核心的现行生育政策却又同意计划生育部门不执行，这是理解 80 年代计划生育工作混乱、历程艰难的关节点。

（9）国家计划生育委员会准备把"女儿户"政策列为工作中心，始于 1988 年 3 月 31 日中共中央政治局第 18 次常委会。这次会议回顾了现行的计划生育政策产生的过程，提出统一思想，稳定政策，抓紧工作的方针。新一届的国家计划生育委员会据此才把"女儿户"作为核心的政策，督促全国贯彻执行。现行的计划生育政策最早是由赵紫阳在 1981 年 9 月提出，1982 年 2 月就以中共中央国务院的名义颁发了文件。但是，作为明确的政策在全国推行则是在他担任中共中央总书记以后的 1988 年，而真正在全国绝大多数省份得以基本实行又是 1989 年当他走下了政坛之后。一项由党中央国务院郑重颁布的重大政策，从制订颁布到基本贯彻执行历经约 10 年的时间，这在共和国的历史上是绝无仅有的。

（10）上个世纪 80 年代前后，我国计划生育工作特别难做的根本原因还在于计划生育工作自身的性质。现行的计划生育政策的本意似乎是为了控制人口的过快增长，但是，人口的变动恰恰是不可以由人控制的。本文第 9 节对生育率变动的分析说明，人口政策在人口变动的过程中是无能为力的。人口变动是一个不以包括国家政策在内的人们的主观意志为转移的客观过程。人类由传统的自然经济转向现代，改变了绝大多数人的生活方式，改变了传统的周而复始地"由妊娠到生育和哺乳"的生育模式，这也就导致了妇女生育率的下降。分析终极的原因，人口转变是经济社会变革的结果。但是，经济、社会和文化等客观因素带来生育行为的变化都是自然发生作用的，这就决定生育率的变化也是一个自发的过程。一方面是决定经济社会变革的因素太多和过于复杂，另一方面是决定人们生育行为的因素也同样太多和过于复杂，这都决定了目前的人类无法掌控这个过程。也就是这个原因，决定了尽管现代化过程必然伴随着生育率的下降，但人们绝不可以倒过来把生育率下降当作社会发展的计划和目标。如果谁这样做了，势必要遇到顽强的抵制和反抗。

倘若将我们分析的视野再放得宽阔一些，中国发生由政府规制人们的生育行为，恐怕和当时的世界冷战格局把毛泽东所代表的一大批理想主义和空想的革命者与世界隔绝有着极大的关系。毛泽东从列宁斯大林等苏联人那里接受的所谓马克思主义的基本理念，就是要跳越资本主义，在一个落后国家里直接建设现代化的社会主义强国。上个世纪 40 年代中期，以联合国及其《联合国宪章》和《世界人权宣言》为标志，国际社会从两次世界大战的惨痛教训所获得的基本经验就是建立以保护人权为基本国际关系准则的新秩序。所以，世界潮流和现代国家的基本原则就是保护人权。财产所有权和生育权，都是基本人权。但是，从 50 年代的所谓社会主义改造到 70 年代末的计划生育，总之共和国历史上所发生的历次大运动，都是违背从财产、自由到生育等等一系列基本人权的。因为人权作为一种客观范畴是在资本主义发展阶段才产生的，中国没有经历这个阶段，也就没有这个意识。遗憾的是，以保护人权自居的西方国家受冷战思维的支配，把绝大多数中国人孤立起来，与国际社会隔绝，使得缺乏现代人权理念的中国又缺少了与国际社会在人权事业和人权理念方面的互动，以至于发生国际社会早在 60 年代的一系列国际公约中明确规定生育属于基本人权，"应该由每个家庭自由决定"，我国政府却在 70 年代末出台强制性的政策管制国民的生育。更有甚者，早在 1974 年联合国人口与发展大会上明确把"人口控制"当作具有侮辱性的词语要求禁止使用，中国曾派代表团参加了这次会议，但对此却毫无感觉，之后还把控制人口和实行计划生育的口号越叫越响，以至将其奉为基本国策持续了 40 年。

（11）生育政策是一个涉及所有国民基本权利的问题，其整个决策过程却都只是由中央层面的官员来决定。包括"一胎化"在内的现行的计划生育政策与国民自由生育权的矛盾，是计划生育同我国经济社会各种矛盾中的基本矛盾，也是整个 80 代现行生育政策难以执行的社会根源。但是，开创这一制度的"一胎化"生育政策为什么没有在其他什么时间出现，而产生于 1979 年呢？这就不能不涉及到过去研究中从来都是不屑于顾的主观因素和动机。所谓主观因素和动机，不只是指个人的，而且是部门的，具有个人与部门性质的动机和利益。

1978 年党的十一届三中全会以后，我国政治进入一个十分微妙的阶段。以陈慕华为首的计划生育管理部门是在邓小平和华国锋双方都没有很大精力顾及"一胎化"政策的后果的情况下，借着这一极端政策乘机扩张的。80 年代，笔者因为山西省翼城县"晚婚晚育加间隔"的计划生育试点工作，经常和计划生育部门交往。一位很有工作能力和魄力的基层计划生育领导，曾向我介绍她如何让党委重视自己这一本来排不上号的计划生育工作的。她的基本秘诀就是积极而有创造性的工作。“权威，权威，有权才可以有威。但计划生育工作既不管干部，又不管钱、管物（物资。那时还是计划经济，物资部门握有极大的权力），哪里来的权？没有权，哪来的威？领导重视你了，你才会有威。”如何让领导你的党委和政府的领导在几十个部门中特别地重视你？这就必须懂得一个道理。“有为，才可以有威”，——你作为了，领导就会重视你、支持你，——领导支持你、重视你，你就有威了。我的朋友虽然是基层的计划生育领导干部，但在一定程度上代表了许多计划生育干部的心态。

即使不说文化大革命以前的国务院计划生育委员会，国务院计划生育领导小组是在 1973 年成立的，前面经过华国锋和吴桂贤两任组长，都没有多大的发展。陈慕华在 1977 年党的十一大以后当选为中央政治局候补委员，1978 年 3 月的五届人大一次会议上当选为国务院副总理。这是除了文化大革命时期以外，党的妇女干部中职务最高的而且有史以来也最具有实权的职位。所以，陈慕华对于以华国锋为首的党中央是衷心地爱戴和拥护的，是积极工作的。陈慕华所分管的工作中，如对外贸易要受到中国外汇储备、严格的外事纪律和国际环境等诸多的客观因素的制约，难以施展身手。只有计划生育还可以像 1958 年以来的传统工作那样，一味地通过高指标向上提升。

在传统的计划经济体制下，计划工作本来就是一连串的怪圈。第一步，计划生育部门不断提出高指标，这是富有革命进取性和积极工作的表现；第二步，如果部门提出的计划指标被批准进入了国家计委编制的国民经济发展计划，那就是国家对该部门提出的计划指标的肯定和认可，表明该部门制订的计划是科学的、正确的；第三步，如果部门的计划被中央最高领导特别提出与认可了，尤其是部门的工作写进党中央主席的政治工作报告或者国务院总理的政府工作报告，等于部门的工作已经上升到党和政府中心工作的层面，从而成为具有全局性的工作，是更具有政治意义的事情；第四步，说来滑稽，虽然这个目标最初还是自己制订和提出来的，但经过这样转了一圈，经党和国家最高领导人华国锋讲了以后，性质就完全改变了。相关的部门落实的已经不是由自己提出来的而是由中央安排的具有中心工作性质和全局意义的计划目标，是一项庄严的政治任务，是必须保证完成的。说来也许读者难以置信，那时候的人口学家也就懂得从恩格斯的"两种生产理论"引出必须实行计划生育，一点人口统计学的知识也没有。至于国务院计划生育领导小组，和计划经济时代中其他经济部门一样，就只知道层层加码地提出高指标。所以，陈慕华并不懂得，按照当时我国的人口年龄与性别构成，如果要求 1980 年人口增长降到 10‰以下、1985 年降到 5‰，即使做到"一胎化"也是无法实现的。当陈慕华 1978 年 3 月任副总理兼国务院计划生育领导小组组长的时候，1980 年和 1985 年的计划目标都已经产生了。但是，往前走，是政治性强和积极工作的表现，向后退则可能被当作思想右倾。更何况，人口目标是由华国锋在人大的会议上提出来的，因为华国锋为首的党中央才有了今天的陈慕华，所以，陈慕华不仅要往前走，而且毫不犹豫地要用"一胎化"保证实现华国锋的人口目标。

"一胎化"当然没有实现。按照 1982 年的人口普查，不用说二胎，1981 年的多胎率还高达 27.15%。1980 年和 1985 年的人口目标也没实现。根据国家统计局的数据，1980 年的自然增长率是 11.87‰，1985 年是 11.23‰。但是，陈慕华在 1979 年提出"一胎化"政策，经过全国计划生育系统的积极工作，仅一年多的时间，1981 年 3 月，五届全国人大常委会第 17 次会议通过决议，撤销国务院计划生育领导小组，设立国家计划生育委员会。至此，从中央到地方，计划生育部门由一个临时性办事机构，转变成为政府的组成单位，国务院计划生育领导小组转变成为中华人民共和国中央政府的一个权力机关。用现在的词语来说这叫"华丽转身"，如同鲤鱼跳龙门，实现了国家机关最为重要的跨越。

不过，正是因为"一胎化"政策是在特殊的背景下产生和推行的，所以，当华国锋问题一经解决，在台前的执政者就立即着手要纠正它了。

（12）邓小平历来把中国高度集权的政治体制当作优越性予以

肯定，决定问题快，推行得快。陈慕华提出"一胎化"政策固然是落实华国锋提出的人口目标，但包括在华国锋的政府工作报告中写上人口目标，都不排除是受了邓小平的影响。根据邓小平在党的十一届三中全会以后越来越高的威望，一句"只要能降下来，就是最大胜利"，也足以让"要订出切实可行的办法，奖励只生一个孩子的夫妇"这样的话进入华国锋的政府工作报告，催生出"一胎化"的政策来。"一胎化"的产生和执行，完全可以证明邓小平的观点，即决策快，执行得快。

但是，"女儿户"政策从制订到实际执行却为什么历经了那么漫长的时间？分析这一艰难的历史，首先折射出"邓小平－胡耀邦赵紫阳"领导组合的致命弱点。共和国政治制度属于高度中央集权的体制，从党的十一届三中全会以后到整个 80 年代却缺少这一制度惯有的权威。当然，我说的"缺少"也仅只是在中央这个层面，一定程度甚至可以到中央相关的部委这一层面。因为制度不透明，地方和基层并没有意识到这一时期缺少应有的权威性。一位整个 80 年代都曾经在我国中央中枢位置的从事政治改革的政治官员，用"群龙无首"形容这一时期的中央，有一定的道理。在解决了华国锋问题以后，胡耀邦担任党中央主席、总书记，分工书记处、意识形态和组织人事，赵紫阳主管经济和外交，邓小平主管军队，李先念管外交，陈云管党的纪律检查，彭真管政法。此外，还有一大批老干部，无论在什么问题上都可以干预和发表意见。"邓小平－胡耀邦赵紫阳"领导组合中，邓小平有最终决定权，但他不在一线工作，不负责党和国家的具体事务。胡耀邦、赵紫阳分别在党政第一线，但无论党、政、人事、经济、外交，都没有最终的决定权。更有甚者，国家事务中有些领域譬如军队，他们甚至从无相涉。80 年代中后期，以上的分工虽有一些变化，但这一基本格局却没有根本性的改变。中国高度集权或专制的体制，中央固有的令行禁止的权威性，在 80 年代曾经有一定程度的削弱，也影响到了"女儿户"政策的实际推行。

（13）共和国体制还有一个致命的缺陷，这就是缺少一个纠错的机制。党和政府将某一项工作交给某个机关或干部负责，在没有犯错误或者得到上级的否定的情况下，不仅轻易不会撤换主管或者部门的领导，而且还是唯一的依靠。当以"女儿户"为核心的现行生育政策提出来的时候，"一胎化"由陈慕华提出并在全国推行几年了。与其他政策比较，"一胎化"简单、明了、一刀切，没有攀比，得到了基层计划生育干部的欢迎。"女儿户"政策虽然没有否定"一胎化"，但它毕竟是对其一定程度的修正，因而会受到计划生育部门的抵制。1982 年 11 号文件产生以后，让原来的干部放弃自己已经实行的政策而执行新政策，分明有点自己否定和纠正自己的味道，这可不是一个明智的选择。

（14）上个世纪 80 年代，以"女儿户"为核心的现行计划生育政策的制订和实际推行过程中的艰难曲折，除了制度上的因素以外，在很大程度上也折射了中共中央总书记胡耀邦个人人格上的一些特点。首先，胡耀邦虽然对"一胎化"有看法、有保留，但是，他没有提出明确的取代性的政策，而是把这一权力交给国务院总理赵紫阳。但是，赵紫阳在中央书记处 122 次会议提出农村生育政策的两个方案的时候，胡耀邦又把应该由中央决定的工作交给了提出并积极推行"一胎化"政策的陈慕华。在必需二选其一的情况下，陈慕华权衡利弊最终才选择了相对严紧的第二方案。

其次，因为政策和法律是要和群众见面的，它本应该是可获知的、通俗易懂和可预知的。11 号文件的核心是"女儿户"政策，但是，国家计划生育委员会党组恰恰以它要和群众见面为由建议使用模糊的语言。面对这样的要求，中央竟然采纳了国家计划生育委员会的建议，从而为整个 80 年代生育政策的落实留下了莫大的隐患。

第三，本来，钱信忠作为中央 11 号文件下达后新的国家计划生育委员会主任，面临的第一件事就应该是召开全国计划生育工作会议传达贯彻该文件的基本精神。但是，中央却同意暂缓执行以"女儿户"为核心的现行的计划生育政策，进而还批转了旨在改变中央已经颁布的生育政策的"会议纪要"，事实上是用一个新的"红头文件”替代了 11 号文件。

第四，上个世纪80年代初中期，由于农民以“联产承包责任制”的形式重新获得土地，8 亿农民焕发出来的活力和积极性，共和国一度赢得了建国以来最好的农村经济政治的好局面。但是，由于过于严紧的“一胎化”生育政策和广大农民的自由生育行为的普遍矛盾，又成为当时农村社会极不稳定的一个重要因素。如果在农村果断实行“女儿户”政策，至少可以满足 50%左右的农民生育二胎的要求，对缓解农村社会矛盾是有很大意义的。但是，中央不仅在 1982 年同意全国计划生育工作会议暂不实行“女儿户”，而且直到 1984 年 7 号文件以后还继续提出缓和渐变和“逐步实行”的方针，致使 80 年代中后期各地政策不一，思想紊乱。该断不断、有令不行、政策繁多，是整个 80 年代计划生育颇受病垢的原因之一。

（15）一直到现在仍在实行的以“女儿户”为核心的现行的计划生育政策，不仅是赵紫阳提出来的，而且是在他担任中共中央总书记以后才得以在全国基本推行的。审视这一政策的产生和实施的过程，首先，赵紫阳不仅与当时中央上层领导集体对人口问题的认识没有什么不同，甚至有过之而无不及。从党的十二大前后开始，出现计划生育是我国基本国策的提法。基本国策，据我的推断，就是赵紫阳的语言。赵紫阳是在把控制人口当作国家基本任务、基本国策的前提下设计农村生育政策的。所以，赵紫阳在中央书记处 122 次会议上提出的两个方案并不是对“一胎化”政策的否定，而只是在原来“一胎化”基础上所做的适当调整和发展。赵紫阳在人口问题认识上的局限和不彻底，才导致行动上与胡耀邦等其他中央领导一样，对计划生育部门拒不执行中央政策的行为一味地忍让和安抚、妥协和迁就。

其次，1982 年 8 月 18 日，赵紫阳在中南海接见钱信忠等全国计划生育工作会议的部分代表的讲话表明，他不仅附和胡耀邦的意见，同意钱信忠暂不执行 11 号文件，而且还向与会代表推荐山东省“开小口、堵大口”的经验。“开小口、堵大口”虽然和“女儿户”同样都是在"一胎化"基础上所做的调整，但明显是一种微调性质的变动，比"女儿户"的口径差多了。赵紫阳在这个时候向各地推荐实行这一经验，实际上也是在否定自己的"女儿户"政策。

更有甚者，一直到 1984 年中央 7 号文件以后，根据中央有关事项通知的内容和语言，譬如其中的世纪末 12 亿人口目标"是一个奋斗目标""逐步做到"和"缓和渐变"，以及"现行的计划生育政策，仍是一个历史阶段的政策"，不仅都反映了赵紫阳的思想，而且同样根据我的推断，这些话可能都来源于赵紫阳。应该说，放任下属拒不执行已确定的政策，这不是赵紫阳的风格。但是，这个时期的赵紫阳做这样的选择，表明计划生育问题的严重性还不足以引起他得重视。相反，如果我们设想另外一种情况，即中央颁布 11 号文件以后，钱信忠谋求改变这一政策并且得到胡耀邦同意的情况下，赵紫阳充分地认识到这样做的后果，坚持必须立即执行中共中央和国务院下发的中央 11 号文件的基本精神，那么，"女儿户"政策的贯彻实行不仅不会出现后来那么多的曲折，而且也可能不需要 10 年的时间。历史发展到只有赵紫阳走到中共中央总书记的位置上以后"女儿户"政策才得以随之走到前台，说明共和国体制的又一缺陷及缺憾。所谓高超的效率只是体现并保障了权力金字塔顶端的那一个人的意志，否则，即使是国务院总理的、并且已经转变为中共中央"红头文件"形式的意见，也不一定能够得到贯彻和实行。

（16）研究 1979 年至 1991 年现行的计划生育政策先"一胎化"再到"女儿户"的发展过程，发现一个特别有趣的现象。计划生育从其开始就是由党中央自上而下推动的，在每个阶段里，中央对于政策的把握，包括宣传内容与工作的方式方法在内，其要求从来都是非常具体、细致和严格的。所以，在人们的观念和意识里，有关生育政策的制订和推行都是由中央决定的。上个世纪 80 年代里，因为赵紫阳的左冲右突，几次三番地走到前台讲计划生育政策，甚至给人的印象生育政策是由中央总书记和国务院总理等一、二个人决定的，计生部门仅只是一个执行政策的机关。但是，我们深入研究的这段历史却表明，国务院计划生育领导小组与后来的国家计划生育委员会的实际作用要大得多。事实上，在一些政策的产生和实行方面，它不仅扮演着极为重要的角色，有时甚至还起到至关重要的作用。譬如，如果没有以陈慕华为组长的国务院计划生育领导小组，就没有“一胎化”的政策。如果没有以钱信忠为主任的国家计划生育委员会，就没有替代 1982 年 11 号文件的《全国计划生育工作会议纪要》、就没有 1982 至 1983 年的“大结扎”。特别是 1989 年“六四”以后，当时的国家计划生育委员会力排众议，竟然使得党中央、国务院都一致同意将赵紫阳提出制订的以“女儿户”为核心的现行的计划生育政策视之为不是赵紫阳的政策而是党中央、国务院的政策，在赵紫阳下台以后却能将赵紫阳提出和制订的政策坚定不移地推行和贯彻下去，完成了赵紫阳积 10 年而任职国务院总理和党中央总书记职务期间虽几经努力毕竟也未能完成的事业，不禁令人赞叹，令人嘘吁。

——2010 年 7 月初稿，2012 年 9 月第二稿，

2013 年 12 月至 2014 年 2 月再修改

（2014 年 6 月 10 日、20 日分别 4 部分刊发）